Gesetz

zum

Schutz der Waarenbezeichnungen

vom 12. Mai 1894

nebst Ausführungsbestimmungen.

Erläutert von

Dr. Arnold Seligsohn,
Rechtsanwalt in Berlin.

Berlin SW. 48.
J. Guttentag, Verlagsbuchhandlung.
1894.

Inhalt.

Citate.

Amar = Amar Dei nomi, dei marchi e degli altri segni e della concorrenza nell' industria e nel commercio. Torino 1893.

Feigl = Feigl Das Markenschutzgesetz vom 6. Jänner 1890. Wien 1894.

Kohler = Kohler Das Recht des Markenschutzes. Würzburg 1884.

Lawson = Lawson The Law and practice under the Patents, Designs, and Trade Marks Acts, 1883 to 1888, second edition, London 1889.

Pouillet = Pouillet Traité des marques de fabrique et de la concurence déloyale en tous genres. 3e édition. Paris 1892.

Die Kommentare von Finger und Meves zum Markenschutzgesetz vom 30. November 1874, die Kommentare von Alfeld, Berger-Stephan und Landgraf zum Waarenzeichengesetz vom 12. Mai 1894, sowie der Kommentar von Stenglein-Appelius zu den Reichsgesetzen zum Schutz des geistigen Eigenthums (Separat-Abdruck) sind bloß mit den Namen ihrer Verfasser citirt.

Abkürzungen.

Bolze = Bolze Die Praxis des Reichsgerichts in Civilsachen.

O.H.G. = Entscheidungen des Reichs-Oberhandelsgerichts.

RG. = Entscheidungen des Reichsgerichts in Civilsachen.

RG.Straff. = Entscheidungen des Reichsgerichts in Strafsachen.

Einleitung.

1. Bedeutung der Marke.

Der Gewerbetreibende, welcher für die von ihm hergestellten Waaren ein Absatzgebiet erobert hat, will, daß die Abnehmer und Konsumenten dieselben von gleichartigen Waaren Anderer unterscheiden können. Er wird dies sich hauptsächlich dann angelegen sein lassen, wenn er die Verbreitung der Waare ihren oder seinen guten Eigenschaften verdankt.

Seine Besorgniß, daß die Konsumenten, durch äußere Aehnlichkeit der Waaren beeinflußt, unwissentlich ihren ferneren Bedarf, statt bei ihm, bei einem Konkurrenten decken könnten, ist desto gerechtfertigter, je größer die räumliche Entfernung zwischen ihm und dem Konsumenten ist und je mehr Zwischenpersonen zur Vermittelung des Vertriebes zwischen beiden nothwendig sind. Daher macht sich namentlich beim Exporthandel das Bedürfniß geltend, dem Konsumenten der Waare durch ein Kennzeichen an derselben die Möglichkeit zu gewähren, sie sofort wiederzuerkennen. Er muß, ohne jedes Mal beim Bezuge der Waare dieselbe auf ihre inneren Eigenschaften prüfen zu brauchen, an einem Zeichen erkennen können, daß das dieselbe Waare ist, mit welcher er voriges Mal zufrieden war oder die ihm von Dritten als empfehlenswerth bezeichnet wurde.

Das Unterscheidungsmerkmal, an das man zunächst denken könnte, weil es am deutlichsten den Ursprung der Waare anzeigt, ist der Name des Produzenten. Aber dieses wäre wenig zweckmäßig: erstens muß man, zumal beim Export, mit Konsumenten rechnen, welche überhaupt nicht oder doch nicht die betreffenden Schriftzeichen lesen können, sodann gewähren Schriftzeichen kein so charakteristisches Gesammtbild, daß sie sich dem Gedächtniß des Käufers, welcher sie regelmäßig nur flüchtig betrachtet, leicht einprägen werden. Anders das figürliche Bild! Auch der unzivilisirteste Analphabet kann es sich merken, ein flüchtiger Blick genügt regelmäßig, um es festzuhalten und wiederzuerkennen. Es kommt hinzu, daß der Produzent, welcher oft dieselbe Waare in verschiedener Qualität herstellt, diese verschiedenen Sorten häufig durch äußere Kennzeichen differenziren will. Dies kann er mit seinem Namen allein nicht, sondern er bedarf dazu einer begrifflich unbeschränkten Zahl von Kennzeichen. Außerdem gestattet auch bei vielen Waaren der geringe Raum nicht die Anbringung des vollen Namens. So machte sich das Bedürfniß nach figürlichen Marken geltend.

Man unterscheidet zwischen Fabrik- und Handelsmarken. Ebenso wie der Produzent, hat nämlich auch der Zwischenhändler ein Interesse an der Kenntlichmachung der von ihm vertriebenen Waare. Ihm genügt es nicht, daß die Konsumenten die Waare eines bestimmten Produzenten beziehen, sondern ihm ist vor Allem daran gelegen, daß sie diese Waare durch ihn und nicht durch einen Anderen beziehen. Ja, dieses Interesse kann soweit gehen, daß es in Konflikt mit dem Interesse des Produzenten tritt. Der Zwischenhändler will bisweilen, daß die Konsumenten die Herkunft der Waare über ihn hinaus nicht feststellen können, damit sie nicht unter Umgehung seiner Person sich direkt mit dem Erzeuger der Waare in Verbindung setzen. Für den Konsumenten, welchem der Zwischenhändler in der Regel näher steht, als der Produzent, ist häufig die Garantie, welche ein renommirter Zwischenhändler durch sein Zeichen dafür übernimmt, daß die Waare aus seinem Geschäftsbetriebe stammt, werthvoller, als die entsprechende Garantie des unbekannten Fabrikanten. Auch dies trifft insbesondere für den Export zu.

Nicht bloß Produzent und Händler haben ein Interesse an der Marke, sondern auch das konsumirende Publikum, weil es durch dieselbe vor der Unterschiebung einer nicht gewünschten und nicht genehmen Waare geschützt wird. Die Waarenbezeichnung veranlaßt außerdem den Produzenten, gute Waare zu erzeugen, den Kaufmann, gute Waare zu führen, denn da man an dem Zeichen die Herkunft der Waare zu erkennen vermag, so können sie nur bei guter Beschaffenheit derselben hoffen, sich eine sichere Kundschaft zu erwerben. Die gezeichnete Waare wird muthmaßlich an Güte die anonyme übertreffen.

Die Marke wirkt auf den Gewerbetreibenden erziehlich, indem sie sein Gefühl der Verantwortlichkeit für seine Erzeugnisse schärft, ihre ethische Bedeutung besteht darin, daß sie die Aneignung der Früchte fremder Arbeit verhindert und die Rechtschaffenheit und Zuverlässigkeit in Handel und Verkehr fördert. Für die Volkswirthschaft eines Landes ist sie von Erheblichkeit, weil sie seine Exportfähigkeit stärkt. Sie entbehrt sogar — ich denke dabei an Deutschland — nicht der nationalen Bedeutung, denn sie zwingt den Gewerbetreibenden, sich offen zu seiner Waare zu bekennen und die Unsitte, aus Vorliebe für ausländische Fabrikate der einheimischen Waare den Schein einer fremdländischen Herkunft zu geben, abzulegen, sie bringt dadurch die heimische Industrie im In- und Auslande zu Ehren.

Uralt ist der Gebrauch der Waarenzeichen, namentlich in der keramischen Industrie.[1]) Die chinesische Porzellanfabrikation und die japanische Industrie kannten sie von Alters her. Die Griechen versahen ihre Statuen, Münzen, Gemmen mit den Namen der Künstler und Verfertiger, ihre Töpferarbeiten weisen außer den Fabriknamen häufig auch figürliche Fabrikmarken auf, wie Merkurstab, Oelkrug, Biene, Löwenkopf u. dergl. Ungleich verbreiteter war der Gebrauch der Waarenzeichen bei den Römern; bei ihnen finden wir ebenfalls neben der Namenmarke schon die bildliche Marke und neben der Fabrikmarke sogar schon die Handelsmarke. Auch bei ihnen ist vor allem die Thonindustrie reich an diesen Zeichen, aber auch Lampen, Bronzegeräthe, ja sogar getrocknete Augensalben ermangelten ihrer nicht.

Vom Ausgange des Mittelalters ab wurde es immer gebräuchlicher, gewerbliche Erzeugnisse mit Marken zu versehen. Auch hier stehen keramische Produkte in erster Reihe; die Majoliken von Urbino, die Delfter Fayencen, die Meißener und die französischen Porzellane unterscheiden wir noch heute an ihren Zeichen. Aber auch die Metallarbeiter, Goldschmiede, Tuchmacher, Walker, Böttcher, Armbrustmacher, Bäcker und andere Zunftgenossen in Deutschland, Flandern, Frankreich, Italien,[2]) England versahen ihre Waaren mit Marken; Handelsmarken waren noch wenig in Uebung. In letzterer Hinsicht ist erst im modernen Verkehr ein gewaltiger Umschwung eingetreten. Schärfer wurde die Sonderung zwischen Industrie und Handel. Letzterer zog seine Kreise immer weiter und umspannte mittelst der modernen Verkehrsmittel immer mehr den Erdball, größer wurden die räumlichen Entfernungen zwischen dem Produktions- und dem Konsumtionsorte. Durch diese Momente erlangte die Handelsmarke in der Neuzeit eine große Verbreitung und Bedeutung.

2. Recht der Marke.

Der Rechtgrund für den Marken- oder Zeichenschutz ist das Recht der Persönlichkeit.[3]) Dieses Recht verlangt vor allem

[1]) Für das Folgende vergl. hauptsächlich Kohler S. 30 ff.

[2]) Normale Grundform der italienischen Marken war das Kreuz. Lastig Markenrecht und Zeichenregister S. 128 ff.

[3]) Klostermann Die Patentgesetzgebung aller Länder nebst den Gesetzen über Musterschutz und Markenschutz, 2. Aufl. 1876 S. 430, Kohler S. 1—22, Amar p. 32.

die Anerkennung einer Person in ihrer Individualität, ihrer Besonderheit. Dem Verlangen der Unterscheidbarkeit trägt das bürgerliche Recht durch Namenzwang und Namenrecht, das Handelsrecht durch seine Vorschriften über die Firma Rechnung. Neben diese Rechte tritt ebenbürtig das Zeichenrecht, welches ebenfalls die Individualisirung einer Person, nämlich des Erzeugers oder Vertreibers einer Waare, bezweckt. Während der Name den Menschen in allen seinen Beziehungen erfaßt, hat die Firma es nur mit der Person, wenn und soweit sie Handel treibt, zu thun. Noch enger ist die Bestimmung des Waarenzeichens, indem es nur die Herkunft einer bestimmten Waare von einer bestimmten Person kennzeichnet.

Durch diese Beziehung zur Waare nähert sich das Zeichenrecht dem Urheberrecht, denn indem es der Verwechselung der Waaren eines bestimmten Gewerbetreibenden mit denen Anderer vorbeugt, verleiht es dem Verfertiger der Waare Schutz. Das Zeichenrecht wird deshalb von Manchen zusammen mit dem Patent- und Musterrecht zu den gewerblichen Urheberrechten gezählt. Dem kann nicht zugestimmt werden. Jedes Urheberrecht setzt begrifflich einen schöpferischen Gedanken voraus, der seinen Niederschlag in einem neuen — literarischen, künstlerischen, gewerblichen — Werke findet.[4] An einer solchen geistigen Schöpfung fehlt es beim Zeichenrecht: weder die Waare noch das Zeichen brauchen neu oder originell zu sein. Man kann Waaren, die sich in nichts von denen Anderer unterscheiden, mit einem Zeichen versehen, welches, auch als Zeichen, längst bekannt ist, sei es, daß es für andersartige Waaren eingetragen ist oder für gleichartige Waaren früher eingetragen war. Dazu kommt noch, daß nicht bloß dem Erzeuger der Waare, sondern Jedem, welcher an dem Vertriebe derselben betheiligt ist, das Zeichenrecht zusteht. Zur Annahme eines Urheberrechts könnte man nur gelangen, wenn man den Absatzkreis, welchen sich der Zeicheninhaber geschaffen hat, die Kundschaft, welche er erworben hat, mit einem Worte die achalandage des französischen Rechts als Gegenstand dieses Urheberrechts ansehen würde.[5] Aber damit würde man den Begriff des Urheberrechts völlig verflüchtigen und aufgeben.

Zeichenschutz und Urheberschutz dienen aber fast demselben Zweck. Beide wollen verhindern, daß sich Jemand die Früchte der geistigen Arbeit oder der geschäftlichen Thätigkeit eines Anderen aneignet. Sie suchen dies Ziel auf verschiedenen Wegen zu erreichen. Der

---

[4]) v. Beck-Mannagetta: Das österreichische Patentrecht S. 2—5.

[5]) So Klostermann in Schönberg Politische Oekonomie 1. Aufl., S. 998 N. 2.

Zeichenschutz hindert gewerbliche Freibeuter, ihre Waare unter falscher Flagge auf dem Markte einzuführen, indem sie den renommirten Zeicheninhaber als Urheber dieser Waare erscheinen lassen. Der Patent- und der Musterschutz wenden sich gegen die Nachahmung fremder Geistesschöpfungen.

Das Zeichenrecht ist ein Vermögensrecht. Da es aus dem Rechte der Persönlichkeit fließt, unterliegt seine Uebertragung gewissen Beschränkungen. Es ist ein absolutes Recht und gewährt, entsprechend dem Eigenthum, dem Berechtigten eine affirmative und negative Befugniß. Erstere besteht in dem Rechte, das Zeichen zu gebrauchen, letztere in dem Rechte, Dritten diesen Gebrauch zu verwehren.

Das Zeichenrecht ist aber nicht bloß privatrechtlicher Natur, es hat auch einen öffentlichrechtlichen Charakter. Die Allgemeinheit ist zunächst insofern an diesem Recht interessirt, als jede Nachahmung eines Zeichens das große Publikum irre führt und die Sicherheit des Verkehrs beeinträchtigt. Da die Marke ihre Hauptbedeutung für den Verkehr von Land zu Land hat, so beeinflußt sie ferner wesentlich die Ein- und Ausfuhr eines Landes. Der Staat aber hat ein erhebliches Interesse an der Herstellung einer günstigen Handelsbilanz und demzufolge an der Gestaltung der Ein- und Ausfuhrverhältnisse. Die Rechtsordnung stellt deshalb das Zeichenrecht durch Eintragung der Zeichen in öffentliche Register auf eine sichere Basis und schützt das Recht durch Androhung von Strafen. Hierher gehören ferner die Vorschriften über obligatorische Zeichenführung. Das handelspolitische Moment des Zeichenrechts kommt hauptsächlich in denjenigen Bestimmungen zum Ausdruck, welche die internationalen Beziehungen regeln — Bestimmungen, denen oft die Tendenz zu Grunde liegt, die unbequeme Konkurrenz des Auslandes zurückzudrängen.[6])

Von höchster Bedeutung für das Zeichenrecht ist die Stellung, welche die staatlichen Registrirungsorgane gegenüber der Anmeldung einnehmen, ob sie die angemeldete Marke vor der Eintragung auf ihre Rechtsgültigkeit, insbesondere auf ihre Kollision mit anderen Marken prüfen und ob von dem Ausfalle der Prüfung die Eintragung abhängt. Man unterscheidet verschiedene Systeme:[7])

a) Das Anmeldesystem prüft das Vorhandensein gewisser formeller Erfordernisse der Anmeldung, trägt aber die

---

[6]) Dies gilt ebenso für das mittelalterliche wie für das moderne Recht. Lastig a. a. O. S. 180.

[7]) Kohler S. 311 ff., Amar p. 172 ff.; vergl. auch v. Beck-Mannagetta a. a. O. S. 37 ff.

Marke ohne Prüfung ihrer Rechtsbeständigkeit ein (Frankreich, Belgien, Italien, deutsches Markenschutzgesetz von 1874).

b) Das Vorprüfungssystem verpflichtet die Zeichenbehörde, die Eintragung erst vorzunehmen, nachdem sie von Amtswegen das Vorliegen eines rechtsgültigen Zeichens festgestellt hat (Vereinigte Staaten von Nordamerika, Schweden und — mit gewissen Modifikationen — Deutschland).

c) Das Aufgebotssystem verlangt vor der Eintragung eine Veröffentlichung des angemeldeten Zeichens, um Dritten die Möglichkeit von Einsprüchen zu gewähren. Dieses System kommt entweder selbstständig (Spanien) oder in Verbindung mit dem Vorprüfungssystem vor (England).

d) Nach dem System des avis préalable macht die Zeichenbehörde den Anmelder auf Mängel der Anmeldung, insbesondere auf Uebereinstimmung der angemeldeten Marke mit früher angemeldeten aufmerksam, trägt aber, wenn der Anmelder auf der Eintragung besteht, das Zeichen ein (Schweiz, Oesterreich-Ungarn).

Dieselben Systeme kehren bei der gesetzlichen Regelung der gewerblichen Urheberrechte wieder. Diesen ist auch ebenso, wie dem Zeichenrecht, der aus privat- und öffentlichrechtlichen Momenten gemischte Rechtscharakter, nicht minder die zeitliche Beschränktheit eigen. Wie sich heute immer mehr die Erkenntniß durchgerungen hat, daß man die Urheberrechte nicht unter die dinglichen oder obligatorischen Rechte einreihen kann, so muß man auch für das Zeichenrecht dasselbe anerkennen: in diesen Industrierechten hat die Entwickelung des Rechtslebens Gebilde gezeitigt, welche sich nicht in jene althergebrachten Kategorien einzwängen lassen, sondern gleichberechtigt neben ihnen stehen.

3. Geschichte des Markenrechts.[8])

Ob es im Alterthum ein besonderes Markenrecht gab, ist unbekannt. Kohler erwähnt als hierher gehörig nur, daß in Rom die Annahme eines falschen Namens und die Anfertigung falscher signa in betrüglicher Absicht nach der lex Cornelia bestraft wurde, sowie daß dem gekränkten Namensberechtigten die actio doli und die actio injuriarum zu Gebote standen.

---

[8]) Kohler S. 30 ff., Goldschmidt: Handbuch des Handelsrechts, 2. Aufl. Bd. 2 S. 51 ff. und Universalgeschichte des Handelsrechts S. 242. Für die italienische Marke des Mittelalters ist das Hauptwerk das in N. 2 erwähnte Buch von Lastig.

Dagegen steht für das spätere Mittelalter durch zahlreiche italienische Statutarrechte und Urkunden, durch deutsche und französische Zunftstatuten, durch Ordonnanzen der französischen Könige die Existenz eines besonderen Markenrechts außer allem Zweifel. Der durch dieses Recht verliehene Schutz war sehr intensiv, die Strafen der Markenverletzung zum Theil recht hart. Dies kam daher, weil das Mittelalter weniger die privatrechtliche, als die öffentlichrechtliche Seite des Markenrechts betonte. Den gewerbepolizeilichen Tendenzen entsprang insbesondere die dem Erzeuger einer Waare auferlegte Pflicht, dieselbe mit einer Marke zu bezeichnen, und damit auch die Verpflichtung, eine eigene Marke zu führen. Die auf der Waare angebrachte Marke sollte als Mittel der behördlichen Kontrolle dienen — oft erfolgte auf die private Bezeichnung nach vorangegangener technischer Prüfung noch eine öffentliche Stempelung. Diese Kontrollzeichen dienten auch als Herkunftszeichen, indem man aus dem amtlichen Stempel, Siegel, Zeichen den Produktionsort der Waare ersehen konnte.

Von diesen öffentlichen (Stadt-, Zunft-) Zeichen sind die privaten Marken, mit denen wir es hier zu thun haben, wohl zu unterscheiden. Das Zeichenrecht in subjektivem Sinne wurde durch Bildung einer neuen Marke und fortgesetzten Gebrauch derselben erworben, nach einzelnen Rechten bestimmte und verlieh die Behörde das Zeichen. Die Marken wurden in der Innungsmatrikel bei dem Namen des Innungsmitgliedes, später auch in besonderen Markenregistern verzeichnet. Die Marke war ein selbstständiges Vermögensobjekt, weder an die Person, noch an das Geschäft, noch an die Firma gebunden, in Folge dessen war sie von Todeswegen und unter Lebenden ganz frei übertragbar. Die Marke mußte sich von allen anderen, die in dem Geltungsgebiete des betreffenden Gesetzes geführt wurden — also meistens derselben Zunft oder Stadt —, unterscheiden. Gegen die Verletzung des Zeichenrechts wurde der Berechtigte durch Zivilklage geschützt, außerdem wurde der Verletzte von Amtswegen gestraft.

Mit dem Zusammenbrechen der Zunftverfassungen änderte sich allmählich der eben geschilderte Rechtszustand. Seine Umgestaltung vollzog sich in den verschiedenen Staaten nach verschiedener Richtung. Diesen Prozeß in den einzelnen Ländern zu verfolgen, liegt außerhalb des Rahmens dieser Skizze. Erwähnt sei nur, auch als Zeichen der heutigen Bedeutung und Werthschätzung der Marke, daß fast jeder Staat in den letzten fünfundzwanzig Jahren sich ein neues Markengesetz gegeben hat und daß mehrere Staaten in diesem Zeitraume ihre Gesetzgebung wiederholt geändert haben. Das französische Gesetz von 1857 und das italienische Gesetz von 1868 zählen bereits zu den ältesten noch in Kraft befindlichen Gesetzen.[9])

In Deutschland hatte das Zeichenrecht eine eingehende Pflege und Ausbildung in den Zunftstatuten des Großherzogthums Berg, dessen Bestandtheile jetzt theils zur Rheinprovinz, theils zur Provinz Westphalen gehören, gefunden.[10]) Auf den Solinger Klingen des 13. Jahrhunderts findet man bereits figürliche Zeichen, wie den Wolf, den Königskopf, den Reichsadler u. a. Urkundenmäßig läßt sich das Bergische Zeichenrecht bis in das Jahr 1571 zurückverfolgen. Es kennt zwei Arten von Zeichen; das private Erbzeichen und — bei Messer- und Gabelwaaren, sowie bei Schwertklingen — daneben als amtlichen Stempel das öffentliche Beyzeichen. Zeichenzwang bestand für die Schwert-, Messer- und Scheerenfabrikation. Die Erbzeichen mußten in die Zeichenrolle eingetragen werden, die Eintragung fand erst statt, nachdem durch Vorprüfung und Aufgebot die Neuheit des Zeichens festgestellt worden. In diesen Rechtszustand griffen die politischen Ereignisse im Anfange dieses Jahrhunderts, die Abtretung des Landes 1806 an Frankreich und 1813 an Preußen, sowie die durch die französische Gesetzgebung bewirkte Aufhebung der Zünfte vielfach ein. Ein preußisches Gesetz vom 4. Juli 1840 hob sogar den Schutz der figürlichen Zeichen völlig auf, indem es nur verbot, den Namen oder die Firma eines inländischen Gewerbetreibenden sammt dessen Wohn- oder Fabrikorte unberechtigt auf Waaren oder deren Verpackung zu setzen.

Damit war sogar ein Rückschritt hinter das preußische Allgemeine Landrecht vom 5. Februar 1794 vollzogen, dessen §. 1451 Th. II Tit. 20 denjenigen Strafe angedroht hatte, welche Waaren von an sich untadelhafter Güte mit dem Namen oder Merkmale

---

[9]) Den Text der Markenschutzgesetze von England, Frankreich, Oesterreich und Rußland findet man — in deutscher Uebersetzung — in der Zeitschrift für gewerbl. Rechtsschutz 1892 S. 198, 272, 302. Eine Aufzählung sämmtlicher Gesetze siehe bei Amar p. 22; nachzutragen sind: das bulgarische Gesetz über die Handels- und Industrieschutzmarken, welches von der National-Versammlung am 18./30. November 1892 angenommen und darauf vom Fürsten verkündet worden ist, das griechische Gesetz vom Februar 1893 und das holländische Gesetz vom 30. September 1893 über Fabrik- und Handelsmarken. Eine Charakteristik der wichtigsten fremden Gesetzgebungen, die allerdings zum Theil schon veraltet ist, findet man bei Klostermann Die Patentgesetzgebung aller Länder nebst den Gesetzen über Musterschutz und Markenschutz, 2. Aufl. 1876 S. 449 ff., in Behrend Lehrbuch des Handelsrechts 1, 283 ff., und bei Kohler S. 61 ff.

[10]) Stegemann Materialien zur Markenschutzgesetzgebung 1889 S. 3—27.

inländischer Fabrikanten oder Kaufleute fälschlich bezeichnen. Während sich die anderen Theile Preußens in das Gesetz vom 4. Juli 1840 fügten, bemächtigte sich der Bergischen Gewerbetreibenden eine gewaltige Aufregung. Sie setzten es durch, daß jenes Gesetz für ihren Distrikt im Jahre 1842 außer Kraft gesetzt wurde und daß die Regierung unter dem 18. August 1847 eine „Verordnung zum Schutze der Fabrikzeichen an Eisen- und Stahlwaaren in der Provinz Westphalen und der Rheinprovinz" erließ. Diese Verordnung, welche das Markenrecht umfassend regelte, wurde in einigen Punkten durch ein Gesetz vom Jahre 1854 abgeändert. In dem übrigen Preußen verblieb es bei der Schutzlosigkeit der figürlichen Marken, denn der §. 269 des preußischen Strafgesetzbuches von 1851 sprach in Anlehnung an das Gesetz von 1840 auch nur von dem Schutze der Namen und Firmen der Fabrikunternehmer, Produzenten und Kaufleute.

Die anderen deutschen Bundesstaaten zerfielen bezüglich des Schutzes der Waarenbezeichnungen in drei Gruppen. Die eine gewährte gar keinen Schutz, die zweite stand etwa auf dem preußischen Standpunkte, die dritte schützte — in verschiedenem Umfange — auch figürliche Zeichen. Ein die Materie völlig regelndes Gesetz, welches die Eintragung des Zeichens in ein öffentliches Register vorschrieb, gab es nur in Bayern.[11])

Dieser buntscheckige Rechtszustand wurde durch das Reichsstrafgesetzbuch nicht beseitigt, da sein §. 287 lediglich die Bestimmung des preußischen Strafgesetzbuches wiedergab; vielmehr entstanden noch Kontroversen darüber, inwieweit die landesgesetzlichen Strafbestimmungen gegen Nachahmung figürlicher Marken durch den §. 287 aufgehoben waren. Zahlreiche Handelskammern und der deutsche Handelstag empfahlen dringend die Schaffung eines einheitlichen Markenschutzes. In der Sitzung des Reichstags vom 20. Mai 1873 wurde fast einstimmig beschlossen, den Reichskanzler aufzufordern, dem Reichstage baldmöglichst einen Entwurf zu einem Gesetze über den Schutz der Fabrik- und Waarenzeichen vorzulegen. Dieser Aufforderung kam die Reichsregierung nach, am 29. Oktober 1874 ging der verlangte Gesetzentwurf dem Reichstage zu. Der Reichstag berieth ihn, ohne ihn einer Kommission zu überweisen, schleunig durch, und schon am 30. November 1874 erfolgte die Publikation des **Gesetzes über Markenschutz**, das demnächst am 1. Mai 1875 in Kraft trat.

---

[11]) Die einschlägigen Bestimmungen in den einzelnen Bundesstaaten siehe bei Schmid in der Zeitschrift für gewerbl. Rechtsschutz 1892 S. 226—237.

Nach demselben war Vorbedingung des Zeichenschutzes die Anmeldung des Zeichens zur Eintragung in das Handelsregister, eine solche Anmeldung konnte nur seitens solcher Gewerbetreibenden erfolgen, deren Firma im Handelsregister eingetragen war. Nur figürliche Marken durften eingetragen werden, eine Ausnahme fand — abgesehen von ausländischen Zeichen — bezüglich derjenigen Zeichen statt, deren Benutzung für den Anmeldenden landesgesetzlich geschützt war oder die bis zum Beginn des Jahres 1875 im Verkehr allgemein als Kennzeichen der Waaren eines bestimmten Gewerbetreibenden gegolten hatten. Im Uebrigen fand eine Vorprüfung, insbesondere auf Kollision mit anderen Marken oder auf Freizeichenqualität, nicht statt. War in Folge dessen ein Zeichen zur Eintragung gelangt, welches bereits vorher von einem Anderen angemeldet war, so konnte dieser auf Löschung klagen. Das gleiche Recht hatte jeder Betheiligte, wenn ein Freizeichen oder ein unzulässiges Zeichen (Aergerniß erregendes, öffentliche Wappen enthaltendes, ausschließlich in Zahlen, Buchstaben oder Worten bestehendes) eingetragen war. Der Zeichenschutz dauerte zehn Jahre, verlängerte sich aber stets um den gleichen Zeitraum, wenn vor Ablauf der zehn Jahre die weitere Beibehaltung des Zeichens angemeldet wurde. Für die erste Eintragung des Zeichens war eine Gebühr von fünfzig Mark zu entrichten.

Der Zeichenschutz erstreckte sich nur auf die Waare und deren Verpackung. Wissentliche Verletzung desselben wurde bestraft und machte entschädigungspflichtig, die Bestrafung erfolgte nur auf Antrag. Die gleiche Ahndung traf den, welcher bei Bezeichnung seiner Waaren wissentlich in das Namen- oder Firmenrecht eines Anderen eingriff. In allen Fällen sollte der Schutz durch Abänderungen nicht ausgeschlossen werden, welche nur durch Anwendung einer besonderen Aufmerksamkeit wahrgenommen werden können. Ausländischen Gewerbetreibenden wurde der Schutz unter der Voraussetzung der Gegenseitigkeit gewährt, falls ihr Waarenzeichen in ihrem Heimathsstaate geschützt war und beim Handelsgericht in Leipzig zur Eintragung angemeldet wurde. Der hiesige Schutz endete mit dem Erlöschen des Zeichenrechts in dem Heimathsstaate.

4. Vorgeschichte des Gesetzes vom 12. Mai 1894.

Das Markenschutzgesetz trat am 1. Mai 1875 in Kraft. In den ersten acht Monaten gelangten 4439 Zeichen zur Eintragung, in den Jahren 1876 bis 1884 schwankte die Zahl der jährlichen Eintragungen zwischen 500 und 1000, in den Jahren 1885 bis 1892 zwischen 1200 und 1600. Die Gesammtziffer der Eintragungen bis Ende 1892 betrug 21 452, wovon 4055, also etwa der fünfte Theil, auf Ausländer entfielen. Diesen stehen 2218 Löschungen gegenüber, so daß am Schlusse des Jahres 1892 in den Zeichenregistern 19 234 Marken eingetragen waren. An der Benutzung des Zeichenschutzes war am meisten betheiligt das Nahrungsmittelgewerbe mit etwa dem dritten Theil aller Zeichen; ihm folgte die Metallindustrie mit etwa dem siebenten Theil, die Textilindustrie mit etwa dem achten Theil der Zeichen. Alle übrigen Gewerbezweige traten dagegen erheblich zurück.[12])

Die Motive S. 7 folgern aus diesen Zahlen, daß das Gesetz seine Aufgabe im Allgemeinen gelöst hat, denn die Benutzung der Zeichenregister bezeuge, daß auf sehr wichtigen Gebieten der Produktion die Gewerbetreibenden des In- und Auslandes in der Nachsuchung des gesetzlichen Zeichenschutzes ein wirksames Mittel erkannten, um Eingriffe in ihre Interessensphäre zurückzuweisen, und daß das Publikum den unter Markenschutz stehenden Waarenbezeichnungen besonderes Vertrauen entgegenbrachte. Dieser Ansicht kann nicht unbedingt zugestimmt werden. Es bedarf nur eines Blickes auf die Zahl der Anmeldungen von Marken in anderen Staaten,[13]) um zu erkennen, daß die deutsche Industrie bisher von dem Zeichenschutz keinen weitgehenden Gebrauch gemacht hat.[14])

Darüber, ob das Gesetz seine Aufgabe, auf die heimische Industrie fördernd zu wirken, erfüllt hat, sind die Meinungen getheilt: nach Kohler S. 59 hat es Hervorragendes geleistet und zu dem erfreulichen Aufschwung der Industrie in hervorragender Weise beigetragen, nach Stegemann a. a. O. S. 27, 31 ff. hat es dieses Ziel nicht erreicht, weil es von Grund aus unhistorisch und unpraktisch war. Die Frage läßt sich in ihrer Allgemeinheit schwer beantworten. Das Ergehen der Industrie eines Landes hängt außer von seiner Gesetzgebung noch von unzähligen anderen Faktoren ab, und selbst innerhalb der Gesetzgebung nimmt (man denke an die in jeden Verkehr tief einschneidenden Bestimmungen des bürgerlichen und des Handelsrechts, an die Patent- und Mustergesetzgebung) das Markenrecht nur einen

[12]) Motive zum Gesetz vom 12. Mai 1894 S. 7, 22, 23.

[13]) Die Zahl der in den Jahren 1890 und 1891 angemeldeten Marken betrug in den Vereinigten Staaten von Nordamerika 2562 bezw. 2604, in Frankreich 7302 bezw. 6005, in Großbritannien 10 258 bezw. 10 787. Die Zahl der Eintragungen in Amerika und Großbritannien war natürlich bei dem dort geltenden Vorprüfungssystem geringer, als die Zahl der Anmeldungen — indessen in Deutschland fand eine Vorprüfung nicht statt, so daß wir aus jenen Ländern die Zahl der Anmeldungen zur Vergleichung heranziehen müssen (Zeitschrift für gewerbl. Rechtsschutz 1893 S. 77).

[14]) Klostermann in Schönberg Politische Oekonomie 1. Aufl., Bd. 1 S. 1015.

bescheidenen Platz ein. Trotzdem wird man für wichtige Zweige der Industrie einen sehr fühlbaren förderlichen Einfluß des Gesetzes behaupten dürfen. Man darf dabei nicht übersehen, wie unheilvoll die vor diesem Gesetze in einem großen Theile Deutschlands geltende Schutzlosigkeit der Marken auf den Verkehr wirkte. Stegemann freilich, als Sekretär der Bergischen Handelskammer, in deren Bezirk das Zeichenrecht von jeher eine treffliche Regelung gefunden hatte, empfand diesen Vortheil weniger, als den Rückschritt, welchen das deutsche Gesetz in wesentlichen Punkten hinter das Bergische Zeichenrecht machte.[15]) Schon die Existenz des Gesetzes, die Thatsache, daß die Marke in Deutschland Schutz, und zwar einen gleichmäßigen Schutz, genoß, wirkte auf Handel und Industrie günstig. Allerdings viele und wichtige Bestimmungen des Gesetzes erschienen von Anfang an reformbedürftig und die Ueberzeugung von der Nothwendigkeit ihrer Abänderung ergriff immer weitere gewerbliche und kaufmännische Kreise.[16])

Bereits im Februar 1876 richteten 150 Kaufleute und Fabrikanten in Remscheid eine Petition mit speziellen Abänderungsvorschlägen an den Reichskanzler, im Jahre 1884 schrieb der Sekretär der Aachener Handelskammer van der Borght,[17]) daß der Gedanke an eine Reform des Gesetzes immer weitere Kreise zu ergreifen beginne. Getragen wurde die Agitation zumeist von technischen Verbänden: dem Marken- und Musterschutzvereine deutscher Tabakindustrieller, dessen Syndikus Landgraf wiederholt zu Gunsten einer Reform das Wort ergriff,[18]) dem Vereine deutscher Nadelfabrikanten, dessen Wortführer

---

[15]) Aus diesem Grunde ist auch die überaus abfällige Kritik, welche der Remscheider Fabrikant Bäcker in seiner Schrift „Zum Zeichenschutz" (Remscheid 1876) an dem neuen Gesetz übt, nur als — nicht ungerechtfertigter — partikularistischer Schmerzensschrei aufzufassen.

[16]) Die Geschichte dieser Reformbewegung ist übersichtlich geschildert von Rießer: Zur Revision des Handelsgesetzbuchs 1889 S. 426—444, woselbst auch einschlägige Litteratur angegeben ist. Die letztere findet sich vollständig bei Schmid in der Zeitschrift für gewerbl. Rechtsschutz 1892 S. 237, 327, 345.

[17]) Im Vorworte einer „im Auftrage des Vereins deutscher Nadelfabrikanten zu Aachen" herausgegebenen Schrift „Das deutsche Markenschutzgesetz vor dem Tribunal des Reichs-Ober-Handels- und des Reichsgerichts" (Aachen 1884).

[18]) „Zur Reform des deutschen Markenschutzgesetzes." Drei Gutachten des Marken- und Musterschutzvereins deutscher Tabakindustrieller, verfaßt von dessen Generalsekretär, Syndikus Dr. Landgraf in Mannheim. Mannheim 1889.

van der Borght war,[19]) dem Vereine zur Wahrung der chemischen Interessen,[20]) der besonders rührigen Bergischen Handelskammer (Sekretär Stegemann)[21]) und namentlich von dem deutschen Handelstage.[22]) Eingehend beschäftigten sich mit der Reform die Konferenz für den Schutz des gewerblichen Eigenthums, welche zu Berlin vom 1. bis 3. Dezember 1890 tagte,[23]) sowie die Schriften von Hahn[24]) und Alexander-Katz.[25])

So weit beim Beginne der Bewegung auch die Ansichten und Wünsche auseinander gingen, so verdichteten sich schließlich doch die Reformvorschläge zu nachstehenden prinzipiellen Forderungen: Ersetzung des Anmeldeverfahrens durch Aufgebot oder Vorprüfung, Zentralisirung des Zeichenwesens, Ausdehnung des Zeichenrechts auf alle Gewerbetreibende. Von sonstigen Bestimmungen des Markenschutzgesetzes wurden lebhaft beanstandet: die Löschung des Zeichens wegen Zeitablaufs ohne vorherige Warnung und der Ausschluß der Wortmarken.

Gegen die Rechtsprechung der Instanzgerichte in Markenverletzungsprozessen wurde der Tadel laut, daß sie bei der Prüfung der Markenähnlichkeit einen formalistischen Standpunkt einnehme, indem sie skrupulös jede Verschiedenheit zwischen den beiden Zeichen hervorsuche und betone, statt sich auf den Standpunkt des oft geschäftsunkundigen Konsumenten zu stellen, dem beim Einkauf die Gelegenheit und Neigung zu einer solchen Vergleichung fehle. Der Rechtsprechung des Reichsgerichts wurde zum Vorwurf gemacht, daß sie wegen der kodifikatorischen Natur des Markenschutzgesetzes jede falsche und betrügerische Waarenbezeichnung für statthaft erklärte, wofern nur durch sie die Bestimmungen des Markenschutzgesetzes nicht verletzt würden, daß sie also einen Begriff der concurrence déloyale außerhalb dieses Gesetzes nicht anerkannte. Dieser Standpunkt des höchsten Gerichts wurde namentlich von Kohler[26]) unermüdlich bekämpft.

---

19) Vergl. die in Note 17 genannte Schrift, sowie „Leitende Gesichtspunkte für eine Reform des Markenschutzgesetzes".

20) Ihre Beschlüsse und Anträge sind in der Zeitschrift für gewerbl. Rechtsschutz 1892 S. 250 f. abgedruckt.

21) Stegemann Materialien zur Markenschutz-Gesetzgebung. Remscheid 1889.

22) Rießer a. a. O. S. 431 ff.

23) Die Beschlüsse finden sich bei Pieper „Sind die Industrieschutzgesetze gebessert?" Berlin 1891.

24) Das deutsche Markenschutzgesetz. Stuttgart 1887.

25) Die unredliche Konkurrenz. Berlin 1892.

26) S. 88 ff., sowie Kohler Aus dem Patent- und Industrierecht I S. 39—65.

Nachdem die Reichsregierung wiederholt das Bedürfniß einer Revision des Markenschutzgesetzes anerkannt hatte, ließ sie im Reichsamt des Innern einen Gesetzentwurf ausarbeiten. Der Entwurf, welcher während seiner Vorbereitung mit einer Versammlung von Sachverständigen und Vertretern verschiedener Industriegruppen einer eingehenden Berathung unterzogen worden war,[27]) wurde am 24. August 1892 in Nr. 199 des Reichs-Anzeigers veröffentlicht, um die Interessenten durch diese Veröffentlichung zu Aeußerungen über den Entwurf zu veranlassen.

Diese Absicht wurde vollauf erreicht, denn in lebhaftester Weise traten dieselben in die Erörterung des Entwurfs ein. An dieser betheiligte sich namentlich der am 19. Dezember 1891 gegründete Deutsche Verein für den Schutz des gewerblichen Eigenthums in überaus rühriger Weise durch Diskussionen, Denkschriften, Gegenvorschläge, sowie durch vielseitige Publikationen in seinem Vereinsorgane, der Zeitschrift für gewerblichen Rechtsschutz.[28])

Der Entwurf wurde in mehreren Punkten abgeändert, demnächst in Nr. 39 des Reichs-Anzeigers von 1893 veröffentlicht, sowie am 9. März 1893 dem Reichstage vorgelegt. Am 20. April 1893 fand daselbst die erste Berathung statt, die mit der Verweisung der Vorlage an eine Kommission von 21 Mitgliedern endete. Dieselbe berieth unter dem Vorsitze des Dr. Hammacher den Entwurf in erster Lesung,[29]) an der Vollendung der zweiten Lesung wurde sie durch die Auflösung des Reichstags gehindert.

Dem neuen Reichstage legte der Reichskanzler unter dem 25. November 1893 den Entwurf in etwas abgeänderter Form wieder vor.[30]) Die erste Berathung fand am 25. Januar 1894 statt, der Entwurf wurde am Schlusse derselben einer Kommission von 14 Mitgliedern überwiesen.[31]) Die zu diesem Zwecke gewählte XII. Kommission konstituirte sich am 29. Januar und erledigte, wiederum unter dem Vorsitze des Dr. Hammacher, die ihr gestellte Aufgabe durch zweimalige Berathung des Entwurfs in sieben Sitzungen. Berichterstatter war der Abgeordnete Schmidt (Elberfeld).

Ein Mitglied der Kommission, der Abgeordnete Roeren, versuchte den Entwurf durch Bestimmungen, welche die Bekämpfung des

---

27) Motive S. 9.

28) In dieser seit 1892 bestehenden Zeitschrift findet sich reichhaltiges Material, auf S. 352 ff. des Jahrgangs 1892 auch eine Zusammenstellung der anderswo veröffentlichten Schriften über den Entwurf.

29) Die Beschlüsse der ersten Lesung siehe in der Zeitschrift für gewerblichen Rechtsschutz 1893 S. 224.

30) Nr. 70 der Drucksachen des Reichstags 1893/94.

31) Stenogr. Berichte des Reichstags 1893/94 S. 877—885.

unlauteren Wettbewerbes auch auf anderen Gebieten als dem der Waarenbezeichnungen bezweckten, zu erweitern. Die Mehrheit der Kommission wollte indessen, da die Session des Reichstags ihrem Ende nahte, das rasche Zustandekommen des Gesetzes nicht gefährden und sah deshalb davon ab, jenen Gedanken innerhalb des Rahmens dieses Gesetzes zu erledigen. Die Kommission empfahl aber dem Reichstage die Annahme folgender Resolution:

> die verbündeten Regierungen aufzufordern, dem Reichstage baldigst einen Gesetzentwurf vorzulegen, durch dessen Bestimmungen dem unlauteren Wettbewerb im Handel und Verkehr in weiterem Umfange entgegengetreten wird.

Der Bericht der Kommission[32]) datirt vom 11. April 1894; schon am 16. April 1894 fand die zweite, am 19. April die dritte Lesung im Reichstage statt.[33]) Das Gesetz drohte noch in letzter Stunde zu scheitern. Der Abgeordnete Roeren hatte zu der zweiten Lesung seinen in der Kommission abgelehnten Antrag von neuem eingebracht. Derselbe lautete:[34])

> Wer zum Zwecke der Täuschung im Handel und Verkehr über den Ursprung und Erwerb, über besondere Eigenschaften und Auszeichnungen von Waaren, über die Menge der Vorräthe, den Anlaß zum Verkauf oder die Preisbemessung falsche Angaben macht, welche geeignet sind, über Beschaffenheit, Werth oder Herkunft der Waare einen Irrthum zu erregen, wird vorbehaltlich des Entschädigungsanspruchs des Verletzten mit Geldstrafe bis zu 3000 Mark oder Gefängniß bis zu 3 Monaten bestraft.
>
> Das Gericht kann, auch wenn die Voraussetzungen der §§. 814, 819 der Civilprozeßordnung nicht vorliegen, auf Antrag der Betheiligten, dem die erforderlichen Nachweise beizufügen sind, im Wege der einstweiligen Verfügung Anordnungen treffen, die geeignet sind, die zum Zwecke der Täuschung bewirkten Veranstaltungen und Ankündigungen zu verhindern.

Der Reichstag nahm trotz des lebhaftesten Widerspruchs der Vertreter der verbündeten Regierungen den Antrag mit 131 gegen 112 Stimmen an.

Beim Beginn der dritten Lesung erklärte der Staatssekretär

---

[32]) Nr. 298 der Drucksachen des Reichstags 1893/94.

[33]) Stenogr. Berichte des Reichstags 1893/94 S. 2156—2178, 2254 bis 2257, 2286.

[34]) Nr. 325 der Drucksachen des Reichstags 1893/94.

von Boetticher, daß nach seiner Ansicht der Entwurf vom Bundesrath nicht genehmigt werden würde, wenn der Reichstag bei seinem Votum verbliebe, dafür gebe er aber die Zusicherung, sich ernstlich zu bemühen, um bis zur nächsten Sitzung dem Reichstag einen Gesetzentwurf vorzulegen, der das Gebiet des unlauteren Wettbewerbs behandelt und der darauf abzielt, auf dem ganzen Gebiet der Gewerbthätigkeit wieder Treu und Glauben zur Geltung zu bringen. Der Reichstag lehnte darauf jene Bestimmung ab und nahm den Gesetzentwurf, sowie die von der Kommission vorgeschlagene Resolution an.

Nachdem der Bundesrath seine Zustimmung ertheilt hatte, wurde das Gesetz zum Schutz der Waarenbezeichnungen vom 12. Mai 1894 im Reichs-Gesetzblatt (S. 441) publizirt. Es ist am 1. Oktober 1894 in Kraft getreten.

5. Das Gesetz vom 12. Mai 1894.

Das Gesetz unterscheidet zwischen „Ausstattung" und „Waarenzeichen". Unter ersterer versteht es die besondere Art, in welcher ein Gewerbetreibender seine Waaren oder deren Umhüllung oder seine Geschäftspapiere ausstattet, damit der Abnehmer daran die Quelle, aus welcher die Waare stammt, erkennt. Die Ausstattung kann entweder in einer Eigenartigkeit der Waare, Verpackung u. s. w. selbst bestehen oder in einem besonderen Kennzeichen, welches mit der Waare, Verpackung u. s. w. in Verbindung gebracht ist. Letztere Kennzeichen nennt das Gesetz „Waarenzeichen". Dieses bildet also nur eine Unterabtheilung des Begriffes „Ausstattung", zu letzterer gehören außerdem z. B. die eigenthümliche Form und Farbe der Waare, Verpackung u. s. w.

Jede Ausstattung, also auch das Waarenzeichen, wird, wenn sie innerhalb betheiligter Verkehrskreise als Kennzeichen der Waaren eines bestimmten Gewerbetreibenden gilt, auch ohne Eintragung zivil- und strafrechtlich gegen betrügliche Nachahmung geschützt. Das Waarenzeichen, nicht die andere Ausstattung, kann aber auch ohne daß es als solches Kennzeichen bisher bekannt gewesen oder überhaupt verwendet worden ist, zur Eintragung in die Zeichenrolle angemeldet werden.

Berechtigt, sich ein Waarenzeichen (das Gesetz nennt es auch schlechtweg „Zeichen", vermeidet dagegen den Ausdruck „Marke") eintragen zu lassen, sind nicht bloß Kaufleute, die eine eingetragene Firma führen, sondern alle Gewerbetreibende. Sie können sich ihr Waarenzeichen frei wählen. Wortmarken sind zulässig, wofern das gewählte Wort nicht in einer begrifflichen Beziehung zu der Waare steht, außerdem sind nicht schutzfähig Freizeichen, sowie solche Waarenzeichen, welche ausschließlich in Zahlen oder Buchstaben bestehen, oder welche öffentliche Wappen, Aergerniß erregende Darstellungen oder ersichtlich irreführende Angaben enthalten. Waarenzeichen, die zur Charakteristik des Geschäftsbetriebes oder von Waarengattungen dienen, giebt es nicht, das Zeichen dient nur zur Unterscheidung bestimmter Waaren eines gewissen Geschäftsbetriebes. Das Zeichen ist Pertinenz dieses Betriebes: es kann nur mit ihm zusammen auf einen Anderen übergehen und soll gelöscht werden, wenn der Betrieb aufhört. Eine Markenpflicht kennt das Gesetz nicht.

Das Gesetz gewährt den Zeichenschutz nur eingetragenen Zeichen. Das Zeichenwesen ist zentralisirt, indem die Eintragung ausschließlich in der Zeichenrolle des Patentamts geschieht. Es findet eine Vorprüfung der angemeldeten Zeichen statt. Ergiebt dieselbe, daß ein Freizeichen oder ein nicht schutzfähiges Waarenzeichen vorliegt, so wird die Eintragung ohne Zulassung des Rechtswegs versagt.

Das angemeldete Zeichen muß sich von den für dieselbe oder für gleichartige Waaren früher angemeldeten deutlich unterscheiden. Ist dies nach Ansicht des Patentamts nicht der Fall, so kommt es darauf an, ob der von ihm benachrichtigte Inhaber des älteren Zeichens Widerspruch erhebt oder nicht. Thut er es, so ist die Eintragung zu versagen; die Entscheidung des Patentamts über die Uebereinstimmung der beiden Zeichen ist im Ertheilungsverfahren unanfechtbar.

Eine Eintragung der Freizeichen in einer besonderen Rolle findet nicht statt.

Nach Ablauf von zehn Jahren wird das Zeichen von Amtswegen gelöscht. Der Inhaber kann aber inzwischen die Anmeldung erneuern, dann läuft von dem Tage der Erneuerung eine neue zehnjährige Schutzfrist; die Erneuerung kann beliebig oft wiederholt werden. Der Inhaber kann sogar, wenn das Patentamt ihn von dem Zeitablauf benachrichtigt hat, die Erneuerung der Anmeldung binnen Monatsfrist nachholen. Von Amtswegen wird das Zeichen noch gelöscht, wenn die Eintragung hätte versagt werden müssen. Sonst erfolgt die Löschung nur auf Antrag. Auf Antrag des Inhabers des Zeichens erfolgt sie ohne Weiteres. Ein Dritter hat einen Anspruch auf Löschung nur in vier bestimmten Fällen (§. 9), er muß ihn durch Klage vor den ordentlichen Gerichten geltend machen. Die Klage steht in zwei Fällen, in denen das Zeichen in Privatrechte eingreift, nur dem Verletzten, in den beiden anderen Fällen (Unzulässigkeit der Eintragung, Nichtfortsetzung des Geschäftsbetriebes) Jedermann zu.

Das Zeichenrecht entsteht erst mit der Eintragung. Letztere ist zwar nicht die einzige Voraussetzung, doch darf, so lange das Zeichen eingetragen steht, ihm der Schutz nicht deshalb versagt werden, weil es zu Unrecht eingetragen ist. Eine Prüfung der Rechtmäßigkeit der Eintragung kann nur im Löschungsverfahren oder nach der Löschung stattfinden. Die Löschung hat rückwirkende Kraft bis zu dem Zeitpunkte, in dem zuerst ein Rechtsgrund zur Löschung vorlag.

Das Zeichenrecht ist ein absolutes Vermögensrecht. Sein privatrechtlicher Charakter kommt namentlich in nachfolgenden Bestimmungen zum Ausdruck: nur der Zeichenberechtigte kann verhindern, daß ein mit seinem kollidirendes Zeichen eingetragen wird oder in der Zeichenrolle stehen bleibt; die Verletzung eines Zeichens ist ein Antragsdelikt, der Antrag kann zurückgenommen werden; die Veröffentlichung der Verurtheilung steht im Belieben des Berechtigten. Das staatliche Interesse drückt sich vornehmlich in der Einrichtung der Zeichenrolle, in der Vorprüfung und in den die internationalen Beziehungen regelnden Bestimmungen aus.

Die Verletzung des Zeichenrechts wird, wenn sie wissentlich geschieht, strafrechtlich geahndet und zieht, wenn sie aus Vorsatz oder grober Fahrlässigkeit begangen wird, die Entschädigungspflicht nach sich. Statt der Entschädigung kann im Strafverfahren auf eine Buße erkannt werden. Denselben Schutz genießen Name und Firma, ohne daß es bei ihnen einer Eintragung bedarf.

Ausländer — maßgebend ist nicht die Staatsangehörigkeit, sondern der Ort der Niederlassung — haben nur im Falle der Gegenseitigkeit Anspruch auf den Schutz des Gesetzes. Handelt es sich um Zeichenschutz, so müssen außerdem noch folgende Voraussetzungen vorliegen: sie müssen im Inlande einen Vertreter bestellen, ihre Marke muß den deutschen Vorschriften entsprechen und zur Zeit der hiesigen Anmeldung in ihrem Heimathslande Markenschutz genießen. Ausländische Waaren, deren Bezeichnung ein deutsches Zeichen-, Namen- oder Firmenrecht verletzt, unterliegen auf Antrag der Beschlagnahme und Einziehung, außerdem kann noch durch Beschluß des Bundesraths, wenn deutsche Waaren im Auslande eine auf ihre Herkunft hinweisende Bezeichnung tragen müssen oder bei der Zollabfertigung besonders ungünstig behandelt werden, gegen die Waaren des betreffenden Landes ein Vergeltungsrecht geübt werden.

Den eigentlichen unlauteren Wettbewerb trifft das Gesetz in zwei Bestimmungen. Jede betrügliche Nachahmung einer nicht eingetragenen Ausstattung (unerheblich ist die Eintragsfähigkeit) zieht, wie oben erwähnt, wenn diese Ausstattung im Verkehr als Kennzeichen der Waaren eines bestimmten Gewerbetreibenden gilt, Strafe und Entschädigungspflicht nach sich. Letztere treffen auch den, welcher einen falschen Herkunftsort der Waare angiebt, um über Beschaffenheit und Werth der Waare einen Irrthum zu erregen.

Das Gesetz regelt also außer dem Zeichenrecht auch den unlauteren Wettbewerb einschließlich des Namens- und Firmenschutzes auf dem Gebiete der Waarenbezeichnung. Da es in diesen Grenzen sich als eine abschließende Kodifikation darstellt, so sind alle älteren reichs- und landesrechtlichen Bestimmungen über diese Materien aufgehoben. Für die Zeichen, welche vor dem 1. Oktober 1894 zu den Zeichenregistern angemeldet waren, sind besondere Uebergangsbestimmungen getroffen.

6. Internationale Verträge.

Dem Zeichenrecht, wie den gewerblichen Urheberrechten eigenthümlich ist der internationale Charakter. Sie sprechen nicht die Sprache eines einzelnen Landes, sondern durch ihre gewerbliche Erscheinung die überall verständliche Sprache der Befriedigung menschlicher Bedürfnisse. Es liegt in ihrem Wesen, sich über die Schranken ihres Landes zu verbreiten und in den Wettbewerb mit fremden Ländern zu treten (v. Beck-Mannagetta a. a. O. S. 52).

Diesem Ausdehnungstriebe kommen in der Neuzeit internationale Vereinbarungen zwischen einer Mehrheit von Staaten entgegen. Zwei Gruppen kommen in Betracht. Die eine ist die sog. Union. Sie beruht auf der convention constituant une union internationale pour la protection de la propriété internationale vom 20. März 1883. Zu ihr gehören Belgien, Brasilien, Frankreich, Großbritannien, Guatemala, Italien, Niederlande, Norwegen, Portugal, San Salvador, Schweden, Schweiz, St. Domingo, Serbien, Spanien, Tunis und die Vereinigten Staaten von Nordamerika; Dänemark hat seinen Beitritt jetzt angemeldet. Von den Kulturstaaten fehlen also, wenn man von Rußland absieht, hauptsächlich Deutschland und Oesterreich-Ungarn.[35]) Von den Bestimmungen der Konvention[36]) interessiren für das Markenrecht außer den allgemeinen Bestimmungen der Art. 2—4 noch besonders Art. 6—10. Dieselben lauten in deutscher Uebersetzung:

> Art. 6. Jede vorschriftsmässig in ihrem Ursprungslande eingetragene Fabrik- oder Handelsmarke soll ebenso in allen übrigen Unionsstaaten zur Eintragung zugelassen und geschützt werden.
>
> Als Ursprungsland soll das Land gelten, in welchem derjenige, der die Eintragung beantragt, seine Hauptniederlassung hat.

---

[35]) Der Grund des Nichtbeitritts liegt hauptsächlich auf patentrechtlichem Gebiete (v. Beck-Mannagetta a. a. O. S. 59 N. 1. Für Deutschland vergl. den Aufsatz in Glaser's Annalen für Gewerbe und Bauwesen 28, 1).

[36]) Siehe ihren vollständigen Text bei Pouillet p. 952 und in deutscher Uebersetzung in der Zeitschrift für gewerblichen Rechtsschutz 1892 S. 35.

Wenn diese Hauptniederlassung nicht in einem der Unionsstaaten gelegen ist, so soll als Ursprungsland das Land betrachtet werden, welchem der Antragsteller angehört.

Die Eintragung kann verweigert werden, wenn der Gegenstand, für welchen sie nachgesucht wird, gegen die guten Sitten oder die öffentliche Ordnung verstösst.

Art. 7. Die Natur des Erzeugnisses, für welches die Fabrik- oder Handelsmarke bestimmt ist, kann in keinem Falle ein Hinderniss für die Eintragung der Marke bilden.

Art. 8. Ein Handelsname soll auch ohne amtliche Eintragung in allen Unionsstaaten geschützt sein, mag derselbe den Theil einer Fabrik- oder Handelsmarke bilden oder nicht.

Art. 9. Jede Waare, welche widerrechtlich eine Fabrik- oder Handelsmarke oder einen Handelsnamen trägt, soll bei ihrer Einfuhr in diejenigen Unionsstaaten, in denen diese Marke oder dieser Name Anspruch auf gesetzlichen Schutz hat, mit Beschlag belegt werden können.

Die Beschlagnahme erfolgt nach Maassgabe der Landesgesetzgebung entweder auf Antrag der Staatsbehörde oder des Interessenten.

Art. 10. Die Bestimmungen des vorhergehenden Artikels finden Anwendung auf jede Waare, welche fälschlicher Weise den Namen eines bestimmten Ortes als Ursprungsbezeichnung trägt, sofern dieser Bezeichnung zum Zweck der Täuschung ein erfundener oder wirklich bestehender Handelsname beigefügt ist.

Als Interessent gilt jeder Fabrikant oder Kaufmann, der bei der Herstellung oder bei dem Verkauf dieser Waare betheiligt ist und an dem Orte, welcher fälschlicher Weise als Ursprungsort bezeichnet ist, seine Niederlassung hat.

Die Bestimmungen der Konvention wurden ergänzt durch die Beschlüsse der Konferenzen von Rom 1886 und von Madrid 1890. Das IV. Protokoll der Madrider Konferenz[37]) bestimmt unter Nr. V:

---

[37]) Eine deutsche Uebersetzung desselben befindet sich in der Zeitschrift für gewerbl. Rechtsschutz 1892 S. 69.

1. Die Fabrikmarken von Gemeinden oder von Gesellschaften werden ebenso geschützt, wie die Marken natürlicher Personen. Die Bewirkung der Anmeldung sowie die Verfolgung der widerrechtlichen Aneignung der Marken kann durch jede interessirte Behörde, Gesellschaft oder Privatperson erfolgen.
2. Eine Fabrikmarke kann in keinem der Unionsstaaten zum Gemeingut werden, so lange sie Gegenstand eines ausschliesslichen Rechtes im Ursprungslande bleibt.

Außerdem sind in Madrid zwischen mehreren Unionsstaaten Spezialkonventionen abgeschlossen worden. Die eine[38]) wendet sich gegen die Bezeichnung von Waaren mit einem falschen Herkunftsort und schreibt deren Beschlagnahme eventuell Einfuhrverbot vor. Die andere[38]) schafft ein internationales Markenregister in Bern. Wenn der Angehörige eines Verbandsstaates eine Marke in dieses Register eintragen läßt, so erlangt die Marke dadurch ohne Weiteres in allen Verbandsstaaten Schutz. Die Anmeldung zu dem Register erfolgt erst, nachdem die Marke in dem Heimathsstaate des Anmelders eingetragen worden ist; sie wird auf Antrag des Zeicheninhabers von seiner Heimathsbehörde besorgt. Der durch die Eintragung in das Berner Register erlangte Schutz dauert zwanzig Jahre, endet aber schon früher, wenn das Zeichenrecht im Heimathslande vorher erlischt.[39])

Die zweite Gruppe beruht auf **Sonderverträgen**, welche das **Deutsche Reich** mit einzelnen Staaten abgeschlossen hat: mit Oesterreich-Ungarn am 6. Dezember 1891 (Reichsgesetzbl. 1892 S. 289), mit Italien am 18. Januar 1892 (Reichsgesetzbl S. 293), mit Serbien am 21./9. August 1892 (Reichsgesetzbl. 1893 S. 317) und mit der Schweiz am 13. April 1892 (Reichsgesetzbl. 1894 S. 511). Der Text dieser Verträge ist in den Anlagen (Nr. 3 bis 6) abgedruckt, die markenrechtlichen Bestimmungen sind daselbst erläutert. Diese Gruppe bildet insofern keinen Verband, als jene Verträge nicht für das Verhältniß Oesterreich-Ungarns, Italiens, Serbiens und der Schweiz unter einander gelten.

---

[38]) Den Text beider Vereinbarungen giebt **Amar** p. 638 ff.; eine deutsche Uebersetzung findet sich in der Zeitschrift für gewerbl. Rechtsschutz 1893 S. 279.

[39]) Die Ausführungsverordnung zu dieser Konvention ist abgedruckt bei **Amar** p. 664 ff. Sie bestimmt die Gebühr für die Eintragung in das internationale Register auf 100 Francs. — Eine Uebersetzung ist in der Zeitschrift für gewerbl. Rechtsschutz 1893 S. 283.

Gesetz zum Schutz der Waarenbezeichnungen.

Vom 12. Mai 1894.

Wie schon der Titel zeigt, geht das Gesetz über den Rahmen des Gesetzes über den Markenschutz von 1874 hinaus. Es regelt das gesammte Gebiet der Waarenbezeichnung, also außer dem Zeichenrecht auch das Namen-, Firmenrecht (§§. 13, 14) und den unlauteren Wettbewerb, concurrence déloyale (§§. 15, 16), soweit sie in jenes Gebiet eingreifen.

Das Gesetz ist eine abschließende Kodifikation dieser Materie (Motive S. 9) und ersetzt alle früheren reichs- und landesrechtlichen Bestimmungen über dieselbe. Es können also die, namentlich im französischen Recht sehr ausgebildeten Grundsätze über die concurrence déloyale (Pouillet n⁰ 459 bis 695, Amar p. 503 ff., Kohler S. 73ff., O. Mayer in der Zeitschrift für Handelsrecht 26, 363, Alexander-Katz Die unredliche Konkurrenz, 1892, Bachem Der unlautere Wettbewerb, 1892, Katz in der Zeitschrift für gewerbl. Rechtsschutz 1892 S. 7), nicht dazu verwendet werden, um Lücken des Gesetzes auszufüllen. (So schon unter der Herrschaft des Markenschutzgesetzes: R.G. 3, 67; 18, 93; 29, 57; a. M. Kohler S. 88 ff. und Kohler Aus dem Patent- und Industrierecht I S. 39 ff.) Wohl aber sind diese Grundsätze anwendbar, wenn sich der unlautere Wettbewerb auf einem anderen Gebiete als der Waarenbezeichnung bethätigt, ebenso wie die generellen Vorschriften des Handelsgesetzbuchs über die Firma ungeachtet der §§. 13, 14 dieses Gesetzes fortbestehen.

Wir **Wilhelm**, von Gottes Gnaden Deutscher Kaiser, König von Preußen ꝛc.

verordnen im Namen des Reichs, nach erfolgter Zustimmung des Bundesraths und des Reichstags, was folgt:

§. 1.

Wer in seinem Geschäftsbetriebe zur Unterscheidung seiner Waaren von den Waaren Anderer eines Waarenzeichens sich bedienen will, kann dieses Zeichen zur Eintragung in die Zeichenrolle anmelden.

1. Nach dem Markenschutzgesetz von 1874 genossen nur „Gewerbetreibende, deren Firma im Handelsregister eingetragen ist," den Vorzug, daß sie sich Waarenzeichen durch Eintragung schützen lassen konnten. Diese Beschränkung wurde allgemein angefochten, weil sich auch für Minderkaufleute, Handwerker, Bergbautreibende u. s. w. das Bedürfniß geltend machte, ihre Waaren und Produkte von anderen durch Zeichen zu unterscheiden. Deshalb wurde das Erforderniß, daß der Anmelder eines Zeichens eine Firma führt und daß diese Firma im Handelsregister eingetragen ist, fallen gelassen. In Folge dessen mußte auch die frühere formale Verbindung der Zeichenrolle mit dem Handelsregister beseitigt werden (N. 18).

2. Den Zeichenschutz kann jede handlungs- und rechtsfähige Person erlangen. Es ist nicht nothwendig, daß der Anmelder zur Zeit der Anmeldung ein Geschäft betreibt, es genügt, wenn er die Absicht hat, später ein solches zu betreiben und dann sich des Zeichens zu bedienen (N. 6). Es können auch mehrere Personen gemeinschaftlich ein Zeichen anmelden, wenn sie es in einem gemeinsamen Geschäftsbetrieb zu benutzen beabsichtigen; daß diese Personen eine gemeinschaftliche Firma führen, ist nicht nothwendig.

3. Ob der Anmelder ein Deutscher oder ein Ausländer ist, ist unerheblich. Hat er aber im Inlande keine Niederlassung, so ist §. 23 zu beachten.

4. Nicht bloß physische, sondern auch juristische Personen und solche Gesellschaften, denen das Gesetz Vermögensfähigkeit beilegt (z. B. Aktiengesellschaften, Kommanditgesellschaften, offene Handelsgesellschaften, eingetragene Genossenschaften, Gesellschaften mit beschränkter Haftung, Gewerkschaften), können Waarenzeichen anmelden. Ebenso der Reichs- und Landesfiskus, sowie ausländische Staaten, vorausgesetzt, daß sie gewerbliche Unternehmungen betreiben (z. B. Straßburger Tabakmanufaktur, Münchener Hofbräu, Porzellanmanufakturen in Berlin, Dresden oder Sèvres) oder betreiben wollen.

Gesellschaften oder Vereinigungen, welche vom Gesetz nicht als Träger von Vermögensrechten anerkannt werden, können Zeichenschutz indirekt dadurch erlangen, daß eine Vertrauensperson für Rechnung der Gesellschaft, aber in eigenem Namen ein Geschäft betreibt und für dieses das Zeichen anmeldet (N. 6). So geschieht die Fabrikation des Chartreuse für Rechnung des Klosters La Chartreuse, aber auf den Namen des Père Grézier, für den auch die Marke eingetragen ist (Kohler S. 220).

5. Der Anmelder muß zur Zeit der Anmeldung die Absicht haben, sich des Waarenzeichens in seinem Geschäftsbetriebe zur Unterscheidung seiner Waaren von den Waaren Anderer zu bedienen. Diese Absicht muß eine ernstliche sein. Meldet Jemand ohne diese Absicht ein Zeichen an, so hat er kein Recht auf Eintragung desselben. Darunter würde insbesondere eine Anmeldung fallen, welche lediglich erfolgt, um Andere, welche ein uneingetragenes Zeichen führen, an dem ferneren Gebrauche desselben zu verhindern oder darin zu beschränken (R.G. 13, 157; 15, 102) oder zu nöthigen, sich zum Vertriebe ihrer Waaren unter diesem Zeichen des Anmelders als Vermittler zu bedienen (Bolze 1, 308). Anders liegt die Sache, wenn der Anmelder das Zeichen wirklich zur Kennzeichnung seiner Waaren anwenden will, sollte er auch mit der Anwendung Zwecke verfolgen, welche dem Gesetze fremd sind, z. B. einen Anderen, welcher das Zeichen bisher führte, ohne es eintragen zu lassen, aus Rachsucht zu schädigen, das Publikum irre zu führen (Bolze 4, 219) überhaupt mit dem Zeichen illoyale Konkurrenz zu machen (R.G. 18, 93). Vergl. zu dieser Frage Kohler Aus dem Patent- und Industrierecht III S. 24.

Ebenso ist eine Eintragung unzulässig, wenn der Anmelder nicht die Absicht hat, sich selbst des Waarenzeichens zu bedienen, sondern wenn er nur eine vorgeschobene Person für einen Anderen ist, der allein sich des Zeichens bedienen soll. Dies wird insbesondere dann vorkommen, wenn dieser Andere in Deutschland keinen Schutz erlangen kann, z. B. weil seine Niederlassung sich in einem Staate befindet, in welchem deutsche Waarenbezeichnungen keinen Schutz genießen (§. 23). Anders liegt die Sache, wenn der Anmelder als Agent jenes Ausländers dessen Waaren hier vertreibt, denn dann erstreckt sich sein eigener Geschäftsbetrieb auf den Vertrieb der Waaren, für welche das Zeichen bestimmt ist (R.G. Straff. 16, 312).

6. Der Anmelder muß sich des Zeichens in seinem Geschäftsbetriebe bedienen wollen. Das Wesen eines solchen Betriebes besteht in der fortgesetzten auf Erwerb gerichteten Thätigkeit (R.G. Straff. 12, 388; R.G. im Patentblatt 1887 S. 65). Der Komplex alles dessen, was zur Ausübung dieser Thätigkeit gehört, macht den Betrieb aus. Zu ihm gehören die beweglichen und unbeweglichen Gegenstände, die ausstehenden Forderungen und sonstigen Rechte (darunter auch das Zeichenrecht), die sog. Chancen des Geschäfts d. h. die thatsächlichen Beziehungen, welche die Ausübung ermöglichen und befördern, mögen sie in Fabrikationsgeheimnissen, in der Kenntniß von Bezugs- oder Absatzquellen, in dem durch reelles Geschäftsgebahren oder hervorragende Leistungen erworbenen geschäftlichen Rufe oder Vertrauen bestehen, andererseits auch die Verbindlichkeiten (Staub Kommentar zu Art. 22 des Handelsgesetzbuchs §. 2).

Der Geschäftsbetrieb muß dem Anmelder gehören, d. h. er muß derjenige sein, in dessen Namen die Geschäfte abgeschlossen werden und der die Rechte und Verpflichtungen aus ihnen überkommt. Demnach haben der Handelsgehilfe, der Prokurist, der Direktor einer Aktiengesellschaft, der Aktionär, der stille Gesellschafter, der Geschäftsführer oder Gesellschafter einer Gesellschaft mit beschränkter Haftung u. s. w. als solche keinen Geschäftsbetrieb. Der Sozius einer offenen Handelsgesellschaft oder der persönlich haftende Gesellschafter einer Kommanditgesellschaft können ebenfalls nicht auf Grund dieser Eigenschaft für sich persönlich ein Zeichen anmelden. Wohl aber hat ein Agent ebenso wie jeder Vermittler einen eigenen Geschäftsbetrieb und ist deshalb zeichenberechtigt (R.G. Straff. 16, 312). Nicht nothwendig ist, daß der Anmelder die Geschäfte für eigene Rechnung betreibt. Es ist also angängig, daß Personen oder Gesellschaften, welche selbst nicht zeichenberechtigt wären, dadurch indirekt das Zeichenrecht erlangen, daß ein Dritter nach außen für sich, in Wirklichkeit aber für ihre Rechnung das Geschäft betreibt und für dasselbe das Zeichen anmeldet (N. 4).

Ein Gewerbetreibender kann mehrere Geschäftsbetriebe haben. Maßgebend dafür, ob eine Einheit oder Mehrheit des Betriebes stattfindet, ist nicht der Gegenstand des Betriebes: wenn ein Gutsbesitzer eine Brennerei und eine Molkerei, oder wenn ein Kaufmann ein Bank- und ein Getreidegeschäft betreibt, brauchen nicht nothwendig zwei Betriebe vorzuliegen. Vielmehr giebt der erkennbare Wille des Gewerbetreibenden den Ausschlag. Derselbe kann zwei gleichartige Betriebe dadurch zu selbstständigen Betrieben machen, daß er bei ihnen den Betriebsfonds, die Buchführung, den Geschäftskreis u. s. w. auseinanderhält, umgekehrt kann er durch Vereinigung dieser Momente zwei ungleichartige Betriebe zu einem vereinigen. Der Kaufmann wird seine bezügliche Absicht dadurch zum Ausdruck bringen, daß er im ersteren Fall zwei verschiedene Firmen, im letzteren nur eine einzige führt (vergl. O.H.G. 20, 34). Der Gewerbetreibende kann sich, wenn er mehrere Betriebe hat, nach seiner Wahl in einem oder in mehreren derselben des gleichen Zeichens bedienen, gleichviel ob die Betriebe gleichartig sind oder nicht; wegen der Anmeldung siehe N. 4 zu §. 2.

Daß der Anmelder bereits zur Zeit der Anmeldung ein Geschäft betreibt, verlangt das Gesetz nicht. Es steht nichts im Wege, daß Jemand, bevor er den Geschäftsbetrieb beginnnt, Zeichen, deren er sich in demselben bedienen will, eintragen läßt (Bolze 2, 335; vergl. R.G. 18, 93; 30, 1). Ebenso steht eine zeitweilige Einstellung des Betriebes einer Anmeldung nicht entgegen (Bolze 2, 335).

Das Zeichenrecht ist eine Pertinenz des Geschäftsbetriebes, in welchem das Zeichen verwendet werden soll. Dieser Zusammenhang tritt in mehreren Bestimmungen des Gesetzes zu Tage. Der §. 7 Abs. 1 gestattet den Uebergang des durch die Anmeldung oder Eintragung des Zeichens begründeten Rechts nur zusammen mit dem Geschäftsbetriebe, zu welchem das Waarenzeichen gehört, der §. 9 Abs. 1 Nr. 2 giebt jedem Dritten das Recht, die Löschung des Zeichens zu verlangen, wenn der Geschäftsbetrieb, zu welchem das Waarenzeichen gehört, von dem eingetragenen Inhaber nicht mehr fortgesetzt wird. Deshalb verlangt auch der §. 2 Abs. 1 bei der Anmeldung die Bezeichnung des Geschäftsbetriebes, in welchem das Zeichen verwendet werden soll, und schreibt der §. 3 Abs. 1 Nr. 2 die Eintragung dieses Geschäftsbetriebes bei dem betreffenden Zeichen in die Zeichenrolle vor.

7. Nothwendig ist, daß der Geschäftsbetrieb die Herstellung oder den Absatz von Waaren bezweckt. Unter letzteren sind hier körperliche Sachen, welche als Tauschobjekte dienen können, zu verstehen. Demnach können beispielsweise Aerzte, Rechtsanwälte, Patentagenten, Schauspieler mangels eines geeigneten Objekts keinen Zeichenschutz erlangen. Ebenso wenig steht er den Schriftstellern oder Künstlern für ihre Geistesschöpfungen zu. An dem körperlichen Niederschlag der letzteren (Buch, Bild, Statue) ist dagegen ein Zeichenschutz möglich. Derselbe kommt aber nur dem Buchdrucker, Verleger, Kunsthändler, Inhaber der Erzgießerei u. s. w. zu, dagegen nicht dem Schriftsteller und dem Künstler. Wenn auch der Künstler das körperliche Substrat seiner Idee (Bild, Statue) selbst herstellt und die Beifügung eines Zeichens auf demselben oft ein zweckmäßigeres Mittel zur Kennzeichnung seiner Autorschaft sein kann, als die Beifügung seines Namens, — zwei Momente, welche beim Schriftsteller nicht zutreffen — so muß doch ihnen beiden der Zeichenschutz versagt werden. Das Gesetz will nur die Geschäftstreibenden schützen, zu diesen gehören sie beide nicht. Wenn ihre Geistesschöpfungen auch für Andere Waaren sein mögen, so kann man doch von ihnen selbst nicht allgemein sagen, daß ihre Thätigkeit auf eine fortgesetzte Herstellung von Waaren zu Erwerbszwecken gerichtet ist. Wenn letzteres aber zutreffen sollte, wenn z. B. der Künstler zu einem Kunsthandwerker wird, so steht ihm der Zeichenschutz zu. (Aehnlich Kohler S. 224. Anders vielfach die französische Doktrin und Praxis, vergl. Pouillet n⁰ 425. Siehe auch Amar p. 40, 124.)

Da das Gesetz nicht zwischen beweglichen und unbeweglichen Sachen unterscheidet, so sind auch letztere als Waaren im Sinne dieses Gesetzes anzusehen. Es liegt, nachdem die Beschränkung des Zeichenschutzes auf den Handelsstand weggefallen ist (N. 1), kein Grund vor, dem Baumeister zu verwehren, die von ihm erbauten Häuser mit einem geschützten Zeichen zu versehen, ebenso kann ein gerechtfertigtes Interesse vorliegen, die Autorschaft an Schornsteinen, Kaminschloten u. s. w. zu kennzeichnen (a. M. unter der Herrschaft des alten Gesetzes: Meves S. 4, Kohler S. 213, Finger S. 15).

Naturprodukte (Rosen, Wein, Getreide) sind ebenso wie Thiere (Leonberger Hunde einer bestimmten Züchterei, Pferde eines bestimmten Gestüts oder eines bestimmten Pferdehändlers) Waaren im Sinne dieses Gesetzes (Kommissionsbericht S. 2).

Für Waaren, welche lediglich unsittlichen Zwecken dienen oder deren Herstellung oder Vertrieb absolut verboten ist, ist ein Zeichenschutz ausgeschlossen, denn der Staat darf seine Rechtsordnung nicht in den Dienst eines von ihm verpönten Verkehrs stellen. Anders ist es dagegen mit Waaren, deren Herstellung oder Vertrieb von einer obrigkeitlichen Erlaubniß abhängt (z. B. Sprengstoffe nach dem Reichsgesetz vom 9. Juni 1884) oder monopolisirt ist. Das Monopol steht dem Zeichenschutz nicht im Wege, weil der Zeicheninhaber vielleicht nur den Absatz im Auslande im Auge hat (Kohler S. 214 ff.; vergl. auch Seligsohn Patentgesetz S. 15 f.).

Es bedarf kaum der Erwähnung, daß diejenigen Kennzeichen, durch welche Jemand nicht seine Waaren, sondern sein Geschäftslokal von anderen unterscheiden will, z. B. Ladenschilder, nicht unter dieses Gesetz fallen (vergl. aber N. 7 zu § 12).

Der §. 2 Abs. 1 verlangt bei der Anmeldung eines Zeichens ein Verzeichniß der Waaren, für welche es bestimmt ist, dieses Verzeichniß ist nach §. 3 Abs. 1 Nr. 2 in die Zeichenrolle einzutragen.

8. Was das Verhältniß des Anmelders zu der Waare betrifft, so hat der Ausdruck „seiner Waaren" nicht die Bedeutung, daß der Schutz des Zeichens sich nur auf Waaren erstrecken soll, welche im Eigenthum, Besitz oder Gewahrsam des Anmelders stehen, sondern es wird damit nur der Gegensatz der Waaren, welche der Anmelder in den Verkehr bringen oder feilhalten will, zu denjenigen, welche von anderen Personen in Verkehr gebracht werden, bezeichnet (R.G. Straff. 16, 312; 23, 25; R.G. in der Zeitschr. für gewerbl. Rechtsschutz 1893 S. 117). Daß der Anmelder die Waaren, für welche er das Zeichen eintragen läßt, zur Zeit der Anmeldung bereits besitzt, ist um so weniger nothwendig, als diese Waaren zu jener Zeit noch gar nicht zu existiren brauchen. Der Anmelder kann sich schon im voraus für Waaren, welche er zu vertreiben beabsichtigt, Zeichen eintragen lassen. Er muß die Waare in den Verkehr bringen wollen; ob er sie auch hergestellt hat, ist unerheblich. Dem, welcher nur zu eigenem Verbrauch produziren will, steht deshalb der Zeichenschutz nicht zu; sonst aber können ihn Produzenten (z. B. Landwirthe, Gärtner, Bergbautreibende) ebenso erlangen, wie Zwischenhändler, Kommissionäre, Makler oder Exporteure.

Das Gesetz unterscheidet nicht zwischen Fabrik- und Handelszeichen, d. h. zwischen dem Zeichen desjenigen, welcher die Waare herstellt, und desjenigen, welcher sie vertreibt. Es kennt nur eine Art von Waarenzeichen — und mit Recht. Jene Scheidung ist thatsächlich undurchführbar, da für manche Verkehrszweige die Grenzlinie zwischen der auf die Erzeugung und der auf den Absatz von Waaren gerichteten Thätigkeit nicht mit Sicherheit sich würde feststellen lassen. Eine verschiedenartige Regelung der Rechtsbeziehungen bei beiden Zeichen ist überdies innerlich nicht gerechtfertigt. Das Zeichen des Verkäufers bietet häufig, namentlich im internationalen Verkehr, für die Güte der Waare eine ebenso zuverlässige Gewähr, wie das Zeichen des Produzenten, und hat daher in gleichem Umfange und unter gleichen Voraussetzungen, wie letzteres, Anspruch auf Schutz gegen Nachahmung (Motive S. 9, Kohler S. 270, Feigl S. 6). Es ist auch zulässig, daß beide Zeichen auf derselben Waare angebracht werden.

9. Das Waarenzeichen soll die Waaren des Anmelders von Waaren Anderer unterscheiden. Folglich fallen alle Zeichen, welche einem anderen Zwecke dienen, nicht unter dieses Gesetz. Es werden also durch dasselbe diejenigen Vorschriften nicht berührt, nach denen der Staat einzelne Waarenkategorien durch seine Organe prüfen und zum Zeichen der bestandenen Prüfung mit einer gesetzlich bestimmten Marke, sog. Schaumarke, versehen läßt (Beispiele bei Meves S. 5). Ferner gehören nicht hierher diejenigen Stempelzeichen, welche bei Gold- und Silbergeräthen den Feingehalt derselben anzugeben bestimmt sind (Reichsgesetz vom 16. Juli 1884, R.G.Bl. S. 120 und die zu demselben ergangene Ausführungsverordnung vom 7. Januar 1886, R.G.Bl. S. 1).

Freizeichen sind keine Waarenzeichen, denn sie deuten nicht auf den Ursprung der Waare hin und sollen die mit ihnen versehenen Waaren nicht von gleichartigen unterscheiden (N. 2, 3 zu §. 4). Vereinigt sich eine Mehrheit von Gewerbetreibenden, um ihre Waaren mit demselben Zeichen zu versehen (z. B. Flachsrose der Bielefelder Leinwandfabrikanten), so liegt gleichfalls ein Waarenzeichen im Sinne des Gesetzes nicht vor, weil jenem Zeichen die Beziehung auf ein bestimmtes Individuum fehlt. Ein solches Zeichen wäre ein Freizeichen (N. 4 zu §. 4).

Die Kontrollmarken, welche von sozialdemokratischen Genossenschaften (z. B. den Hutmachern) an diejenigen Fabrikanten abgelassen werden, welche gewisse Verpflichtungen zu Gunsten ihrer Arbeiter eingehen (Arbeitszeit, Arbeitslöhne u. s. w.), sind gleichfalls keine Waarenzeichen im Sinne dieses Gesetzes (Landgraf S. 18).

10. Das Waarenzeichen bildet eine Unterabtheilung der in §. 15 erwähnten Ausstattung, welche ein Gewerbetreibender zur Unterscheidung seiner Waaren von denen Anderer anwendet. Dasjenige, was das Waarenzeichen von der sonstigen Ausstattung sondert, ist im Gesetze nicht zum Ausdruck gebracht. Man kann es nur in dem Begriffe des Zeichens finden. Derselbe verlangt, daß es sich nicht um eine charakteristische Eigenschaft der Waare, der Verpackung, des Geschäftspapiers selbst handelt, sondern daß ein besonderes Merkzeichen in Frage steht, welches mit der Waare, Verpackung u. s. w. in Verbindung gebracht ist. Die eigenthümliche Form, Farbe, überhaupt äußere Gestaltung der Waare, Verpackung u. s. w. fällt demnach zwar unter den allgemeinen Begriff der Ausstattung, aber nicht unter den besonderen des Waarenzeichens. Es kann also weder die Kugelform der Seife, noch die eigenthümliche Flasche des Benediktinerlikörs, noch die eigenartige Verschnürung eines Waarenballens, noch die blaue Farbe einer Düte oder einer Faktura als Waarenzeichen eingetragen werden (Kommissionsbericht S. 7, Hauß in der Zeitschrift für gewerblichen Rechtsschutz 1893 S. 371; vergl. R.G. 18, 85).

Waarenzeichen sind also nur Zeichen, welche im Geschäftsbetriebe zur Unterscheidung der Waaren des Anmelders von den Waaren Anderer dienen sollen. Aber jedes Zeichen, welches diesem Zwecke dienen kann, gehört hierher, nicht bloß das figürliche Zeichen, sondern auch das Wortzeichen.

Im Gegensatz zum Namen und zur Firma kann der Anmelder sich das Zeichen willkürlich wählen und gestalten. Der Staat schreibt keine bestimmten Zeichen vor, deren sich diejenigen bedienen müßten, welche den Zeichenschutz erlangen wollen, sondern er überläßt es den Privaten, sich mit Rücksicht auf die Beschaffenheit der Waare und den Geschmack der Konsumenten geeignete charakteristische Zeichen auszuwählen. Auch darin liegt ein Unterschied von den in N. 9 erwähnten Schaumarken und Stempeln.

Das Zeichen kann seinen vorhin angegebenen Zweck nur erfüllen, wenn es einen seinem ganzen Umfange nach leicht erkennbaren, ohne lange Prüfung erfaßbaren Inhalt hat. Es muß, wie aus §. 20 hervorgeht, geeignet sein, in Demjenigen, welcher es im Handel und Verkehr wahrnimmt, unmittelbar einen individuellen Eindruck hervorzurufen und sich seinem Gedächtniß einzuprägen (R.G. 18, 85; 22, 93; a. M. Kohler Aus dem Patent- und Industrierecht II S. 17). Damit ist nicht gesagt, daß dem Käufer sofort auf den ersten Blick das Zeichen in das Auge fallen muß. Es steht nichts im Wege, das Zeichen auch an Stellen anzubringen, die erst durch Beseitigung der Verpackung, Entkorkung der Flasche sichtbar werden.

Das Zeichen, welches in einer figürlichen Darstellung besteht, kann entweder eine lineare, flächenmäßige Gestalt haben oder ein Erzeugniß der Plastik sein, z. B. eine in Hautrelief ausgeführte Figur, ein Ring, ein Knopf, ein angehängtes Schildchen, eine Plombe u. s. w. (Bolze 12, 123, a. M. Hauß a. a. O.). Es ist auch zulässig, daß ein Gegenstand, welcher als Kunstwerk, Photographie, Geschmacks- oder Gebrauchsmuster schutzfähig oder geschützt ist, als Zeichen angemeldet wird, ebenso wie es nicht ausgeschlossen ist, daß ein geschütztes Waarenzeichen nachträglich unter Musterschutz gestellt wird (R.G. Straff. 12, 173, Johow Entscheidungen des Kammergerichts 12, 41); in dem letzteren Falle ist allerdings die Rechtsbeständigkeit des Musters davon abhängig, daß dieses nicht durch die Eintragung als Zeichen die Eigenschaft der Neuheit verloren hat (Kommissionsbericht S. 6). Wegen des Schutzes der Kunstwerke vergl. noch §. 14 des Reichsgesetzes vom 9. Januar 1876. Ueber die Kollision zwischen dem Zeicheninhaber und dem Inhaber des Urheberrechts siehe N. 13.

Neu braucht das Zeichen nicht zu sein, weder an sich noch in seiner Eigenschaft als Zeichen. Man kann sowohl ein Zeichen, welches bereits für andere Waaren geschützt ist, anmelden, als auch eins, welches früher für dieselben Waaren eingetragen war; im letzteren Falle ist nur die Beschränkung des §. 4 Abs. 2 zu beachten.

Der §. 4 Abs. 1 schränkt den Begriff des eintragungsfähigen Waarenzeichens ein, indem er drei Kategorien von Zeichen die Eintragung versagt.

11. Die in der vorigen Note entwickelten Grundsätze führen zu einem der bisherigen Praxis entgegengesetzten Zustande. Bisher verlangte man wegen des Ausschlusses der Wortmarken, daß jedes Zeichen als Grundlage eine in die Augen fallende Figur hatte (R.G. 10, 56). Heute, wo Wortmarken im Allgemeinen zulässig sind (vergl. N. 12 zu §. 4), ist dieses Erforderniß weggefallen. Es steht nichts entgegen, Worte ohne jede figurative Zuthat als Waarenzeichen anzumelden, wofern sie nicht unter die Ausnahmen des §. 4 Abs. 1 Nr. 1 und Nr. 3 fallen. Diese Neuerung ist gerechtfertigt, denn es leuchtet ein, daß Wortbezeichnungen (z. B. Excelsior, Odol, Halma, Vaselin) sich dem Gedächtniß ebenso gut einzuprägen vermögen, wie bildliche Darstellungen, daß derjenige, welcher das Zeichen nicht gesehen hat, sondern es nur von Hörensagen kennt, ein Wort sogar besser behält, als ein Bild, endlich daß es bei Einkäufen häufig bequemer ist, die Waare durch ihre Benennung zu bezeichnen, als ihre Figurenmarke zu beschreiben. Die wichtigeren Kulturstaaten lassen deshalb fast durchweg (anders: Oesterreich-Ungarn und Schweden) Wortmarken zu.

Sollen dieselben aber völlig ihren Zweck erreichen, so darf das Gesetz den Schutz nicht auf die bei der Anmeldung angewendeten Buchstabenformen des Wortes beschränken, denn diese Darstellung tritt im Verkehr, wo die Waare unter ihrer sprachlichen Bezeichnung ge- und verkauft zu werden pflegt, regelmäßig hinter den Laut- und Klangwerth des gesprochenen Wortes zurück. Es muß also dem Anmelder freistehen, ob er sich mit dem Schutz jener Buchstabenformen begnügen oder den Klanglaut des Worts selbst, gleichviel in welchen Typen es dargestellt wird, geschützt haben will. Im letzteren Falle wird sein Recht auch dadurch nicht beeinträchtigt, daß Jemand durch andere Buchstaben denselben Klanglaut erzielt, z. B. anstatt „Vaselin" vaséline, anstatt arnaud „Arno" schreibt. Der Schutz des Klanglautes ist also von den körperlichen Darstellungsmitteln desselben ganz unabhängig. Wer ein Wort als Klanglaut geschützt haben will, wird dies in der seiner Anmeldung beigefügten Beschreibung zum Ausdruck zu bringen haben (N. 10 zu §. 2).

Ein Zeitungsverleger (aber nicht ein Redakteur) kann den Titel der Zeitung als Waarenzeichen anmelden. Er erlangt dadurch Schutz dagegen, daß dieser Titel für andere Zeitungen benutzt wird, und zwar ist er nach §. 20 auch gegen Modifikationen des Titels geschützt, wenn ungeachtet derselben die Gefahr einer Verwechselung im Verkehr vorliegt.

12. Den eigenen Namen oder die eigene Firma kann Jeder als Zeichen eintragen lassen. Dies hat indessen keinen besonderen Vortheil, da nach §. 14 Name und Firma auch ohne solche Eintragung den Schutz des Gesetzes genießen. Trotz der Eintragung ist derjenige, welcher denselben Namen oder die gleiche Firma führt, an der Fortführung seines Namens oder seiner Firma nicht gehindert (§. 13). An und für sich steht auch nichts im Wege, daß Jemand einen Namen oder eine Firma, welche ihm nicht zukommen, als Zeichen anmeldet. Nur wenn dadurch die Gefahr einer Täuschung begründet wird, hat das Patentamt nach §. 4 Abs. 1 Nr. 3 die Eintragung zu versagen. Ist es aber Name oder Firma „eines Anderen", so liegt in dem Gebrauche eines solchen Waarenzeichens ein Verstoß gegen §. 14 (N. 3 zu §. 14).

Von Alters her besteht, besonders bei Künstlern, die Sitte, ihren Namen durch einen Buchstaben oder durch mehrere in einander verschlungene Buchstaben auszudrücken. Derartige Monogramme können ebenso wie der Name als Marke benutzt werden, wofern sie nur nicht „ausschließlich" in Buchstaben bestehen; siehe darüber N. 15, 16 zu §. 4. Der Grundsatz des §. 13 gilt auch bei Monogrammen.

Unter Etikett versteht man zunächst eine an der Außenseite eines Gegenstandes, namentlich an Gefäßen oder Hüllen angebrachte Angabe über den äußerlich nicht erkennbaren Inhalt derselben (R.G. 1, 74). In einem Geschäftsbetriebe sind meistens verschiedene Etiketts in Gebrauch, um die verschiedenen Waarenarten und vor Allem die verschiedenen Waarensorten zu bezeichnen und zu unterscheiden. Im Gegensatz zu den Waarenzeichen, die nur für den Geschäftsverkehr mit Dritten Werth haben, haben die Etiketts schon im inneren Geschäftsbetrieb eine Aufgabe zu erfüllen. Sie sind die charakteristische Auszeichnung, an welcher der Geschäftsinhaber und sein Personal erkennt, welche Waarenart oder -sorte in der Flasche, Kiste oder dem Karton verpackt ist (Reuling in der Zeitschrift für gewerbl. Rechtsschutz 1892 S. 319). Allmählich ist aber mit Rücksicht auf die Absatzinteressen der Inhalt der Etiketts reichhaltiger gestaltet worden, man findet auf ihnen nicht bloß Preis-, Maß- und Gewichtsangaben, sondern auch figurative Darstellungen. Beschränkt sich das Etikett nur auf Angaben über Art, Zeit und Ort der Herstellung, über die Beschaffenheit, über die Bestimmung, über Preis-, Mengen- oder Gewichtsverhältnisse der Waare, so kann es nach §. 4 Abs. 1 Nr. 1 nicht als Waarenzeichen eingetragen werden; geht sein Inhalt aber darüber hinaus, indem es — neben jenen Angaben oder allein — andere Wörter oder Darstellungen enthält, so ist es eintragungsfähig. Es steht auch nichts im Wege, auf dem Etikett neben dem eingetragenen Waarenzeichen noch selbstständige Angaben oder Darstellungen anzubringen, dann ist nur ein Theil des Etiketts als Waarenzeichen geschützt. Etikett und Waarenzeichen sind also zwei selbstständige Begriffe, die Frage nach der Eintragungsfähigkeit des Etiketts kann nur nach dem jeweiligen Inhalt desselben entschieden werden (R.G. Straff. 14, 59). Für geschützte Etiketts ist die Vorschrift des §. 13 zu beachten. Unter welchen Voraussetzungen das nicht eingetragene Etikett als Ausstattung Schutz genießt, ist in §. 15 bestimmt.

Medaillen von Ausstellungen können, wenn nicht der Fall des §. 4 Abs. 1 Nr. 2 vorliegt, als Waarenzeichen eingetragen werden (R.G. Straff. 7, 214, Finger S. 13; a. M. Kohler S. 184, Landgraf S. 21). Dabei ist allerdings Voraussetzung, daß dem Anmelder die Medaille verliehen worden ist; ist dies nicht der Fall, so liegt der Fall des §. 4 Abs. 1 Nr. 3 und des §. 9 Abs. 1 Nr. 3 vor. Die Eintragung verleiht dem Berechtigten aber keine Befugnisse gegen diejenigen, denen die Medaille ebenfalls verliehen worden ist, denn bei diesen mangelt es an der in §. 14 verlangten Widerrechtlichkeit. Er kann nur gegen diejenigen vorgehen, denen die Medaille nicht verliehen ist und die sie trotzdem führen — darin liegt ein Surrogat für den zur Zeit noch fehlenden Medaillenschutz.

Längere Schrift- und Druckwerke, welche einer charakteristischen Form entbehren, sind keine Waarenzeichen, denn sie rufen in demjenigen, welcher sie im Geschäftsverkehr d. h. also ohne eingehendes Studium sieht, keinen derart individuellen Eindruck hervor, daß er daraufhin die bezeichnete Waare von anderen gleichartigen unterscheiden könnte (N. 10). Darunter fallen insbesondere längere Gebrauchsanweisungen, wie sie sich häufig in mehreren Sprachen ohne jede typische Eigenthümlichkeit auf Flaschen, Schachteln u. s. w. vorfinden. Der Eintragung von Wörtern, welche lediglich eine Gebrauchsanweisung enthalten, steht außerdem §. 4 Abs. 1 Nr. 1 entgegen.

13. Das Zeichen soll nicht in Rechte Dritter eingreifen (Kohler S. 161 ff.). Dies ist im Gesetz zwar nicht ausdrücklich ausgesprochen, folgt aber aus allgemeinen Rechtsgrundsätzen. Dieses Prinzip liegt z. B. den Vorschriften der §§. 5, 9 Abs. 1 Nr. 1 zu Grunde, welche dem Eingriff in ein älteres Zeichenrecht steuern wollen. Daß nicht der Schutz des konsumirenden Publikums zu diesen Vorschriften geführt hat, ersieht man daraus, daß, wenn der ältere Zeicheninhaber nicht widerspricht, das kollidirende Zeichen eingetragen wird und gegen Anfechtungen geschützt ist.

Ueber die Kollision mit einem fremden Namen- oder Firmenrecht siehe N. 12. Dieselben Grundsätze gelten bei der Anmeldung fremder Portraits oder Familienwappen als Zeichen, nur daß die Strafsanktion des §. 14 nicht Platz greift. Wegen der öffentlichen Wappen siehe §. 4 Abs. 1 Nr. 2.

Wenn ein Zeichen den auf Grund eines Urheberrechts für einen Anderen geschützten Gegenstand (z. B. Kunstwerk, Photographie, Geschmacksmuster) wiedergiebt (N. 10), so entsteht die Frage, ob dies gestattet ist. Die Urheberrechtsgesetze verbieten durchgehends die unbefugte Herstellung des geschützten Gegenstandes, welche in der Absicht der Verbreitung erfolgt, und die Verbreitung der unbefugt hergestellten Exemplare. In Folge dessen ist zu unterscheiden. Vervielfältige ich ein geschütztes Muster u. s. w. in der Absicht, es als Waarenzeichen zu gebrauchen, so ist dies unzulässig, ebenso wenn ich Muster u. s. w., die ohne Erlaubniß des Berechtigten hergestellt sind, als Waarenzeichen anmelde oder gebrauche, denn in der Anmeldung oder Anwendung als Waarenzeichen liegt eine Verbreitung. Dagegen steht nichts im Wege, daß ich die vom Berechtigten hergestellten Exemplare als Waarenzeichen anmelde oder anwende. Durch eine solche Anmeldung und die darauf folgende Eintragung nehme ich dem Autor die Möglichkeit, das Muster als Waarenzeichen anzuwenden, andererseits hindert mich sein Autorrecht, wenn der von ihm hergestellte Vorrath von Mustern zu Ende ist, mir weitere Exemplare selbst anzufertigen oder anfertigen zu lassen (Kommissionsbericht S. 6; a. M. Kohler S. 161 und in der Zeitschr. für gewerblichen Rechtsschutz 1893 S. 254; vergl. auch Pouillet n° 35, 36). Wegen dieses letzteren Umstandes ist es wenig zweckmäßig, ohne Zustimmung des Autors eines Musters u. s. w. dasselbe als Waarenzeichen anzumelden oder anzuwenden. Hat er mir die Erlaubniß gegeben, so laufen sein Autorrecht und mein Markenrecht an demselben Gegenstande neben einander her; sie werden beide verletzt, wenn ein Dritter das Muster nachbildet und als Waarenzeichen gebraucht. Natürlich kann der Autor sein Urheberrecht mir übertragen; ob dies der Fall ist, wenn er in meinem Auftrage das Muster entworfen hat, ist Thatfrage.

14. Es steht Jedem frei, mehrere Waarenzeichen gleichzeitig oder nach einander anzumelden. Ein in der Kommission des Reichstags gestellter Antrag, statt „eines Waarenzeichens" zu setzen „eines oder mehrerer Waarenzeichen", wurde abgelehnt, weil nach dem Sinn und Wortlaut der Vorlage in Verbindung mit der in den Motiven dazu gegebenen Erläuterung kein Zweifel darüber bestehe, daß für einen Geschäftsbetrieb auch mehrere Waarenzeichen zur Eintragung in die Zeichenrolle gelangen können (Kommissionsbericht S. 1).

Der Anmelder kann die verschiedenen Zeichen sowohl für verschiedene Waaren, als für dieselbe Waare eintragen lassen (unrichtig: Finger S. 25). Insbesondere kommt letzteres für den Handel nach überseeischen Ländern in Betracht, wo es zweckmäßig sein kann, für eine und dieselbe Waare, je nach deren Bestimmungsorte, verschiedene Zeichen zu führen. Aber es steht auch nichts im Wege, daß Jemand behufs Verwendung in demselben Lande sich mehrere Zeichen für dieselbe Waare schützen läßt. In diesem Falle kann er alle Zeichen gleichzeitig neben einander auf der Waare anbringen, er kann aber auch das eine oder das andere derselben nach seinem Belieben hierzu verwenden. Darauf, ob er bei der Anmeldung die Verwendung der verschiedenen Zeichen in demselben Lande oder in verschiedenen Ländern, ob er damals ihre gleichzeitige oder wahlweise Verwendung beabsichtigte, kommt es nicht an: er ist, wenn er mehrere selbstständige Zeichen für dieselbe Waare angemeldet hat, nie gehindert, seine ursprüngliche Absicht bezüglich ihrer Verwendung zu ändern (R.G. Straff. 6, 28; 7, 214). Dagegen ist eine neue Anmeldung erforderlich, wenn Jemand ein Zeichen für andere Waaren, als ursprünglich angemeldet, geschützt haben will.

15. Von der Anmeldung mehrerer selbstständiger Einzelzeichen ist die Anmeldung eines Kollektivzeichens zu unterscheiden. Darunter versteht man den Fall, daß Jemand mehrere Zeichen nur in ihrer Zusammenfassung und bei gleichzeitiger Verwendung in ihrer bei der Anmeldung gekennzeichneten Stellung zu einander, also als ein einheitliches Zeichen, geschützt wissen will. Es ist zulässig, daß Jemand, für den ein Zeichen bereits eingetragen ist, nachher noch ein anderes oder mehrere andere mit der Maßgabe anmeldet, daß die später angemeldeten zusammen mit dem bereitts eingetragenen ein einheitliches Zeichen bilden sollen (Rechtsprechung des R.G. in Strafsachen 1, 701).

Von den einzelnen heilen kann jeder anderen Inhalts, in Form und Art der Anbringung an der Waare verschieden sein. So kommt es z. B. häufig bei Spirituosen in Flaschen vor, daß ein Theil des Zeichens als Etikett auf der Flasche angebracht, ein anderer in die Kapsel eingeprägt und ein dritter in den Korken eingebrannt wird (Feigl S. 9). Es ist nicht nothwendig, daß das Kollektivzeichen dem Beschauer der Waare sofort als Gesammtbild entgegentritt, es kann z. B. auf der Vorder- und Rückseite der Waare oder Umhüllung vertheilt sein (Kohler S. 285, a. M. Finger S. 16; R.G. 10, 56 läßt die Frage offen, während R.G. Straff. 6, 28 sie anscheinend in unserem Sinne entscheidet).

Hier sind nicht die Einzelzeichen, sondern nur das Gesammtbild derselben geschützt. Es hängt von demjenigen, welcher mehrere Zeichen anmeldet, ab, ob er jedes einzelne derselben oder nur ihre Gesammtheit geschützt wissen will. So konnte beispielsweise Legrand, der Rechtsvorgänger der Société anonyme de la Distillerie de la Bénédictine, als er für den Benediktinerlikör elf Zeichen anmeldete, wählen, ob er für dieselben einzeln oder in ihrer Vereinigung den Schutz haben wollte (R.G. Straff. 6, 28). Die Anmeldung darf aber keinen Zweifel darüber lassen, ob der Anmelder das eine oder das andere will, ob er also die Eintragung eines einzigen Kollektivzeichens oder mehrerer selbstständiger Zeichen beantragt. Im ersteren Falle bedarf es nur eines einzigen Gesuchs, im letzteren so vieler, als er Zeichen anmeldet (N. 4 zu §. 2), im ersteren Falle ist die Gebühr nur einmal zu bezahlen, während im zweiten sie für jedes einzelne Zeichen zu zahlen ist (§. 2 Abs. 3); mehrere Zeichen sind in der Zeichenrolle unter verschiedenen Nummern, ein Kollektivzeichen ist unter einer Nummer einzutragen (N. 2 zu §. 3). Es ist zulässig, daß Jemand, der sich ein Kollektivzeichen schützen läßt, außerdem noch die einzelnen Bestandtheile desselben als selbstständige Zeichen anmeldet.

16. Das Gesetz versagt in §. 4 Abs. 1 Nr. 1 solchen Zeichen, welche ausschließlich in Zahlen, Buchstaben oder bestimmten Worten bestehen, die Eintragung. Daraus ergiebt sich, daß, wenn die Zeichen außer diesen Bestandtheilen noch andere enthalten, sie schutzfähig sind (N. 16 zu §. 4). Ebenso sind Freizeichen zwar an sich nicht eintragungsfähig, gleichwohl ist es zulässig, daß ein Freizeichen den Bestandtheil eines schutzfähigen Waarenzeichens bildet (N. 7 zu §. 4). Derart zusammengesetzte Zeichen nennt man kombinirte Zeichen. Sie stimmen mit den Kollektivzeichen (N. 15) darin überein, daß auch sie ein einziges Waarenzeichen bilden, unterscheiden sich aber von ihnen dadurch, daß sie nicht aus an sich schutzfähigen Einzelzeichen zusammengesetzt sind.

17. Die Anmeldung zur Zeichenrolle ist die Erklärung, daß der Anmelder für ein Zeichen den gesetzlichen Schutz verlangt. Mit ihr entsteht der Anspruch auf Ertheilung des Zeichenrechts. Die Anmeldung ist nicht seine einzige Voraussetzung, vielmehr müssen auch die materiellen Erfordernisse des §. 1 vorhanden sein und die Hindernisse der §§. 4, 5 fehlen, damit der Anspruch begründet ist, aber er wird erst durch die Anmeldung und mit ihr vollkommen (N. 1 zu §. 7). In Folge dessen giebt unter mehreren Anmeldern desselben Zeichens regelmäßig die Priorität der Anmeldung den Ausschlag, vorausgesetzt, daß die betreffende Anmeldung zur Eintragung des Zeichens führt (N. 2 zu §. 5). Das Zeichenrecht selbst entsteht jetzt nicht mehr, wie nach dem Markenschutzgesetz, durch die Anmeldung, sondern erst durch die Eintragung (N. 2 zu §. 12), die zehnjährige Dauer des Schutzes läuft aber von der Anmeldung (N. 3 zu §. 8).

Die Anmeldung ist fakultativ. Es kann Jedermann besondere Kennzeichen zur Unterscheidung seiner Waaren von denen Anderer anwenden, ohne daß er gezwungen ist, sie zur Eintragung anzumelden. Allerdings entbehrt er, wenn er sie nicht eintragen läßt, der Rechte des §. 12, und er läuft außerdem Gefahr, daß ein Dritter, welcher dieses Kennzeichen für sich eintragen läßt, ihn depossedirt. Das nicht eingetragene Waarenzeichen findet nur als Ausstattung gemäß §. 15 Schutz.

Eine Markenpflicht, d. h. eine Verpflichtung, bei gewissen Waaren Marken anzuwenden, ist im Gesetz nicht aufgestellt. Man könnte höchstens den Bundesrathsbeschluß vom 14. Juli 1879 §. 4 Al. 7 heranziehen, nach welchem Behälter, die Dynamit enthalten, mit der Firma oder der Marke der Fabrik, aus welcher das Dynamit herrührt, bezeichnet sein müssen.

18. Die Anmeldung erfolgt zur Zeichenrolle; es giebt nur eine Zeichenrolle für ganz Deutschland. Vor diesem Gesetz fand die Eintragung der Zeichen in dem Handelsregister desjenigen Ortes statt, in welchem der Anmelder seine Hauptniederlassung hatte; in Folge dessen waren, da die Führung des Handelsregisters den Amts- oder Landgerichten zusteht, viele Hunderte von Gerichten mit der Eintragung der Zeichen betraut. Die jetzige Zentralisirung hat vor allem den Vortheil, daß sie den betheiligten Kreisen eine zuverlässigere Uebersicht über die zu Recht bestehenden Zeichen gewährt, als sie früher möglich war, außerdem ermöglicht sie die Bildung einer einheitlichen Praxis in der Behandlung der mannigfachen, mit der Anmeldung, Eintragung und Löschung von Zeichen zusammenhängenden Fragen. Endlich gestattete die Loslösung der Zeichenrolle vom Handelsregister, den Zeichenschutz auch weiteren Kreisen, als bloß den eingetragenen Kaufleuten zugänglich zu machen (Motive S. 8).

Die Zeichenrolle wird beim Patentamt geführt (N. 1 zu §. 2), nähere Bestimmungen über sie trifft der §. 3.

§. 2.

Die Zeichenrolle wird bei dem Patentamt geführt. Die Anmeldung eines Waarenzeichens hat schriftlich bei dem Patentamt zu erfolgen. Jeder Anmeldung muß die Bezeichnung des Geschäftsbetriebes, in welchem das Zeichen verwendet werden soll, ein Verzeichniß der Waaren, für welche es bestimmt ist, sowie eine deutliche Darstellung und soweit erforderlich eine Beschreibung des Zeichens beigefügt sein.

Das Patentamt erläßt Bestimmungen über die sonstigen Erfordernisse der Anmeldung.

Für jedes Zeichen ist bei der Anmeldung eine Gebühr von dreißig Mark, bei jeder Erneuerung der Anmeldung eine Gebühr von zehn Mark zu entrichten. Führt die erste Anmeldung nicht zur Eintragung, so werden von der Gebühr zwanzig Mark erstattet.

Abs. 1, 2.

1. Für ganz Deutschland besteht eine einheitliche Zeichenrolle; über die Vorzüge dieser Zentralisirung siehe N. 18 zu §. 1. Mit Rücksicht auf die nahen Beziehungen zwischen dem Erfindungsschutz und dem Markenschutz hat man nach dem Vorbilde anderer Kulturstaaten die Verwaltung der Zeichenrolle dem Patentamt übertragen. Das Nähere bestimmt §. 1 der Kaiserlichen Verordnung vom 30. Juni 1894:

> Für die auf Waarenzeichen bezüglichen Angelegenheiten wird in dem Patentamt eine besondere Abtheilung gebildet, welche die Bezeichnung:
>
> Abtheilung für Waarenzeichen
>
> führt.

Die Abtheilung besteht aus einem rechtskundigen Mitglied als Vorsitzenden und aus Mitgliedern, welche rechtskundig oder in einem Zweige der Technik sachverständig sind. Die Zuweisung der Mitglieder an die Abtheilung erfolgt durch den Reichskanzler.

Im Falle der Verhinderung eines Mitglieds kann der Präsident des Patentamts einem anderen Mitgliede der Behörde die Vertretung übertragen.

2. In Ausführung des Abs. 2 hat das Patentamt unter dem 21. Juli 1894 nachstehende Bekanntmachung erlassen (Deutscher Reichs-Anzeiger vom 24. Juli 1894 Nr. 172):

Bestimmungen
über die Anmeldung von Waarenzeichen.

Auf Grund des §. 2 Absatz 2 des Gesetzes zum Schutz der Waarenbezeichnungen, vom 12. Mai 1894 (Reichs-Gesetzblatt Seite 441), werden die folgenden Bestimmungen über die Anmeldung von Waarenzeichen erlassen:

§. 1.

Die Anmeldung eines Waarenzeichens ist in der Form eines schriftlichen Gesuchs einzureichen, welchem die sonst erforderlichen Stücke als Anlagen beizufügen sind.

Für jedes angemeldete Zeichen ist ein besonderes Gesuch erforderlich.

Das Gesuch muss enthalten:

a) die Angabe des Namens, der Berufsstellung, des Wohnorts oder der Niederlassung des Anmelders;
b) den Antrag, dass das Waarenzeichen in die Zeichenrolle eingetragen werde;
c) die Bezeichnung des Geschäftsbetriebs, in welchem das Zeichen verwendet werden soll;
d) ein Verzeichniss der Waaren, für welche es bestimmt ist;
e) die Erklärung, dass die gesetzliche Gebühr von 30 ℳ an die Kasse des Patentamts — Berlin NW., Luisenstrasse 33/34 — eingezahlt sei oder gleichzeitig mit der Anmeldung eingehen werde, sofern die Eintragung nicht unentgeltlich zu erfolgen hat (§. 24 des Gesetzes vom 12. Mai 1894);
f) die Aufführung der Anlagen des Gesuchs unter Angabe ihrer Nummer und ihres Inhalts;
g) die Unterschrift des Anmelders oder seines Vertreters.

§. 2.

Das Gesuch ist in 2 Ausfertigungen einzureichen. Zu dem Gesuch sowie zu allen sonstigen Schriftstücken sind ganze Bogen in der Grösse von 33 zu 21 cm zu verwenden. Die Schriftstücke müssen leserlich geschrieben oder gedruckt sein.

§. 3.

Dem Gesuch ist eine Darstellung des Zeichens in vier gleichen Ausfertigungen beizufügen, von denen zwei je auf einen mit Heftrand versehenen halben Bogen zu kleben sind. Uebersteigt die Darstellung die Grösse von 33 zu 21 cm, so ist zu derselben Zeichenleinwand zu verwenden. Die Darstellung muss sauber und dauerhaft ausgeführt sein und die wesentlichen Bestandtheile des Zeichens deutlich erkennen lassen.

§. 4.

Erachtet der Anmelder eine Beschreibung des Zeichens für erforderlich, so ist dieselbe in zwei Ausfertigungen einzureichen. Dasselbe gilt für Modelle und Probestücke der mit dem Zeichen versehenen Waare.

Die Anlagen und Nachträge des Gesuchs, einschliesslich der Darstellungen, Probestücke u. s. w., müssen mit einer Aufschrift versehen sein, welche sie als Bestandtheile der Anmeldung kennzeichnet.

§. 5.

Hat die Prüfung der Anmeldung ergeben, dass die Eintragung des Zeichens in die Rolle erfolgen kann, so hat der Anmelder einen für die Vervielfältigung des Zeichens bestimmten Druckstock einzureichen.

Der Druckstock muss ein Holzschnitt, eine Zinkätzung oder ein Galvano sein. Behufs seiner Verwendbarkeit in der Buchdruckpresse muss er eine Schrifthöhe von 2,4 cm besitzen. Seine Grösse soll 6,5 cm in Höhe und Breite nicht übersteigen; in Ausnahmefällen kann, falls die Deutlichkeit es erfordert, eine grössere Ausführung zugelassen werden.

Der Druckstock muss derart beschaffen sein, dass er das angemeldete Zeichen in allen wesentlichen Theilen deutlich wiedergiebt. Ein mittels desselben gefertigter Abdruck des Zeichens ist in zwei Ausführungen beizufügen.

Auf Antrag des Anmelders kann auf Kosten desselben die Anfertigung des Druckstocks durch das Patentamt veranlasst werden.

§. 6.

Handelt es sich um die Anmeldung eines in Gemässheit des Gesetzes über Markenschutz vom 30. November 1874 eingetragenen Waarenzeichens (§. 24 des Gesetzes vom 12. Mai 1894), so ist mit der Anmeldung eine beglaubigte Abschrift der in dem bisherigen Register enthaltenen Eintragungen vorzulegen. War das Zeichen auf Grund eines älteren landesgesetzlichen Schutzes eingetragen, so ist darüber eine Bescheinigung der Registerbehörde beizubringen.

Berlin, den 21. Juli 1894.

Kaiserliches Patentamt.
von Koenen.

3. Das Gesuch ist schriftlich beim Patentamt einzureichen, kann dort also nicht zu Protokoll erklärt werden. Da der §. 34 des Patentgesetzes

> In Betreff der Geschäftssprache vor dem Patentamt finden die Bestimmungen des Gerichtsverfassungsgesetzes über die Gerichtssprache entsprechende Anwendung. Eingaben, welche nicht in deutscher Sprache abgefasst sind, werden nicht berücksichtigt.

auch hier Anwendung findet, so muß das Gesuch in deutscher Sprache abgefaßt sein, widrigenfalls es nicht berücksichtigt wird. Eine Person, die nicht im Inlande ihre Niederlassung hat, kann ein Zeichen nur anmelden, wenn sie gleichzeitig im Inlande einen Vertreter bestellt; sie ist berechtigt, aber nicht gezwungen, durch denselben die Anmeldung einzureichen (N. 9 zu §. 23); anderen Personen steht es natürlich auch frei, sich eines Vertreters zu bedienen. Der Vertreter muß sich durch eine schriftliche Vollmacht legitimiren. Das Nähere siehe in N. 9—16 zu §. 23.

3a. Der Anmelder hat seinen Vor- und Zunamen anzugeben. An Stelle des Namens tritt bei den firmenführenden Gesellschaften die Firma derselben.

Sehr zweifelhaft ist es, ob ein Einzelkaufmann nur unter seinem bürgerlichen Namen oder auch unter seiner Firma ein Zeichen anmelden kann. Nach diesseitiger Ansicht ist die erste Alternative die richtige, die Motive dagegen enthalten ohne weitere Begründung den Satz: „Personen, welche eine Firma führen, können wie unter ihrem bürgerlichen Namen, so auch unter ihrer Firma Zeichen anmelden." Die Gründe, welche Staub Kommentar zum Handelsgesetzbuch Art. 15 dafür anführt, daß ein Einzelkaufmann im Prozesse nicht unter seiner Firma auftreten kann, treffen zum größten Theil auch hier zu.

Die Definition des Handelsgesetzbuchs

> Die Firma eines Kaufmanns ist der Name, unter welchem er im Handel seine Geschäfte betreibt und die Unterschrift abgiebt

spricht nicht gegen uns. Denn mag auch die Verwendung eines Zeichens zum Betriebe des Handelsgewerbes gehören, so kann man doch nicht sagen, daß derjenige, welcher ein Zeichen beim Patentamt anmeldet, sich dabei „im Handel" befindet. Ausschlaggebend ist auch nicht, daß der §. 1 der patentamtlichen Bekanntmachung (N. 2) die Angabe des Namens des Anmelders verlangt, denn die Firma ist der Handelsname des Kaufmanns und bei Gesellschaften genügt unbedenklich ihre Angabe allein. Vielmehr ist entscheidend der Zweck der Anmeldung. Diese soll als Grundlage der Eintragung in die Zeichenrolle dienen. Diese Rolle soll u. a. gemäß §. 3 Abs. 1 Nr. 3 den Namen und Wohnort des Zeicheninhabers enthalten, sie steht nach §. 3 Abs. 2 Jedermann zur Einsicht frei. Folglich dient die Rolle dazu, daß Jeder sich mit Sicherheit darüber informiren kann, wer der Inhaber des Zeichens ist. Dies ist aber nicht der Fall, wenn der Kaufmann August Müller, welcher Karl Schulze firmirt, als „Karl Schulze" das Zeichen anmeldet. Zunächst kann Niemand wissen, ob nicht hinter Karl Schulze eine physische Person dieses Namens steckt; weiß man selbst, daß dies eine Firma ist, so kann man doch nicht stets wissen, wer der Inhaber dieser Firma ist, denn erstens sind trotz Art. 19 nicht alle Firmen im Handelsregister eingetragen, zweitens kann das Geschäft nebst Firma auf einen Anderen übergegangen sein, ohne daß diese Thatsache dort registrirt ist. Außerdem ist zu erwägen, daß Waarenzeichen und Firma nicht unzertrennlich sind. August Müller kann sein Geschäft nebst der Firma, aber ohne Zeichen verkaufen, ebenso kann er das Geschäft nebst Zeichen ohne die Firma verkaufen. Es muß aber aus der Rolle ersichtlich sein, wer der Inhaber des Zeichens ist, denn sonst kann den Vorschriften des Gesetzes (vergl. §. 5 Abs. 1, §. 7 Abs. 1 und 3, §. 8 Abs. 2, §. 9 Abs. 1 Nr. 2 und Abs. 3—5 u. s. w.) nicht genügt werden.

Klarheit kann nur gewonnen werden, wenn August Müller unter seinem persönlichen Namen anmeldet. Seine Firma wird er außerdem regelmäßig in der Anmeldung anführen, denn er hat den Geschäftsbetrieb, in welchem er das Zeichen verwenden will, anzugeben, und dies geschieht, indem er sagt, er wolle das Zeichen in seinem unter der Firma Karl Schulze betriebenen Handelsgeschäft verwenden (N. 5; vergl. auch N. 6 zu §. 1).

Gegen vorstehende Ausführungen kann man sich nicht darauf berufen, daß auch bei Handelsgesellschaften, welche unzweifelhaft unter ihrer Firma anmelden und in die Rolle eingetragen werden, Unklarheiten über ihre Mitglieder bestehen können. Denn dies ist eine Nothwendigkeit, die hingenommen werden muß, die aber keinen Grund bilden kann, um die Ungewißheit auch dort, wo sie zu vermeiden ist, zu erzeugen. Entsprechend hat das Kammergericht für die Liste der Genossen bei der eingetragenen Genossenschaft entschieden, daß zwar Gesellschaften in dieselbe unter ihrer Firma einzutragen sind, daß aber Einzelkaufleute, auch wenn in dem Beitritt zur Genossenschaft ein Handelsgeschäft liegt, damit kein Zweifel über die Persönlichkeit der Genossen obwalte, unter ihrem bürgerlichen Namen eingetragen werden müssen (Johow Entscheidungen des Kammergerichts 13, 51).

Das Patentamt wird bei Anmeldungen seitens einer Firma einen Auszug aus dem Handelsregister verlangen, um zu prüfen, einerseits ob der Anmelder zum Gebrauche einer Firma (man denke an Minderkaufleute!) und gerade dieser Firma befugt ist, andererseits, ob nicht die Firma eines Einzelkaufmanns vorliegt.

4. Da für jedes Zeichen ein besonderes Gesuch erforderlich ist, so muß Jemand, welcher mehrere Zeichen anmelden will, eine entsprechende

Zahl von Gesuchen einreichen. Ein Kollektivzeichen ist nur ein einziges Zeichen; will der Anmelder aber auch die einzelnen Elemente des Kollektivzeichens sich als selbstständige Zeichen schützen lassen, so muß er sie in besonderen Gesuchen anmelden (N. 15 zu §. 1).

Ein Zeichen kann in demselben Gesuche nur für einen einzigen Geschäftsbetrieb angemeldet werden. Will ein Gewerbetreibender dasselbe Zeichen in verschiedenen Geschäftsbetrieben verwenden, so muß er es für jeden besonders anmelden. Es liegen dann mehrere von einander unabhängige Zeichen vor, die in die Zeichenrolle unter verschiedenen Nummern einzutragen sind (N. 6 zu §. 1).

5. Wegen des Geschäftsbetriebes siehe N. 6 zu §. 1. Die Bezeichnung desselben geschieht etwa in der Weise, daß der Anmelder erklärt, er wolle das Zeichen in seiner Molkerei, in seinem Viehhandel, in seinem unter der Firma Karl Schulze betriebenen Tuch- und Getreidegeschäft, in seinem Handschuhgeschäft, in seinem Exportgeschäft, in seiner Gärtnerei u. s. w. verwenden. In dem dritten Beispiel wird der Anmelder dem Patentamt durch einen Auszug aus dem Handelsregister nachweisen müssen, daß das Tuch- und Getreidegeschäft einen einheitlichen Geschäftsbetrieb bildet (N. 6 zu §. 1), denn das Zeichen darf nicht in demselben Gesuch für verschiedene Betriebe angemeldet werden (N. 4).

6. Wegen der Waaren siehe N. 7 zu §. 1. Das Markenschutzgesetz verlangte bei der Anmeldung ein Verzeichniß der Waarengattungen. Unser Gesetz hat statt des letzteren Wortes „Waaren" gesetzt, um auszudrücken, daß solche allgemeine Angaben, wie sie bisher geduldet wurden („Maschinen", „Kurzwaaren", „chemische Produkte"), ferner nicht mehr zulässig sein sollen (Motive S. 10). Es wird Sache des Patentamts sein, durch das Verlangen einer genügenden Spezialisirung und genaueren Bezeichnung der Waaren die früher nicht seltenen Zweifel über die Grenzen des durch die Anmeldung begründeten Rechts zu beseitigen. Beispiele des Waarenverzeichnisses wären etwa: Stahlfedern; Tabak und Zigarren; Pferde; Brenn- und Bauholz; Steine, Kohlen, Bretter, Glaswaaren, Vieh, Wolle und Leinenwaaren.

Das letzte Beispiel zeigt, daß der Anmelder aus seinem Geschäftsbetriebe eine beliebige Zahl der verschiedenartigsten Waaren auswählen und in einem Gesuche vereinigen darf. Bei Schaffung des Gesetzes war allerdings von mehreren Seiten angeregt worden, nach dem Vorbilde des englischen Gesetzes ein Klassensystem in der Weise aufzustellen, daß jede Zeichenanmeldung nur Waaren aus einer bestimmten Klasse umfassen darf. Diesem Vorschlage wurde aber keine Folge gegeben und zwar hauptsächlich deshalb, weil im Handel, namentlich im Exportverkehr, häufig das Bedürfniß vorliegt, Waaren sehr verschiedener Art mit einem Zeichen zu decken. Allerdings wird man nicht umhin können, für die Zwecke des inneren Dienstbetriebes und im Interesse der Uebersichtlichkeit der Veröffentlichungen der Zeichen alle Waaren in gewisse Gruppen zu ordnen, aber diese Eintheilung wird weder für den Umfang des Zeichenrechts noch sonst rechtliche Wirkungen haben. (Motive S. 10.)

7. Den Inhalt eines Gesuchs möge folgendes Beispiel veranschaulichen:

Gesuch
des Kaufmanns Karl Schulze zu Berlin SW.,
Friedrichstraße 256 I
um
Eintragung eines Waarenzeichens.

Ich beantrage anliegendes Waarenzeichen in die Zeichenrolle einzutragen. Dasselbe soll in meinem Damen-Konfektionsgeschäft verwendet werden und zwar für Damenmäntel.

Die Gebühr von 30 *M* wird gleichzeitig mit dieser Anmeldung eingehen.

Ich füge bei
1. eine Darstellung des Zeichens in vier Ausfertigungen (Anlage I),
2. eine Beschreibung des Zeichens in zwei Ausfertigungen (Anlage II).

An
das Kaiserliche Patentamt
Abtheilung für Waarenzeichen
hier.

Berlin, 5. August 1895.
Karl Schulze.

Dieses Gesuch ist in zwei Ausfertigungen einzureichen.

Erachtet der Anmelder eine Beschreibung des Zeichens nicht für erforderlich, so fügt er als Anlage nur die Darstellung des Zeichens in vier Ausfertigungen bei; in diesem Falle läßt er bei Erwähnung der Anlage den eingeklammerten Vermerk „Anlage I" natürlich weg. Andererseits muß er, wenn er die Beifügung von Modellen und Probestücken der mit dem Zeichen versehenen Waaren — in zwei Ausfertigungen — für erforderlich hält, auch diese Anlagen in seinem Gesuche unter Angabe ihrer Nummer und ihres Inhalts aufführen.

Wenn der Anmelder wünscht, daß das Patentamt die Anfertigung des Druckstocks veranlaßt (§. 5 Abs. 4 der Bekanntmachung des Patentamts), so kann er den bezüglichen Antrag gleich bei der Anmeldung stellen. Er würde dann etwa am Schlusse des Gesuchs sagen:

„Für den Fall, daß die Eintragung des Zeichens in die Rolle erfolgen kann, beantrage ich, auf meine Kosten die Anfertigung des Druckstocks zu veranlassen."

Wird ein Zeichen, welches auf Grund des Markenschutzgesetzes bereits in ein Zeichenregister eingetragen war, zur Zeichenrolle angemeldet, so würden nach §. 24 des Gesetzes und §. 6 der patentamtlichen Bekanntmachung folgende Abänderungen des obigen Gesuchs zu erfolgen haben:

a) der Passus über die Gebühr fällt weg;
b) als Anlagen sind außer den sonst vorgeschriebenen eine beglaubigte Abschrift der in dem bisherigen Register enthaltenen Eintragungen und, wenn das Zeichen auf Grund eines älteren landesgesetzlichen Schutzes in das Zeichenregister eingetragen worden war, außerdem eine bezügliche Bescheinigung der Registerbehörde — beide Anlagen nur in je einem Exemplar — beizufügen.

Beansprucht der Anmelder ein Prioritätsrecht auf Grund eines Staatsvertrages, so hat er dies im Gesuche zu begründen.

8. Als Anlagen des Gesuchs kommen in Betracht: die Darstellung und die Beschreibung des Zeichens, die Modelle und Probestücke der mit dem Zeichen versehenen Waare, die beglaubigte Abschrift der in dem bisherigen Register enthaltenen Eintragung und die Bescheinigung der Registerbehörde, daß das Zeichen auf Grund eines älteren landesgesetzlichen Schutzes eingetragen war. Bei Anmeldungen von Ausländern muß der Nachweis erbracht werden, daß das Zeichen im Heimathsstaate geschützt ist. Zu diesem Zwecke wird gewöhnlich ein Attest der fremden Zeichenbehörde beigefügt werden (N. 17 zu §. 23). Bei Anmeldungen seitens einer Firma muß ein Auszug aus dem Handelsregister beigefügt werden (N. 3a).

Von diesen Anlagen ist die Darstellung stets obligatorisch, die anderen Anlagen sind theils fakultativ, theils nur in besonderen Fällen obligatorisch. Wenn das Patentamt in einem Falle, wo der Anmelder fakultative Anlagen (Beschreibung, Modelle, Probestücke) nicht beigefügt hat, solche für erforderlich erachtet, darf es die Anmeldung nicht zurückweisen, sondern muß dem Anmelder eine Frist zu ihrer Nachbringung stellen.

Alle Anlagen müssen mit einer Aufschrift, welche sie als Bestandtheile der Anmeldung kennzeichnet, und mit einer fortlaufenden Nummer versehen sein (§. 1 lit. f, §. 4 Abs. 2 der patentamtlichen Bekanntmachung). Dies gilt auch für die — freiwillig oder auf Erfordern des Patentamts — eingereichten Nachträge. Der Vermerk würde etwa lauten: „Anlage I zu dem Gesuche des N. N. vom 5. August 1895".

Betreffs der Anlagen und Nachträge verfügt noch §. 7 der Kaiserlichen Verordnung vom 30. Juni 1894:

> Ueber Modelle, Probestücke und sonstige Unterlagen einer Anmeldung trifft, insoweit deren Aufbewahrung nicht mehr für erforderlich erachtet wird, der Präsident des Patentamts im Einvernehmen mit der Abtheilung für Waarenzeichen Verfügung.

9. Die Darstellung kann in einer Zeichnung, Photographie oder sonstigen Abbildung des Zeichens bestehen. Nähere Vorschriften über sie giebt der §. 3 der patentamtlichen Bekanntmachung (N. 2). Der §. 2 der zu dem Markenschutzgesetz erlassenen Ausführungsbestimmungen vom 8. Februar 1875 schrieb für die Darstellung eine Höhe und Breite von höchstens 3 cm vor; die Erfahrung hat aber gelehrt, daß dieses Grenzmaß zu niedrig ist, um in jedem Falle eine deutliche Wiedergabe des Zeichens zu ermöglichen. Jetzt ist weder nach oben noch nach unten eine Beschränkung ausgesprochen, nach unten höchstens insoweit, als nach dem §. 3 die wesentlichen Bestandtheile des Zeichens deutlich erkennbar sein müssen. Die nachherige Veröffentlichung des eingetragenen Zeichens soll regelmäßig in einer Größe von höchstens 6,5 cm in Höhe und Breite erfolgen (§. 5 der Bekanntmachung). Die Darstellung muß, auch bei plastischen Zeichen, stets eine lineare sein, außer ihr ist zweckmäßig ein plastisches Modell beizufügen.

Will der Anmelder sich das Zeichen in einer bestimmten Farbe schützen lassen (über die Bedeutung eines solchen Schutzes siehe N. 4a zu §. 20), so muß er entsprechend kolorirte Darstellungen einreichen.

Bei **Wortmarken**, deren Ruflaut geschützt ist, ist eine Darstellung eigentlich überflüssig; bei der zwingenden Vorschrift des Gesetzes muß sie aber, in irgend einer Buchstabenform ausgeführt, beigefügt werden.

Abgesehen von dem letzteren Falle, bildet die Darstellung die Grundlage des Zeichenrechts, auf sie ist bei der Frage nach der Tragweite des Schutzes und demzufolge bei der Frage, ob eine Verletzung des Rechts vorliegt, zurückzugehen. Deshalb ist auf ihre exakte und deutliche Anfertigung die höchste Sorgfalt zu verwenden. Man wird bei ihrer Beurtheilung regelmäßig davon auszugehen haben, daß Alles, was in sie aufgenommen ist und den Charakter einer absichtlichen Hervorbringung trägt, zum Zeichen gehören soll (R.G. 19, 170), daß dagegen Elemente, welche in ihr nicht wiedergegeben sind, nach der Absicht des Anmelders an dem Schutze nicht theilnehmen sollen.

10. Die Darstellung des Zeichens reicht manchmal nicht aus, um die charakteristischen Merkmale mit Sicherheit erkennen zu lassen. Dazu kommt, daß in gewissen Fällen, insbesondere wenn das Zeichen in die Waare selbst eingedrückt (eingeschlagen, eingebrannt, eingepreßt) wird, dasselbe in der Verbindung mit der Waare einen anderen Eindruck hervorzurufen geeignet ist, als in der bildlichen Darstellung. Diesen Mängeln der Darstellung kann eine **Beschreibung** des Zeichens abhelfen, welche der Anmeldung beigefügt wird.

Von verschiedenen Seiten war angeregt worden, die Beschreibung der zu schützenden Merkmale obligatorisch zu machen, also von jedem Anmelder nach Analogie des Patentanspruchs einen Zeichenanspruch zu verlangen (vergl. Zeitschrift für gewerbl. Rechtsschutz 1893 S. 52). Der Gesetzgeber hat dies aber nicht für zweckmäßig erachtet, weil zu besorgen ist, daß dann bei der Beurtheilung von Streitfällen der Schwerpunkt der Vergleichung auch bei figürlichen Zeichen auf die Beschreibung und die in derselben hervorgehobenen einzelnen Bestandtheile würde gelegt werden, während doch in der Regel der Gesammteindruck des Markenbildes maßgebend bleiben muß. Er hat deshalb den Mittelweg eingeschlagen, daß die Beschreibung nicht allgemein, sondern nur dann einzureichen ist, wenn nach dem Ermessen des Anmelders oder des Patentamts die bildliche Wiedergabe des Zeichens das Wesen desselben nicht klar genug veranschaulicht (Motive S. 10, vergl. **Hauß** in der Zeitschrift für gewerbl. Rechtsschutz 1893 S. 371 f.). Dies ist z. B. stets der Fall, wenn der Anmelder eines **Wortzeichens** den Schutz nicht bloß für die von ihm bei der Anmeldung gebrauchten Buchstabenformen, sondern für den Klanglaut des Worts haben will (N. 11 zu §. 1); er wird es in der Beschreibung ausdrücklich sagen müssen, daß er den Klanglaut des Worts, unabhängig von der Darstellungsform, geschützt haben will. Außerdem wird es bei plastischen Zeichen zweckmäßig sein, in einer Beschreibung auf diese Eigenschaft des Zeichens hinzuweisen, da dieselbe aus der linearen Darstellung nicht unzweideutig hervorgehen wird (N. 9).

Da das Zeichenrecht sich auf die Wiedergabe des Zeichens in jeder Farbe und in allen Größenverhältnissen erstreckt, so sind derartige **Vorbehalte**, wie sie bei französischen Marken oft vorkommen (cette marque est de dimensions et couleurs variables), überflüssig. Nur wenn der

Anmelder sich eine Farbe besonders schützen lassen will (N. 4a zu §. 20), wird er es in der Beschreibung zweckmäßig hervorheben.

Die Beschreibung muß in deutscher Sprache abgefaßt sein, sonst wird sie nicht berücksichtigt (N. 3). Sie wird zweckmäßig erst nach der Darstellung angefertigt.

Der Anmelder muß die charakteristischen Bestandtheile, auf welche er das Hauptgewicht legt, am Schlusse der Beschreibung in einem Zeichenanspruch zusammenfassen, da das Patentamt nicht die ganze Beschreibung, sondern nur den Anspruch einträgt. Bei der Formulirung des Anspruchs liegt es im Interesse des Anmelders, ihn möglichst weit zu fassen. Er erreicht dies desto sicherer, auf je weniger Merkmale er ihn reduzirt. Im Gegensatze zu der eigentlichen Beschreibung sind im Anspruche Bezugnahmen auf die Darstellung zu vermeiden.

11. Die Einreichung von Modellen und Probestücken der mit dem Zeichen versehenen Waaren wird insbesondere dann zur Veranschaulichung des Zeichens erforderlich sein, wenn sich dasselbe in Verbindung mit der Waare anders, als auf der Abbildung darstellt (N. 10). Auch Modelle des Zeichens selbst werden mitunter erwünscht sein, nämlich dann, wenn ein plastisches Zeichen angemeldet wird (N. 9). In diesen Fällen wird im Falle eines Streites zur Vergleichung mit der angeblichen Nachahmung zweckmäßiger das Probestück oder Modell, als die Darstellung heranzuziehen sein.

12. Ueber die Anlagen bei der Anmeldung auf Grund des §. 24 — Auszug aus dem Zeichenregister, Zeugniß der Registerbehörde — siehe N. 7 a. E.

13. Der Druckstock (cliché), welcher zur Vervielfältigung des Zeichens in dem Waarenzeichen-Blatte und im Reichs-Anzeiger bestimmt ist, ist von dem Anmelder erst einzureichen, nachdem dieser vom Patentamt benachrichtigt worden ist, daß die Eintragung des Zeichens in die Rolle erfolgen kann. Er gehört also nicht zu den Anlagen des Gesuchs, wohl aber zu den Unterlagen der Anmeldung, von denen der §. 7 der Kaiserlichen Verordnung spricht (N. 9). Der Anmelder kann, anstatt den Druckstock selbst anfertigen zu lassen, das Patentamt ersuchen, auf seine, des Anmelders, Kosten die Anfertigung zu veranlassen; das Patentamt ist zwar nicht verpflichtet, diesem Antrage stattzugeben — vergl. das „kann" im §. 5 Abs. 4 der patentamtlichen Bekanntmachung (N. 2) — wird es aber stets thun, wenn nicht besondere Hinderungsgründe vorliegen. Der Anmelder kann den Antrag gleich bei Einreichung seines Gesuchs stellen (N. 7). Reicht er den Druckstock selbst ein, so muß er einen mittels desselben gefertigten Abdruck des Zeichens in zwei Ausführungen beifügen.

Nach dem bei Behörden üblichen Geschäftsgange läßt sich annehmen, daß der Druckstock schneller und wohl auch billiger angefertigt werden wird, wenn der Anmelder ihn selbst besorgt, als wenn er die Vermittelung des Patentamts in Anspruch nimmt. Der Anmelder hat aber ein großes Interesse an der Beschleunigung, denn bevor das Patentamt den Druckstock nicht hat, kann es das Zeichen nicht eintragen, und der Schutz des Zeichens beginnt nach §. 12 erst mit der Eintragung.

Ueber die Beschaffenheit des Druckstocks siehe §. 5 Abs. 2, 3 der patentamtlichen Bekanntmachung (N. 2).

Abs. 3.

14. Nach §. 7 des Markenschutzgesetzes war für die erste Eintragung eines Zeichens eine Gebühr von 50 Mark zu entrichten, während die Erneuerung unentgeltlich geschah. Das jetzige Gesetz hat mit Rücksicht auf die kleineren Gewerbetreibenden und auf die oft nur kurzlebigen Saisonartikel die Anmeldegebühr ermäßigt, dagegen hat es eine geringe Erneuerungsgebühr eingeführt, um den Verzicht auf solche Zeichen 'zu befördern, an deren Erhaltung sich kein erhebliches wirthschaftliches Interesse knüpft. Im Falle des §. 7 Abs. 2 wird die Erneuerungsgebühr verdoppelt.

Beide Gebühren gehören im nationalökonomischen Sinne nicht zu den Steuern, sondern zu den Gebühren im eigentlichen Sinne d. h. zu den Abgaben, welche von den Einzelnen als spezielles Entgelt eines ihnen von der öffentlichen Gewalt geleisteten bestimmten Dienstes oder einer durch sie dem Staate verursachten Ausgaben zu leisten sind (vergl. Seligsohn Patentgesetz S. 89).

Die Gebühren fließen in die Reichskasse, ihre Zahlung geschieht an die Kasse des Patentamts. Die Einsendung geschieht am zweckmäßigsten mittels Postanweisung, auf deren Abschnitt außer dem Namen des Absenders der Grund der Zahlung kurz anzugeben ist. Auf Wunsch des Absenders ertheilt die Kasse eine Empfangsbescheinigung, die Portokosten derselben trägt ihr Empfänger (Bekanntmachung des Patentamts vom 11. Juli 1877 im Patentblatt 1877 S. 9, abgedruckt bei Seligsohn a. a. O.). Die Zahlung der Anmeldegebühr hat spätestens gleichzeitig mit der Einreichung des Gesuchs zu erfolgen, letzteres muß nach §. 1 Abs. 3 lit. e der patentamtlichen Bekanntmachung (N. 2) die Erklärung enthalten, daß die Gebühr eingezahlt ist oder gleichzeitig mit der Anmeldung eingehen wird. Die Zahlung der Erneuerungsgebühr hat spätestens gleichzeitig mit dem Antrage auf Erneuerung zu erfolgen.

Für den Fall, daß die Gebühr nicht rechtzeitig eingeht, liegt es nahe, die Bekanntmachung, welche das Patentamt unter dem 23. Februar 1881 bezüglich der Anmeldegebühr für Patente erlassen hat, heranzuziehen. Dieselbe lautet:

> Dem Patentamte sind wiederholt Eingaben zugegangen, welche zwar als Patentanmeldungen bezeichnet, aber von der vorgeschriebenen gleichzeitigen *Einzahlung der gesetzlichen Gebühr* nicht begleitet waren und dafür die Erklärung enthielten, dass die Gebühr nachträglich eingehen werde. Ich mache darauf aufmerksam, dass Eingaben dieser Art als Anmeldungen im Sinne des Patentgesetzes nicht betrachtet werden und irgend welche Rechte für die Antragsteller nicht begründen können. Das Patentamt ist nicht in der Lage, auf solche Angaben Verfügung zu treffen und muss sich darauf beschränken, die Einsender zu be-

nachrichtigen, dass auf ihre Anträge etwas nicht veranlasst werden kann.

Ueber die rechtlichen Bedenken, welche dieser Bekanntmachung entgegenstehen, siehe Seligsohn a. a. O. S. 179.

Neben diesen Gebühren sind andere Kosten, z. B. für die Eintragung, für ihre Veröffentlichung, für die Bescheinigung über die Eintragung, nicht zu zahlen (anders nach §. 6 des Markenschutzgesetzes). Alle diese Kosten sind durch jene Gebühren abgegolten, darum werden auch von der Anmeldegebühr zwanzig Mark erstattet, wenn die Anmeldung nicht zur Eintragung führt. Die Erstattung erfolgt ohne Antrag von Amtswegen, gleichviel aus welchem Grunde die Eintragung nicht stattfindet; bei der Erneuerungsgebühr findet eine Rückzahlung nicht statt.

Die Anmeldegebühr wird nicht erhoben, wenn ein Zeichen, welches bereits im Zeichenregister eingetragen steht, zur Eintragung in die Zeichenrolle angemeldet wird (§. 24); bei etwaigen Erneuerungen ist aber die Erneuerungsgebühr zu entrichten.

§. 3.

Die Zeichenrolle soll enthalten:

1. den Zeitpunkt des Eingangs der Anmeldung;
2. die nach §. 2 Absatz 1 der Anmeldung beizufügenden Angaben;
3. Namen und Wohnort des Zeicheninhabers und seines etwaigen Vertreters, sowie Aenderungen in der Person, im Namen oder im Wohnorte des Inhabers oder des Vertreters;
4. den Zeitpunkt einer Erneuerung der Anmeldung;
5. den Zeitpunkt der Löschung des Zeichens.

Die Einsicht der Zeichenrolle steht jedermann frei.

Jede Eintragung und jede Löschung wird amtlich bekannt gemacht. Das Patentamt veröffentlicht in regelmäßiger Wiederholung Uebersichten über die in der Zwischenzeit eingetragenen und gelöschten Zeichen.

1. Bedeutung der Zeichenrolle.
Abs. 1 (N. 2).
Abs. 2 (N. 3).
Abs. 3 (N. 4).

1. Die Bedeutung der Zeichenrolle ist eine erheblich andere, als die der gleichfalls vom Patentamt geführten Patentrolle und Musterrolle (erstere für Patente, letztere für Gebrauchsmuster). Vergl. darüber auch Schanze in der Zeitschrift für gewerbl. Rechtsschutz 1893 S. 166.

Die Zeichenrolle dient zur Eintragung für das Zeichen, dessen Uebergang und Löschung. In welchem Verhältniß stehen nun diese Eintragungen zu der Entstehung, Uebertragung und Endigung des Zeichenrechts selbst? Wirken sie konstitutiv, so daß sie allein die Rechtswirkung hervorbringen, oder deklarativ, so daß sie den, unabhängig von der Eintragung bewirkten, Rechtseffekt lediglich registriren? Weder das eine noch das andere ist der Fall.

Ohne Eintragung des Zeichens giebt es kein Zeichenrecht. Die Eintragung ist zwar nicht seine einzige Voraussetzung, aber so lange ein Zeichen eingetragen steht, ist es rechtswirksam (N. 2 zu §. 12). Es findet eine Aehnlichkeit mit der Musterrolle insofern statt, als die Eintragung in diese zwar auch Voraussetzung für die Entstehung des Musterschutzes ist, aber nicht die einzige; dagegen wird dem eingetragenen Gebrauchsmuster der Rechtsschutz beim Fehlen der übrigen Voraussetzungen versagt (Seligsohn Patentgesetz S. 292). Die Eintragung in die Patentrolle hat gar keine Bedeutung, die Rolle ist nur Publikationsorgan (Seligsohn a. a. O. S. 137).

Der Vermerk des Ueberganges in der Rolle ist bei allen drei Rechten ohne Einfluß auf den Erwerb des Rechts. Ohne diesen Vermerk kann aber beim Zeichenrecht der Rechtsnachfolger sein Recht nicht geltend machen (N. 14 zu §. 7), während bei den beiden anderen Rechten ohne Vermerk und Publikation der frühere Inhaber „nach Maßgabe dieses Gesetzes" berechtigt und verpflichtet bleibt (Seligsohn a. a. O. S. 141, 290).

Die Löschung des Zeichens bewirkt nicht ein Erlöschen des Zeichenrechts, beides ist von einander unabhängig. Die Bedeutung der Löschung besteht darin, daß erst mit ihr gestattet ist, das Erloschensein des Zeichenrechts geltend zu machen (N. 10 zu §. 12). Die Löschung in der Patentrolle hat nur eine beurkundende Bedeutung. Ebenso im Allgemeinen die Löschung in der Musterrolle; anders im Falle des Löschungsurtheils (Seligsohn a. a. O. S. 302, Schanze im Sächs. Archiv für Bürgerliches Recht 3, 137 unter Nr. V). Die Löschung in der Zeichenrolle wirkt unzweifelhaft ex tunc (N. 11 zu §. 12), dagegen ist es streitig, ob eine in der Musterrolle in Folge eines Löschungsurtheils erfolgende Löschung rückwirkende Kraft hat (Seligsohn a. a. O., Schanze a. a. O.). Wo die Löschung nur beurkundende Bedeutung hat, kann natürlich von rückwirkender Kraft nicht die Rede sein.

Abs. 1.

2. In die Zeichenrolle werden alle Waarenzeichen unter einer fortlaufenden Nummer eingetragen. Es kann leicht vorkommen, daß ein früher angemeldetes Zeichen eine höhere Nummer hat, als ein später angemeldetes, nämlich, wenn sich die Eintragung des ersteren durch Zwischenverfügungen, Beschaffung des Druckstocks u. s. w. verzögert. Den weiteren Inhalt der Zeichenrolle bestimmt das Gesetz unter fünf Nummern; zu den einzelnen ist zu bemerken:

Zu 1. Es ist Tag und Stunde der Anmeldung einzutragen. Wenn dem Anmelder ein Prioritätsrecht auf Grund eines Staatsvertrages zukommt, so ist ein bezüglicher Vermerk einzutragen.

Zu 2. In jedem Falle sind Geschäftsbetrieb, Waarenverzeichniß und Darstellung einzutragen; die Eintragung der letzteren erfolgt, indem eins von den vier eingereichten Exemplaren der Darstellung in der Rolle befestigt wird. Eine Beschreibung des Zeichens ist einzutragen, wenn sie nach der Ansicht des Patentamts zur Veranschaulichung des Zeichens erforderlich ist;

die Ansicht des Anmelders ist nicht ausschlaggebend. Es wird nicht die ganze Beschreibung, sondern nur der Zeichenanspruch (N. 9 zu §. 2) eingetragen.

Zu 3. Bei firmenberechtigten Gesellschaften ist statt des Namens die Firma, statt des Wohnorts der Sitz einzutragen; bei einem Einzelkaufmann muß der bürgerliche Name eingetragen werden (N. 3a zu §. 2). Vertreter werden nur eingetragen, wenn deren Bestellung nach §. 23 nothwendig war. Ueber die formellen Erfordernisse, von denen die Eintragung des Rechtsnachfolgers abhängt, siehe §. 7 Abs. 1.

Zu 4. Ueber den Zeitpunkt der Erneuerung siehe N. 3 zu §. 8. Es ist nur der Tag der Erneuerung, nicht die Stunde einzutragen (vergl. §. 8 a. E.).

Zu 5. Einzutragen ist nur der Tag, nicht die Stunde der Löschung (vergl. §. 4 Abs. 2 a. E.).

Abs. 2.

3. Die Rolle ist öffentlich. Jeder kann sie in den Dienststunden einsehen, ohne irgend ein Interesse nachweisen zu brauchen. In Folge dessen wird auch das Patentamt regelmäßig keinen Anstand nehmen, Anträgen auf Ertheilung von Abschriften oder Auszügen aus der Rolle stattzugeben. Dies ist um so unbedenklicher, als der §. 29 der Verordnung vom 11. Juli 1891, welcher nach §. 8 der Kaiserl. Verordnung vom 30. Juni 1894 auch in Zeichenangelegenheiten Anwendung findet, dem Patentamt gestattet, sogar von den bei ihm beruhenden Eingaben und Verhandlungen, soweit die Einsicht in dieselben gesetzlich nicht beschränkt ist, an Jedermann Abschriften und Auszüge gegen Einzahlung der Kosten zu ertheilen (Nr. 2 der Anlagen).

Abs. 3.

4. Das Gesetz unterscheidet zwischen der sofort nach der Eintragung oder Löschung erfolgenden Bekanntmachung und den in bestimmten Perioden stattfindenden Zusammenstellungen. Beide Veröffentlichungen erfolgen im Reichs-Anzeiger und im Waarenzeichen-Blatt, zur Erleichterung der Uebersicht wird bei der Publikation eine feste Eintheilung der Zeichen nach Klassen einzuhalten sein.

Beide Veröffentlichungen haben keine rechtliche Bedeutung (vergl. N. 12 zu §. 7).

§. 4.

Die Eintragung in die Rolle ist zu versagen für Freizeichen, sowie für Waarenzeichen,

1. welche ausschließlich in Zahlen, Buchstaben oder solchen Wörtern bestehen, die Angaben über Art, Zeit und Ort der Herstellung, über die Beschaffenheit, über die Bestimmung, über Preis-, Mengen- oder Gewichtsverhältnisse der Waare enthalten;
2. welche in- oder ausländische Staatswappen oder Wappen eines inländischen Ortes, eines inländischen Gemeinde- oder weiteren Kommunalverbandes enthalten;

3. welche Aergerniß erregende Darstellungen oder solche Angaben enthalten, die ersichtlich den thatsächlichen Verhältnissen nicht entsprechen und die Gefahr einer Täuschung begründen.

Zeichen, welche gelöscht sind, dürfen für die Waaren, für welche sie eingetragen waren, oder für gleichartige Waaren zu Gunsten eines anderen, als des letzten Inhabers erst nach Ablauf von zwei Jahren seit dem Tage der Löschung von Neuem eingetragen werden.

1. Vorprüfung.

Abs. 1 (Nr. 2–26).

2—7. Freizeichen.
2. Begriff.
3. a. Zeichen.
4. b. Klassen von Gewerbetreibenden.
5. c. Anschauung des Verkehrs.
6. Prüfung.
7. Aenderungen, Zusätze.
8—16. Nr. 1.
8. Grund der Bestimmung.
9. Zahlensysteme, Sprachen.
10. Zahlen.
11. Buchstaben.
12. Wörter.
13. Unzulässige.
14. Zulässige.
15. Kombinationen der Zahlen, Buchstaben u. s. w. unter einander.
16. Kombinationen mit anderen Bestandtheilen.
17—19. Nr. 2.
17. Grund der Bestimmung.
18. Wappen.
19. Theile des Wappens.
20—26. Nr. 3.
20. Grund der Bestimmung.
21. Aergernißerregende Zeichen.
22. Irreführende Zeichen.
23. a. Angaben.
24. b. Den thatsächlichen Verhältnissen nicht entsprechend.
25. c. Gefahr der Täuschung.
26. d. Ersichtlich.

Abs. 2 (Nr. 27, 28).

27. Grund der Bestimmung.
28. Inhalt der Bestimmung.

1. Ueber die verschiedenen Prinzipien, welche bezüglich der Prüfung angemeldeter Zeichen bestehen, ist in der Einleitung S. 5 im Allgemeinen die Rede gewesen. In Deutschland war nach §. 3 Abs. 2 des Markenschutzgesetzes vom 30. November 1874 die Eintragung nur unzulässig, falls die Zeichen ausschließlich in Zahlen, Buchstaben oder Worten bestanden, oder wenn sie öffentliche Wappen oder Aergerniß erregende Darstellungen enthielten. In Folge dessen mußten Zeichen eingetragen werden, welche wegen ihrer Uebereinstimmung mit Freizeichen oder mit früher angemeldeten Zeichen einzelner Berechtigter ein ausschließliches Benutzungsrecht nicht gewähren konnten. Dem entgegen ist im gegenwärtigen Gesetz das Vorprüfungssystem adoptirt worden, namentlich ist den sog. Freizeichen jetzt die Zeichenrolle verschlossen. Das Patentamt prüft alle angemeldeten Zeichen darauf, ob sie den formellen und materiellen Erfordernissen des Gesetzes entsprechen, und versagt ihnen, wenn dies nicht der Fall ist, in der Regel von Amtswegen die Eintragung. Bloß wenn das Zeichen ausschließlich in das private Recht eines früheren Anmelders eingreift, versagt das Patentamt nur auf Widerspruch des Berechtigten, den es von der Anmeldung verständigt, die Eintragung (§§. 5, 6).

Die Verbindung der Vorprüfung mit einem Aufgebot wurde abgelehnt. „Das Aufgebot würde die Aufgabe der Behörde wesentlich erschweren und entgegen den Bedürfnissen des am Zeichenschutz betheiligten Verkehrs das Verfahren in die

Länge ziehen, ohne auf der anderen Seite eine verstärkte Gewähr für die Richtigkeit der schließlichen Entscheidung zu bieten" (Motive S. 8; vergl. auch Stenogr. Berichte S. 2160).

Abs. 1 zählt die absoluten Versagungsgründe auf, Abs. 2 giebt einen subjektiv und zeitlich beschränkten Versagungsgrund. Abgesehen von diesen Fällen des §. 4 ist die Eintragung in die Rolle selbstverständlich auch abzulehnen, wenn das angemeldete Zeichen nicht den Voraussetzungen entspricht, welche §. 1 für ein Waarenzeichen aufstellt (z. B. längeres Schrift- oder Druckwerk ohne charakteristische Form, N. 10, 12 zu §. 1), oder wenn die Anmeldung gegen §. 23 verstößt oder den in §. 2 oder in der Bekanntmachung des Patentamts vom 21. Juli 1894 gegebenen Vorschriften nicht genügt (Motive S. 13).

Die Entscheidung, ob die Eintragung zu gewähren oder zu versagen ist, wird von einer Verwaltungsbehörde, dem Patentamt, getroffen. Sie hängt aber nicht von der Willkür oder dem Ermessen dieser Behörde ab, denn die Eintragung muß erfolgen, wenn kein Versagungsgrund, und darf nicht erfolgen, wenn ein Versagungsgrund vorliegt. Insofern ist die Entscheidung, ebenso wie die Patentertheilung, kein Verwaltungsakt, sondern ein Akt richterlicher Thätigkeit (vergl. Seligsohn Patentgesetz S. 6, Schanze im Archiv für öffentl. Recht 9, 173).

Die Versagung kann von der Abtheilung für Waarenzeichen nur in einer Sitzung, in welcher bei Anwesenheit von mindestens drei Mitgliedern über den Antrag auf Eintragung berathen und abgestimmt wird, erfolgen (§§. 3, 4 der Verordnung vom 30. Juni 1894); gegen den Beschluß steht dem Anmelder die Beschwerde zu (§. 10 Abs. 2).

Abs. 1.

2. Der §. 10 Abs. 2 des Gesetzes vom 30. November 1874 definirte die Freizeichen als „Waarenzeichen, welche bisher im freien Gebrauche aller oder gewisser Klassen von Gewerbetreibenden sich befunden haben". Die Motive jenes Gesetzes erläuterten den Begriff, wie folgt:

> „Noch gegenwärtig werden Waaren vielfach mit Zeichen versehen, welche von altersher für diese Waaren in Gebrauch sich befinden, eine weitere Bedeutung aber zur Zeit nicht mehr besitzen. Bei anderen Waaren sind Zeichen allgemein üblich, welche hergebrachter Weise bestimmte Qualitäts- oder Größenverhältnisse bekunden. Endlich giebt es noch Zeichen, welche die Herkunft der Waare aus einem bestimmten Orte oder Bezirke erkennbar machen und demgemäß nur von den dort wohnenden Gewerbetreibenden gebraucht werden. Der auf solchen meist alterthümlichen Observanzen beruhende Gemeingebrauch gewisser Zeichen soll zu Gunsten der Interessen einzelner Gewerbetreibenden keine Störung erleiden dürfen. Der Entwurf schließt daher die Möglichkeit des Erwerbes solcher Zeichen aus."

In dem gegenwärtigen Gesetz findet sich keine Definition des Freizeichens. Man hielt eine solche für überflüssig, weil das Wort im Sprachgebrauche des Verkehrs bereits eine feststehende begriffliche Bedeutung gewonnen habe (Motive S. 12, Kommissionsbericht S. 3).

Unter Freizeichen sind zu verstehen: Zeichen, mit welchen alle oder gewisse Klassen von Gewerbetreibenden Waaren derselben Gattung zu versehen pflegen und welche im Verkehr nicht als individuelle Waarenzeichen gelten.

3. Das Wort Zeichen in der vorstehenden Definition ist nicht mit Waarenzeichen identisch, denn es fehlt bei dem, welcher ein Freizeichen anwendet, muthmaßlich stets an der Absicht, sich desselben zur Unterscheidung seiner Waaren von den gleichen Waaren Anderer zu bedienen. Da das Zeichen nämlich von allen oder doch von ganzen Klassen von Gewerbetreibenden gleichmäßig geführt wird, so ist es ungeeignet, als Unterscheidungsmerkmal zwischen den Waaren der einzelnen Gewerbetreibenden dieser Klasse zu dienen (O.H.G. 25, 68). Es war demnach ungenau, daß das Markenschutzgesetz vom 30. November 1874 die Freizeichen als Waarenzeichen definirte und daß der I. Entwurf des gegenwärtigen Gesetzes (Reichs-Anzeiger 1892 Nr. 199) die Freizeichen in §. 4 unter Nr. 4 als nicht eintragungsfähige Waarenzeichen aufführte.

Das Freizeichen kann sowohl in einem Worte, als in einer Figur bestehen. „Begrifflich ist nicht ausgeschlossen, daß ein Zeichen, welches einen Personennamen oder eine Firma enthält, als Freizeichen im Gebrauche sein kann" (R.G. in Jurist. Wochenschrift 1885 S. 298). Es kann insofern in einer gewissen Beziehung zu der Waare stehen, als es die Qualität oder den Ursprung derselben anzugeben bestimmt ist (rothes Kreuz für Gegenstände, welche mit der Krankenpflege zusammenhängen; rauchender Neger für Tabake), es kann aber auch ein Phantasiezeichen sein, dem jede Beziehung auf eine Eigenschaft der Waare fehlt (Komet als Korkbrand für Schaumweine).

4. Das Zeichen muß sich im Gemeingebrauch aller oder gewisser Klassen von Gewerbetreibenden befinden. Es genügt also nicht, daß eine gewisse Zahl von Einzelpersonen das Zeichen führt. Den Gegensatz bilden: einzelne bestimmte Individuen und ganze Klassen oder Kategorien als solche (O.H.G. 20, 353). Darum sind Preismedaillen, selbst wenn sie einer größeren Zahl von Gewerbetreibenden verliehen worden sind, keine Freizeichen (N. 12 zu §. 1). Nach sect. 74 der englischen Patents, Designs and Trade Marks Act von 1883 gilt z. B., wenn mehr als drei Personen vor dem 13. August 1875 eine Beifügung (addition) zu einem Zeichen öffentlich benutzten, dieselbe als allgemein gebräuchlich. Derartige Bestimmungen oder Präsumtionen stellt unser Gesetz nicht auf, vielmehr hat das Patentamt nach freiem Ermessen zu entscheiden, ob die Anwendung des Zeichens unter den Angehörigen eines bestimmten Gewerbes oder in einem bestimmten Bezirke so verbreitet ist, daß nicht mehr ein Gebrauch von einzelnen Individuen, sondern von Klassen derselben vorliegt. „Durch den Gebrauch seitens einer beschränkten Anzahl von Produzenten wird ein Markenbild keineswegs schon zu einem Freizeichen; hierzu ist vielmehr erforderlich, daß ein Zeichen allgemein, also von einem nicht ziffermäßig beschränkten Kreise von Produzenten zur Bezeichnung einer gewissen Waarengattung gebraucht wird" (Entsch. des österreichischen Handelsministeriums bei Feigl S. 106). Daß vereinzelte Angehörige der betreffenden Kategorie das Zeichen nicht anwenden, steht der Annahme der Freizeichenqualität nicht entgegen.

Unerheblich ist es, ob dieser Gemeingebrauch des Zeichens im In- oder Auslande stattfindet.

5. Das Erforderniß für ein Freizeichen, daß es im Verkehr nicht als individuelles Waarenzeichen gilt, beruht auf folgender Erwägung. Viele der heutigen Freizeichen waren ursprünglich weit verbreitete Individualzeichen angesehener Gewerbetreibender. Die Umwandlung hat sich entweder dadurch vollzogen, daß der Gewerbetreibende sein Geschäft aufgab und daß dann die Marke als herrenloses Gut von den Gewerbegenossen okkupirt wurde, oder in folgender Weise. Da das Waarenzeichen allgemein bekannt und beliebt war, so war noch während des Bestehens des Geschäftsbetriebes, zu dem das Zeichen gehörte, das Bestreben der Konkurrenten darauf gerichtet, sich dasselbe anzueignen. Unterließ der Zeicheninhaber, derartige Eingriffe in seine Rechtssphäre abzuwehren, so verlor sich durch die allgemeine freie und ungehinderte Anwendung des Zeichens mit der Länge der Zeit beim Publikum das Bewußtsein, daß dem Zeichen eine individuelle Beziehung innewohnte. War dieses Bewußtsein völlig verschwunden, so erfüllte das Zeichen nicht mehr seinen Unterscheidungszweck und war damit in das Freie gefallen. War jenes Bewußtsein aber noch nicht erloschen — und der Berechtigte hatte, insbesondere durch energische Gegenwehr, die Möglichkeit, es wach zu halten —, so konnte davon nicht die Rede sein, daß das Zeichen in das Freie gefallen war, mochten auch noch so viele Konkurrenten sich das Zeichen anmaßen (Kohler S. 187 ff.; R.G. 3, 77; 24, 74; R.G. Straff. 1, 218; R.G. in Jurist. Wochenschr. 1884 S. 149).

Die Verkehrskreise, auf deren Anschauung es ankommt, sind selbstverständlich nicht bloß die Konkurrenten, welche das Zeichen sich angeeignet haben, sondern insbesondere diejenigen, auf welche das Waarenzeichen hauptsächlich zu wirken bestimmt ist. Das sind die Detailhändler und vor Allem die Konsumenten der betreffenden Waare.

Ob diese Verkehrskreise dem Inlande oder dem Auslande angehören, ist unerheblich. Es kann also für eine Waare, welche ihre Abnehmer hauptsächlich in einem fremden Lande hat, bei uns kein Zeichen eingetragen werden, welches in jenem Lande als Freizeichen angesehen wird, umgekehrt wird ein Zeichen, welches bei uns allgemein für eine Waare in Gebrauch ist, kein Freizeichen, wofern es in dem ausländischen Hauptabsatzgebiete der Waare als Unterscheidungsmerkmal von den Waaren Anderer gilt (Kohler S. 190; R.G. 24, 74 und Kohler Aus dem Patent- und Industrierecht II S. 30 über den Prozeß wegen der österreichischen Sensen; vergl. auch R.G. 3, 74). Dem Hauptabsatzgebiete steht das Ursprungsland der Marke gleich. In der „Union" sind diese Grundsätze zur Anerkennung gelangt laut Nr. V Abs. 2 des IV. Protokolls der Madrider Konferenz (S. 21); vergl. auch Art. 7 der Verträge mit Oesterreich-Ungarn und Italien (Nr. 3, 4 der Anlagen).

Bevor in den Kreisen der Fabrikanten, Händler, Konsumenten des betreffenden Artikels die Bedeutung des Zeichens als Individualmarke nicht erloschen ist, kann von der Bildung eines Freizeichens nicht die Rede sein. Man wird aber regelmäßig davon ausgehen können, daß, so lange das Zeichen für den Berechtigten in einem öffentlichen Register eingetragen ist, jenes Bewußtsein noch nicht erloschen ist. Zu Gunsten des Berechtigten, der depossedirt werden soll, wird man berücksichtigen müssen, daß ihm die Verfolgung seines Rechts oft aus äußeren Gründen, z. B. Mangel an Mitteln, unmöglich gewesen sein mag, daß es an einem gesetzlichen Schutz der Zeichen in Deutschland vor 1874 fast durchweg fehlte, sowie endlich, daß präsumtiv Niemand ein Recht aufzugeben gewillt ist. Diese Momente rechtfertigen, daß man der Behauptung, der früher Berechtigte habe durch die Nichtverfolgung seines Rechts sein Einverständniß mit der allgemeinen Aneignung seines Zeichens an den Tag gelegt, sehr skeptisch entgegentritt. Auch das Interesse der Allgemeinheit, welche durch die oft freibeuterische Inbesitznahme bewährter Waarenzeichen geschädigt wird, erheischt es, daß das Patentamt die behauptete Umwandlung von Individualzeichen in Freizeichen sehr sorgfältig und mißtrauisch nachprüft. Vergl. die analogen Ausführungen über die Umwandlung eines Namens in eine Qualitätsbezeichnung in N. 3 zu §. 14.

6. Die Feststellung, ob ein Freizeichen vorliegt, stand früher ausschließlich dem erkennenden Richter zu. Derselbe mußte, wenn in einem Markenverletzungsprozesse der Einwand des Freizeichens erhoben wurde, über denselben entscheiden (R.G. in Jurist. Wochenschr. 1882 S. 51). Er hatte regelmäßig nur auf Anregung bezw. Antrag der Parteien die entsprechende Feststellung zu treffen, von Amtswegen war er dazu nicht verpflichtet (R.G. Straff. 1, 130).

Heute hat nur das Patentamt darüber zu entscheiden, ob ein Freizeichen vorliegt. Seine Entscheidung ist für die Gerichte bindend. Hat das Patentamt ein Waarenzeichen eingetragen, so haben die Gerichte diesem den gesetzlichen Schutz angedeihen zu lassen, ohne in eine Erörterung darüber eintreten zu dürfen, ob jene Eintragung zu Recht erfolgt ist. Die Remedur kann nur auf dem Wege des §. 8 Abs. 2 Nr. 2 erfolgen, indem bei dem Patentamt in Anregung gebracht wird, ob es von seiner Löschungsbefugniß Gebrauch machen will.

Wie das Patentamt sich die Ueberzeugung verschafft, ob ein Freizeichen vorliegt, ist ganz in sein Ermessen gestellt. Die Motive S. 9 führen als Mittel, durch welche es sich Klarheit verschaffen kann, an: Vernehmung von Zeugen und Sachverständigen, Nachfrage bei Behörden, Handelskammern, Berufsgenossenschaften und Fachvereinen. Natürlich ist damit der Kreis der Erkenntnißquellen nicht erschöpft.

Der Zeitpunkt, welcher für die Eigenschaft als Freizeichen maßgebend ist, wird durch die Anmeldung zur Rolle bestimmt. Wird dagegen auf Grund des §. 24 ein Zeichen, welches in Gemäßheit des Gesetzes vom 30. November 1874 in die bisherigen Zeichenregister eingetragen war, zur Zeichenrolle angemeldet, so hat das Patentamt bei Prüfung der Frage, ob das Zeichen als Freizeichen anzusehen und deshalb von der Uebernahme in die Zeichenrolle auszuschließen ist, den Zeitpunkt der Anmeldung zu dem Register zu Grunde zu legen. Die Prüfung auf Freizeichenqualität fällt nach §. 24 bei denjenigen Zeichen weg, welche auf Grund eines älteren landesgesetzlichen Schutzes in die Register eingetragen worden waren; diese müssen ohne jede Prüfung in die Zeichenrolle übernommen werden (Kommissionsbericht S. 3, 9).

Die Feststellung des Patentamts kann nur in Bezug auf bestimmte Waarengattungen ergehen: absolute Freizeichen giebt es nicht. In Folge dessen kann das Freizeichen für eine andere Waarengattung als Waarenzeichen eingetragen werden. So hat das österreichische Handelsministerium z. B. den Anker als Waarenzeichen für Steinbaukästen zugelassen, weil er für solche Waaren als Freizeichen nicht gebräuchlich sei und seine Verwendung als Freizeichen für andere Waaren nicht in Betracht komme (Feigl S. 13, 104). Voraussetzung ist aber, daß die Waaren, für welche das Zeichen eingetragen werden soll, mit denjenigen, für welche das Zeichen als Freizeichen gilt, auch nicht gleichartig sind (N. 28).

Von verschiedenen Seiten (vergl. die Denkschrift des Deutschen Vereins für den Schutz des gewerblichen Eigenthums in der Zeitschr. für gewerblichen Rechtsschutz 1893 S. 51, Hahn ebenda S. 189, sowie die an den Reichstag gerichteten Petitionen des Vereins Deutscher Patentanwalte und des Vereins zur Wahrung der Interessen der chemischen Industrie Deutschlands) wurde bei Schaffung dieses Gesetzes im Interesse der Rechtssicherheit angeregt, beim Patentamt eine Freizeichenrolle anzulegen, in welche diejenigen Zeichen, welche vom Patentamt nach öffentlichem Aufgebot als Freizeichen festgestellt werden, einzutragen wären, und zwar mit der Maßgabe, daß nur die eingetragenen als Freizeichen gelten. Der Anregung wurde nicht Folge geleistet, weil durch eine solche Einrichtung das Patentamt behindert sein würde, im Einzelfalle auf Grund eingehender Prüfung der Sachlage ein dem Inhalte jener Rolle nicht entsprechendes Urtheil zu fällen (Motive S. 12), außerdem weil die Prüfung der Richtigkeit der im Aufgebotsverfahren erfolgten Anmeldungen mit großen Schwierigkeiten verknüpft und eine auch nur annähernde Vollständigkeit der so entstandenen Rolle nicht zu erwarten sei (Kommissionsbericht S. 3).

7. Wird ein Freizeichen nicht genau in der verkehrsüblichen Gestalt, sondern mit Abänderungen oder Zusätzen angemeldet, so kommt es auf die Erheblichkeit der Abweichungen an. Liegt ungeachtet derselben die Gefahr einer Verwechselung im Verkehr zwischen dem angemeldeten und dem Freizeichen vor, so ist die Eintragung zu versagen, denn §. 20 findet auch auf Freizeichen Anwendung (N. 2 zu §. 20). So hat das österreichische Handelsministerium Freizeichen, welche nur mit „nebensächlichen, den Totaleindruck nicht wesentlich alterirenden" Beigaben versehen waren, als nicht eintragungsfähig erklärt und dies auf den Fall angewendet, wo der Anmelder seinen Namen oder seine Firma in uncharakteristischer Weise einem Freizeichen beigefügt hatte (Feigl S. 108). Anders ist es, wenn die Abweichungen erheblich sind, wenn insbesondere die Zuthaten der Art sind, daß sie in das Auge fallen und geeignet sind, in Vereinigung mit dem Freizeichen ein Gesammtbild zu geben, das sich von dem Bilde, welches das Freizeichen für sich allein gewährt, wesentlich unterscheidet. Dies führt dahin, daß auch die

Kombinirung zweier Freizeichen mit einander ein eintragungsfähiges Zeichen bilden kann (R.G. in Jurist. Wochenschrift 1894 S. 174 und in der Zeitschr. für gewerblichen Rechtsschutz 1894 S. 137). Natürlich wird die Frage, ob die Unterscheidung des neuen Gesammtbildes von dem Freizeichen oder — bei Zusammenstellung mehrerer Freizeichen — von jedem derselben erheblich genug ist, nur vom Standpunkte des Konsumenten aus, welcher nicht die mehreren Zeichen zur Vergleichung vor sich liegen hat, zu prüfen sein (N. 4 zu §. 20). Wird sie bejaht, so kann die Eintragung des angemeldeten Zeichens unbedenklich erfolgen. Denn der Grund für die Nichteintragbarkeit des Freizeichens ist, zu verhindern, daß Jemand durch die Eintragung für sich ein ausschließliches Recht auf den Gebrauch desselben erlangt. Läßt sich Jemand aber ein einfaches Zeichen eintragen, welches von dem Freizeichen erheblich abweicht, oder ein kombinirtes Zeichen, dessen Bestandtheil ein Freizeichen ist (N. 16 zu §. 1), so wird dadurch Niemand in dem ferneren Gebrauch des Freizeichens gehindert (O.H.G. 24, 292, R.G. 3, 69, R.G. Straff. 7, 214, R.G. in Jurist. Wochenschrift 1891 S. 239).

Alles Vorstehende gilt, gleichviel ob das Freizeichen in einer bildlichen Darstellung oder in Worten besteht.

Nr. 1.

8. Der Grund, weshalb der Gesetzgeber die Zeichen, welche nur in Zahlen, Buchstaben oder in den angegebenen Kategorien von Wörtern bestehen, von der Eintragung ausschließt, besteht darin, daß derartige Zeichen, ihrer Entstehung und Bedeutung nach, der willkürlichen Bestimmung eines Einzelnen nicht unterworfen sind, sondern im Gemeingebrauche sich befinden. Letzteren zu Gunsten einzelner Gewerbetreibender zu beschränken, wird weder durch das Bedürfniß des Verkehrs gefordert, noch könnte es den allgemeinen Interessen gegenüber gerechtfertigt sein. Dies führen sowohl die Motive zu dem Gesetz vom 30. November 1874, als zu unserem Gesetz (S. 12) an. Insofern hat Kohler Recht, wenn er die Zahlen u. s. w. Freizeichen nennt (S. 196).

Ueber die Gesetzgebung fremder Staaten in dieser Frage vergl. namentlich Kohler S. 195 ff, Amar p. 70 ff.

9. In Bezug auf die Frage, ob nur die der deutschen Sprache und Zahlenkunde angehörigen Zahlen, Buchstaben, Wörter ausgeschlossen sind oder wie weit auch andere Sprachen oder Zahlensysteme in Betracht kommen, gehen die Meinungen auseinander. Einzelne wollen nur die den allgemein geläufigen, also besonders den lebenden Sprachen entnommenen Sprachzeichen ausschließen (Landgraf S. 24), Andere die aller lebenden Sprachen, zu welchen sich der Verkehr wendet, also auch arabische, syrische und chinesische (Kohler S. 197), eine dritte Ansicht dehnt den Ausschluß endlich auf die Schriftzeichen aller Sprachen, lebender und todter, aus (Meves S. 11, Finger S. 33). Dieser letzteren Ansicht ist der Vorzug zu geben. Aus der bestimmungsmäßigen Bedeutung, welche das Waarenzeichen für den internationalen Verkehr hat, folgt, daß man die Zahlen und Buchstaben sämmtlicher Zahlensysteme und Sprachen, welche in irgend einem Lande angewendet werden, ausschließen muß. Man darf dabei nicht bloß an die lebenden Sprachen denken: der Zweck der Bestimmung würde vereitelt werden, wenn ein Apotheker die lateinische Zweckbestimmung eines Medikaments oder ein Buchhändler, welcher Gebetbücher für den jüdischen Gottesdienst verkauft, einzelne hebräische Buchstaben oder gerade den hebräischen Ausdruck für Gebetbuch durch Eintragung für sich schützen lassen könnte. Aus diesen Gründen wäre es, zumal das Gesetz selbst keine Unterscheidung macht, willkürlich, in kasuistischer Weise eine Sprache auszuschließen, die andere zuzulassen. Wohin das führt, ersieht man aus den Reichstagsverhandlungen des Jahres 1874, wo ein hervorragender Abgeordneter chinesische Buchstaben als Zeichen zulassen wollte, dagegen bei hebräischen oder russischen Bedenken hatte (Stenogr. Berichte 1874/75 I S. 84).

Auf vorstehendem Standpunkt stand bereits §. 2 Nr. 1 des für Westphalen und die Rheinprovinz ergangenen Gesetzes vom 24. April 1854, welcher vom Zeichenschutz ausschloß „alle Worte in deutscher oder einer fremden Sprache, welche eine Eigenschaft der Waare oder irgend eine sie empfehlende Bezeichnung ausdrücken". Dies ist auch der Standpunkt der englischen Rechtsprechung: „Boköl", die in Norwegen übliche Bezeichnung einer bestimmten Sorte Bier, war in England als Schutzmarke für Bier eingetragen worden, wurde dann aber gelöscht, das Wort „Kokoko", welches in der Sprache der Chippeway-Indianer „Eule" bezeichnet, wurde deshalb (zum Theil wirkte auch die Rücksicht auf das spanische coco mit) als Marke für Baumwollwaaren nicht zugelassen, weil die Eule als Zeichen für solche Waaren in England gang und gäbe sei (Lawson p. 310, Amar p. 80, Kohler Aus dem Patent- und Industrierecht II S. 33). Wenn Kohler ebenda III S. 29 gegen letztere Entscheidung anführt, daß der englische High Court das Wort Oomoo, welches in einer australischen Ursprache „Wahl" bedeutet, als Waarenzeichen für australische Weine und Spirituosen zugelassen hat (vergl. Lawson p. 310), so übersieht er, daß dieses Wort in keiner Beziehung zu der Waare, für welche es bestimmt ist, steht. Die französische Praxis steht nicht auf diesem kosmopolitischen Standpunkt. Sie hat die in anderen Sprachen zur Bezeichnung gewisser Gewerbebetriebe allgemein üblichen Ausdrücke Lloyd, Bodega, Tattersall, sowie die im Englischen alltägliche Bezeichnung non genuine als schutzfähig erachtet, weil diese Ausdrücke in Frankreich nicht gemeingebräuchlich sind, die Bezeichnungen extractum carnis of meat und peppermint hat sie dagegen, wohl als in Frankreich bekannter, beanstandet (Pouillet n° 52, 59, 60; dazu Amar p. 80).

10. Zahlen sind nicht mit Ziffern identisch. Letztere sind nur eine der Darstellungsformen der Zahlen, man kann diese aber auch mit Buchstaben schreiben. Da das Gesetz die Zahlen schlechtweg ausschließt, so ist es unerheblich, ob sie mit Ziffern oder mit Buchstaben geschrieben sind. Aus der Gleichstellung mit Buchstaben könnte man folgern, daß das Gesetz hier nur an die Ziffern gedacht hat. Dann wäre aber die in Buchstaben ausgedrückte Zahl prinzipiell als Zeichen zulässig, denn sie braucht nicht eine Angabe über Preis-, Mengen- oder Gewichtsverhältnisse der Waare darzustellen (man denke an das Wort „hundert" als Zeichen auf einem Bleistift). Dies würde, zumal die Worte als Klangzeichen Schutz erhalten können, auf die vom Gesetzgeber gerade gemißbilligte Monopolisirung (N. 8) der Zahlen hinauskommen. Folglich müssen nicht bloß Ziffern, sondern auch Buchstabenzahlen unzulässig sein. Das Patentamt hat also die Anmeldung zurückzuweisen, gleichviel ob die Zahl „neun" so, wie eben geschehen, oder 9 bezw. IX geschrieben ist.

11. Buchstaben sind Schriftzeichen für die einzelnen Sprachlaute; welchem Alphabet die Schriftzeichen angehören, ist unerheblich (N. 9). Die Initialen des Namens nehmen keine Sonderstellung ein, sie sind ebenso unzulässig, wie andere Buchstaben (Pouillet n° 71, 382, Kohler S. 198).

Ob Jemand einen oder mehrere Buchstaben als Zeichen anmeldet, ist gleichgültig, ebenso ob die mehreren Buchstaben einzeln neben einander stehen oder mit einander verbunden sind. Zulässig wird das Zeichen erst, wenn die mit einander verbundenen Buchstaben ein Wort bilden. Bei „Wort" darf man hier aber nicht an denjenigen einzelnen Sprachlaut oder denjenigen Verein von Sprachlauten denken, welcher Ausdruck einer Vorstellung oder eines Begriffs ist; denn mit der Vorschrift des §. 4 Abs. 1 Nr. 1 sollten insbesondere die sog. Phantasieworte, denen irgend eine Bedeutung nicht inne zu wohnen braucht, als Zeichen zugelassen werden (Motive S. 12). Vielmehr ist hier unter „Wort" eine lautliche Einheit, welche aus mehr als einem Buchstaben besteht, zu verstehen. Es kommt demnach darauf an, ob die mehreren Buchstaben eine lautliche Einheit bilden oder nicht. Ein Zeichen kt oder kbt oder krt ist zurückzuweisen, ein Zeichen kat oder ket oder kot zuzulassen.

Außerdem ist die Verbindung mehrerer Buchstaben eintragungsfähig, wenn sie in einer ganz besonders charakteristischen Form geschieht (N. 15).

12. Das Gesetz weicht von dem bisherigen Rechtszustande darin ab, daß es Zeichen, die ausschließlich in Wörtern bestehen, prinzipiell gestattet. Das Gesetz von 1874 hatte derartige Wortmarken ausgeschlossen, weil Worte ebenso wie Zahlen und Buchstaben dem Gemeingebrauche nicht entzogen werden dürften. Die Motive zu jenem Gesetze heben noch bezüglich des Gebrauchs von Wörtern hervor: „Es würde unter allen Umständen unerläßlich sein, im Wege der Gesetzgebung gewisse Wörter der freien Benutzung ausdrücklich vorzubehalten; dahin gehören insbesondere diejenigen Wörter, welche im Verkehre vielfach üblich, eine gewisse Qualität der Waaren ausdrücken — fein, gut, prima, best, first u. dergl. — Wörter ferner, welche eine empfehlende Bezeichnung enthalten — patent, warranted, à l'épreuve — oder Wörter, welche geographische Bezeichnungen bilden. Schon diese Beispiele ergeben die Schwierigkeit, eine Grenze zu finden, welche die allgemeinen Rücksichten gegenüber den Einzelinteressen wahrte." Dieser Ausschluß der Wortmarken erfuhr in den industriellen Kreisen im Laufe der Zeit immer lebhaftere Anfechtung. Auf gewissen Handelsgebieten trat mehr und mehr, anlehnend an die im Auslande eingebürgerten Gewohnheiten, die Neigung hervor, zur Kennzeichnung von Waaren, namentlich wenn diese einer neuen Erfindung ihre Entstehung verdankten, einzelne Schlagwörter zu verwenden, welche entweder frei erfunden sind (Phantasieworte im engeren Sinne) oder welche, wenn auch dem allgemeinen Sprachschatze angehörig, doch zu der Waare und ihren Besonderheiten in keiner durch den Begriff des Worts gegebenen Beziehung stehen. Mit Ausnahme von Oesterreich-Ungarn und Schweden hatte die Gesetzgebung aller wichtigeren Industriestaaten diesem Bedürfniß bereits Rechnung getragen (Motive S. 12).

Aus diesen Erwägungen hat man auch bei uns jetzt die Wortmarken zugelassen. Dies ist um so gerechtfertigter, als sich Wörter in der Regel zu Waarenzeichen gut eignen (N. 11 zu §. 1). Andererseits hat aber das Gesetz den Bedenken Rechnung getragen, welche die Begründung des Gesetzes von 1874 bezüglich gewisser Wörter hervorhob, indem es solche Wörter, deren sich der Verkehr zur Beschreibung einer Waare bedient, dem allgemeinen Sprachschatze nicht entziehen wollte (Motive S. 12). Der Anmelder kann sich die Wörter nicht bloß in einer bestimmten Darstellungsform schützen lassen, sondern er ist berechtigt, für das Klangzeichen des betreffenden Wortes schlechtweg, gleichviel in welchen Typen es dargestellt wird, den Schutz des Gesetzes zu verlangen; vergl. darüber N. 11 zu §. 1.

13. Bezüglich der von der Eintragung ausgeschlossenen Wörter sei vorweg an die Ausführung in N. 9 erinnert, daß es nicht darauf ankommt, welcher Sprache sie angehören.

Da das Gesetz durch den Ausschluß bestimmter Kategorien von Wörtern nur verhindern will, daß Jemand solche Wörter, deren Gebrauch der Verkehr nicht entbehren kann, für sich monopolisirt, so folgt daraus, daß das Patentamt prüfen muß, ob das angemeldete Wort gerade zu den Waaren, für welche es nach der Anmeldung bestimmt ist, in einer der vom Gesetz hervorgehobenen näheren Beziehungen (Art, Zeit und Ort der Herstellung, Beschaffenheit u. s. w.) steht oder doch nach den Anschauungen des Verkehrs stehen kann. So wird z. B. das Wort „gewebt“ als Waarenzeichen für Erzeugnisse der Textilindustrie nicht zulässig sein, während es für Spirituosen unbedenklich wäre. Ebenso kann das Wort „Antifebrin“ für Spazierstöcke oder eiserne Röhren, aber nicht für pharmazeutische Artikel angemeldet werden. Bei einer geographischen Bezeichnung wird es darauf ankommen, ob dieselbe im konkreten Falle den Eindruck einer Herkunftsbezeichnung machen kann oder sich nur als Phantasiebezeichnung darstellt. Wenn das Letztere ganz offenbar der Fall ist (z. B. „Libanon“ für einen Schnaps, „Ethiopian“ für schwarze Strümpfe, eau de Palmyre, encre indienne) kann die Bezeichnung eingetragen werden, sonst aber nicht (Kohler S. 174, Pouillet n° 64 bis 67). Wenn die bezüglichen Angaben ersichtlich unrichtig sind und die Gefahr einer Täuschung begründen, so steht auch Nr. 3 des §. 4 Abs. 1 der Eintragung entgegen.

Nachstehend einzelne Beispiele unzulässiger Wortmarken (vergl. Pouillet n° 46 ff., Lawson p. 308, 315 ff., 336 ff., Amar p. 75 ff., wobei zu beachten ist, daß bei der Verschiedenheit der Gesetzgebungen die fremdländischen Entscheidungen nur mit großer Vorsicht zu verwerthen sind):

a) Art der Herstellung: Gewebt, Schrägwalz (für Röhren), geköpert, Gußeisen.

b) Zeit der Herstellung: Märzenbier, 1874er Bräu, Jahrgang 1815.

c) Ort der Herstellung: Bielefelder Leinwand, Rüdesheimer, Jamaika-Rum, Brüsseler Spitzen, vernis anglais, fil d'Alsace, überhaupt geographische Bezeichnungen, wie Rom, Berlin, Philadelphia.

d) Beschaffenheit der Waare: prima, first, extra dur, best, preisgekrönt, fein, dry oder sec (für Champagner), Phospho-Guano, Linoleum, Malzbier, corset sans coutures, Hartglas.

e) Bestimmung der Waare: Antifebrin, Migränin, Büstenhalter, eau purgative; außerdem gehören Gebrauchsanweisungen hierher (vergl. N. 12 zu §. 1 a. E.).

f) Preis: 5 Mark, three shillings hat.

g) Mengen: 100 Meter lang, Literflasche.

h) Gewicht: 5 Kilo Träger.

14. Da die Zulässigkeit der Wörter als Zeichen die Regel bildet, so ist es überflüssig, die zulässigen Wortzeichen in bestimmte Klassen zu zerlegen; alle Wörter, welche nicht unter eine der Kategorien der N. 13 fallen, sind eintragungsfähig. Weil diese Ausnahmen aber von denjenigen Wörtern gebildet werden, welche auf die Waare Bezug haben, so ergiebt sich von selbst, daß zur Eintragung hauptsächlich Wörter geeignet sind, welche vom Anmelder ganz frei erfunden sind, oder solche Wörter, welche zwar dem allgemeinen Sprachschatze angehören, aber an und für sich ihrem Wortsinne nach zu der betreffenden Waare oder ihren Eigenschaften in keiner Beziehung stehen (N. 12). Als Beispiele für letztere mögen dienen: Eulenseife, Dianalampe, Kaiseröl, Fürstenbrunnen, Marienglas, Löwenbräu. Aber auch solche Worte, welche zwar die Waare charakterisiren sollen, bei denen dies aber in allegorischer Weise geschieht, sind eintragungsfähig. Dahin gehören z. B. Bezeichnungen, wie „Eiskönig" und „Eisvogel" für Schlittschuhe, „Rheingold" oder „Perle der Pfalz" für Weine (Landgraf S. 27). Es ist unbedenklich zulässig, daß sich Jemand eine Verbindung von mehreren — an sich zulässigen — Wörtern eintragen läßt (Motive S. 12 a. E., Kommissionsbericht S. 3). Man denke an „Dörings Seife mit der Eule".

15. Durch die Verbindung mehrerer Buchstaben, Zahlen oder zur Eintragung ungeeigneter Wörter mit einander, entsteht kein zulässiges Waarenzeichen. Hierunter würden beispielsweise fallen: R. H. Berlin; 1, 2, 3; Gußstahl Essen; A Ω.

Wenn aber die Kombination in der Art erfolgt, daß durch die Stellung der Zahlen, Buchstaben, Wörter ein individuell-charakteristischer Eindruck hervorgerufen wird, so ist sie eintragungsfähig. Der Grund, weshalb der Gesetzgeber die Buchstaben, Zahlen u. s. w. von der Eintragung ausschloß, war, daß Niemand diese dem Gemeingebrauche angehörigen Zeichen für sich monopolisiren soll (N. 8). Dieser Absicht wird aber nicht zuwidergehandelt, wenn man charakteristische Kombinationen, bei welchen die Buchstaben, Zahlen u. s. w. ihre ursprüngliche Zweckbestimmung abgestreift haben, eintragen läßt. Denn trotz der Eintragung ist Niemand gehindert, die Elemente, aus denen die Kombination besteht, in gemeingebräuchlicher Weise für sich zu benutzen. Es sind also das aus der eigenthümlichen Zusammenstellung der vier F bestehende Turnerzeichen, ein aus Buchstaben und Zahlen bestehender größerer Kreis, eine charakteristische Verschlingung mehrerer Buchstaben zulässige Waarenzeichen (R.G. in Goltdammers Archiv 35, 213; a. M. Meves S. 11, Kohler S. 199).

16. Das Wort „ausschließlich", welches nur in Nr. 1, nicht in Nr. 2 und 3 des §. 4 Abs. 1 steht, weist darauf hin, daß die Zeichenrolle für Zahlen, Buchstaben und unzulässige Wörter nicht völlig verschlossen ist. Die Eintragung ist ihnen nur dann versagt, wenn das Zeichen aus ihnen allein besteht — insofern und wegen der gleichen ratio legis (N. 8) besteht eine Uebereinstimmung zwischen ihnen und den Freizeichen (N. 7).

Früher war es streitig, ob eine noch so unbedeutende figurative Zuthat genügt, um Zahl, Wort oder Buchstaben eintragungsfähig zu machen (Meves S. 12, Kohler S. 199), oder ob die figürliche Darstellung das Wesentliche des Waarenzeichens ausmachen muß (R.G. 10, 56; 19, 170. R.G. Straff. 6, 28). Heute wäre die Frage dahin zu formuliren: Muß das Patentamt eine Zahl, einen Buchstaben oder ein an sich unzulässiges Wort eintragen, wenn dieselben nur mit irgend einem, wenn auch noch so unbedeutenden, Zusatz verbunden werden? Sind also beispielsweise ③, g, „an München" wegen des Kreises, Striches oder wegen des „an" eintragungsfähig?

Zur Lösung der Frage darf man das Wort „ausschließlich" nicht zu sehr urgiren, denn damit würde man zu viel beweisen. Man käme dann schließlich zu dem Resultat, daß man zu einer Zahl nur ein Interpunktionszeichen hinzuzufügen brauchte, um sie zu einem eintragungsfähigen Waarenzeichen zu machen. Vielmehr liegt die Lösung in einer analogen Anwendung des §. 20 (N. 2 zu §. 20). Ist der Zusatz so unbedeutend, daß die Gefahr einer Nichtbeachtung desselben im Verkehr vorliegt, so darf das Patentamt nicht eintragen. Nach dieser Richtung gilt alles das, was oben in N. 7 für Freizeichen ausgeführt ist. Ist der Zusatz aber erheblich, stellt er insbesondere einen an sich eintragungsfähigen Bestandtheil dar, so muß das Zeichen eingetragen werden. Es liegt dann ein Kombinationszeichen vor (N. 16 zu §. 1). Die Bedeutung dieser Zeichen war vor diesem Gesetze eine sehr große. Wegen des durchgängigen Ausschlusses der Wortzeichen konnte man einen Schutz für Wörter nur dadurch erlangen, daß man sie in Verbindung mit einer figürlichen Darstellung als Waarenzeichen anmeldete. Heute werden diese Zeichen dagegen nur noch zur Anwendung kommen, wenn Jemand Werth darauf legt, Zahlen, Buchstaben oder — was der Hauptfall sein wird — an sich unzulässige Wörter sich schützen zu lassen. Natürlich braucht er dieselben jetzt nicht mit figürlichen Darstellungen zu kombiniren, er kann sie auch mit Wörtern verbinden. So sind z. B. Dortmunder Union, Spatenbräu München, Hoffscher Malzextrakt, Goldene 110 zulässige Waarenzeichen, während Dortmund, München, Malzextrakt, 110 allein nicht eingetragen werden dürfen (Kommissionsbericht S. 3; Stenogr. Berichte S. 2159). Wenn der Inhalt des Kombinationszeichens ersichtlich den thatsächlichen Verhältnissen nicht entspricht und die Gefahr einer Täuschung begründet, in unseren Beispielen also das Bier nicht aus Dortmund oder München stammt oder der Malzextrakt ohne Malz fabrizirt ist, so ist dem Zeichen nach Nr. 3 des §. 4 Abs. 1 die Eintragung zu versagen (N. 25).

Nr. 2.

17. Grund der Bestimmung. Dieselbe will verhüten, daß Zeichen öffentlicher Autorität zum Gegenstande privater Spekulation gemacht werden (vergl. Motive S. 13, O.H.G. 24, 292). Dieser Gesichtspunkt wird für so wichtig erachtet, daß es hier (anders in Nr. 1) nicht darauf ankommt, ob das Wappen den ausschließlichen Inhalt des Zeichens ausmacht oder nur einen Bestandtheil desselben bildet. Wenn das Wappen gegenüber dem Gesammtbilde auch von noch so geringfügiger Bedeutung ist, so macht es doch das Zeichen unfähig zur Eintragung (R.G. Straff. 10, 353).

Aus der angegebenen ratio legis, allerdings nicht aus dem Wortlaute der Bestimmung, folgt, daß die Staaten, Provinzen u. s. w., wenn sie selbst Geschäfte betreiben, ihre Wappen für sich eintragen lassen dürfen, sowie daß ihre Zustimmung einem Dritten die Eintragung ermöglicht (Kohler S. 66, Motive S. 13).

18. Das Markenschutzgesetz hatte in §. 3 Abs. 2 die Eintragung verboten, wenn die Zeichen „öffentliche Wappen" enthalten. An diese Vorschrift hatte sich eine Kontroverse geknüpft, ob ausländische Wappen auch unter das Verbot fallen. Dafür: Kohler S. 166. Dagegen: die gemeine Meinung, insbesondere O.H.G. 24, 292; R.G. 3, 69; 21, 1; R.G. Straff. 17, 84. Unentschieden: Stenglein-Appelius S. 70. Das jetzige Gesetz bejaht die Frage für ausländische Staatswappen, erklärt damit also die anderen öffentlichen Wappen des Auslandes für eintragungsfähig. Diese Beschränkung geschah „aus Zweckmäßigkeitsgründen" (Motive S. 13), d. h. wohl, weil dem Patentamt die Kenntniß sämmtlicher Orts-, Gemeinde- und Provinzialwappen des Auslandes nicht zugemuthet werden kann. In §. 16 wird der fälschliche Gebrauch von Wappen auch eines ausländischen Ortes oder Gemeinde und weiteren Kommunalverbandes unter gewissen Voraussetzungen für strafbar erklärt.

Von inländischen Wappen sind außer den Staatswappen, d. h. dem Kaiserlichen Wappen, den Wappen der Bundesfürsten und Bundesstaaten noch die Wappen eines Orts, einer Gemeinde und eines weiteren Kommunalverbandes (Kreis, Provinz u. s. w.) nicht eintragungsfähig. Zugelassen sind damit außer den Privatwappen die Wappen oder Abzeichen von Vereinen, Innungen, Gilden u. s. w. Bezüglich des Kaiserlichen Adlers bestimmt ein an den Reichskanzler gerichteter Allerhöchster Erlaß vom 16. März 1872 (R.G.Bl. 1872 S. 90):

> Auf Ihren Bericht vom 9. dieses Monats will ich allen deutschen Fabrikanten den Gebrauch und die Abbildung des Kaiserlichen Adlers in der durch Meinen Erlass vom 3. August vorigen Jahres unter 2. festgesetzten Form zur Bezeichnung ihrer Waaren oder Etiketten hierdurch gestatten und beauftrage Sie, das Weitere hiernach zu veranlassen.

Hierauf erging die Bekanntmachung des Reichskanzlers vom 11. April 1872 (R.G.Bl. 1872 S. 93):

> In Ausführung des Allerhöchsten Erlasses vom

16. März d. J. (Reichsgesetzbl. S. 90) wird hierdurch bestimmt, dass bei Gebrauch und bei Abbildung des Kaiserlichen Adlers zur Bezeichnung von Waaren und auf Etiketten die Form eines Wappenschildes ausgeschlossen ist.

Damit ist die Benutzung des Kaiserlichen Adlers, außer in Form eines Wappenschildes, für Deutsche, nicht für Ausländer, allgemein gestattet. Das Wort „Fabrikant" im Erlaß muß auf alle Gewerbetreibenden, also auch auf Zwischenhändler, ausgedehnt werden. Mit dieser Zulässigkeit des Gemeingebrauchs harmonirt die Untersagung der Eintragung in die Rolle, denn diese Eintragung würde dem Anmelder ein Ausschließungsrecht gewähren.

Der §. 360 Nr. 7 des Strafgesetzbuchs bestraft mit Geldstrafe bis zu 150 ℳ oder mit Haft:

„wer unbefugt die Abbildung des Kaiserlichen Wappens oder von Wappen eines Bundesfürsten oder von Landeswappen gebraucht."

Diese Vorschrift ist auf das zur Bezeichnung von Waaren gebrauchte Kaiserliche Wappen nur anwendbar, wenn der Gebrauch in der Form eines Wappenschildes oder von einem Nichtdeutschen erfolgt. Sonst genießen den Schutz dieses Strafgesetzes nur die Wappen deutscher Bundesstaaten oder Bundesfürsten, folglich können diese Wappen nur mit Genehmigung der Berechtigten, dagegen ausländische Wappen und Wappen eines inländischen Ortes, eines inländischen Gemeinde- oder weiteren Kommunalverbandes ohne weiteres von Jedermann als Waarenzeichen benutzt werden. Dasselbe gilt — leider — auch vom Abzeichen der Vereine vom rothen Kreuz (anders in Oesterreich: Feigl S. 17); eine Eintragung des rothen Kreuzes für Gegenstände, welche mit der Krankenpflege zusammenhängen, ist dagegen unstatthaft, weil es Freizeichen ist (N. 3).

19. Nur dem Wappen als Ganzem in seiner besonderen heraldischen Gestaltung ist die Eintragung versagt, „dem Wappen in jener Gestaltung, in welcher sich der Staat desselben bedient" (Oesterreichischer Verwaltungsgerichtshof bei Feigl S. 113). Einzelne Motive, Sinnbilder oder Figuren desselben können dagegen als Zeichen verwerthet werden (Motive S. 13). So steht nichts im Wege, daß Jemand ein dem schweizerischen oder italienischen Wappenbilde ähnliches Kreuz oder einen dem Kaiserlichen ähnlichen Adler sich als Waarenzeichen schützen läßt (R.G. in Goltdammers Archiv 39, 314; Stenglein-Appelius S. 70). Wird dagegen das Wappen als Ganzes in das Waarenzeichen aufgenommen, so darf das Zeichen nicht eingetragen werden, sollte es außer dem Wappen auch noch andere hervortretende Bestandtheile enthalten (N. 17).

Nr. 3.

20. Der Grund der Bestimmung ist, daß der Staat seine Organe und Einrichtungen nicht dazu hergeben darf, um Darstellungen, welche Aergerniß erregen, zu verbreiten. Zu diesen Darstellungen gehören begrifflich auch die Zeichen, welche das Publikum irreführen wollen, die marques mensongères. In dem Markenschutzgesetz waren letztere nicht ausdrücklich von der Eintragung ausgeschlossen, die Praxis ließ deshalb ihre Eintragung regelmäßig zu (dagegen: insbesondere Kohler S. 170). Das jetzige Gesetz mußte mit der Thatsache rechnen, daß die prinzipielle Zulassung von Wortzeichen die Möglichkeit irreführender Angaben verstärke, deshalb untersagte es ausdrücklich die Eintragung von Zeichen, welche derartige Angaben enthalten. „Es würde den Interessen des redlichen Verkehrs zuwiderlaufen, Angaben, welche bei der amtlichen Vorprüfung von vornherein als trügerisch erkannt sind, durch die Eintragung in die Zeichenrolle unter die Autorität eines staatlichen Schutzes zu stellen“ (Motive S. 13).

Aus dem Wortlaut der Bestimmung und der ratio legis folgt, daß es nicht darauf ankommt, ob das Zeichen nur aus der verpönten Angabe oder Darstellung besteht oder noch andere erlaubte Bestandtheile enthält. In keinem Falle darf es eingetragen werden. Darin besteht Uebereinstimmung zwischen den Versagungsgründen unter Nr. 2 und Nr. 3; vergl. N. 17.

21. Aergerniß erregende Darstellungen. Die Worte sind aus dem §. 3 Abs. 2 des Markenschutzgesetzes wörtlich übernommen. Selbstredend schließt das Wort „Darstellungen“ jetzt auch Wörter ein, so daß z. B. geschlechtlich anstößige Wörter nicht Eintragung finden dürfen. Aber nicht bloß in geschlechtlicher, sondern auch in politischer, religiöser, sozialer Hinsicht kann ein Zeichen anstößig sein (Seligsohn Patentgesetz S. 16). Hierunter fallen Waarenzeichen, welche Bestrebungen versinnbildlichen, die gegen den Bestand des Reichs gerichtet sind. Es sei an das Urtheil des O.H.G. vom 17. November 1876 erinnert, welches eine Marke mit folgenden Emblemen im Zeichenregister löschen ließ: auf den Farben der französischen Trikolore ein geflammtes, aufrecht stehendes Schwert mit der Waage der Gerechtigkeit am Griff und umgeben von den Buchstaben A. F. L. (Alsace, France, Lorraine). Auch Zeichen, welche den inneren Frieden im Staate oder die Gefühle eines Theiles der Staatsangehörigen zu stören geeignet sind, gehören hierher. Es dürfen ebensowenig Verspottungen der katholischen Reliquienverehrung, wie antisemitische Karrikaturen in der Zeichenrolle Aufnahme finden.

22. Ein irreführendes Waarenzeichen liegt vor, wenn das Zeichen eine Angabe (N. 23) enthält, welche den thatsächlichen Verhältnissen nicht entspricht (N. 24) und die Gefahr einer Täuschung begründet (N. 25). Diese Voraussetzungen sind nur objektiver Art. Es ist nicht nothwendig, daß der Anmelder die Unrichtigkeit der Angabe kannte oder die Absicht der Täuschung hatte: seine bona oder mala fides ist (anders in §. 16) unerheblich. Das Patentamt darf die Eintragung eines solchen Zeichens aber nur versagen, wenn die Unrichtigkeit der Angabe „ersichtlich“ (N. 26) ist. Hat das Patentamt das Zeichen, trotzdem alle diese Voraussetzungen vorlagen, eingetragen, so muß es dasselbe gemäß §. 8 Abs. 2 Nr. 2 von Amtswegen löschen. Bei den anderen Zeichen, deren Eintragung der §. 4 untersagt, kann Remedur gegen ihre Eintragung nur im Wege des §. 8 Abs. 2 geschaffen werden; das Patentamt allein hat unter Ausschließung des Rechtswegs über ihre Löschung zu befinden. Dagegen hat bei den irreführenden Waarenzeichen noch außerdem Jedermann das Recht, gemäß §. 9 Abs. 1 Nr. 3 bei den ordentlichen Gerichten auf Löschung zu klagen. Ueber den Grund und die Tragweite dieser Abweichung siehe N. 26.

23. Das Wort Angabe schließt hier auch figürliche Darstellungen ein (a. M. Landgraf S. 31 und anscheinend die Motive S. 13). Diese ausdehnende Interpretation ist geboten, weil es an jedem inneren Grunde fehlt, die Vorschrift des §. 4 außer Anwendung zu lassen, wenn das Irreführende in einer bildlichen Darstellung liegt. Es ist ganz dasselbe, ob Jemand, der auf der Pariser Weltausstellung nicht prämiirt worden ist, in das Waarenzeichen die Worte „Goldene Medaille Paris 1889" oder die Medaille selbst aufnimmt. Der Wortlaut des Gesetzes ist demgegenüber um so weniger ausschlaggebend, als die Ausdrucksweise der betreffenden Nr. 3 überhaupt nicht sehr prägnant ist. Bereits oben in N. 21 ist darauf hingewiesen, daß die „Aergerniß erregenden Darstellungen" auch in Wörtern bestehen können: analog schließen hier die „Angaben" auch Darstellungen in sich. Dafür spricht auch, daß in dem korrespondirenden §. 9 Abs. 1 Nr. 3 von dem „Inhalte des Waarenzeichens", der den thatsächlichen Verhältnissen nicht entspricht und die Gefahr einer Täuschung begründet, die Rede ist.

24. Den thatsächlichen Verhältnissen nicht entsprechend ist zunächst jede Angabe, welche unrichtig ist. Ob die Unrichtigkeit sich auf die Waare, deren Urheber oder auf welchen Umstand sonst bezieht, ist gleichgültig, ebenso ob die Unrichtigkeit von irgend einer Bedeutung für den Absatz der Waare ist. Dies alles kommt für die weitere Frage, ob die betreffende Angabe die Gefahr einer Täuschung begründet, in Betracht. Hier ist zunächst nur festzustellen, ob das Zeichen irgend eine objektive Unrichtigkeit enthält. In Folge dessen erübrigt sich auch eine weitere Erläuterung, denn jede unrichtige Angabe gehört ausnahmslos hierher. Hierher gehören insbesondere auch Zeichen, in denen solche Namen, Firmen, Titel, Wappen, Medaillen, Monogramme vorkommen, zu deren Führung der Anmelder nicht befugt ist.

Eine Angabe braucht nicht unrichtig zu sein und kann doch den thatsächlichen Verhältnissen nicht entsprechen. Hierher wird z. B. sehr oft die Aufnahme fremdländischer Ausdrücke in ein von einem Deutschen angemeldetes Waarenzeichen gehören, denn da bei uns in Deutschland die Verkehrssprache fast durchgängig die deutsche ist, so entspricht ein Waarenzeichen, welches Angaben in fremder Sprache enthält, meistens (man denke aber an das Polnische, Litthauische, Dänische, Französische u. s. w. in den Grenzprovinzen) nicht den thatsächlichen Verhältnissen. Damit ist nicht gesagt, daß die fremdländische Bezeichnung ein Zeichen ohne Weiteres von der Eintragung ausschließt, es kommt vielmehr noch in Betracht, ob die Wahl der fremden Sprache die Gefahr einer Täuschung begründet.

25. Die Frage, ob die Angabe die Gefahr einer Täuschung begründet, ist vorzugsweise vom Standpunkte des Konsumenten zu beurtheilen. Es kommt also nicht darauf an, ob ein geschäftskundiger Kaufmann getäuscht werden kann, sondern ob ein geschäftlicher Laie, ein Durchschnittskäufer, welcher die Waare in der durch den Geschäftsverkehr bedingten Schnelligkeit besieht und kauft, irre geführt werden kann (vergl. N. 4 zu §. 20). Das österreichische Markenschutzgesetz, welchem diese Bestimmung nachgebildet ist, sagt in der entsprechenden Nr. 4 des §. 3 ausdrücklich „und zur Täuschung des konsumirenden Publikums geeignet sind".

Die Thatsache, über welche der Konsument getäuscht werden kann, wird natürlich im Zusammenhange mit der Waare stehen müssen. Nach dieser Richtung kommen hauptsächlich die unter Nr. 1 des §. 4 erwähnten Angaben über Art, Zeit und Ort der Herstellung, über die Beschaffenheit, über die Bestimmung, über Preis-, Mengen- oder Gewichtsverhältnisse der Waare in Betracht. Diese sind aber nach dem in N. 15, 16 Ausgeführten überhaupt nur eintragungsfähig, wenn sie mit anderen Elementen zu einem Zeichen verbunden werden. Entsprechen jene Angaben nicht den thatsächlichen Verhältnissen, so werden sie oft die Gefahr einer Täuschung begründen. Aber keineswegs stets.

Ausdrücke wie prima, fein, first u. dergl., pflegen im geschäftlichen Verkehr nicht auf die Goldwage gelegt zu werden, selbst der Konsument weiß, daß sie gemeinhin nicht in des Wortes strenger Bedeutung gebraucht werden — bei ihnen wäre also eine Prüfung des Patentamts, ob die Waare das Prädikat verdient, regelmäßig nicht angebracht. Dagegen würden Wörter, wie „patentirt", „privilegirt" zu beanstanden sein, bis der Anmelder seine Berechtigung zum Gebrauche derselben dargethan hat; bei „patentirt" würde noch der Gesichtspunkt eventueller Strafbarkeit aus §. 40 des Patentgesetzes hereinspielen.

Bei den anderen in N. 13 erwähnten Beispielen wird man präsumtiv annehmen können, daß, wenn sie den thatsächlichen Verhältnissen nicht entsprechen, die Gefahr einer Täuschung vorliegt. Allerdings wird die Voraussetzung, daß das Wort gerade zu den Waaren, für welche es nach der Anmeldung bestimmt ist, in einer näheren Beziehung stehen muß (N. 13), hier, wo es sich um die Täuschungsgefahr handelt, besonders zu betonen sein. Bezeichnungen, wie „Büstenhalter" für Liköre oder „Gußeisen" für Wollwaaren sind nicht irreführend. Wenn dagegen Jemand für Margarine das Wort „Butter" oder das Bild einer Kuh, welche gemolken wird, für baumwollene Stoffe das Wort „Wolle", für halbseidene das Wort „Seide" allein oder in Verbindung mit anderen Elementen anmelden wollte, so wäre die Eintragung zu versagen. Der Ansicht des österreichischen Verwaltungsgerichtshofes, daß Marken mit unwahrer Qualitätsbezeichnung nicht Dezeptivmarken seien, weil durch die Marke nicht die Echtheit des Produktes, sondern nur die Thatsache garantirt werde, daß die mit der Marke versehene Waare von dem Inhaber der Marke erzeugt oder in Vertrieb gesetzt worden sei (Feigl S. 16), kann für das deutsche Recht sicherlich nicht beigetreten werden, denn das Gesetz will allgemein verhindern, daß die Marken dazu benutzt werden, um das Publikum irre zu führen. Für eine einschränkende Auslegung spricht nicht der Wortlaut, noch weniger die Billigkeit.

Gegen falsche Herkunftsangaben wird man besonders streng sein müssen; nur wenn sie ganz offensichtlich Phantasiebezeichnungen sind, ist bei ihnen die Gefahr der Täuschung ausgeschlossen. Am gerechtfertigtsten ist die Rigorosität dann, wenn die Erzeugnisse oder Waaren des usurpirten Ortes wegen ihrer Qualität einen besonders guten Ruf genießen (z. B. Jamaika für Rum, Birmingham für Stahlwaaren u. s. w.). Aber es darf auch weder „Panama" für Rum noch „Jamaika" für Strohhüte, weder „Birmingham" für Weine noch „Rüdesheim" für Stahlwaaren eingetragen werden, wenn der betreffende Anmelder nicht daselbst seine Niederlassung hat. Denn wenn auch in diesen Beispielen die Ortsangabe als Erzeugungs- oder Handelsstätte der Waare, für die sie angemeldet ist, nicht sonderlich bekannt ist, so ist doch bei ihnen die Gefahr der Täuschung stets vorhanden. Es ist nicht ausgeschlossen, daß in Panama, Jamaika u. s. w. sich Fabriken oder Exportgeschäfte des angegebenen Artikels befinden, so daß durch das Waarenzeichen Verwechslungen mit denselben hervorgerufen werden.

Bezeichnungen in nichtdeutscher Sprache sind nicht grundsätzlich ausgeschlossen (N. 24), bei Exportartikeln kann es sehr zweckmäßig und braucht nicht irreführend zu sein, in das Zeichen Angaben in der Sprache des Landes, für welches die Waare bestimmt ist, aufzunehmen. Die Gefahr der Täuschung liegt nur vor, wenn durch die fremde Sprache zu Unrecht der Schein erweckt wird, daß die Waare aus dem Lande, in welchem diese Sprache herrscht, herstammt. Dies wird insbesondere dann anzunehmen sein, wenn das Land, dessen Sprache entlehnt ist, für die betreffende Waare einen besonderen Ruf genießt. Man wird demnach einem Engländer oder Franzosen nie verwehren können, sich englische bezw. französische Wörter schützen zu lassen. Wenn dagegen ein Deutscher oder Franzose für Stahlwaaren englische Wörter, ein Engländer oder Italiener für Zigarren spanische Wörter anmelden wollte, so wäre der Anmeldung nicht Folge zu geben. Besonders dann nicht, wenn der Anmelder eine fingirte Firma in fremder Sprache schützen lassen will; Fälle, in denen erdichtete spanische Tabak- oder französische Schaumweinfirmen von Inländern früher angemeldet wurden, sind nicht selten. Der Bundesrath ist nach §. 22 unter gewissen Voraussetzungen befugt, den fremden Waaren bei ihrem Eingang nach Deutschland eine Bezeichnung vorzuschreiben, welche ihre Herkunft erkennen läßt; vergl. darüber die Erläuterungen zu §. 22.

Die Gefahr einer Täuschung kann auch in Bezug auf die Person des Fabrikanten oder Händlers vorliegen. Das angemeldete Waarenzeichen kann den Schein erwecken, daß ein Anderer als der Anmelder der Fabrikant oder Händler sei. Dies wird insbesondere dann der Fall sein, wenn ein Zeichen Namen, Firmen, Wappen, Monogramme enthält, zu deren Führung der Anmelder nicht befugt ist, oder wenn Jemand seinen Namen, seine Firma u. s. w. mit einem Zusatze, der auf eine andere Person hindeutet, versieht. Letzteres lag z. B. in dem von Pouillet n° 334 mitgetheilten Falle vor, wo ein ausländischer Fabrikant, welcher den gleichen Namen mit einem Pariser Fabrikanten führte, sich seinen Namen mit dem Zusatze fabricant de Paris eintragen ließ. Die Anmeldung eines Zeichens, welches mit einem früher angemeldeten übereinstimmt, gehört nicht hierher, darüber bestimmt §. 5.

Ein Waarenzeichen kann ferner über Eigenschaften des Anmelders, nicht über seine Identität irreführen. Hier kommt es aber auf die Erheblichkeit der Eigenschaft für den Absatz der Waare an. So wird es meistens gleichgültig sein, wenn der Fabrikant in der Marke etwa seinen Geburtstag oder Geburtsort unrichtig angiebt; anders dagegen, wenn er widerrechtlich Preismedaillen oder Hoflieferantentitel usurpirt. Auch dürfte es erheblich sein, wenn Jemand, der mit der Herstellung der Waare gar nichts zu thun hat, sich als Fabrikant bezeichnet, z. B. durch eine irreführende Aufnahme der Abbildung eines Fabriketablissements in das Zeichen.

Ebenso ist es unstatthaft, den falschen Schein hervorzurufen, als ob der Anmelder zu einer bestimmten Kategorie von Gewerbetreibenden gehört. Es würde Jemandem, welcher in Bielefeld nicht angesessen ist, für Leinenwaaren ein Zeichen nicht eingetragen werden dürfen, in dem die Flachsblume, das alte Zeichen der Bielefelder Leinwandindustrie, vorkommt.

Wenn das angemeldete Waarenzeichen in die Rechte Dritter eingreift, so wird es dadurch nicht eintragungsfähig, daß der Dritte der Eintragung zustimmt. Denn die Bestimmung des §. 4 Abs. 1 Nr. 3 will nicht die Rechte des Dritten schützen, sondern bezweckt den Schutz des konsumirenden Publikums gegen Täuschungen. Letztere verlieren ihren gemeingefährlichen Charakter dadurch nicht, daß sich der Dritte an ihnen betheiligt (Kohler S. 175). Der §. 5 dagegen, welcher auf den Schutz eines Privatrechts abzielt, macht die Versagung der Eintragung von dem Widerspruche des Berechtigten gegen die Eintragung abhängig.

26. „Ersichtlich" bezieht sich sowohl auf die Voraussetzung der Unrichtigkeit (N. 24) als der Täuschungsgefahr (N. 25). Beide Voraussetzungen müssen ersichtlich sein, sonst darf das Patentamt die Eintragung nicht versagen. Die Bedeutung des „ersichtlich" geht aus nachstehender Aeußerung des Regierungskommissars in den Reichstagsverhandlungen (Stenogr. Berichte S. 2159) klar hervor:

> „Auf den ersten Anblick könnte und muß es vielleicht überraschen, daß eine Zurückweisung des Zeichens, eine Beanstandung von Seiten des Patentamts nur dann vorgenommen werden soll, wenn die Dezeptivität ersichtlich, offenkundig, offenbar ist, während im Sinne des §. 8 (jetzt: §. 9) die Gerichte auf Löschung eines Zeichens auch dann sollen erkennen dürfen, wenn diese betrügerische Absicht nicht so offenkundig zu Tage liegt. Es sind vor allen Dingen praktische Erwägungen gewesen, welche diese Unterscheidung veranlaßt haben. Man wollte zum Ausdruck bringen, daß das Patentamt bei der ihm übertragenen Vorprüfung sich nicht auf eingehende und spezielle Untersuchungen darüber einzulassen habe, ob und inwieweit der Inhalt des Zeichens mit der Wirklichkeit, mit den thatsächlichen Verhältnissen übereinstimmt. Würde vom Patentamt eine solche Prüfung vorgenommen werden, so würde zum Nachtheil derjenigen Kreise, die am Markenschutz betheiligt sind, das Prüfungsverfahren auf eine längere Zeitdauer erstreckt. Denn das Patentamt würde unter Umständen genöthigt sein, Zeugen zu vernehmen, Sachverständige zu hören, bei Fach-Körperschaften Informationen über spezielle Punkte einzuholen. Die

Folge wäre eine erhebliche Verzögerung des Verfahrens, die im Interesse der Markenwerber vermieden werden muß. Das Patentamt soll daher nur bei Zeichen, die es von vornherein, prima vista als den thatsächlichen Verhältnissen nicht entsprechend und auf Täuschung abzielend erkennt, die Eintragung versagen. Damit ist dem öffentlichen Bedürfniß für das Eintragungsverfahren genügt. Ergiebt sich später, daß das Patentamt Verhältnisse nicht berücksichtigt hat oder nicht hat berücksichtigen können, welche die Dezeptivität begründen, so kann auf dem im §. 7 (jetzt: §. 8) und vor Allem im §. 8 (jetzt: §. 9) des Entwurfs vorgesehenen Wege die Dezeptivität zur Erörterung gebracht und je nach dem Ergebniß die Löschung des Zeichens herbeigeführt werden. Im Entscheidungsverfahren ist also eine eingehendere Prüfung sachlich nicht nothwendig."

Ein Antrag, das Wort „ersichtlich" zu streichen, wurde sowohl in der Reichstagskommission, wie im Reichstage abgelehnt (Stenogr. Berichte S. 2158, 2159).

Abs. 2.

27. Den Anlaß zu dieser, dem bisherigen deutschen Recht fremden Bestimmung gab die Wahrnehmung, daß in einzelnen Fällen Zeichen, deren rechtzeitige Erneuerung versäumt wurde, in unlauterer Absicht von einem Dritten zur Anmeldung gebracht wurden (Motive S. 13). Der bekannteste dieser Fälle ist der der Schwarzen Hand, des Waarenzeichens der Kaiserlichen Tabakmanufaktur zu Straßburg. Diese hatte verabsäumt, vor Ablauf der zehnjährigen Schutzfrist die weitere Beibehaltung des Zeichens anzumelden, in Folge dessen erfolgte nach §. 5 Nr. 3 des Markenschutzgesetzes vom 30. November 1874 von Amtswegen die Löschung des Zeichens. Eine andere Tabakfirma meldete dasselbe sofort für sich an und wurde, als die Tabakmanufaktur Klage auf Löschung des Zeichens erhob, vom Reichsgericht im Gebrauche desselben geschützt (die Erkenntnisse der drei Instanzen siehe bei Kohler Aus dem Patent- und Industrierecht I S. 40 ff.; vergl. auch R.G. 18, 98 ff.). Um solche Vorkommnisse unmöglich zu machen, läßt der Abs. 2 des §. 4 für die Dauer von zwei Jahren nur zu Gunsten des Inhabers eines gelöschten Zeichens eine neue Eintragung zu. Diese Bestimmung will dem Mißstande steuern, daß sogleich mit der Löschung der Marke dieselbe für die illoyale Konkurrenz frei wird, indem sie für eine Zeit, während welcher die Erinnerung an die individuelle Bedeutung der Marke im Publikum noch lebt, verhindert, daß ein Dritter durch Usurpirung derselben das Publikum täuscht (Kohler S. 298, 302).

28. Die Bestimmung schafft für den letzten Inhaber kein Recht, sondern normirt im Interesse der Allgemeinheit eine Amtspflicht des Patentamts. Man könnte versucht sein, in der Bestimmung die Wirkung des trotz der Löschung noch bestehenden Zeichenrechts zu erblicken (so: Berger-Stephan S. 16 a. E.). Eine solche Konstruktion wäre aber nicht angängig. Der Abs. 2 spricht ganz allgemein von gelöschten Zeichen und unterscheidet nicht, aus welchem Grunde die Löschung erfolgt ist, folglich bezieht er sich auf alle Fälle der §§. 8, 9 (außer auf §. 9 Abs. 2 nach dessen ausdrücklicher Vorschrift). Da nun §. 12 Abs. 2 im Falle der Löschung rückwirkend für die Zeit, in welcher ein Rechtsgrund für die Löschung früher bereits vorgelegen hatte, die Geltendmachung des Zeichenrechts verbietet, so wäre es nicht zu rechtfertigen, daß hier stets ein — beschränktes — Zeichenrecht die Löschung überdauern sollte. Man denke z. B. an den Fall, wo ein Zeichen gelöscht wird, weil sein Inhalt den thatsächlichen Verhältnissen nicht entspricht und die Gefahr einer Täuschung begründet (§. 8 Abs. 2 Nr. 2, §. 9 Abs. 1 Nr. 3). Die Löschung wirkt in diesem Falle bis auf den Tag der Eintragung zurück (N. 11 zu §. 12), hebt die Wirkungen der Eintragung völlig auf und zeigt, daß von vornherein nur ein Scheinrecht bestanden hat — und trotzdem sollte der Inhaber durch die Löschung ein Zeichenrecht behalten oder erhalten!

Die Ausübung der Bestimmung hängt nach dem Vorstehenden nicht von der Willkür des letzten Inhabers ab. Das Patentamt darf selbst mit seiner Zustimmung das Zeichen nicht für einen Anderen eintragen (vergl. N. 25 a. E.).

Der Kommissionsbericht (S. 3) enthält nachstehenden Satz:

> „Zu §. 4 Absatz 2 wurde festgestellt, daß unter „letztem Inhaber" auch der oder die Rechtsnachfolger zu verstehen sind, an welche der Rechtsanspruch durch Erbschaft oder Vertrag übergegangen ist, sofern dieser Uebergang den Bestimmungen des vorliegenden Gesetzes, insbesondere denjenigen des §. 6 [jetzt: 7] entspricht."

Diese Feststellung ist unzutreffend, denn da der letzte Inhaber nach dem Erlöschen des Zeichenrechts ein Recht nicht mehr hat, kann er es auch auf Andere nicht übertragen. Das Falsche der Gegenansicht geht aus der Forderung hervor, daß der Uebergang gemäß §. 7 zusammen mit dem Geschäftsbetriebe erfolgen soll. Wie ist dies in dem Falle des §. 9 Abs. 1 Nr. 2 möglich, wo die Löschung erfolgte, weil der Geschäftsbetrieb von dem Inhaber nicht mehr fortgesetzt wird? Und doch bezieht sich der §. 4 Abs. 2 auch auf diesen Fall. Dürfte ferner der Rechtsnachfolger sein Recht geltend machen, da dessen Uebergang auf ihn in der Zeichenrolle nicht vermerkt ist (§. 7 Abs. 2)?

Die Voraussetzungen der Bestimmung sind nachstehende.

a) Es muß ein gelöschtes Zeichen angemeldet werden. Handelt es sich um ein noch eingetragenes, so kommt §. 5 zur Anwendung. Daß das neue Zeichen mit dem gelöschten in allen Einzelheiten übereinstimmt, ist nicht nothwendig, vergl. §. 20.

b) Das Verbot beschränkt sich nur auf den Fall, wenn das Zeichen für dieselben Waaren, für welche es eingetragen war, oder für gleichartige Waaren von Neuem eingetragen werden soll. Die Eintragung für andere Waaren ist um so unbedenklicher, als selbst in der Zeit, in welcher ein Zeichen eingetragen ist, sowohl der Eingetragene als jeder Dritte es für andere Waaren sich schützen lassen kann. Die Waaren, für welche das Zeichen eingetragen war, ergeben sich aus der Zeichenrolle (§. 3 Abs. 1 Nr. 2). Was unter gleichartigen Waaren zu verstehen ist, geht aus der zutreffenden Ausführung der Regierungskommissarien in der Reichstagskommission hervor (Kommissionsbericht S. 2):

> „Allerdings wird das Patentamt bei der Prüfung der Eintragungsfähigkeit eines neuangemeldeten Zeichens, den Kreis der Waaren, auf welche sich die frühere Eintragung eines übereinstimmenden Zeichens bezieht, nicht zu eng begrenzen dürfen und im Zweifelfalle den Antragsteller nach §. 5 abweisen. Wäre z. B. ein Zeichen für Meerschaumpfeifen eingetragen, so würde eine Anmeldung desselben Zeichens für Holzpfeifen ohne Zweifel vom Patentamt zurückzuweisen sein. Ein zur Kennzeichnung von Briefpapier eingetragenes Zeichen wird einem Zweiten nicht für Schreibpapier geschützt werden können. Ein für lackirte Blechwaaren, Eimer, Tabletten, Schalen u. s. w. geschütztes Zeichen kann nicht zu Gunsten eines Anderen eingetragen werden für die äußerlich ganz ähnlichen oder gleich aussehenden lackirten, aus Papier hergestellten Eimer, Tabletten, Schalen u. s. w. Das Patentamt wird bei Beurtheilung dieser Frage nicht darauf den Hauptwerth zu legen haben, ob die Waaren, für welche ein Zeichen angemeldet wird, sich von den Waaren, für welche dasselbe Zeichen bereits geschützt ist, durch Herstellung oder Material unterscheidet, sondern es wird auch hier darnach zu urtheilen sein, ob die Möglichkeit einer Verwechselung oder Täuschung im Verkehr vorliegt."

Letzteres ist z. B. bei Cigarren und Cigaretten nicht der Fall, man wird sie deshalb trotz ihrer nahen Verwandtschaft nicht als gleichartige Waaren behandeln können: anders wäre für Chokolade und Kakao zu entscheiden (Landgraf S. 11, 33).

c) Letzter Inhaber ist zunächst Derjenige, welcher zur Zeit des Erlöschens des Zeichenrechts in der Zeichenrolle eingetragen war. War der Eingetragene vor diesem Zeitpunkte verstorben oder hatte er vorher unter Lebenden sein durch die Eintragung begründetes Recht auf Andere übertragen (§. 7), so treten seine Rechtsnachfolger an seine Stelle. Diese Rechtsnachfolge muß unter entsprechender Anwendung des §. 7 Abs. 1 dem Patentamt nachgewiesen werden, sonst weist es die Anmeldung zurück.

Dagegen ist die Vorschrift des §. 7 Abs. 2:

> Solange der Uebergang in der Zeichenrolle nicht vermerkt ist, kann der Rechtsnachfolger sein Recht aus der Eintragung des Waarenzeichens nicht geltend machen,

nicht anwendbar, weil es sich nach dem oben Ausgeführten hier nicht um die Geltendmachung eines Rechts handelt. Hat das Patentamt das Zeichen von neuem eingetragen und erfährt es nachher, daß der neue Eingetragene nicht der letzte Inhaber war, weil er das Recht bereits einem Anderen in rechtsgültiger Weise abgetreten hatte, so hat es gemäß §. 8 Abs. 2 Nr. 2 das neue Zeichen von Amtswegen zu löschen. Es steht nichts im Wege, wenn die zweijährige Frist, welche von der Löschung des ersten Zeichens läuft, verstrichen ist, daß der Inhaber des zuletzt gelöschten Zeichens dasselbe von Neuem anmeldet. Andererseits ist der Inhaber des zuerst gelöschten Zeichens verhindert, dasselbe anzumelden, bevor zwei Jahre nach der letzten Löschung abgelaufen sind.

d) Die zweijährige Frist beginnt mit dem Tage der Löschung, nicht erst mit dem Tage, wo die Löschung bekannt gemacht wird. Sie endigt mit dem Tage, welcher durch seine Zahl dem Tage der Löschung entspricht; fehlt dieser Tag in dem betreffenden Jahre (29. Februar), so endigt die Frist mit Ablauf des letzten Tages des entsprcheenden Monats (28. Februar). Ist der letzte Tag der Frist ein Sonn- oder Festtag, so endigt sie dennoch an demselben.

Anmeldungen, welche während dieser Frist von einem Anderen als dem letzten Inhaber einlaufen, hat das Patentamt zurückzuweisen. Man darf nicht aus dem Wortlaut, welcher nur die Eintragung während dieser Frist verbietet, folgern, daß es Jedermann freisteht, sofort nach einer Löschung das Zeichen wieder anzumelden, und daß das Patentamt sodann nach Ablauf der Frist die Eintragung vornimmt. Denn da von der früheren Anmeldung die Priorität abhängt (§. 5), so dürfen nur Anmeldungen von eintragungsfähigen Zeichen berücksichtigt werden. Vor Ablauf der Frist ist aber das gelöschte Zeichen für einen Anderen, als den letzten Inhaber, nicht eintragungsfähig.

Die Bestimmung des §. 4 Abs. 2 kommt im Falle des §. 9 Abs. 2 nicht zur Anwendung.

§. 5.

Erachtet das Patentamt, daß ein zur Anmeldung gebrachtes Waarenzeichen mit einem anderen, für dieselben oder für gleichartige Waaren auf Grund des Gesetzes über Markenschutz vom 30. November 1874 (Reichs-Gesetzbl. S. 143) oder auf Grund des gegenwärtigen Gesetzes früher angemeldeten Zeichen übereinstimmt, so macht es dem Inhaber dieses Zeichens hiervon Mittheilung. Erhebt derselbe nicht innerhalb eines Monats nach der Zustellung Widerspruch gegen die Eintragung des neu angemeldeten Zeichens, so ist das Zeichen einzutragen. Im anderen Falle entscheidet das Patentamt durch Beschluß, ob die Zeichen übereinstimmen.

Aus dem Unterbleiben der im ersten Absatz vorgesehenen Mittheilung erwächst ein Ersatzanspruch nicht.

Abs. 1 (N. 1–4).
1. Charakter der Prüfung.
2. Uebereinstimmung der Zeichen.
3. Uebereinstimmung der Waaren.
4. Mittheilung. Widerspruch.

Abs. 2 (N. 5).

Abs. 1.

1. Gemäß dem im Gesetze adoptirten Vorprüfungssystem liegt dem Patentamt auch die Prüfung auf Uebereinstimmung des angemeldeten Zeichens mit einem älteren Zeichen ob. Diese Prüfung hat das Patentamt von Amtswegen vorzunehmen, aber nicht im öffentlichen Interesse, sondern zum Schutze von Privatrechten. Eine Mitwirkung der Allgemeinheit bei der Prüfung — Aufgebot — findet nicht statt (N. 1 zu §. 4). Auch der Inhaber des älteren Zeichens hat im Ertheilungsverfahren kein Recht zu interveniren; nur wenn das Patentamt ihn benachrichtigt, kann er der Eintragung widersprechen. In jedem Falle aber — gleichviel ob er Widerspruch erhoben hatte oder nicht — kann er nach der Eintragung vor den ordentlichen Gerichten gemäß §. 9 Abs. 1 Nr. 1 auf Löschung des Zeichens klagen. Insofern unterliegt die patentamtliche Prüfung einer Nachprüfung der Gerichte.

Zu dieser Prüfung schreitet das Patentamt aber erst, wenn sonst alle Voraussetzungen für die Eintragung vorliegen, so daß es im Falle der Nichtübereinstimmung das Zeichen eintragen will (N. 4). Die Prüfung des Patentamts erstreckt sich auf folgende Punkte:

a) Stimmt das angemeldete Zeichen mit einem anderen auf Grund des Markenschutzgesetzes oder dieses Gesetzes früher angemeldeten Zeichen überein?

b) Sind die Zeichen für dieselben oder für gleichartige Waaren angemeldet bezw. eingetragen?

2. Uebereinstimmung der Zeichen. Es sind nur diejenigen Zeichen zur Prüfung heranzuziehen, welche

a) zur Zeit der Anmeldung des neuen Zeichens bereits angemeldet waren und

b) zur Zeit der Prüfung noch eingetragen stehen.

Wenn nicht beide Momente bei einem Zeichen zusammentreffen, so hindert es die Eintragung des neuen nicht. Daraus ergeben sich folgende Konsequenzen.

Zu a. Eingetragene Zeichen hindern die Eintragung des neuen nicht, wenn sie nach diesem angemeldet worden waren (N. 2 zu §. 3). Ueber die Priorität von Anmeldungen, welche an demselben Tage eingelaufen sind, bestimmt §. 27 Abs. 3 der Verordnung vom 11. Juli 1891, welcher nach §. 8 der Verordnung vom 30. Juni 1894 auch in Zeichensachen gilt:

> Von zwei an demselben Tage an das Patentamt gelangten Geschäftssachen gilt diejenige als später eingegangen, welche die höhere Geschäftsnummer trägt.

Bei den Zeichen, welche auf Grund des Markenschutzgesetzes zu den Zeichenregistern angemeldet sind, erübrigt sich die Prüfung zu a, denn diese Zeichen müssen nach §. 26 früher angemeldet worden sein. Der Grundsatz, daß die Priorität der Anmeldung beim Patentamt maßgebend ist, wird durch Art. 3, 4 der Staatsverträge, welche das Deutsche Reich mit Oesterreich-Ungarn, Italien, Serbien und der Schweiz abgeschlossen hat, durchbrochen. Siehe Nr. 3—6 der Anlagen.

Zu b. Diejenigen Zeichen bleiben unberücksichtigt, welche zur Zeit der Prüfung bereits gelöscht sind, wenn auch ihre Löschung erst nach der Anmeldung des neuen Zeichens erfolgte (allerdings ist §. 4 Abs. 2 zu beachten!). Die Prüfung ist ein innerer Vorgang, welcher sich durch längere Zeit hinziehen kann. Abgeschlossen ist sie erst mit der in Folge derselben ergangenen Verfügung: der Eintragung des neuen Zeichens oder der Mittheilung an den Inhaber des älteren Zeichens. Diese Mittheilung unterbleibt also, wenn vor ihrem Erlasse das Zeichen gelöscht wird; es würde in diesem Falle auch an dem „Inhaber des Zeichens", dem die Mittheilung zu machen ist, fehlen. Stimmen Zeichen, welche früher angemeldet, aber noch nicht eingetragen sind, mit dem angemeldeten überein, so ist die geschäftliche Behandlung des letzteren so lange auszusetzen, bis es feststeht, ob die frühere Anmeldung zur Eintragung führt.

Bei Entscheidung der Frage, ob das angemeldete Zeichen mit einem in Betracht kommenden übereinstimmt, ist §. 20 zu beachten (Kommissionsbericht S. 3, Stenogr. Berichte S. 2159—2161).

3. Uebereinstimmung der Waaren. Bei den in die Zeichenrolle eingetragenen Zeichen kommen die Waaren in Betracht, für welche das Zeichen nach der Eintragung (§. 3 Abs. 1 Nr. 2) bestimmt ist; es ist also nicht die Anmeldung, sondern die Eintragung maßgebend. Bei den auf Grund des Markenschutzgesetzes in die Zeichenregister eingetragenen Zeichen giebt dagegen bei Differenzen zwischen Anmeldung und Eintragung erstere den Ausschlag (N. 2 zu §. 12). Zu beachten ist auch, daß den Anmeldungen zu den Zeichenregistern ein Verzeichniß der Waarengattungen, nicht der Waaren beigefügt wurde (N. 6 zu §. 2); es wird also zu prüfen sein, ob die jetzt angegebenen Waaren unter jene Waarengattungen fallen.

Die Waaren brauchen nicht identisch zu sein, es genügt Gleichartigkeit (N. 28 zu §. 4).

4. Das weitere Verfahren. Die Gestaltung desselben in dem Falle, wenn das Patentamt eine Uebereinstimmung der Zeichen und Waaren annahm, war eine der bestrittensten Fragen bei der Schaffung des Gesetzes. Nach dem I. Entwurf gab das Patentamt dem Anmelder von der Uebereinstimmung Nachricht, trug aber, wenn dieser bei seinem Antrage beharrte, das Zeichen ein, indem es gleichzeitig den älteren Zeicheninhaber benachrichtigte. Letzterer mochte dann vor den ordentlichen Gerichten auf Löschung klagen (Reichs-Anzeiger 1892 Nr. 199). Diese Regelung fand vielfach Widerspruch (vergl. Zeitschrift für gewerbl. Rechtsschutz 1893 S. 16, 51). In Folge dessen bestimmte der II. Entwurf, daß das Patentamt, wenn es eine Uebereinstimmung annimmt, den Zeicheninhaber benachrichtigen und auf dessen Widerspruch die Eintragung aussetzen sollte. Dem Anmelder blieb es dann überlassen, vor den ordentlichen Gerichten gegen den Widersprechenden seinen Anspruch auf Eintragung klageweise geltend zu machen (Reichs-Anzeiger 1893 Nr. 39; ebenso Nr. 70 der Geschäftssachen des Reichstags 1893/94). In den beiden Reichstagskommissionen, welche den Gesetzentwurf berietheu, war eine lebhafte Strömung dafür, die Entscheidung über die Eintragung, falls der Zeicheninhaber Widerspruch erhebt, ausschließlich dem Patentamt zu übertragen. Schließlich einigte man sich dahin, daß in diesem Falle die Entscheidung über die technische Frage, ob eine Uebereinstimmung vorliegt, dem Patentamt zustehen solle, daß aber der Anmelder berechtigt sein solle, wenn er trotz dieser Uebereinstimmung einen Anspruch auf Eintragung zu haben glaubt, diesen vor den ordentlichen Gerichten geltend zu machen (Zeitschrift f. gewerbl. Rechtsschutz 1893 S. 224, Kommissionsbericht S. 4).

Wenn das Mitglied des Patentsamts, welches mit der Vorprüfung der Anmeldung betraut ist, eine Uebereinstimmung sowohl der Zeichen als der Waaren für vorliegend erachtet, so theilt er dies dem Inhaber des älteren Zeichens mit. Zu beachten ist aber, daß die Mittheilung nur erfolgen darf, wenn sonst gegen die Eintragung keine Bedenken vorliegen; in ihrem Erlasse liegt das Anerkenntniß, daß andere Hindernisse der Eintragung nicht entgegenstehen. Die Mittheilung ist dem eingetragenen Inhaber (§. 7 Abs. 3) zuzustellen und zwar regelmäßig durch eingeschriebenen Brief (§. 10 Abs. 3). Ein Vorbescheid wird nicht erlassen (§. 10 Abs. 1). Die Mittheilung unterbleibt, wenn der Anmelder in beglaubigter Form nachweist, daß der Inhaber in die Eintragung willigt. Der Einwilligung steht ein rechtskräftiges Urtheil, welches den Inhaber zu derselben verurtheilt (N. 3 zu §. 6), gleich. Meldet Jemand ein Zeichen an, das für ihn selbst bereits eingetragen steht, so liegt in der Anmeldung schon die Einwilligung, folglich erübrigt sich die Mittheilung.

Demnächst ist abzuwarten, ob der Inhaber rechtzeitig d. h. innerhalb eines Monats nach der Zustellung Widerspruch gegen die Eintragung des neu angemeldeten Zeichens erhebt; ein vor der Zustellung erklärter Widerspruch ist nicht zu berücksichtigen. Die Frist endigt mit dem Ablauf desjenigen Tages, welcher durch seine Zahl dem Tage der Zustellung entspricht; fehlt dieser Tag in dem nächsten Monat, so endigt sie mit dem Ablauf des letzten Tages des Monats. Fällt das Ende der Frist auf einen Sonntag oder allgemeinen Feiertag, so endigt sie, da es sich hier (anders z. B. in N. 28 zu §. 4) um eine Frist handelt, innerhalb welcher eine dem Verkehrsleben angehörige Thätigkeit vorzunehmen ist, mit Ablauf des nächstfolgenden Werktages (Art. 330 des Handelsgesetzbuchs, §. 200 der Civilprozeßordnung). Eine bestimmte Form ist für den Widerspruch nicht vorgeschrieben, jede Erklärung, aus welcher zu entnehmen ist, daß der Inhaber mit der Eintragung nicht einverstanden ist, ist als Widerspruch anzusehen. Der Widerspruch kann mündlich zu Protokoll oder schriftlich erhoben werden.

Wird Widerspruch nicht erhoben, so ist nach dem Gesetze „das Zeichen einzutragen". Nach dem Wortlaute muß also in jedem Falle die Eintragung erfolgen, sollte auch das Patentamt inzwischen eingesehen haben, daß das Zeichen ein Freizeichen ist oder eine Aergerniß erregende Darstellung enthält. Das Patentamt wird also zu einer Eintragung gezwungen, von der es weiß, daß es sie sofort wieder von Amtswegen löschen muß (§. 8 Abs. 2 Nr. 2). Dieses Resultat könnte verleiten, jene Worte dahin auszulegen: das Patentamt hat das Zeichen ohne Rücksicht auf seine Uebereinstimmung mit einem anderen einzutragen, wofern sonst kein Versagungsgrund vorliegt. Für diese Auslegung könnte man anführen, daß Mittheilung und Widerspruch nur den Schutz eines Privatrechts bezwecken und nicht die im öffentlichen Interesse zu beachtenden Vorschriften beeinflussen. Aber alle diese Bedenken vermögen gegen den klaren Wortlaut des Gesetzes nicht aufzukommen. Man muß in der Mittheilung an den Zeicheninhaber eine bindende Entscheidung dahin, daß, abgesehen von der Uebereinstimmung, das Zeichen einzutragen ist, erblicken.

Dies wird unzweifelhaft, wenn man den §. 6 betrachtet. In Abs. 1 wird das Patentamt, falls es die Uebereinstimmung verneint, ebenfalls unbedingt zur Eintragung verpflichtet. In Abs. 2 wird dem Anmelder, wenn die Uebereinstimmung bejaht ist, aus anderen Gründen eine Klage auf Eintragung gegeben und das Patentamt verpflichtet, im Falle des Obsiegens das Zeichen einzutragen. Dies wäre undenkbar, wenn man nicht in der Mittheilung die Feststellung, daß das Zeichen sonst eintragsfähig ist, sehen müßte.

Geht rechtzeitig ein Widerspruch ein, so hat die Abtheilung für Waarenzeichen in einer Sitzung, an welcher mindestens drei Mitglieder theilnehmen, darüber zu berathen und abzustimmen, ob eine Uebereinstimmung der Zeichen (und der Waaren) vorliegt (§§. 3, 4 der Verordnung vom 30. Juni 1894).

Hat der Zeicheninhaber im Inlande keine Niederlassung, so ist die Mittheilung seinem Vertreter zu machen; ist keiner bestellt, so geschieht die Mittheilung an den Inhaber direkt, ihre Zustellung wird durch Aufgabe zur Post bewirkt (§. 10 Abs. 3). Ein Widerspruch darf aber nur berücksichtigt werden, wenn bei Eingang desselben ein Vertreter bestellt ist oder gleichzeitig bestellt wird; daß er durch den Vertreter erhoben wird, ist nicht nothwendig (N. 9 zu §. 23).

Abs. 2.

5. Dem Zeicheninhaber steht, wenn die Mittheilung (Abs. 1) unterblieben ist, daraus weder gegen das Reich noch gegen dasjenige Mitglied des Patentamts, durch dessen Verschulden die Mittheilung unterblieben ist, ein Ersatzanspruch zu. Er kann nur gemäß §. 9 Abs. 1 Nr. 1 auf Löschung des Waarenzeichens klagen und schon vorher gegen den neu Eingetragenen, wenn dieser das Zeichen anwendet, gerichtlich vorgehen (N. 2 zu §. 12).

§. 6.

Wird durch den Beschluß (§. 5 Absatz 1) die Uebereinstimmung der Zeichen verneint, so ist das neuangemeldete Zeichen einzutragen.

Wird durch den Beschluß die Uebereinstimmung der Zeichen festgestellt, so ist die Eintragung zu versagen. Sofern der Anmelder geltend machen will, daß ihm ungeachtet der durch die Entscheidung des Patentamts festgestellten Uebereinstimmung ein Anspruch auf die Eintragung zustehe, hat er diesen Anspruch im Wege der Klage gegenüber dem Widersprechenden zur Anerkennung zu bringen. Die Eintragung auf Grund einer zu seinen Gunsten ergehenden Entscheidung wird unter dem Zeitpunkte der ursprünglichen Anmeldung bewirkt.

Abs. 1 (N. 1).

Abs. 2 (N. 2, 3).

2. Klage im Ertheilungsverfahren.

3. Klage vor der Anmeldung.

Abs. 1.

1. Der Beschluß in Betreff der Uebereinstimmung ist von der Abtheilung in einer Sitzung zu fassen. Er ist mit Gründen zu versehen, schriftlich auszufertigen und dem Anmelder, sowie dem Zeicheninhaber von Amtswegen zuzustellen (§. 5 der Verordnung vom 30. Juni 1894). Da auch in dem Widerspruche des Zeicheninhabers ein Antrag liegt, nämlich der auf Nichteintragung, so ist nach §. 10 Abs. 2, gleichviel wie der Beschluß ausfällt, die Beschwerde zulässig: wird die Uebereinstimmung bejaht, steht sie dem Anmelder, wird sie verneint, dem Zeicheninhaber zu (Kommissionsbericht S. 4 a. E.).

Die Eintragung des Zeichens findet erst statt, nachdem der verneinende Beschluß rechtskräftig geworden ist.

Abs. 2.

2. Wenn der Beschluß die Uebereinstimmung feststellt, so muß er gleichzeitig die Eintragung versagen. Beides hat in demselben Beschlusse zu erfolgen. Ist der Beschluß rechtskräftig, so ist damit zwar die Uebereinstimmung — für das Ertheilungsverfahren — endgültig festgestellt, nicht aber die Eintragung endgültig versagt, denn das Gesetz giebt dem Anmelder noch eine Klage gegen den Widersprechenden auf Gestattung der Eintragung. In diesem Prozeß darf die Uebereinstimmung der Zeichen nicht mehr in Frage gestellt werden, es ist vielmehr Voraussetzung der Klage, daß diese Uebereinstimmung feststeht. Die Klage stützt sich darauf, daß trotz der Uebereinstimmung der Widerspruch zu Unrecht erfolgt ist, weil der Zeicheninhaber nicht die zeitliche Priorität hatte oder weil er dem Anmelder gegenüber verpflichtet war, die Eintragung des neuen Zeichens zu gestatten. Diese Verpflichtung entspringt nicht daraus, daß der Eingetragene bei Anmeldung des Zeichens arglistig gegen den jetzigen Anmelder gehandelt hatte (vergl. N. 2, 4 zu §. 12), sondern nur aus einem Vertragsverhältnisse zwischen den Parteien, z. B. weil der Widersprechende sich verpflichtet hatte, die Eintragung des kollidirenden Zeichens zu gestatten. Dieses aus dem Vertrage entspringende Privatrecht kann der Anmelder mit der Vertragsklage geltend machen. Wenn das Gesetz hier von dem „Anspruch auf Eintragung" spricht, so darf dies nicht zu einer Verwechselung mit dem öffentlich-rechtlichen Anspruche auf Eintragung, welcher mit der Anmeldung geltend gemacht wird (N. 1 zu §. 7), verleiten.

Kläger ist der Anmelder oder derjenige, auf welchen der Anspruch auf Eintragung (N. 1 zu §. 7) gemäß §. 7 Abs. 1 übergegangen ist. Hat er im Inlande keine Niederlassung, so kann er nur klagen, wenn er einen Vertreter bestellt hat (N. 10 zu §. 23).

Beklagter ist der Widersprechende bezw. seine Erben.

Zuständig ist je nach der Höhe des Streitgegenstandes das Amts- oder Landgericht, bei letzterem gehört der Prozeß vor die Kammer für Handelssachen. Für die örtliche Zuständigkeit kommt, wenn eine Vertragsklage vorliegt, auch §. 29 der Civilprozeßordnung in Betracht.

Die Klage ist keine Feststellungs-, sondern eine Leistungsklage. Ihr Antrag geht dahin, den Beklagten zu verurtheilen, die Eintragung des

Zeichens zu gestatten (oder: den Beklagten zur Zurücknahme des gegen die Anmeldung erhobenen Widerspruchs zu verurtheilen). Für die Zwangsvollstreckung ist §. 779 der Civilprozeßordnung zu beachten. Der siegreiche Kläger wird das mit dem Rechtskraftsattest versehene Urtheil dem Patentamt überreichen, worauf dieses die Eintragung unter dem Zeitpunkte der ursprünglichen Anmeldung bewirkt.

3. Wenn Jemand ein Zeichen, von dem er weiß, daß es mit einem für dieselben oder gleichartige Waaren früher angemeldeten übereinstimmt, dennoch anmelden will, weil der Inhaber des ersten Zeichens ihm die Eintragung zu gestatten verbunden ist, so kann er, wenn der eingetragene Inhaber letzteres nicht zugiebt, gegen diesen klagend vorgehen (Kommissionsbericht S. 5). Diese Klage entspricht in ihren Voraussetzungen der in N. 2 besprochenen, insbesondere müssen die Parteien über die Uebereinstimmung der Zeichen und Waaren einig sein. Sie ist die Leistungsklage aus dem Vertrage, ihr Antrag geht dahin, den Beklagten als Inhaber des Waarenzeichens Nr. .... zu verurtheilen, zu gestatten, daß für den Kläger das und das Zeichen für die und die Waaren in die Zeichenrolle eingetragen wird.

Die Einzelheiten des Verfahrens gestalten sich dadurch anders, daß der Rechtsstreit nicht im Laufe des Ertheilungsverfahrens, sondern vor demselben erhoben wird. Kläger ist derjenige, welcher das Zeichen anmelden will, Beklagter der zur Zeit der Klagezustellung eingetragene Zeicheninhaber; der §. 23 Abs. 2 findet auch hier in Betreff der Vertretung des Beklagten und der Zuständigkeit Anwendung (N. 13, 15 zu §. 23). Der Kläger wird das zu seinen Gunsten ergangene Urtheil, mit dem Rechtskraftsattest versehen, zugleich mit der Anmeldung dem Patentamt überreichen. Dieses unterläßt dann die in §. 5 Abs. 1 vorgeschriebene Mittheilung an den Verurtheilten. War aber das Zeichen inzwischen in der Rolle auf einen Anderen umgeschrieben, so muß zunächst die Vollstreckungsklausel gemäß §§. 665, 666 der Civilprozeßordnung gegen den Rechtsnachfolger erwirkt werden.

§. 7.

Das durch die Anmeldung oder Eintragung eines Waarenzeichens begründete Recht geht auf die Erben über und kann durch Vertrag oder durch Verfügung von Todeswegen auf Andere übertragen werden. Das Recht kann jedoch nur mit dem Geschäftsbetriebe, zu welchem das Waarenzeichen gehört, auf einen Anderen übergehen. Der Uebergang wird auf Antrag des Rechtsnachfolgers in der Zeichenrolle vermerkt, sofern die Einwilligung des Berechtigten in beweisender Form beigebracht wird. Ist der Berechtigte verstorben, so ist der Nachweis der Rechtsnachfolge zu führen.

Solange der Uebergang in der Zeichenrolle nicht vermerkt ist, kann der Rechtsnachfolger sein Recht aus der Eintragung des Waarenzeichens nicht geltend machen.

Verfügungen und Beschlüsse des Patentamts, welche einer Zustellung an den Inhaber des Zeichens bedürfen, sind stets an den eingetragenen Inhaber zu richten. Ergiebt sich, daß derselbe verstorben ist, so kann das Patentamt nach seinem Ermessen die Zustellung als bewirkt ansehen oder zum Zweck der Zustellung an die Erben deren Ermittelung veranlassen.

Abs. 1 (N. 1—11).
1. Anspruch auf Eintragung.
2. Zeichenrecht.
3. Uebertragbarkeit.
4. Freiwillige Uebertragung.
5. Zwangsvollstreckung.
6. Konkurs.
7. Licenz.
8—11. Eintragung.
8. Uebergang.
9. Einwilligung.
10. Antrag.
11. Tod des Berechtigten.

Abs. 2 (N. 12—14).
12. Vermerk.
13. Erwerb des Zeichenrechts.
14. Geltendmachung.

Abs. 3 (N. 15).

Abs. 1.

1. Mit „dem durch die Anmeldung eines Waarenzeichens begründeten Recht" meint das Gesetz den Anspruch auf Ertheilung des Zeichenrechts.

Dieser Anspruch entsteht dadurch, daß Jemand, der den Erfordernissen des §. 1 entspricht, ein eintragungsfähiges Zeichen in gehöriger Form anmeldet. Schanze (in der Abhandlung „Die Patentertheilung" im Archiv für öffentl. Recht 9, 173 ff., insbesondere S. 196, und in seiner Abhandlung „Die patentrechtlichen Bestimmungen des deutsch-österreichischen Uebereinkommens über den gegenseitigen Patent-, Muster- und Markenschutz vom 6. Dezember 1891", Separatabdruck S. 23) vertritt für den analogen Anspruch auf Patentertheilung die Ansicht, daß die Anmeldung nicht Voraussetzung des Anspruchs ist, sondern daß der bereits vor der Anmeldung vorhandene Anspruch durch dieselbe nur geltend gemacht wird, ebenso wie ein Privatrecht durch die Klage nicht erzeugt, sondern geltend gemacht wird. Diese Ansicht ist nicht zutreffend. Eine Darlehnsforderung besteht allerdings schon vor der Klageerhebung und wird durch letztere geltend gemacht. Der Anspruch auf Patent- oder Zeichenrechtsertheilung entspricht aber nicht dieser privatrechtlichen Forderung, sondern dem Anspruch des klagenden Darlehnsgläubigers gegen den Staat auf ein Urtheil. Ebenso wenig wie diesem Gläubiger vor Erhebung der Klage ein solcher Anspruch zusteht, hat derjenige, welcher sich eines Zeichens bedienen will, vor der Anmeldung gegen den Staat einen Anspruch auf Eintragung. Es fehlt, bevor ein Ansuchen an den Staat in Form der Klage oder der Anmeldung gestellt wird, an einem Rechtsgrunde für die Entstehung des publizistischen Anspruchs. Allerdings giebt das Ansuchen an sich noch nicht den Rechtsgrund ab, es müssen auch die materiellen Voraussetzungen vorliegen und die formellen Vorschriften beobachtet sein. Die Anmeldung ist also eine Voraussetzung des Anspruchs, welcher durch sie erhoben wird. Auch der Wortlaut des Gesetzes (das durch die Anmeldung „begründete" Recht) spricht gegen Schanze.

Der Anspruch ist öffentlich-rechtlicher Natur; sein publizistischer Charakter hindert nicht, daß er ein Vermögensrecht des Anmelders ist und privatrechtlichen Dispositionen desselben unterliegt (§. 7 Abs. 1). Er kann nur im Verwaltungswege geltend gemacht werden, eine Klage gegen das Patentamt auf Befriedigung des Anspruchs, d. h. auf Eintragung giebt es nicht (anders der privatrechtliche Anspruch auf Eintragung, welchen der Anmelder gegen den Widersprechenden laut §. 6 Abs. 2 hat — N. 2 zu §. 6). Vergl. Schanze a. a. O. und Seligsohn Patentgesetz S. 33.

2. Das „durch die Eintragung begründete Recht" ist das Zeichenrecht (N. 3 zu §. 12). Die Eintragung bildet die Voraussetzung desselben (N. 2 zu §. 12).

3. Während in den beiden vorigen Noten die originäre Entstehung von Anspruch und Recht behandelt ist, haben wir es in Nachstehendem mit dem derivativen Erwerbe beider zu thun. Das Charakteristische eines derartigen Erwerbs besteht darin, daß dem Nachfolger die Priorität seines Vorgängers zu Gute kommt. Dies gilt aber auch zum Nachtheile des Nachfolgers, so daß also z. B. die zehnjährige Frist des §. 8 Abs. 1 Nr. 2 nicht von seinem Erwerbe, sondern von der Anmeldung des Zeichens läuft.

Anspruch und Recht sind als Vermögensrechte an sich übertragbar. Die Uebertragbarkeit ist aber beschränkt, weil das Zeichenrecht dazu dient, die Erkennbarkeit einer bestimmten Person zu sichern (N. 3 zu §. 12). Die Person soll aber nur in einer bestimmten Beziehung vor Verwechselung geschützt werden, nämlich in Bezug auf die Waaren, welche sie in einem bestimmten Geschäftsbetriebe in Verkehr gesetzt hat. Es dient also das Zeichen zur Individualisirung nicht der ganzen Persönlichkeit, sondern eines speziellen Geschäftsbetriebes. Deshalb dürfen Anspruch und Recht nur zusammen mit dem Geschäftsbetriebe, in welchem laut Anmeldung bezw. Eintragung das Zeichen verwendet werden soll, auf einen Anderen übertragen werden, beide bilden eine Pertinenz dieses Betriebes (N. 6 zu §. 1). Auf denselben Gesichtspunkten beruht die analoge Beschränkung der Veräußerung der Firma (Art. 23 des Handelsgesetzbuchs).

Ein Uebergang des Geschäftsbetriebes liegt nicht bloß dann vor, wenn alle Bestandtheile des Betriebes, alle Aktiva und Passiva, übergehen (R.G. 9, 81; 25, 4; Bolze 6, 169). Es können einzelne Bestandtheile ausgeschieden werden, seien dies die ausstehenden Forderungen ganz oder zum Theil, oder die Waarenvorräthe, oder auch die Passiva. Doch muß ein Erwerb im Großen und Ganzen vorliegen und zwar so, daß diejenigen Bestandtheile des Betriebes übergehen, auf welchen seine Fortführung wesentlich beruht (Staub Kommentar zum Handelsgesetzbuch Art. 22). Ist die alte Firma auf den Erwerber übergegangen, so ist dies bei der Vorschrift des

Art. 23 H.G.B. ein Zeichen dafür, daß ein Uebergang des Betriebes stattgefunden hat.

Aus der Pertinenzqualität des Zeichens folgt, daß, wenn der Geschäftsbetrieb auf einen Anderen übertragen wird, das Zeichen mit übergeht, falls nicht Gegentheiliges bestimmt wird (Windscheid Pandekten §. 143, Dernburg Preuß. Privatrecht I §. 62); ebenso: Bolze 14, 117 und die Zitate bei Kohler S. 230, a. M. Amar p. 139. Ob auch die Firma übergeht, ist jetzt (anders nach dem Markenschutzgesetz: R.G. Straff. 14, 59) für den Erwerb des Zeichens unerheblich. Der Inhaber eines Geschäfts kann mit demselben die Firma ohne das Waarenzeichen und das Zeichen ohne die Firma übertragen. Wird bei einem Uebergange des Geschäftsbetriebes das Zeichen von der Uebertragung ausgeschlossen, so ist Jedermann berechtigt, die Löschung des Zeichens von dem eingetragenen Zeicheninhaber zu verlangen (§. 9 Abs. 1 Nr. 2). Derselbe kann aber, falls er einen neuen Geschäftsbetrieb beginnen will, sowohl vor als nach Löschung des Zeichens dasselbe Zeichen von Neuem für dieselben Waaren anmelden, §. 4 Abs. 2 steht ihm nicht entgegen.

Andere Rechtsgeschäfte und Rechtsverhältnisse, welche den Geschäftsbetrieb zum Gegenstande haben, erstrecken sich ebenfalls auf die Zeichen mit. Dies gilt z. B. für Verpachtung, Verpfändung, Nießbrauch (Kohler S. 233 f.). Andererseits kann auch bei ihnen nicht das Zeichen allein, ohne den Geschäftsbetrieb, das Objekt bilden.

Wegen einer theilweisen Uebertragung ist Folgendes zu bemerken: Das Zeichen ist ein Annexum nicht der Waare, sondern des Betriebes, folglich kann Jemand, der die Fabrikation gewisser Waaren aufgiebt und einem Anderen überläßt, diesem nicht die für diese Waaren angemeldeten Zeichen übertragen. Nach der obigen Begriffsbestimmung der Uebertragung eines Betriebes, wie nach dem Wesen der Sukzession überhaupt ist es ausgeschlossen, daß Jemand denselben Betrieb, welchen er überträgt, fortsetzen kann; es kann Niemand den Betrieb in der Weise übertragen, daß nachher sowohl er, als der Erwerber die Inhaber desselben Zeichens für dieselben Waaren sind. Dagegen ist es zulässig, daß Jemand, welcher einen gemischten Geschäftsbetrieb hat (z. B. Tuch- und Getreidegeschäft), denselben in zwei Betriebe zerlegt und das Tuchgeschäft überträgt, während er das Getreidegeschäft fortführt. Diejenigen Zeichen, welche für Tuchwaaren eingetragen waren, sind dann auf den Erwerber übergegangen; ein Zeichen, welches gleichzeitig für Tuchwaaren und für Getreide eingetragen ist, würde für Tuchwaaren nunmehr dem Nachfolger zustehen. Ganz dasselbe gilt, wenn der Inhaber des Zeichens das Tuchgeschäft an A und das Getreidegeschäft an B veräußert. Vorstehende Grundsätze sind auch bei der Auseinandersetzung der Mitinhaber desselben Zeichens anwendbar.

Die Vorschrift, welche den Uebergang eines Zeichens nur zusammen mit dem Geschäftsbetriebe gestattet, kann durch die sog. leere Uebertragung (Schima in Jurist. Blättern 1893 S. 386) leicht umgangen werden. Wenn A dem B sein Zeichen ohne seinen Betrieb veräußern will, so operiren sie folgendermaßen: B meldet das Zeichen für dieselben Waaren an, A bekommt davon vom Patentamt gemäß §. 5 eine Mittheilung. Damit weiß er, daß die Behörde das Zeichen einzutragen entschlossen ist (N. 4 zu §. 5), gegen die Eintragung des neuen Zeichens erhebt er keinen Widerspruch und läßt, falls dies verabredet war, nunmehr sein eigenes Zeichen löschen. Allerdings hat dieses Manöver den Nachtheil, daß B nicht die Priorität des A erhält; daran wird ihm aber oft nichts liegen. Hätte A sein Zeichen vor der Anmeldung des B löschen lassen, so würde §. 4 Abs. 2 zur Anwendung kommen.

4. Die Uebertragung kann sowohl unter Lebenden (Kauf, Tausch, Schenkung u. s. w.) als von Todeswegen (Erbgang, Vermächtniß) erfolgen. Geht der Geschäftsbetrieb auf Mehrere über (z. B. Miterben), so werden diese Mitinhaber des ungetheilten Zeichenrechts. Eine Auseinandersetzung unter ihnen ist in der Weise möglich, daß einer von ihnen oder ein Dritter Geschäft nebst Zeichen erwirbt, eine Theilung unter ihnen ist nur unter den in N. 3 entwickelten Voraussetzungen zulässig.

5. Können der Anspruch auf Eintragung und das Zeichenrecht im Wege der Zwangsvollstreckung gepfändet werden? Beide sind nur zusammen mit dem Geschäftsbetriebe, zu welchem sie gehören, übertragbar (N. 3). Folglich ist ihre Pfändung nur denkbar, wenn gleichzeitig der Geschäftsbetrieb übertragen würde. Eine Pfändung eines Inbegriffs kennt aber unser Gesetz nur bei den Gegenständen der Immobiliarexekution. Der Gerichtsvollzieher kann zwar die einzelnen Bücher des Schuldners, aber nicht seine Bibliothek, zwar sämmtliche Möbel eines Zimmers, aber nicht die Zimmereinrichtung pfänden. Gehören nun gar, wie bei dem Geschäftsbetriebe, nicht bloß die Aktiva (körperliche Sachen, Rechte), sondern auch die Passiva zu dem Inbegriff, und ist zum Uebergange dieses Betriebes erforderlich nicht bloß, daß die einzelnen dazu gehörigen Stücke übergehen, sondern daß ein Erwerb im Großen und Ganzen stattfindet, so fehlt es für die Pfändung und Uebertragung dieses Inbegriffs an den gesetzlichen Vorschriften und damit an der Möglichkeit. Demnach könnte nur derjenige, auf welchen der Betrieb im Ganzen — ohne den Anspruch auf Eintragung oder ohne das Zeichenrecht — durch ein Rechtsgeschäft unter Lebenden oder von Todeswegen übertragen ist, diesen Anspruch oder das Recht pfänden (ein höchst singulärer Fall!). Für die Form der Pfändung wäre §. 754 der Civilprozeßordnung maßgebend.

6. Wenn im Konkurse der Verwalter das Geschäft des Gemeinschuldners im Ganzen veräußert (§. 122 Nr. 1 der Konkursordnung), gehen auch die zu demselben gehörigen Waarenzeichen, sowie der Anspruch auf Ertheilung eines solchen mit über.

Das Reichsgericht hat zwar die Befugniß des Verwalters, die Firma des Gemeinschuldners zugleich mit dessen Geschäft zu übertragen, geleugnet (R.G. 9, 104). Diese Ansicht, deren Berechtigung hier nicht geprüft werden soll (vergl. Kohler S. 232 N. 1), darf aber auf Zeichenrecht und -anspruch keineswegs ausgedehnt werden. Allerdings entspringt das Zeichenrecht aus dem Recht der Persönlichkeit, daraus folgt aber noch nicht die Entscheidung unserer Frage. Denn auch das Autorrecht wurzelt in dem Recht der Persönlichkeit, trotzdem unterliegt es, sobald der Autor sein Werk veröffentlicht und es dadurch zum Verkehrsgut gemacht hat, unzweifelhaft der Veräußerung durch den Verwalter. Um wie viel mehr muß dies hier gelten, wo das Waarenzeichen von vornherein dazu bestimmt ist, in den geschäftlichen Verkehr zu gelangen und diesem zu dienen. Dazu kommt, daß das Zeichen nicht sowohl die Charakterisirung einer Person, als eines bestimmten Geschäftsbetriebes bezweckt, daß es zusammen mit diesem von dem ursprünglichen Inhaber auf Andere übertragen werden kann. Endlich ist zu berücksichtigen, daß das Zeichen oft einen erheblichen Vermögenswerth hat und daß es den wirthschaftlichen Bedürfnissen wenig entspricht, dieses Vermögensgut zu vernichten. Dies wäre aber die Folge, denn der Gemeinschuldner würde des Zeichenrechts in jedem Falle verlustig gehen, wenn der Geschäftsbetrieb, zu dem es gehört, auf einen Anderen überginge (§. 9 Abs. 1 Nr. 2). Cui bono also den Gläubigern ein bisweilen werthvolles (man denke z. B. an einen Zeitungstitel beim Konkurse eines Verlegers — Kohler a. a. O. —) Befriedigungsobjekt entziehen?

7. Wenn der Inhaber des Zeichenrechts Jemandem — ohne Uebertragung seines Betriebes — die Erlaubniß giebt, das Zeichen zu gebrauchen, so entsteht dadurch nicht, wie bei der patentrechtlichen Licenz (Seligsohn Patentgesetz S. 77 ff), ein Recht des Licenzträgers an dem Zeichen, vielmehr liegt in einer solchen Erlaubniß nur ein Verzicht des Zeicheninhabers auf Geltendmachung seines Untersagungsrechts, es entstehen nur obligatorische Wirkungen zwischen den Kontrahenten. Kohler S. 242 will den Vertrag als null und nichtig ansehen und dem Licenzträger, so lange die Erlaubniß nicht widerrufen ist, nur eine exceptio doli gegen die Entschädigungsklage zugestehen. Dies entspricht aber nicht der lex lata, da unser Gesetz in erster Linie auf das Interesse des Zeichenberechtigten und nicht auf das des konsumirenden Publikums Rücksicht nimmt. Wenn ein Gesetz bei Nichtwiderspruch des Zeicheninhabers die Eintragung eines kollidirenden Zeichens mit voller Wirkung gegen Dritte gestattet, so fehlt es an jedem Grunde, dem Licenzvertrag die bindende Kraft abzusprechen.

Der Begriff der stillschweigenden Licenz hat für das Zeichenrecht eine geringe Bedeutung (vergl. dagegen für das Patentrecht Seligsohn a. a. O. S. 76). Wenn der Zeichenberechtigte lange Zeit gegen den unberechtigten Gebrauch seines Zeichens nicht eingeschritten ist, so wird man darin noch keinen Verzicht auf sein Recht erblicken können. Er wird also für die Zukunft an einem Vorgehen nicht gehindert. Nur wird wegen seines passiven Verhaltens die Anderen häufig der Vorwurf der Wissentlichkeit oder groben Fahrlässigkeit nicht treffen, so daß der Berechtigte gut thun wird, wenn er auf Grund des §. 14 gegen sie vorgehen will, sie vorher darauf aufmerksam zu machen, daß er für die Zukunft eine Verletzung seines Rechts nicht mehr gestattet, außerdem kann durch anhaltende Passivität das Zeichen zum Freizeichen werden (N. 5 zu §. 4). Derjenige, welcher die Waare von dem Zeicheninhaber bezieht, darf zwar die von dem Berechtigten bezeichneten Waaren weiter in Verkehr setzen, erlangt dagegen nicht die anderen in §. 12 Abs. 1 angegebenen Befugnisse.

Dem Licenznehmer, sowie dem Erwerber einer vom Berechtigten bezeichneten Waare steht nicht der Rechtsschutz zur Seite, welchen das Gesetz dem Zeicheninhaber verleiht (N. 12 zu §. 12), dagegen können sie Uebergriffe desselben, außer mit der Vertragsklage, auch mit der negativen Feststellungsklage (N. 16 zu §. 12) zurückweisen.

Derjenige, welchem der Zeichenberechtigte den ausschließlichen Vertrieb seiner Waare für ein bestimmtes Territorium übertragen hat, erlangt im Allgemeinen auch nur obligatorische Rechte gegen den Zeicheninhaber. Er erhält kein Zeichenrecht, wird weder in die Rolle eingetragen, noch ist er zur Anstellung der aus dem absoluten Recht fließenden negatorischen Klage befugt (N. 14 zu §. 12). Dagegen ist er bei zeichenverletzenden Handlungen, welche sein Territorium betreffen, der „Verletzte" und ist deshalb bezüglich derselben zum Strafantrage und zur Entschädigungsklage berechtigt (N. 10, 30 zu §. 14). So hat das Reichsgericht für das Patentrecht entschieden (R.G. Straff. 11, 266), anders O.H.G. 21, 221 in einer Markensache. Kohler S. 332 will dem ausschließlich Berechtigten auch die Negatoria geben.

8. Der Uebergang wird in der Rolle nur vermerkt, wenn Anspruch oder Recht zusammen mit dem Geschäftsbetriebe in der Art übertragen wird, daß der Erwerber der dominus negotii, allein oder zusammen mit dem bisherigen Inhaber, wird. Wenn eine Firma eingetragen ist, so bedarf es bei einem Wechsel in der Person der Firmeninhaber der Eintragung nicht, sofern der Geschäftsbetrieb unter unveränderter Firma fortgesetzt wird; anders bei dem Uebergang der Firma auf einen Einzelkaufmann (N. 3a zu §. 2).

9. Die Einwilligung des Berechtigten in die Eintragung muß in beweisender Form dem Patentamt überreicht werden. In der Bekanntmachung des Patentamts vom 18. Mai 1881 (Patentblatt 1881 S. 135) heißt es anläßlich der analogen Vorschrift des §. 19 des Patentgesetzes:

> Hinsichtlich der beweisenden Form der Uebertragung ist das nachstehende Gesetz vom 1. Mai 1878 zu beachten:
>
> WIR WILHELM, von Gottes Gnaden Deutscher Kaiser, König von Preussen etc. verordnen im Namen des Reichs, nach erfolgter Zustimmung des Bundesraths und Reichstags, was folgt:
>
> § 1. Urkunden, die von einer inländischen öffentlichen Behörde oder von einer mit öffentlichem Glauben versehenen Person des Inlandes aufgenommen oder ausgestellt sind, bedürfen zum Gebrauch im Inlande einer Beglaubigung (Legalisation) nicht.
>
> § 2. Zur Annahme der Echtheit einer Urkunde, welche als von einer ausländischen öffentlichen Behörde oder von einer mit öffentlichem Glauben versehenen Person des Auslandes ausgestellt oder aufgenommen sich darstellt, genügt die Legalisation durch einen Konsul oder Gesandten des Reichs.
>
> Urkundlich etc.

Ist die Uebertragung durch eine Privaturkunde erfolgt, so müssen die Unterschriften gerichtlich oder notariell bezw. durch einen Konsul oder Gesandten des Reichs beglaubigt sein.

Der Einwilligung steht ein rechtskräftiges Urtheil, durch welches der eingetragene Zeicheninhaber zur Einwilligung in die Umschreibung des Zeichens verurtheilt wird, gleich (§. 779 der Civilprozeßordnung).

Was den Inhalt der Einwilligung betrifft, so ist es am zweckmäßigsten, wenn der Berechtigte erklärt, daß er den und den Geschäftsbetrieb nebst den dazu gehörigen Zeichen, die er unter der Nummer der Zeichenrolle genau anführt, auf den Anderen überträgt und in die Umschreibung der Zeichen auf den Erwerber willigt. Ist in der Einwilligung nur die Uebertragung des Geschäftsbetriebes ausgesprochen, ohne daß der Zeichen gedacht ist, so hat das Patentamt, da präsumtiv die zu dem Betriebe gehörigen Zeichen mit übergehen (N. 3), die Umschreibung vorzunehmen. Stets eine besondere Erklärung in Betreff der Zeichen verlangen, würde, zumal bei Uebertragungen von Todeswegen, zu überflüssigen Weiterungen führen. Andererseits genügt es auch, wenn in der Einwilligung nur von dem Uebergange des Zeichens die Rede ist, das Patentamt hat nicht zu prüfen, ob auch der Geschäftsbetrieb mit übergeht. Ist Letzteres nicht der Fall, so kann jeder Dritte auf Löschung des Zeichens klagen (§. 9 Abs. 1 Nr. 2). Nur wenn aus den dem Patentamt unterbreiteten Urkunden der Nichtübergang des Betriebes hervorgeht, hat es dem Antrage nicht zu entsprechen. Dies entspricht der Praxis bei der Handhabung des analogen §. 52 der preußischen Grundbuchordnung (Turnau 3. Aufl. 1, 430).

Sind Geschäft und Zeichen von dem Erwerber sofort weiter übertragen worden, so bedarf es nicht erst der Umschreibung des Rechts auf die „Zwischencessionarien", sondern sie kann direkt auf den letzten Erwerber erfolgen.

10. Außer der Einwilligung des Berechtigten bedarf es noch des Antrages des Rechtsnachfolgers auf Eintragung des Ueberganges. Derselbe kann privatschriftlich ohne jede Beglaubigung gestellt werden. Auch der Antrag kann durch ein rechtskräftiges Urtheil, durch welches der Rechtsnachfolger zur Stellung des Antrags verurtheilt wird, ersetzt werden (§. 779 C.P.O.).

11. Wenn der Inhaber des Zeichens oder Anspruchs verstorben ist, wird die Einwilligung durch den Nachweis der Rechtsnachfolge ersetzt. Der Erwerber hat zu dem Zwecke dem Patentamt Erbbescheinigung, Testament oder Erbvertrag vorzulegen; stützt er sich auf ein Vermächtniß, so ist nach dem einschlägigen Civilrechte zu beurtheilen, ob die Einwilligung des Erben zur Umschreibung erforderlich ist.

Abs. 2.

12. Das Gesetz läßt die volle Wirkung der Uebertragung des Zeichenrechts erst eintreten, wenn der Uebergang in der Rolle vermerkt ist; ob er auch gemäß §. 3 Abs. 3 bekannt gemacht ist, ist unerheblich. Anders im Patentgesetz (§. 19 Abs. 2), wo eine Aenderung in der Person des Patentinhabers erst vollwirksam wird, wenn sie in der Rolle vermerkt und durch den Reichs-Anzeiger veröffentlicht ist.

13. Die Eintragung des Ueberganges in die Rolle hat keine Bedeutung für den Erwerb des Zeichenrechts. Wer dasselbe nebst Geschäftsbetrieb von dem Inhaber zuerst erwirbt, dem gehört es, auch wenn er sich nicht eintragen läßt; der noch eingetragene Veräußerer vermag nach dem Grundsatze nemo plus juris transferre potest, quam ipse habet keinen Dritten, gleichviel ob dieser bona oder mala fide ist, zum Zeicheninhaber zu machen. Hieran ändert es auch nichts, wenn der Dritte mit Einwilligung des Veräußerers in die Rolle eingetragen wird und demnächst seinerseits das angebliche Zeichenrecht wieder auf einen Anderen umschreiben läßt: durch diese Operationen wird das Zeichenrecht des ersten Erwerbers nicht zerstört (vergl. Seligsohn Patentgesetz S. 143). Er kann auf Grund desselben gegen den Eingetragenen auf Einwilligung in die Umschreibung des Zeichens klagen; hat er obgesiegt, so ersetzt das rechtskräftige Urtheil die Einwilligung (N. 10).

Die Bestimmung des §. 12, daß nur dem Eingetragenen das Zeichenrecht zusteht, steht Vorstehendem nicht entgegen. Sie handelt nicht von dem Uebergange eines bereits bestehenden Zeichenrechts, sondern von der Entstehung des Rechts in der Person des zuerst Eingetragenen und definirt dessen Befugnisse.

14. An die Nichteintragung des Ueberganges knüpft das Gesetz nicht die Wirkung, daß der Erwerber das Zeichenrecht verliert, sondern nur den, daß er es nicht geltend machen kann. In Folge dessen erlangen Dritte durch die Nichteintragung des Berechtigten nicht die Befugniß, Waaren mit dem Zeichen zu versehen oder die bezeichneten Waaren in Verkehr zu setzen, sie würden sich dadurch strafbar und entschädigungspflichtig machen. Der Berechtigte könnte aber den Strafantrag erst stellen oder die Entschädigung erst fordern, nachdem er die Umschreibung bewirkt hat. Andererseits ist er durch die Nichteintragung nicht gehindert, das Zeichenrecht mit dem Betriebe auf einen Anderen zu übertragen, und dieser kann die direkte Umschreibung auf sich bewirken (N. 9 a. E.). Geschieht dies, so kann der Nichteingetragene wegen Verletzungen, die während der Dauer seines Rechts vorgekommen sind, gegen den Verletzer nicht vorgehen; nach allgemeinen Interpretationsregeln wird zu entscheiden sein, ob diese Befugniß auf den neu Eingetragenen übergegangen ist.

Die Rechte, deren Geltendmachung von der Eintragung abhängt, sind: die negatorische oder die Feststellungsklage zu erheben (N. 13—15 zu §. 12), einstweilige Verfügungen wegen Zeichenverletzung zu beantragen (N. 17 zu §. 12), die Entschädigungsklage anzustellen und Strafantrag zu stellen (§. 14), Buße zu verlangen (§. 18), Widerspruch gegen die Eintragung eines kollidirenden Zeichens zu erheben (§. 5 Abs. 1), die Löschung des Zeichens jeder Zeit zu beantragen (§. 8 Abs. 1), der Löschung eines Zeichens zu widersprechen und wegen derselben Beschwerde einzulegen (§. 8 Abs. 3, §. 10 Abs. 2), die Anmeldung des Zeichens zu erneuern (§. 8 Abs. 2 Nr. 2), die Löschungsklage im Falle des §. 9 Abs. 1 Nr. 1 zu erheben, Beschlagnahme und Einziehung zu beantragen (§. 17).

Ein fernerer Rechtsnachtheil der Nichteintragung ist, daß die Löschungsklage nur gegen den eingetragenen Inhaber gerichtet wird und daß die Entscheidung auf sie auch gegen den Rechtsnachfolger wirksam und vollstreckbar ist, gleichviel ob der Uebergang des Zeichens vor oder nach Erhebung der Klage stattgefunden hat (§. 9 Abs. 3 und 4).

Abs. 3.

15. Ebenso wie Abs. 2, droht auch Abs. 3 dem Rechtsnachfolger, der nicht in die Rolle eingetragen ist, einen Nachtheil an. Fälle, in denen das Gesetz dem Patentamt eine Benachrichtigung des Inhabers vorschreibt, sind: Anmeldung eines kollidirenden Zeichens (§. 5 Abs. 1), Löschung ohne Antrag des Inhabers (§. 8 Abs. 2), Antrag beim Patentamt auf Löschung gemäß §. 9 Abs. 1 Nr. 2 (§. 9 Abs. 5). Außerdem ist §. 5 der Ausführungsverordnung vom 30. Juni 1894 zu berücksichtigen, der für alle Beschlüsse und Entscheidungen Zustellung an alle Betheiligten vorschreibt; zu diesen gehört aber regelmäßig der Zeicheninhaber. So wird in §. 10 Abs. 2 des Gesetzes erwähnt, daß ihm der Löschungsbeschluß zuzustellen ist, wenn derselbe ungeachtet seines Widerspruchs ergangen ist.

Ueber die Form der Zustellung siehe §. 10 Abs. 3.

Trotz dem im Schlußsatze dem Patentamt eingeräumten freien Ermessen wird man es als nobile officium der Behörde erachten müssen, falls der eingetragene Inhaber verstorben ist, sich regelmäßig die Ermittelung der Erben angelegen sein zu lassen, wenn diesen durch die Nichtbenachrichtigung ein erheblicher Schade erwachsen würde. Ausnahmen sind z. B. gerechtfertigt, wenn Ermittelungen im Auslande stattfinden müßten oder aus anderen Gründen zu umständlich wären. — Dem Tode steht, wenn eine Firma als Inhaber eingetragen ist, das Erlöschen derselben gleich, hier wird die Ermittelung sich auf die Rechtsnachfolger richten.

§. 8.

Auf Antrag des Inhabers wird das Zeichen jederzeit in der Rolle gelöscht.

Von Amtswegen erfolgt die Löschung:

1. wenn seit der Anmeldung des Zeichens oder seit ihrer Erneuerung zehn Jahre verflossen sind;
2. wenn die Eintragung des Zeichens hätte versagt werden müssen.

Soll die Löschung ohne Antrag des Inhabers erfolgen, so giebt das Patentamt diesem zuvor Nachricht. Widerspricht er innerhalb eines Monats nach der Zustellung nicht, so erfolgt die Löschung. Widerspricht er, so faßt das Patentamt Beschluß. Soll in Folge Ablaufs der zehnjährigen Frist die Löschung erfolgen, so ist von derselben abzusehen, wenn der Inhaber des Zeichens bis zum Ablauf eines Monats nach der Zustellung unter Zahlung einer Gebühr von zehn Mark neben der Erneuerungsgebühr die Erneuerung der Anmeldung nachholt; die

Erneuerung gilt dann als an dem Tage des Ablaufs der früheren Frist geschehen.

1. Die §§. 8, 9 handeln von der Löschung des Zeichens: §. 8, wenn sie auf Antrag des Inhabers oder von Amtswegen, §. 9, wenn sie auf Antrag eines Dritten erfolgt. Die Löschung von Amtswegen hat zu erfolgen, wenn das Patentamt auf Grund eigener Wahrnehmung oder durch irgend eine Anzeige von dem Vorliegen eines der in §. 8 Abs. 2 aufgeführten Gründe Kenntniß erhält. Es ist deshalb zulässig, daß ein Dritter durch eine Anzeige die Offizialthätigkeit des Patentamts anregt. Giebt das Patentamt der Anregung keine Folge, so wird es dies dem Anzeiger mitzutheilen haben, Rechtsbehelfe stehen Letzterem gegen einen solchen Bescheid, außer der Beschwerde im Dienstaufsichtswege (N. 2 zu §. 10 a. E.), nicht zu.

Ueber die rechtliche Bedeutung der Löschung, insbesondere ihr Verhältniß zum Erlöschen des Zeichenrechts, siehe N. 10 zu §. 12.

Neben der vom Gesetz allein erwähnten totalen Löschung eines Zeichens giebt es auch eine theilweise Löschung insofern, als das Zeichen für einige der bei der Anmeldung angegebenen Waaren gelöscht wird und für die übrigen stehen bleibt. Eine theilweise Löschung kann sowohl von Amtswegen, als auf Antrag des Inhabers oder eines Dritten erfolgen. Sie wird hauptsächlich vorkommen, wenn für einen Theil der bei der Anmeldung angegebenen Waaren das Zeichen bereits vorher für einen Anderen angemeldet war (Entsch. des österreichischen Handelsministeriums in den Jurist. Blättern 1893 S. 403) oder als das Kennzeichen der Waaren eines Anderen galt (§. 9 Abs. 2). Aber es ist auch denkbar, daß ein Zeichen, welches für verschiedene Waaren angemeldet ist, nur bezüglich eines Theiles derselben den thatsächlichen Verhältnissen nicht entspricht und die Gefahr einer Täuschung begründet. Wenn z. B. eine Kuh, die gemolken wird, als Waarenzeichen für Natur- und Kunstbutter eingetragen ist, so wird die Löschung nur bezüglich der Kunstbutter stattfinden dürfen. — Eine Theillöschung in dem Sinne, daß nur ein Bestandtheil des Zeichens gelöscht wird, ist ausgeschlossen: der stehen bleibende Bestandtheil würde in Wirklichkeit ein neues Zeichen sein und muß also neu eingetragen werden.

Jede Löschung wird gemäß §. 3 Abs. 3 veröffentlicht, Kosten erwachsen dem Inhaber weder durch die Löschung noch durch die Veröffentlichung.

Abs. 1.

2. Eine bestimmte Form für den Antrag ist nicht vorgeschrieben. Legitimirt ist nur der eingetragene Inhaber (N. 14 zu § 7); bei juristischen Personen und Gesellschaften, sowie bei Anträgen, welche durch einen Vertreter gestellt werden, ist die Legitimation des Antragstellers zu prüfen. Der gemäß §. 23 Abs. 2 bestellte Vertreter ist kraft Gesetzes zur Stellung des Antrags befugt.

Abs. 2.

Nr. 1.

3. Die zehnjährige Frist läuft bei der ersten Eintragung vom Tage der Anmeldung. Da nun der Zeichenschutz nicht mit der Anmeldung, sondern erst mit der Eintragung des Zeichens beginnt (N. 2 zu §. 12), so dauert er, wenn keine Erneuerung stattfindet, nicht volle 10 Jahre. Eine Erneuerung der Anmeldung kann während der Schutzfrist zu jeder Zeit erfolgen. Eine bestimmte Form ist für die Erneuerung nicht vorgeschrieben, es genügt, wenn der Zeicheninhaber dem Patentamt schreibt „Ich erneuere die Anmeldung des Waarenzeichens Nr. x" und die Erneuerungsgebühr (§. 2 Abs. 3) einsendet. Im Falle der Erneuerung beginnt die neue Frist nicht erst mit dem Ablauf der alten Frist, sondern bereits mit dem Tage, wo die Erneuerung bei dem Patentamt eingeht (vergl. dagegen den Schluß des Abs. 3). Der Zeitpunkt der Erneuerung wird in der Zeichenrolle vermerkt (§. 3 Abs. 1 Nr. 4). Die Erneuerung kann beliebig oft wiederholt werden, so daß dadurch der Rechtsschutz eines Zeichens bis ins Unendliche verlängert werden kann.

Die Frist endigt mit dem Tage, welcher durch seine Zahl dem Anfangstage entspricht; fehlt dieser Tag in dem betreffenden Jahre (29. Februar), so endigt die Frist mit Ablauf des letzten Tages des entsprechenden Monats (28. Februar). Ist der letzte Tag der Frist ein Sonn- oder Festtag, so endigt sie dennoch an demselben.

Nr. 2.

4. Der Ausdruck „wenn die Eintragung hätte versagt werden müssen" legt die Ansicht nahe, diesen Löschungsgrund nur dann anzunehmen, wenn einer der Fälle des §. 4 Abs. 1 oder §. 6 Abs. 2 vorliegt, denn nur in diesen Fällen (abgesehen von §. 24 Abs. 1) spricht das Gesetz von einer Versagung der Eintragung. Indessen das kann die Absicht des Gesetzes nicht sein. Es fehlt an jedem Grunde, weshalb der Abs. 2 des §. 4 anders behandelt werden soll, als der Abs. 1, oder weshalb das Patentamt nicht ein Zeichen soll löschen dürfen, welches es entgegen den Bestimmungen des §. 23 für einen im Auslande Wohnenden versehentlich eingetragen hatte. Man wird deshalb die Bestimmung dahin auszulegen haben, daß sie alle Fälle trifft, in denen das Zeichen aus einem materiellen Grunde nicht hätten eingetragen werden dürfen (§. 1, §. 4 Abs. 1 und 2, §. 6 Abs. 2, §. 23 Abs. 1 und 3). Die Erstreckung auch auf die Erfordernisse des §. 1 ist nothwendig, sonst käme man z. B. zu dem Resultat, daß zwar die Nichtfortsetzung des Geschäftsbetriebes (§. 9 Abs. 1 Nr. 2), aber nicht der Nichtbeginn einen Löschungsgrund bildet. Die Beschränkung auf die materiellen Gründe ist geboten, weil kein öffentliches Interesse besteht, ein trotz formeller Verstöße eingetragenes Zeichen nachträglich zu löschen.

Das Patentamt hat sich bei der Prüfung in die Zeit zurückzuversetzen, wo es die Eintragung vornahm. Spätere Ereignisse darf es nicht berücksichtigen (anders §. 9 Abs. 1 Nr. 2 und 3).

Abs. 3.

5. Für diejenigen Fälle, in denen die Löschung von Amtswegen erfolgt, soll eine vorgängige Benachrichtigung dem Inhaber des Zeichens Gelegenheit zur Wahrung seiner Rechte bieten. Soll die Löschung wegen Ablaufs der Frist erfolgen, so enthält sie außerdem eine Mahnung des säumigen Berechtigten (N. 6).

Die Benachrichtigung ist dem eingetragenen Inhaber zuzustellen (§. 7 Abs. 3) und zwar regelmäßig durch eingeschriebenen Brief (§. 10 Abs. 3).

Wegen der Form und Frist für den Widerspruch siehe N. 4 zu §. 5; auch die dortigen Erörterungen über den Fall, wenn der Zeicheninhaber im Inlande keine Niederlassung hat, treffen hier zu. Geht ein Widerspruch nicht rechtzeitig ein, so muß das Patentamt auch dann die Löschung beschließen, wenn es mittlerweile der Ansicht geworden ist, daß ein Fall des Abs. 2 nicht vorliegt; es bedarf in diesem Falle nicht der Berathung oder Abstimmung in einer Sitzung (§. 4 der Verordnung vom 30. Juni 1894 in Nr. 2 der Anlagen). Ist dagegen rechtzeitig Widerspruch erhoben, so muß die Abtheilung in einer Sitzung über die Löschung Beschluß fassen. Der Beschluß ist in jedem Falle mit Gründen zu versehen, schriftlich auszufertigen und dem Zeicheninhaber zuzustellen (§. 5 der Verordnung vom 30. Juni 1894). Ordnet er die Löschung an, so steht nur dem Zeicheninhaber, der rechtzeitig Widerspruch erhoben hatte, die Beschwerde zu (§. 10 Abs. 2); vor Rechtskraft des Beschlusses findet die Löschung nicht statt.

6. Wenn die Löschung wegen Fristablaufs erfolgen soll, so kann der Inhaber sie abwenden, wenn er innerhalb eines Monats nach Zustellung der Benachrichtigung (N. 5) die Erneuerung der Anmeldung nachholt und zwanzig Mark (zehn Mark Erneuerungsgebühr und zehn Mark Zuschlag) zahlt. Während die Erneuerung der Anmeldung binnen der Frist beim Patentamt eingegangen sein muß, ist es für die Gebühr ausreichend, wenn die zwanzig Mark innerhalb der Frist bei einer Postanstalt im Gebiete des Deutschen Reichs zur Ueberweisung an die Kasse des Patentamts eingezahlt worden sind (§. 9 des Patentgesetzes). Eine Ausdehnung dieser Bestimmung auf unser Gesetz ist zwar nicht ausdrücklich ausgesprochen, sie empfiehlt sich aber. Die Gründe, welche zur Aufnahme jener Bestimmung in das Patentgesetz geführt haben (Seligsohn Patentgesetz S. 96), treffen auch hier zu, und da das Patentamt die Vorschrift mit Recht über den Wortlaut hinaus auf alle Zahlungen des Gesetzes anwendet, so spricht die Billigkeit dafür, sie auch auf unser Gesetz auszudehnen. Vergl. die Erläuterung der Bestimmung bei Seligsohn a. a. O. S. 95; ergänzend sei bemerkt, daß das Patentamt nicht bloß die Aufgabe einer Postanweisung, sondern auch eines Geldbriefs als genügend erachtet (S. 8 der Denkschrift über das Patentgesetz in den Drucksachen des Reichstags 1893/94 Nr. 118).

§. 9.

Ein Dritter kann die Löschung eines Waarenzeichens beantragen:

1. wenn das Zeichen für ihn auf Grund einer früheren Anmeldung für dieselben oder für gleich-

artige Waaren in der Zeichenrolle oder in den nach Maßgabe des Gesetzes über den Markenschutz vom 30. November 1874 geführten Zeichenregistern eingetragen steht;

2. wenn der Geschäftsbetrieb, zu welchem das Waarenzeichen gehört, von dem eingetragenen Inhaber nicht mehr fortgesetzt wird;

3. wenn Umstände vorliegen, aus denen sich ergiebt, daß der Inhalt des Waarenzeichens den thatsächlichen Verhältnissen nicht entspricht und die Gefahr einer Täuschung begründet.

Hat ein nach dem Gesetze über Markenschutz vom 30. November 1874 von der Eintragung ausgeschlossenes Waarenzeichen bis zum Erlaß des gegenwärtigen Gesetzes innerhalb betheiligter Verkehrskreise als Kennzeichen der Waaren eines bestimmten Geschäftsbetriebes gegolten, so kann der Inhaber des letzteren, falls das Zeichen nach Maßgabe des gegenwärtigen Gesetzes für einen Anderen in die Zeichenrolle eingetragen wird, bis zum 1. Oktober 1895 die Löschung beantragen. Wird dem Antrage stattgegeben, so darf das Zeichen für den Antragsteller schon vor Ablauf der im §. 4 Absatz 2 bestimmten Frist in die Zeichenrolle eingetragen werden.

Der Antrag auf Löschung ist im Wege der Klage geltend zu machen und gegen den eingetragenen Inhaber oder, wenn dieser gestorben, gegen dessen Erben zu richten.

Hat vor oder nach Erhebung der Klage ein Uebergang des Waarenzeichens auf einen Anderen stattgefunden, so ist die Entscheidung in Ansehung der Sache auch gegen den Rechtsnachfolger wirksam und vollstreckbar. Auf die Befugniß des Rechtsnachfolgers, in den Rechtsstreit einzutreten, finden die Bestimmungen der §§. 63 bis 66 und 73 der Civilprozeßordnung entsprechende Anwendung.

In den Fällen des Absatz 1 Nr. 2 kann der Antrag auf Löschung zunächst bei dem Patentamt angebracht werden. Das Patentamt giebt dem als Inhaber des Waarenzeichens Eingetragenen davon Nachricht. Widerspricht derselbe innerhalb eines Monats nach der Zustellung nicht, so erfolgt die Löschung. Widerspricht er, so wird dem Antragsteller anheimgegeben, den Anspruch auf Löschung im Wege der Klage zu verfolgen.

1. Der §. 9 behandelt die Fälle, in denen ein Dritter die Löschung verlangen kann. Derselbe ist hier nicht auf eine Anregung beschränkt (N. 1 zu §. 8).

Auf Antrag eines Dritten löscht das Patentamt, wenn der Inhaber in beweisender Form die Löschung bewilligt hat, der Antrag selbst kann privatschriftlich gestellt sein (vergl. N. 9, 10 zu §. 7). Das Gesetz selbst erwähnt zwar die freiwillig gegebene Löschungsbewilligung nicht. Da es dem Dritten aber eine Löschungsklage giebt, so muß es ihm einen Löschungsanspruch, d. h. einen privatrechtlichen Anspruch gegen den Inhaber auf Löschungsbewilligung als Grundlage der Klage einräumen, und es ist nicht abzusehen, warum der Inhaber diesen Anspruch nicht freiwillig ohne Klage befriedigen können soll. Das Verhältniß ist folgendes. Auf Antrag eines Dritten löscht das Patentamt, wenn der Inhaber einwilligt. Dieser ist in den Fällen des §. 9 verpflichtet, seine Einwilligung zu geben; weigert er sich, so kann der Dritte gegen ihn klagen. Klagt der Dritte, ohne daß der Inhaber sich geweigert hatte, so treffen ihn die Kosten, wenn der Beklagte seine Verpflichtung sofort anerkennt (§. 89 der Civilprozeßordnung). Der Inhaber wird seiner Verpflichtung ledig, wenn er gemäß §. 8 Abs. 1 die Löschung beantragt (Schanze im Sächs. Archiv für Bürgerliches Recht 3, 137).

Der Dritte bildet hier den Gegensatz zum Inhaber. Von den vier Gründen, welche zur Anstellung der Löschungsklage berechtigen (Abs. 1 und 2) liegen der erste und vierte (Abs. 1 Nr. 1 und Abs. 2) nach dem Standpunkte des Gesetzes ausschließlich im Interesse einer bestimmten Person, so daß nur dieser der Löschungsanspruch zusteht. Bei dem zweiten und dritten dagegen (Abs. 1 Nr. 2 und 3) liegt ein öffentliches Interesse vor, zwar nicht in dem Maße, daß ein Einschreiten des Patentamts von Amtswegen geboten wäre, aber doch stark genug, um jeden Dritten ohne Rücksicht auf ein Spezialinteresse zur Anstellung der Klage zu legitimiren.

Abs. 1.

Nr. 1.

2. Die Voraussetzungen decken sich mit der dem Patentamt in §. 5 Abs. 1 auferlegten Prüfung; deshalb treffen die Erörterungen in N. 2, 3 zu §. 5 auch hier zu.

Nur der eingetragene Inhaber eines Zeichens ist zur Klage befugt (N. 14 zu §. 7). Er hat die Klage, gleichviel ob ihm im Ertheilungsverfahren vom Patentamt eine Mittheilung zugegangen war und ob er Widerspruch erhoben hatte (§. 5).

Das Gericht, welches mit der Löschungsklage befaßt ist, hat selbstständig über die Uebereinstimmung der Zeichen und der Waaren zu entscheiden und ist durch einen im Ertheilungsverfahren über diese Frage ergangenen Beschluß des Patentamts nicht gebunden (a. M. Allfeld S. 54). Die Aeußerungen in der Reichstagskommission (Kommissionsbericht S. 4, 5), daß das Patentamt die Frage der Uebereinstimmung endgültig zu entscheiden habe, können um so weniger ins Gewicht fallen, als im Zusammenhange mit ihnen betont wurde, daß „die sich weiter bei §. 8 (jetzt: 9) ergebenden civilrechtlichen Fragen der Entscheidung des zuständigen Gerichts überlassen bleiben müssen". Diese Beschränkung des Gerichts auf die civilrechtlichen Fragen ist aber unausführbar. Man denke an den Fall, daß das Patentamt die Uebereinstimmung mit dem älteren Zeichen übersehen und deshalb das neue Zeichen eingetragen hatte, oder daß zwar der Vorprüfer die Uebereinstimmung bemerkt hatte, es aber mangels eines Widerspruchs nicht zu einem Beschlusse des Patentamts gekommen war. Hier muß sich doch das Gericht mit der „technischen" Frage befassen und sie entscheiden. Seine Kompetenz aber zu zerstückeln, indem man ihn nur in diesen Fällen, aber nicht, wenn das Patentamt einen Beschluß gefaßt hatte, für die Frage der Uebereinstimmung für zuständig erachtet, dazu liegt bei der ganz allgemeinen Fassung der Nr. 1 kein Grund vor. Natürlich wird das Gericht bei der hervorragenden Sachkunde des Patentamts, welche in §. 11 gesetzliche Anerkennung gefunden hat, sich nur aus ganz besonderen, von ihm eingehend darzulegenden Gründen zu einem abweichenden Urtheil über jene Frage entschließen.

Da mit dieser Klage nur das Privatrecht des Klägers verfolgt wird, so ist der Einwand zulässig, daß derselbe vor oder nach der Eintragung des angefochtenen Zeichens seine Zustimmung zu derselben erklärt habe.

Nr. 2.

3. Das Gesetz verlangt, daß der in der Rolle eingetragene Geschäftsbetrieb dem ebenda eingetragenen Inhaber gehört. Tritt eine Trennung zwischen ihnen ein, so erhält Jedermann das Recht, die Löschung zu beantragen.

Das Gesetz spricht nur von einer Nichtfortsetzung des Geschäftsbetriebes; folglich ist der Löschungsgrund nicht vorhanden, wenn der Geschäftsbetrieb zwar fortdauert, aber die eine oder andere der Waaren, welche bei der Anmeldung angegeben waren, nicht mehr zum Gegenstande hat. Eine Klage auf theilweise Löschung ist hier nicht zulässig. Sollten allerdings alle oder fast alle jener Waaren nicht mehr den Gegenstand des Betriebes bilden, so ist zu erwägen, ob nicht darin ein Aufgeben des ursprünglichen Geschäftsbetriebes liegt.

Eine Trennung zwischen Betrieb und Zeichen ist vorhanden

a) wenn der Betrieb überhaupt nicht fortgesetzt wird,

b) wenn er von einem Anderen als dem eingetragenen Inhaber fortgesetzt wird.

Zu a. Hat der Eingetragene den Betrieb überhaupt nicht begonnen, so kommt nicht diese Bestimmung, sondern §. 8 Abs. 2 Nr. 2 zur Anwendung (N. 4 zu §. 8). Eine Nichtfortsetzung des Betriebes liegt vor, wenn derselbe definitiv aufgegeben ist; eine zeitweilige Einstellung berechtigt nicht, die Löschung zu verlangen (R.G. 30, 1; Bolze 2, 335). Eine solche vorübergehende Einstellung kann z. B. wegen ungünstiger Geschäftslage, Abbrennens des Fabrikgebäudes u. s. w. erfolgen.

Der Kläger hat die Beweislast, daß eine Nichtfortsetzung des Betriebes vorliegt. Es ist aber zu berücksichtigen, daß es für einen Dritten oft schwierig ist, zu erkennen, ob Jemand den Geschäftsbetrieb definitiv oder nur zeitweilig aufgegeben hat, denn der Geschäftsinhaber wird sich bisweilen darüber selbst nicht ganz klar sein oder, wenn er es ist, seinen Entschluß nicht immer durch Zirkulare, durch Löschung der Firma, durch Abmeldung des Betriebes bei der Steuerbehörde oder in sonst erkennbarer Weise offenbaren. Deshalb wird es im Allgemeinen ausreichen, wenn der Kläger beweist, daß der Zeicheninhaber eine längere Zeit hindurch (ob dieselbe vorliegt, ist Thatfrage) den Betrieb nicht fortgesetzt hat. Sache des Beklagten ist es dann, darzuthun, daß und aus welchen Gründen diese Einstellung nur eine zeitweilige ist. Es genügt nicht, wenn er sich bloß auf die abstrakte Möglichkeit, den Betrieb wieder zu eröffnen, beruft (vergl. die, nicht unbedenkliche, Entscheidung R.G. Straff. 23, 348).

Durch die Konkurseröffnung hört der Geschäftsbetrieb nicht auf (vergl. §. 120, §. 122 Nr. 1 der Konkursordnung). Die Liquidation einer Gesellschaft setzt zwar die Auflösung der Gesellschaft voraus, der Geschäftsbetrieb wird aber regelmäßig bis zur Beendigung der Liquidation fortdauern (vergl. über die Bedeutung der Liquidation unter dem Markenschutzgesetz: R.G. 15, 102).

Zu b. Wenn man nur nach dem Wortlaut auslegen würde, so könnte bei jedem Uebergange des Zeichens, so lange derselbe in der Rolle nicht eingetragen ist, die Löschung beantragt werden. Dies ist natürlich nicht gemeint. Hatte der eingetragene Zeicheninhaber unter Lebenden oder von Todeswegen seinen Geschäftsbetrieb nebst Waarenzeichen auf einen Anderen übertragen, so liegt der Fall der Nr. 2 vor, wenn der Nachfolger den Betrieb nicht fortsetzt (Kommissionsbericht S. 5). Man muß das Gesetz so auslegen, wie wenn hinter dem Worte „Inhaber" stehen würde: „oder dessen Rechtsnachfolger". Diese Auslegung rechtfertigt sich, weil sonst ein Widerspruch mit §. 7 Abs. 1 und 2 entstehen würde. Hatte aber der Zeicheninhaber seinen Geschäftsbetrieb ohne das Zeichen auf einen Anderen übertragen, so ist der Fall der Nr. 2 gegeben (N. 3 zu §. 7).

Nr. 3.

4. Der Thatbestand deckt sich mit der dem Patentamt in der zweiten Alternative des §. 4 Abs. 1 Nr. 3 auferlegten Prüfung, nur daß dort das Irreführende „ersichtlich" sein mußte. Es treffen deshalb die Erörterungen in N. 22—25 zu §. 4 auch hier zu. Ueber den Grund, warum das „ersichtlich" nur dort und nicht hier steht, siehe N. 26 zu §. 4.

Zu beachten ist, daß auch hier, wie in §. 4 das Zeichen gleichzeitig den thatsächlichen Verhältnissen nicht entsprechen und die Gefahr einer Täuschung begründen muß. Eins von beiden genügt nicht (Kommissionsbericht S. 5). Für die Löschungsklage ist es unerheblich, ob diese beiden Momente zur Zeit der Eintragung vorlagen oder erst später eintraten.

Abs. 2.

5. Während das Gesetz im Allgemeinen im Interesse der Rechtssicherheit den Grundsatz vertritt, daß für die Priorität nur die Anmeldung zur Eintragung in die Rolle, nicht der durch längeren Gebrauch begründete Besitzstand maßgebend ist (N. 2, 4 zu §. 12), macht es hiervon aus Billigkeitsrücksichten eine Ausnahme zu Gunsten derjenigen Personen und Zeichen, welche erst durch dieses Gesetz zeichenberechtigt bezw. eintragungsfähig geworden sind. Wenn A ein Zeichen längere Zeit benutzt hat, so daß es im Verkehr als das seinige bekannt ist, er es sich aber nicht hat schützen lassen können, weil das Markenschutzgesetz aus subjektiven (Minderkaufmann, Landwirth u. s. w.) oder objektiven (Wortzeichen) Gründen die Eintragung versagte, so soll er dem B gegenüber, der dieses Zeichen an oder nach dem 1. Oktober 1894 für sich eintragen läßt, ein Vorrecht haben. Denn da ihm die Eintragungsmöglichkeit nicht gegeben war, kann bei ihm von einer Lässigkeit in Ausübung seines Rechts nicht die Rede sein. Das Vorrecht besteht darin, daß A im Prozeßwege die Löschung des für B eingetragenen Zeichens und darauf sofort (trotz §. 4 Abs. 2) die Eintragung desselben zu seinen eigenen Gunsten herbeiführen kann. Im Interesse der Rechtssicherheit hat das Gesetz dieses Vorrecht zeitlich beschränkt (Motive S. 14).

Die Bestimmung bezieht sich trotz ihres Wortlautes auch auf bisher eintragungsfähige Zeichen, wenn diese als Kennzeichen der Waaren solcher Geschäftsbetriebe gegolten haben, deren Inhaber nach dem Gesetz vom 30. November 1874 nicht zeichenberechtigt waren (vergl. N. 1 zu §. 1); dies wurde in der Kommission einstimmig festgestellt (Kommissionsbericht S. 5). Ist das aus objektiven oder subjektiven Gründen nicht eintragungsfähige Zeichen für den Inhaber des Geschäftsbetriebes, als dessen Kennzeichen es gilt, oder für einen Anderen vor dem 1. Oktober 1894 — zu Unrecht — in die Register eingetragen worden, so kommt die Vorschrift des Abs. 2 nicht zur Anwendung. Diese setzt voraus, daß das Zeichen für den Inhaber jenes Betriebes überhaupt nicht und für den Gegner nur in die Rolle eingetragen worden ist.

Ueber die Voraussetzung, daß das Zeichen innerhalb betheiligter Verkehrskreise als Kennzeichen der Waaren eines bestimmten Geschäftsbetriebes gegolten hat, siehe die Erläuterungen in N. 2 zu §. 15.

Die Löschungsklage muß vor dem 1. Oktober 1895 dem Beklagten zugestellt sein (N. 2 zu §. 24), Einreichung bei Gericht bis zu diesem Tage genügt nicht (§. 239 der Civilprozeßordnung). Da es sich hier nicht um eine Verjährung, sondern um eine Frist handelt, kommen die Bestimmungen über Unterbrechung oder Stillstand der Verjährung, sowie über Wiedereinsetzung in den vorigen Stand gegen den Ablauf der Verjährung nicht zur Anwendung.

Der §. 4 Abs. 2 bleibt dann unberücksichtigt, wenn dem Antrage stattgegeben wird. Letzteres ist aber nur der Fall, wenn der Beklagte zur Löschung rechtskräftig verurtheilt ist. Folglich kann der eingetragene Zeicheninhaber dadurch, daß er das Zeichen vor Erhebung der Klage oder im Laufe des Prozesses löschen läßt, verhindern, daß dasselbe vor Ablauf von zwei Jahren für den Berechtigten eingetragen wird.

Abs. 3.

6. Die Reichstagskommission beschloß in erster Lesung, entgegen den Bestimmungen des Entwurfs, die Entscheidung über die Löschungsklage nicht den ordentlichen Gerichten, sondern nach Analogie der patentrechtlichen Nichtigkeitsklage in erster Instanz dem Patentamt und in zweiter dem Reichsgericht zu übertragen. Auf den Widerspruch der Regierungskommissarien wurde dieser Beschluß in der zweiten Lesung aufgehoben und die Regierungsvorlage wieder hergestellt (Kommissionsbericht S. 5). Es hat also die Entscheidung über die auf Grund des §. 9 Abs. 1 und 2 beantragte Löschung ausschließlich im ordentlichen Rechtswege zu erfolgen. Nur für den Fall des Abs. 1 Nr. 2 gestattet der Abs. 5 ein eigenthümliches Vorverfahren vor dem Patentamt; über den Grund siehe N. 17.

7. Als Kläger kann in den Fällen des Abs. 1 Nr. 2 und 3 Jeder auftreten, selbst wenn er kein besonderes Interesse an der Löschung hat, auch der Fiskus, eine Behörde, eine Korporation, ein Ausländer (§. 23 kommt hier nicht in Betracht). In diesen Fällen ist die Klage eine Popularklage, der Antragsteller tritt im Interesse der Allgemeinheit auf.

Im Falle des Abs. 1 Nr. 1 kann nur der eingetragene Inhaber des Zeichens klagen (N. 14 zu §. 7); hat er im Inlande keine Niederlassung, so kommt §. 23 Abs. 2 zur Anwendung. Im Falle des Abs. 2 ist der Inhaber des Geschäftsbetriebes zur Klage befugt.

8. Beklagter ist der zur Zeit der Erhebung der Klage in der Rolle eingetragene Inhaber des angefochtenen Zeichens. Sind Mehrere eingetragen, so müssen alle zusammen verklagt werden. Ist der Eingetragene oder einer der Eingetragenen verstorben, so sind seine Erben zu verklagen, selbst wenn das Zeichen durch Vermächtniß auf einen Dritten übergegangen ist. Auf einen nicht eingetragenen Uebergang unter Lebenden ist nie Rücksicht zu nehmen, wenn auch der Uebergang dem Kläger bekannt war.

Der gemäß §. 23 Abs. 2 bestellte Vertreter ist kraft Gesetzes zur Vertretung des Beklagten befugt.

9. Den Klagegrund bildet einer der Fälle des Abs. 1 oder 2. Danach giebt es vier Klagegründe:

a) Kollision des Zeichens mit einem bestimmten anderen;
b) Nichtfortsetzung des Geschäftsbetriebes;
c) irreführender Charakter des Zeichens;
d) Geltung als Kennzeichen der Waaren eines bestimmten anderen Geschäftsbetriebes.

Dies ist für die Substantiirung der Klage, sowie für die Lehren von der Klageänderung und der Rechtskraft von Bedeutung (vergl. Seligsohn Patentgesetz S. 209).

Trifft einer der Gründe zu a, c, d nur einen Theil der bei der Anmeldung angegebenen Waaren, so ist die Klage nur auf Löschung des Zeichens für diese Waaren zu richten (N. 1 zu §. 8).

10. Der Antrag geht dahin, den Beklagten zu verurtheilen, die Löschung des in der Zeichenrolle unter Nr. x eingetragenen Waarenzeichens zu bewilligen (Schanze a. a. O. S. 143). Wird die Klage nur gegen einen Theil der Waaren gerichtet (N. 1 zu §. 8), so lautet der Antrag etwa: den Beklagten zu verurtheilen, bei dem in der Zeichenrolle unter Nr. x eingetragenen Waarenzeichen die Löschung nachstehender Waaren .... zu bewilligen.

11. Nur im Falle des Abs. 2 ist die Klage an eine Frist gebunden (N. 5). In den anderen Fällen kann sie erhoben werden, so lange das Zeichen in der Rolle eingetragen steht. Ist dasselbe gelöscht, so ist die Klage gegenstandslos.

12. Wegen der sachlichen Zuständigkeit ist hervorzuheben, daß, wenn die Klage bei dem Landgericht angestellt wird, die Sache vor die Kammer für Handelssachen gehört (§. 101 Nr. 3c des Gerichtsverfassungsgesetzes), wegen der Revisionsinstanz siehe §. 21.

Oertlich zuständig wird regelmäßig das Gericht sein, bei welchem der Eingetragene seinen allgemeinen Wohnsitz hat. Hat derselbe im Inlande keine Niederlassung, so ist das Gericht zuständig, in dessen Bezirk der Vertreter seinen Wohnsitz hat, in dessen Ermangelung das Gericht, in dessen Bezirk das Patentamt seinen Sitz hat (§. 23 Abs. 2).

13. Hat der Kläger rechtskräftig obgesiegt, so ist für die Zwangsvollstreckung §. 779 der Civilprozeßordnung maßgebend (Schanze a. a. O. S. 147). Der Kläger braucht also nur die mit dem Rechtskraftsattest versehene Urtelsausfertigung mit einem Antrage auf Löschung dem Patentamt zu überreichen, worauf dieses das Zeichen löscht.

14. Da ein Urtheil regelmäßig nur zwischen den Parteien und ihren Rechtsnachfolgern Rechtskraft schafft, so hindert in den Fällen des Abs. 1 Nr. 2 und 3 die rechtskräftige Abweisung oder Verurtheilung einen Dritten nicht, aus demselben Rechtsgrunde die Klage nochmals anzustellen. Wird aber festgestellt, daß der neue Kläger nur eine vorgeschobene Person ist, hinter welcher als eigentliche Prozeßpartei der frühere Kläger steht, so steht ihm die Einrede der Rechtskraft entgegen (vergl. Seligsohn Patentgesetz S. 210). Erst wenn der obsiegende Kläger im Wege der Zwangsvollstreckung die Löschung herbeigeführt hat, erlangt der von ihm erstrittene Sieg Rechtswirkung für die Allgemeinheit.

15. Der Anspruch auf Löschung kann auch im Wege der Widerklage geltend gemacht werden. Dies wird insbesondere dann der Fall sein, wenn der Eingetragene die Feststellungs-, die negatorische oder die Entschädigungsklage angestrengt hatte (Motive S. 15). Auf die Widerklage finden die Ausführungen in N. 7—14 entsprechende Anwendung.

Dagegen kann der Beklagte im Wege der Einrede seinen Anspruch regelmäßig nicht entgegensetzen, es sei denn, daß der Fall des §. 9 Abs. 1 Nr. 1 vorliegt (N. 14 zu §. 12). Macht aber der Zeicheninhaber erst nach Löschung des Zeichens einen Entschädigungsanspruch geltend (N. 10 zu §. 14) oder wird das Zeichen im Laufe des Entschädigungsprozesses gelöscht, so eröffnet §. 12 Abs. 2 die Möglichkeit, den Anspruch auch einredeweise geltend zu machen.

Der Beklagte kann, wenn die Löschungsklage in einem besonderen Verfahren schwebt, nach §. 139 der Civilprozeßordnung Aussetzung der Verhandlung beantragen.

Abs. 4.

16. Während nach §§. 236, 665 der Civilprozeßordnung die Entscheidung gegen einen Rechtsnachfolger in Ansehung der Sache nur dann wirksam und vollstreckbar ist, wenn die Rechtsnachfolge während der Rechtshängigkeit oder nach Beendigung des Rechtsstreits stattgefunden hat, wird dieser Grundsatz hier auch auf den Fall ausgedehnt, wenn der Uebergang des Zeichens sich schon vor Erhebung der Klage vollzogen hatte. Dies hängt damit zusammen, daß die Klage stets gegen den eingetragenen Inhaber gerichtet wird (N. 8).

Wegen Ueberganges des Zeichens siehe §. 7 Abs. 1.

Die Entscheidung in Ansehung der Sache bildet den Gegensatz zur Entscheidung über die Kosten; letztere ist nur zwischen den Prozeßparteien wirksam.

Die in Bezug genommenen §§. 63—66 C.P.O. handeln von der Nebenintervention. Sie lauten:

> §. 63. Wer ein rechtliches Interesse daran hat, dass in einem zwischen anderen Personen anhängigen Rechtsstreite die eine Partei obsiege, kann dieser Partei zum Zwecke ihrer Unterstützung beitreten.
>
> Die Nebenintervention kann in jeder Lage des Rechtsstreits bis zur rechtskräftigen Entscheidung desselben, auch in Verbindung mit der Einlegung eines Rechtsmittels erfolgen.
>
> §. 64. Der Nebenintervenient muss den Rechtsstreit in der Lage annehmen, in welcher sich dieser zur Zeit seines Beitritts befindet; er ist berechtigt, Angriffs- und Vertheidigungsmittel geltend zu machen und alle Prozesshandlungen wirksam vorzunehmen, insoweit nicht seine Erklärungen und Handlungen mit Erklärungen und Handlungen der Hauptpartei in Widerspruch stehen.
>
> §. 65. Der Nebenintervenient wird im Verhältnisse zu der Hauptpartei mit der Behauptung nicht gehört, dass der Rechtsstreit, wie derselbe dem Richter vorgelegen

habe, unrichtig entschieden sei; er wird mit der Behauptung, dass die Hauptpartei den Rechtsstreit mangelhaft geführt habe, nur insoweit gehört, als er durch die Lage des Rechtsstreits zur Zeit seines Beitritts oder durch Erklärungen und Handlungen der Hauptpartei verhindert worden ist, Angriffs- oder Vertheidigungsmittel geltend zu machen, oder als Angriffs- oder Vertheidigungsmittel, welche ihm unbekannt waren, von der Hauptpartei absichtlich oder durch grobes Verschulden nicht geltend gemacht sind.

§. 66. Insofern nach den Vorschriften des bürgerlichen Rechts die Rechtskraft der in dem Hauptprozesse erlassenen Entscheidung auf das Rechtsverhältniss des Nebenintervenienten zu dem Gegner von Wirksamkeit ist, gilt der Nebenintervenient im Sinne des §. 58 als Streitgenosse der Hauptpartei.

Der Wortlaut des in §. 66 zitirten §. 58 C.P.O., welcher hier Anwendung findet, ist:

Streitgenossen stehen, soweit nicht aus den Vorschriften des bürgerlichen Rechts oder dieses Gesetzes sich ein Anderes ergiebt, dem Gegner dergestalt als Einzelne gegenüber, dass die Handlungen des einen Streitgenossen dem anderen weder zum Vortheile noch zum Nachtheile gereichen.

Der Beklagte kann dem Rechtsnachfolger den Streit verkünden. Für diesen Fall trifft hier §. 73 C.P.O. zu:

Wer als Besitzer einer Sache verklagt ist, die er im Namen eines Dritten zu besitzen behauptet, kann, wenn er diesem vor der Verhandlung zur Hauptsache den Streit verkündet und ihn unter Benennung an den Kläger zur Erklärung ladet, bis zu dieser Erklärung oder bis zum Schlusse des Termins, in welchem sich der Benannte zu erklären hat, die Verhandlung zur Hauptsache verweigern.

Bestreitet der Benannte die Behauptung des Beklagten oder erklärt er sich nicht, so ist der Beklagte berechtigt, dem Klageantrage zu genügen.

Wird die Behauptung des Beklagten von dem Benannten als richtig anerkannt, so ist dieser berechtigt, mit Zustimmung des Beklagten an dessen Stelle den Prozess zu übernehmen. Die Zustimmung des Klägers ist nur insoweit erforderlich, als derselbe Ansprüche geltend macht, welche unabhängig davon sind, dass der Beklagte im Namen eines Dritten besitzt.

Hat der Benannte den Prozess übernommen, so ist der Beklagte auf seinen Antrag von der Klage zu entbinden. Die Entscheidung ist in Ansehung der Sache selbst auch gegen den Beklagten wirksam und vollstreckbar.

Abs. 5.

17. Ueber den Grund, warum gerade bei der Aufgabe des Geschäftsbetriebes ein Vorverfahren vor dem Patentamt zulässig ist, bemerken die Motive S. 15:

> „Was den Fall unter Absatz 1 Nummer 2 betrifft, so ist derselbe insofern eigenartig, als die Feststellung der Voraussetzungen, welche danach zur Löschung führen können, in den meisten Fällen zu keiner Meinungsverschiedenheit Anlaß geben wird, während andererseits bei dem Eintritt einer Meinungsverschiedenheit wohl stets schwierige Erwägungen thatsächlicher und rechtlicher Art erforderlich sein werden. Die letzteren und selteneren Fälle haben den Gerichten nicht entzogen werden sollen; für die ersteren Fälle, welche die Regel bilden dürften, wird ein einfaches Benachrichtigungsverfahren vor dem Patentamt genügen. Deshalb sieht hier der Entwurf ein patentamtliches Einschreiten vor, durch welches die Sache rasch und einfach ihre Erledigung finden kann."

Dieses Vorverfahren ist nur fakultativ, der Antragsteller kann sofort die Klage einreichen.

Der Antrag ist beim Patentamt schriftlich zu stellen und bedarf keiner weiteren Substantiirung. Es genügt, wenn in demselben die Löschung beantragt wird, weil der eingetragene Inhaber den Geschäftsbetrieb, zu welchem das Zeichen gehört, nicht fortsetzt.

Die Benachrichtigung ist dem eingetragenen Inhaber zuzustellen (§. 7 Abs. 3) und zwar regelmäßig durch eingeschriebenen Brief (§. 10 Abs. 3).

Wegen der Form und Frist für den Widerspruch siehe N. 4 zu §. 5, auch die dortigen Erörterungen über den Fall, wenn der Zeicheninhaber im Inlande keine Niederlassung hat, treffen hier zu. Eine Prüfung oder Beschlußfassung des Patentamts erfolgt in diesem Verfahren nicht (N. 1 zu §. 10).

§. 10.

Anmeldungen von Waarenzeichen, Anträge auf Uebertragung und Widersprüche gegen die Löschung derselben werden in dem für Patentangelegenheiten maßgebenden Verfahren durch Vorbescheid und Beschluß erledigt. In den Fällen des §. 5 Absatz 1 wird ein Vorbescheid nicht erlassen.

Gegen den Beschluß, durch welchen ein Antrag zurückgewiesen wird, kann der Antragsteller, und gegen den Beschluß, durch welchen Widerspruchs ungeachtet die Löschung angeordnet wird, der Inhaber des Zeichens innerhalb eines Monats nach der Zustellung bei dem Patentamt Beschwerde einlegen.

Zustellungen, welche die Eintragung, die Uebertragung oder die Löschung eines Waarenzeichens betreffen, erfolgen mittelst eingeschriebenen Briefes. Kann eine Zustellung im Inlande nicht erfolgen, so wird sie durch Aufgabe zur Post nach Maßgabe der §§. 161, 175 der Civilprozeßordnung bewirkt.

Abs. 1 (N. 1).
Abs. 2 (N. 2).
Abs. 3 (N. 3).

Abs. 1.

1. Das Gesetz regelt das Verfahren in Uebereinstimmung mit dem für Patentnachsuchungen vorgeschriebenen. Dieses Verfahren gilt für Anmeldungen von Waarenzeichen (§§. 1—6, 24), Anträge auf Vermerkung des Ueberganges (§. 7 Abs. 1) und Widersprüche gegen die Löschung (§. 8 Abs. 3). Der Ausdruck des Gesetzes „Anträge auf Uebertragung" ist unpassend, weil das Recht bereits vor Eintragung des Vermerks übergegangen ist und §. 7 Abs. 1 für diesen materiellrechtlichen Uebergang das Wort „übertragen" gebraucht (Schanze in der Zeitschrift für gewerbl. Rechtsschutz 1893 S. 169).

Ein Widerspruch gegen die Löschung erfolgt auch im Falle des §. 9 Abs. 5. Da das Patentamt auf diesen Widerspruch aber weder eine Prüfung vorzunehmen noch einen Beschluß zu fassen hat, so ist eine Anwendung des patentrechtlichen Vorbescheid- und Beschlußverfahrens hier unmöglich. In den Fällen des §. 5 Abs. 1 schließt das Gesetz nach einem Zusatze der Kommission (Kommissionsbericht S. 6) den Vorbescheid aus.

Die Vorschriften des Patentgesetzes, welche hier in Betracht kommen, sind:

§. 20.

Die Anmeldung einer Erfindung behufs Ertheilung eines Patents geschieht schriftlich bei dem Patentamt. Für jede Erfindung ist eine besondere Anmeldung erforderlich. Die Anmeldung muss den Antrag auf Ertheilung des Patents enthalten und in dem Antrage den Gegenstand, welcher durch das Patent geschützt werden soll, genau bezeichnen. In einer Anlage ist die Erfindung dergestalt zu beschreiben, dass danach die Benutzung derselben durch andere Sachverständige möglich erscheint. Am Schlusse der Beschreibung ist dasjenige anzugeben, was als patentfähig unter Schutz gestellt werden soll (Patentanspruch). Auch sind die erforderlichen Zeichnungen, bildlichen Darstellungen, Modelle und Probestücke beizufügen.

Das Patentamt erlässt Bestimmungen über die sonstigen Erfordernisse der Anmeldung.

Bis zu dem Beschlusse über die Bekanntmachung der Anmeldung sind Abänderungen der darin enthaltenen Angaben zulässig. Gleichzeitig mit der Anmeldung sind für die Kosten des Verfahrens zwanzig Mark zu zahlen.

§. 21.

Die Anmeldung unterliegt einer Vorprüfung durch ein Mitglied der Anmeldeabtheilung.

Erscheint hierbei die Anmeldung als den vorgeschriebenen Anforderungen (§. 20) nicht genügend, so wird durch Vorbescheid der Patentsucher aufgefordert, die Mängel innerhalb einer bestimmten Frist zu beseitigen.

Insoweit die Vorprüfung ergiebt, dass eine nach §§. 1, 2, 3 Absatz 1 patentfähige Erfindung nicht vorliegt, wird der Patentsucher hiervon unter Angabe der Gründe mit der Aufforderung benachrichtigt, sich binnen einer bestimmten Frist zu äussern.

Erklärt sich der Patentsucher auf den Vorbescheid (Absatz 2 und 3) nicht rechtzeitig, so gilt die Anmeldung als zurückgenommen; erklärt er sich innerhalb der Frist, so fasst die Anmeldeabtheilung Beschluss.

§. 22.

Ist durch die Anmeldung den vorgeschriebenen Anforderungen (§. 20) nicht genügt oder ergiebt sich, dass eine nach §. 1, 2, 3 Absatz 1 patentfähige Erfindung nicht vorliegt, so wird die Anmeldung von der Abtheilung zurückgewiesen. An der Beschlussfassung darf das Mitglied, welches den Vorbescheid erlassen hat, nicht theilnehmen.

Soll die Zurückweisung auf Grund von Umständen erfolgen, welche nicht bereits durch den Vorbescheid dem Patentsucher mitgetheilt waren, so ist demselben vorher Gelegenheit zu geben, sich über diese Umstände binnen einer bestimmten Frist zu äussern.

§. 24 Abs. 3.

Nach Ablauf der Frist hat das Patentamt über die Ertheilung des Patents Beschluss zu fassen. An der Beschlussfassung darf das Mitglied, welches den Vorbescheid (§. 21) erlassen hat, nicht theilnehmen.

§. 25.

Bei der Vorprüfung und in dem Verfahren vor der Anmeldeabtheilung kann jederzeit die Ladung und Anhörung der Betheiligten, die Vernehmung von Zeugen und Sachverständigen, sowie die Vornahme sonstiger zur Aufklärung der Sache erforderlicher Ermittelungen angeordnet werden.

Der §. 20, der hier keine Anwendung findet, ist mitabgedruckt, um zu zeigen, daß die in ihm aufgestellten Anforderungen (§. 21 Abs. 2, §. 22 Abs. 1) lediglich formeller Natur sind und daß er dem §. 2 unseres Gesetzes entspricht.

Die Erörterung der patentrechtlichen Bestimmungen siehe bei Seligsohn Patentgesetz S. 161 ff.

Das Verfahren gestaltet sich nach Vorstehendem wie folgt.

Geht beim Patentamt die Anmeldung eines Waarenzeichens, ein Antrag auf Vermerkung eines Ueberganges oder im Falle des §. 8 Abs. 3 ein Widerspruch gegen die Löschung ein, so geht die Sache zunächst an dasjenige Mitglied der Abtheilung für Waarenzeichen, welches vom Vorsitzenden für die betreffende Klasse (N. 6 zu §. 2) zum Vorprüfer bestellt worden ist.

A. Der Vorprüfer findet weder formelle noch materielle Mängel — dann giebt er ohne Vorbescheid die Sache zur Beschlußfassung an die Abtheilung ab.

B. Er findet Mängel

a) formelle — Vorbescheid auf Beseitigung derselben binnen bestimmter Frist,

b) materielle — Vorbescheid auf Aeußerung binnen bestimmter Frist,

c) formelle und materielle — Vorbescheid auf Beseitigung und Aeußerung binnen bestimmter Frist.

C. Der Anmelder erklärt sich auf den Vorbescheid

a) rechtzeitig — Beschlußfassung durch die Abtheilung,

b) nicht rechtzeitig — Eingabe gilt als zurückgenommen.

Bei den Anmeldungen von Ausländern (§. 23) ist die Nichtbestellung eines Vertreters (§. 23 Abs. 2) ein formeller Mangel. Ein materieller Mangel liegt vor, wenn die Gegenseitigkeit fehlt (§. 23 Abs. 1) oder wenn die Voraussetzungen des §. 23 Abs. 3 nicht vorliegen. Im letzteren Falle handelt es sich dann um einen formellen Mangel, wenn zwar behauptet ist, daß das Zeichen im Heimathsstaate geschützt ist, der beigebrachte Nachweis aber nicht ausreicht.

Gelangt die Sache zur Beschlußfassung an die Abtheilung, so interessiren außer den §§. 22, 24 Abs. 3, 25 des Patentgesetzes von den — durch §. 8 der Verordnung vom 30. Juni 1894 für anwendbar erklärten — Bestimmungen der patentrechtlichen Ausführungsverordnung vom 11. Juli 1891 nachstehende Vorschriften:

§. 6.

In den Abtheilungen trifft der Vorsitzende die für den Fortgang der Sachen erforderlichen Verfügungen.

In den Anmeldeabtheilungen bezeichnet er für jede Klasse der Anmeldungen im Voraus das Mitglied, welchem die Vorprüfung (§. 21 des Patentgesetzes) obliegt, sowie einen weiteren Berichterstatter für das Verfahren nach Erlass des Vorbescheides.

In den Beschwerdeabtheilungen und in der Nichtigkeitsabtheilung bezeichnet der Präsident für jede Klasse im Voraus zwei Berichterstatter.

An Stelle der hiernach berufenen Mitglieder können für den einzelnen Fall andere Berichterstatter bezeichnet werden.

Die Berichterstatter halten den mündlichen Vortrag in der Sitzung und entwerfen alle Beschlüsse und Entscheidungen. Der Vorsitzende prüft die Entwürfe und stellt sie fest. Ueber sachliche Meinungsverschiedenheiten beschliesst die Abtheilung.

§. 8.

Bei den Abstimmungen entscheidet die absolute Mehrheit der Stimmen, bei Stimmengleichheit die Stimme des Vorsitzenden.

Ist eine Anhörung der Betheiligten (Patentgesetz §. 25, §. 26 Absatz 3, §. 30 Absatz 2) vorhergegangen, so kann ein Mitglied, welches hierbei nicht zugegen gewesen ist, an der Abstimmung nicht theilnehmen.

Auch sind folgende Bestimmungen der Verordnung vom 30. Juni 1894 zu berücksichtigen:

§. 3.

Die Beschlussfähigkeit der Abtheilung für Waarenzeichen ist durch die Anwesenheit von mindestens drei Mitgliedern bedingt.

Die Beschwerdeabtheilung I entscheidet über Beschwerden gegen die Beschlüsse der Abtheilung für Waarenzeichen in der Besetzung von fünf Mitgliedern, von denen mindestens zwei rechtskundig sein müssen. Soweit es sich um die Erstattung von Gutachten handelt, genügt die Anwesenheit von drei Mitgliedern.

Die Bestimmungen der Civilprozessordnung über Ausschliessung und Ablehnung der Gerichtspersonen finden entsprechende Anwendung.

Zu den Berathungen können Sachverständige, welche nicht Mitglieder sind, zugezogen werden; dieselben dürfen an den Abstimmungen nicht theilnehmen.

§. 4.

Der Berathung und Abstimmung in einer Sitzung bedarf es

a) in der Abtheilung für Waarenzeichen für die Beschlussfassung über die Versagung der Eintragung eines Waarenzeichens, sowie für Beschlüsse, welche die Uebereinstimmung von Waarenzeichen und in den Fällen des §. 8 des Gesetzes vom 12. Mai 1894 die Löschung von Waarenzeichen gegen den Widerspruch des Inhabers betreffen;

b) in der Beschwerdeabtheilung I für die Beschlussfassung auf Beschwerden gegen Beschlüsse der Abtheilung für Waarenzeichen.

Danach bedarf es, wenn es sich um die Uebertragung eines Zeichens handelt, nie einer Sitzung und, wenn es sich um die Anmeldung eines solchen handelt, dann nicht, wenn der Anmeldung stattgegeben wird.

Der Beschluß ist in jedem Falle mit Gründen zu versehen, schriftlich auszufertigen und allen Betheiligten von Amtswegen zuzustellen (§. 5 der Verordnung vom 30. Juni 1894).

Abs. 2.

2. Die Beschwerde ist nur zulässig gegen den Beschluß, wenn durch ihn

a) die Eintragung eines Zeichens versagt wird,
b) die Uebereinstimmung der Zeichen im Falle des §. 5 Abs. 1 verneint wird (N. 1 zu §. 6),
c) die Vermerkung des Ueberganges in der Rolle abgelehnt wird,
d) Widerspruchs ungeachtet die Löschung angeordnet wird.

In den Fällen zu a und c steht sie dem Antragsteller, in denen zu b und d dem eingetragenen Inhaber zu. Wegen der Berechnung der Frist siehe N. 4 zu §. 5. Eine bestimmte Form ist für die Beschwerde nicht vorgeschrieben, insbesondere bedarf sie keiner Begründung. Das Beschwerdeverfahren ist gebührenfrei.

Geht eine Beschwerde, wenn auch verspätet, ein, so muß die Abtheilung für Waarenzeichen sie an die Beschwerdeabtheilung zur Prüfung abgeben. Der §. 2 der Verordnung vom 30. Juni 1894 bestimmt:

> Für Beschwerden gegen die Beschlüsse der Abtheilung für Waarenzeichen, sowie für die Erstattung von Gutachten gemäss §. 11 des Gesetzes vom 12. Mai 1894 ist die Beschwerdeabtheilung I des Patentamts zuständig.

Im Uebrigen siehe §§. 3, 4 dieser Verordnung, sowie §§. 6, 8 der Verordnung vom 11. Juli 1891 (N. 1).

Von den Bestimmungen des Patentgesetzes sind hier anwendbar Abs. 2 bis 4 des §. 26:

> Ist die Beschwerde an sich nicht statthaft oder ist dieselbe verspätet eingelegt, so wird sie als unzulässig verworfen.
>
> Wird die Beschwerde für zulässig befunden, so richtet sich das weitere Verfahren nach §. 25. Die Ladung und Anhörung der Betheiligten muss auf Antrag eines derselben erfolgen. Dieser Antrag kann nur abgelehnt werden, wenn die Ladung des Antragstellers in dem Verfahren vor der Anmeldeabtheilung bereits erfolgt war.
>
> Soll die Entscheidung über die Beschwerde auf Grund anderer als der in dem angegriffenen Beschlusse berücksichtigten Umstände erfolgen, so ist den Betheiligten zuvor Gelegenheit zu geben, sich hierüber zu äussern.

Die Erörterung dieser Bestimmung siehe bei Seligsohn Patentgesetz S. 200ff.

Gegen den Beschluß der Beschwerdeabtheilung giebt es keine weitere Beschwerde. Dagegen steht es dem abgewiesenen Antragsteller in den Fällen zu a und c jeder Zeit, auch schon vor und neben der Beschwerde, frei, einen neuen Antrag an das Patentamt zu richten; natürlich kommt ihm in dem Falle zu a, wenn die neue Anmeldung zur Eintragung führt, nicht die Priorität der früheren Anmeldung zu.

Neben der in diesem Gesetz geregelten Beschwerde giebt es noch die Beschwerde im Dienstaufsichtswege, mit welcher Jedermann Ungehörigkeiten im Geschäftsbetriebe der Behörde, namentlich Verzögerungen rügen kann. Diese Beschwerde ist an keine Form oder Frist gebunden. Ueber sie entscheidet der Präsident des Patentamts und in höherer Instanz das Reichsamt des Innern.

Abs. 3.

3. Die Vorschrift bezieht sich auf alle Zustellungen, welche das Patentamt vorzunehmen hat, denn das Gesetz schreibt andere Zustellungen, als solche, welche die Eintragung, die Vermerkung des Ueberganges oder die Löschung eines Zeichens betreffen, nicht vor.

Die Zustellung mittels eingeschriebenen Briefes war in §. 15 Abs. 2 des Patentgesetzes vom 25. Mai 1877 für alle Zustellungen, welche den Lauf von Fristen bedingen, vorgeschrieben. In dem §. 12 der Ausführungsverordnung zum Patentgesetz vom 11. Juli 1891 ist sie nur für die minder wichtigen Zustellungen beibehalten, das vorliegende Gesetz ordnet sie bei allen Zustellungen an. Das Patentamt wird zweckmäßig bei Aufgabe der Einschreibsendung eine Empfangsbestätigung des Adressaten, einen sog. Rückschein, bestellen.

Bei Zustellungen nach dem Auslande kommen nachstehende Bestimmungen der Civilprozeßordnung in Betracht:

> §. 161. Der Zustellungsbevollmächtigte ist bei der nächsten gerichtlichen Verhandlung oder, wenn die Partei vorher dem Gegner einen Schriftsatz zustellen lässt, in diesem zu benennen. Geschieht dies nicht, so können alle späteren Zustellungen bis zur nachträglichen Benennung in der Art bewirkt werden, dass der Gerichtsvollzieher das zu übergebende Schriftstück unter der Adresse der Partei nach ihrem Wohnorte zur Post giebt. Die Zustellung wird mit der Aufgabe zur Post als bewirkt angesehen, selbst wenn die Sendung als unbestellbar zurück kommt.
>
> Die Postsendungen sind mit der Bezeichnung „Einschreiben" zu versehen, wenn die Partei es verlangt und zur Zahlung der Mehrkosten sich bereit erklärt.
>
> §. 175. Ist die Zustellung durch Aufgabe zur Post (§. 161) erfolgt, so muss die Zustellungsurkunde den Bestimmungen des vorstehenden Paragraphen unter Nr. 2, 3, 7 entsprechen und ausserdem ergeben, zu welcher Zeit, unter welcher Adresse und bei welcher Postanstalt die Aufgabe geschehen ist.
>
> §. 174. Die Zustellungsurkunde muss enthalten:
>
> 2. die Bezeichnung der Person, für welche zugestellt

werden soll; wenn die Zustellung von Amtswegen angeordnet ist, das Gericht, von welchem die Anordnung ausgeht;

3. die Bezeichnung der Person, an welche zugestellt werden soll;
7. die Unterschrift des die Zustellung vollziehenden Beamten.

§. 11.

Das Patentamt ist verpflichtet, auf Ersuchen der Gerichte über Fragen, welche eingetragene Waarenzeichen betreffen, Gutachten abzugeben, sofern in dem gerichtlichen Verfahren von einander abweichende Gutachten mehrerer Sachverständigen vorliegen.

1. Verpflichtung des Patentamts.
2. Stellung des Gerichts.
3. Hauptverhandlung.
4. Mitglieder des Patentamts.

1. Für Erstattung der Gutachten ist die Beschwerdeabtheilung I des Patentamts *zuständig* und zwar in einer Besetzung von mindestens drei Mitgliedern (§§. 2, 3 der Verordnung vom 30. Juni 1894).

Die *Voraussetzungen* der Verpflichtung des Patentamts sind:

a) ein gerichtliches Verfahren,
b) Gutachten mehrerer Sachverständiger,
c) Differenz zwischen diesen Gutachten über Fragen, welche eingetragene Zeichen betreffen,
d) Ersuchen eines Gerichts.

Zu a. Der Ausdruck „*gerichtliches Verfahren*“ zeigt klar, daß die Vorschrift sowohl auf Strafsachen, als auch auf bürgerliche Rechtsstreitigkeiten Anwendung findet (R.G. im Patentblatt 1882 S. 73). Sie ist auch auf die „*Vorbereitung der öffentlichen Klage*“ (§§. 156 bis 175 Str.P.O.) auszudehnen, weil der Staatsanwalt zur Entscheidung der Frage, ob er öffentliche Klage erheben soll, häufig zuverlässiger Gutachten bedarf und es im öffentlichen Interesse liegt, ihm die Möglichkeit, solche einzuholen, zu gewähren (vergl. unten zu d).

Zu b. Es müssen die Gutachten *mehrerer Sachverständiger* vorliegen, mehrere Gutachten desselben Sachverständigen genügen nicht. Ob die Gutachten mündlich zu Protokoll erklärt oder schriftlich ausgearbeitet worden sind, ist gleichgültig; jedenfalls müssen sie in Gemäßheit der Vorschriften der Civil- oder Strafprozeßordnung dem Gerichte erstattet sein. Gutachtliche Aeußerungen, welche eine Privatperson zu den Akten überreicht, sind keine „Gutachten“.

Zu c. Die Gutachten müssen von einander in *technischen Fragen* abweichen; eine Differenz in *zeichenrechtlichen* Fragen, z. B. darüber, ob eine Zeichenverletzung vorliegt, ist nicht ausreichend, zumal das Gericht nach dem Satze jura novit curia über solche Fragen Sachverständige nicht zu hören hat. Die technischen Fragen, in welchen die Gutachten differiren, müssen ein eingetragenes Waarenzeichen betreffen, also beispielsweise nicht die Frage, ob ein gewisses nicht eingetragenes Zeichen der Eintragung fähig ist. Ueber ausländische Zeichen hat das Patentamt ebenso wenig Gutachten zu erstatten, wie über Namen, Firmen, Ausstattungen, Herkunftsbezeichnungen u. s. w. (§§. 13—16) oder über Marken, die in die Zeichenregister eingetragen sind.

Zu d. Es muß das Ersuchen eines deutschen Gerichts vorliegen, nicht etwa einer Verwaltungsbehörde oder Privatperson. Ob der Staatsanwalt den Gerichten gleichsteht, war in der Praxis des Patentamts streitig (§. 18 des Patentgesetzes hat nämlich die gleiche Vorschrift). Nachdem sich schließlich das Patentamt für die Verneinung der Frage entschieden (vergl. S. 8 der Denkschrift über das Patentgesetz, Nr. 118 der Drucksachen des Reichstags 1893/94; unrichtig Kommissionsbericht S. 6), hat der Reichskanzler auf Grund des §. 18 Abs. 2 des Patentgesetzes das Patentamt generell ermächtigt, auch auf Ersuchen der Staatsanwaltschaft Gutachten zu erstatten.

2. Das Gericht ist berechtigt, aber nicht verpflichtet, auch wenn die Voraussetzungen in N. 1 zu a, b und c vorliegen, vom Patentamt ein Gutachten einzuholen, es kann einen anderen Gutachter zuziehen, sich auch ohne einen solchen schlüssig machen. §. 11 legt zwar dem Patentamt, aber nicht dem Gericht eine Verpflichtung auf; auch aus §. 369 Abs. 2 der Civilprozeß- oder §. 73 Abs. 2 der Strafprozeßordnung läßt sie sich nicht herleiten. Das Gericht darf nicht, wie es häufig in Patentsachen geschieht, die Begutachtung durch das Patentamt als Regel ansehen, sondern nur in schwierigeren Fragen sich an dasselbe wenden. Es darf nicht die vorherige Begutachtung durch Sachverständige nur als lästige Formalität betrachten, die es erfüllen muß, um sich an das Patentamt wenden zu können. Vielmehr hat es bei der Auswahl und Befragung der Sachverständigen die größte Sorgfalt anzuwenden, damit es schon auf Grund ihrer Gutachten sich seine Ansicht bilden kann oder damit, wenn dies nicht der Fall sein sollte, diese Vorgutachten eine geeignete Grundlage für das Obergutachten abgeben (Denkschrift S. 8).

Das Gericht hat das Beweisthema genau zu spezialisiren (N. 16 zu §. 14) und dem Patentamt auch die Akten mit den Vorgutachten zu übersenden.

Das Gericht ist an die in dem Gutachten des Patentamts vertretene Ansicht nicht gebunden.

3. Das Gericht kann in Strafsachen das Patentamt ersuchen, eins seiner Mitglieder mit der Vertretung des Gutachtens in der Hauptverhandlung zu beauftragen und dem Gerichte zu bezeichnen; eine Verpflichtung des Patentamts, diesem Ersuchen Folge zu leisten, besteht nicht (§. 255 der Strafprozeßordnung und Löwe Kommentar zu demselben).

4. Sowohl in Civil- als Strafsachen ist das Gericht befugt, anstatt vom Patentamt ein Gutachten einzuholen, ein Mitglied desselben als Sachverständigen zu vernehmen; die Vernehmung findet aber nicht statt, wenn die vorgesetzte Behörde des Mitgliedes d. h. der Reichskanzler erklärt, daß die

Vernehmung den dienstlichen Interessen Nachtheile bereiten würde (§. 373 Abs. 2 C.P.O., §. 76 Abs. 2 Str.P.O.). Wegen der Vernehmung der Mitglieder des Patentamts — auch ehemaliger — als Zeugen, sowie wegen ihrer außergerichtlichen Gutachten ist §. 12 des Gesetzes, betreffend die Rechtsverhältnisse der Reichsbeamten vom 31. März 1873, zu beachten:

> Bevor ein Reichsbeamter als Sachverständiger ein aussergerichtliches Gutachten abgiebt, hat derselbe dazu die Genehmigung seiner vorgesetzten Behörde einzuholen.
>
> Ebenso haben Reichsbeamte, auch wenn sie nicht mehr im Dienste sind, ihr Zeugniss in Betreff derjenigen Thatsachen, auf welche die Verpflichtung zur Amtsverschwiegenheit sich bezieht, insoweit zu verweigern, als sie nicht dieser Verpflichtung in dem einzelnen Falle durch die ihnen vorgesetzte oder zuletzt vorgesetzt gewesene Dienstbehörde entbunden sind.

Dem entsprechend lautet eine Bekanntmachung des Patentamts (Patentblatt 1882 S. 17):

> Berlin, den 6. Januar 1882.
>
> Es ist vorgekommen, dass in Patentangelegenheiten Betheiligte sich darauf berufen haben, es sei ihnen über ihre Berechtigungen diese oder jene Auskunft im Patentamte ertheilt worden. Nach §. 18 des Patentgesetzes ist das Patentamt selbst zur Ertheilung von Gutachten an Privatpersonen nicht befugt. Noch weniger ist es zulässig, dass einzelne Beamte desselben gutachtliche Aeusserungen abgeben, durch welche leicht Missverständnisse und Unzuträglichkeiten herbeigeführt werden können. Sämmtliche Beamte des Patentamts sind mit strenger Anweisung in diesem Sinne versehen worden. Es wird hierauf mit dem Ausdrucke des Wunsches hingewiesen, dass auch aus den Kreisen des betheiligten Publikums Anfragen an die Beamten, auf welche eine Antwort ohne Pflichtverletzung nicht ertheilt werden kann, vermieden werden.

Diese Bekanntmachung, welche den Betheiligten in neuerer Zeit nochmals eingeschärft wurde (Patentblatt 1890 S. 9), gilt natürlich auch für Zeichensachen.

§. 12.

Die Eintragung eines Waarenzeichens hat die Wirkung, daß dem Eingetragenen ausschließlich das Recht zusteht, Waaren der angemeldeten Art oder deren Verpackung oder Umhüllung mit dem Waarenzeichen zu versehen, die so bezeichneten Waaren in Verkehr zu setzen, sowie auf Ankündigungen, Preislisten, Geschäftsbriefen, Empfehlungen, Rechnungen oder dergleichen das Zeichen anzubringen.

Im Falle der Löschung können für die Zeit, in welcher ein Rechtsgrund für die Löschung früher bereits vorgelegen hat, Rechte aus der Eintragung nicht mehr geltend gemacht werden.

1. Abweichungen vom bisherigen Recht.

Abs. 1 (N. 2–9).

2. Voraussetzung des Zeichenrechts.
3—9. Inhalt des Zeichenrechts.
3. Recht.
4. Schranken.
5. Territorialität.
6. Waaren, Verpackung, Umhüllung.
7. Ankündigungen u. s. w.
8. Versehen, anbringen.
9. In Verkehr setzen.

Abs. 2 (N. 10, 11).

10. Löschung.
11. Rückwirkende Kraft.

Zusatz: Rechtsschutz (N. 12–17).

12. Im Allgemeinen.
13, 14. Negatorische Klage.
13. Voraussetzung.
14. Verfahren.
15. Feststellungsklage des Zeicheninhabers.
16. Feststellungsklage gegen den Zeicheninhaber.
17. Einstweilige Verfügung.

1. Der §. 12, welcher in seinem ersten Absatze dem §. 8 des Gesetzes vom 30. November 1874 entspricht, enthält wesentliche Neuerungen gegenüber dem bisherigen Rechtszustande:

a) Das Zeichenrecht wird nicht schon durch die Anmeldung, sondern erst durch die Eintragung begründet (N. 2).
b) Es erlischt schon vor der Löschung des Zeichens, aber erst die Löschung gewährt die Möglichkeit, das Erloschensein des Rechts geltend zu machen (N. 10, 11).
c) Die Eintragung ist rechtswirksam, auch wenn sie hätte versagt werden müssen (N. 2).
d) Während früher nur verboten war, die Waaren oder deren Verpackung mit dem geschützten Zeichen zu versehen, ist jetzt das Zeichenrecht auch auf das Anbringen des Zeichens auf Umhüllungen, Ankündigungen, Preislisten u. s. w. ausgedehnt (N. 6, 7).

Sprachlich wäre noch darauf hinzuweisen, daß der §. 8 das Zeichenrecht definirte als „das Recht, Waaren . . . mit einem . . . . Zeichen zu versehen oder auf solche Art bezeichnete Waaren in Verkehr zu bringen", während der §. 12 das „oder" wegläßt. Eine materielle Abweichung liegt darin nicht: nach beiden Bestimmungen stehen jedem Berechtigten beide Befugnisse zu, er kann sie sowohl einzeln als zusammen ausüben.

Abs. 1.

2. Unter der Herrschaft des Gesetzes vom 30. November 1874 wurde das Zeichenrecht durch die Anmeldung des Zeichens zur Eintragung in das Handelsregister erworben, die Eintragung selbst hatte nur eine beurkundende Bedeutung: das Recht war erworben, auch wenn die Eintragung nicht erfolgte. Das war die allgemeine Ansicht (vergl. die bei Finger S. 52 angeführte Literatur und Rechtsprechung, namentlich O.H.G. 24, 74); a. M. Kohler S. 158, 248, welcher erst mit der Eintragung das Recht entstehen lassen wollte. Letztere Ansicht ist durch das jetzige Gesetz rezipirt und zwar, wie die Motive sagen, „um in den rechtsbegründenden Thatsachen mit dem

Gesetz über den Schutz der Gebrauchsmuster vom 1. Juni 1891, dessen Durchführung ebenfalls dem Patentamt obliegt, Uebereinstimmung herzustellen".

Das Zeichenrecht entsteht erst durch die **Eintragung**, ohne solche kann ein Zeichen höchstens als Ausstattung den Schutz des §. 15 genießen.

Dieses Prinzip hat zur Folge, daß, wenn Jemand Jahrzehnte hindurch ein Waarenzeichen gebraucht hat, ohne es eintragen zu lassen, er durch jeden Dritten, welcher dasselbe, wenn auch mala fide, eintragen läßt, depossedirt wird. Er würde durch einen ferneren Gebrauch des Zeichens das Zeichenrecht des Eingetragenen verletzen. Daß dieses Prinzip in der Praxis zu empfindlichen Härten führen kann, liegt auf der Hand; vergl. z. B. den Prozeß über die Kakaomarke der Firma C. J. van Houten & Zoon (R.G. 18, 93) und den über die Schwarze Hand der Straßburger Tabakmanufaktur (N. 27 zu §. 4). Trotzdem hat man es im Interesse der Erkennbarkeit der Zeichenrechte und im Interesse der Rechtssicherheit adoptirt (N. 4). „Wer ein ihm werthvolles Zeichen nicht eintragen läßt, hat die Folgen der Unterlassung sich selbst zuzuschreiben, und man könne es dann nicht mehr eine Unbilligkeit nennen, wenn ihm für den Fall der Eintragung des Zeichens für einen Anderen der weitere Gebrauch des Zeichens untersagt werde" (Kommissionsbericht S. 6). Vergl. N. 4. Nur für das erste Jahr nach dem Inkrafttreten des Gesetzes hat man aus Billigkeitsrücksichten dieses starre Prinzip durchbrochen (§. 9 Abs. 2).

Nach Abs. 1 hat es den Anschein, als ob die Eintragung die einzige Voraussetzung des Zeichenrechts wäre. Es wäre danach für die Entstehung des Rechts unerheblich, ob die Eintragung materiell gerechtfertigt war oder hätte versagt werden müssen. (So: **Schanze** in der Zeitschrift für gewerbl. Rechtsschutz 1893 S. 166.) Der Abs. 2 (ebenso die obige Stelle aus den Motiven) zeigt aber, daß dies nicht der Fall ist. Denn er schreibt vor, daß im Falle der Löschung für die Zeit, in welcher ein Rechtsgrund für die Löschung früher bereits vorgelegen hat, Rechte aus der Eintragung nicht mehr geltend gemacht werden können. Es kann also, wenn ein Zeichen, das von vornherein nicht hätte eingetragen werden dürfen, gelöscht wird, aus dieser Eintragung gar kein Recht geltend gemacht werden, d. h. es wird nachträglich konstatirt, daß von Anfang an ein Zeichenrecht nicht bestanden hat. Folglich entsteht dieses Recht nicht durch die Eintragung, sondern es ist dazu nothwendig, daß diese auch den materiellen Voraussetzungen entspricht (§§. 1, 4). Die Eintragung hat nur die Bedeutung, daß, so lange ein Zeichen in der Rolle eingetragen steht, ihm die Wirkungen des Abs. 1 zukommen. Eine Untersuchung, ob die Eintragung zu Recht erfolgt ist, darf nur im Löschungsverfahren oder nach der Löschung erfolgen.

Im Falle der Kollision eines eingetragenen Zeichens mit einem auf Grund einer anderen Anmeldung eingetragenen sind beide **einem Dritten gegenüber** völlig wirksam. Dieser kann gegen den eingetragenen Inhaber eines Zeichens nicht den Einwand erheben, daß einem Anderen ein besseres Recht auf dieses Zeichen zusteht (Motive S. 15). Was dagegen das Verhältniß der Inhaber der kollidirenden Zeichen zu einander anlangt, so kann der ältere Anmelder dem anderen den Gebrauch des Zeichens verwehren, denn durch die Eintragung des neuen Zeichens kann sein wohlerworbenes Recht nicht beeinträchtigt werden. Ihm steht trotz der Eintragung des neuen Zeichens gegen dessen Inhaber der volle Rechtsschutz (N. 12) zu, während dieser aus seiner Eintragung gegen ihn keine Rechte herleiten kann (N. 14).

3. Das Zeichenrecht ist ein Ausfluß des Rechts der Persönlichkeit, es soll durch dasselbe ebenso wie durch das Namen- oder Firmenrecht die Erkennbarkeit einer Person gesichert werden (Kohler S. 5, 73, Dernburg Preuß. Privatrecht II §. 313). Speziell der Zeichenschutz bezweckt die Unterscheidung der von einem Gewerbetreibenden hergestellten oder vertriebenen Waaren von gleichartigen Waaren Anderer, will also die Verwechselung der Persönlichkeit des Autors oder Vertreibers mit anderen hindern. Ueber den Charakter des Zeichenrechts siehe Einleitung S. 3 ff.

Der Inhalt des Zeichenrechts wird in §. 12 definirt und zwar in Uebereinstimmung mit der Fassung der verwandten Reichsgesetze (§. 1 der Gesetze über das Urheberrecht vom 11. Juni 1870, 9., 10., 11. Januar 1876, §. 4 des Patentgesetzes, §. 4 des Gebrauchsmustergesetzes). Wie die durch diese Gesetze geschützten Rechte, ist auch das Zeichenrecht ein absolutes Recht, es hat, analog dem Eigenthumsrecht, eine affirmative und eine negative Seite. Der Berechtigte hat die Befugniß, das Waarenzeichen anzuwenden und die mit ihm versehenen Waaren in Verkehr zu setzen, und er kann allen Anderen verwehren, ein Gleiches zu thun.

Dies sind nur Befugnisse, aber nicht Verpflichtungen des Berechtigten. Es hängt also ganz von seinem Belieben ab, ob er die bei der Anmeldung angegebenen Waaren mit dem Zeichen versehen will; auch kann er einzelne derselben mit ihm versehen, andere nicht. Da er nämlich durch Anbringung des Zeichens in kenntlicher Weise erklärt, daß die betreffende Waare von ihm herrührt, so kann er bisweilen, z. B. wenn ein Stück Waare schlechter ausfällt, ein Interesse daran haben, die Herkunft dieses Stückes nicht in dieser Weise offenbar zu machen (vergl. R.G. Straff. 4, 171), auch bei ganz gleichen Stücken ist ein solches Interesse denkbar (Kohler S. 289 ff.). Aber selbst bei mangelndem Interesse ist es ein Recht seiner freien willkürlichen Entschließung, welches Stück seiner Waaren er mit dem Zeichen versehen will, welches nicht (R.G. Straff. 23, 365). Ebenso steht es ganz in seinem Belieben, ob und wem gegenüber er von der negativen Seite seines Rechts, der Untersagungsbefugniß, Gebrauch machen will; verpflichtet, gegen Eingriffe einzuschreiten, ist er nicht. Inwiefern ihm das Nichteinschreiten nachtheilig werden kann, darüber siehe N. 7 zu §. 7.

4. Der absoluten Natur des Zeichenrechts setzt das Gesetz in §. 13 theils aus Rücksicht auf das Persönlichkeitsrecht Anderer, theils im Verkehrsinteresse eine Schranke, außerdem ist das Zeichenrecht einem früher angemeldeten gegenüber unwirksam (N. 2 a. E.). Endlich schützt die Eintragung nicht vor der Bestrafung aus §. 16 (N. 6 zu §. 16).

Andere Durchbrechungen des Grundsatzes kennt das Gesetz nicht, weder nach der affirmativen noch nach der negativen Seite des Rechts. Der Eingetragene kann sein Recht stets ausüben und wird durch ein älteres Zeichenrecht, so lange sein eigenes Zeichen eingetragen ist, in der Verfolgung seines Rechts Dritten gegenüber nicht gehindert (N. 2).

Auch die Thatsache, daß vor seiner Eintragung ein Anderer das Zeichen, ohne es eintragen zu lassen, thatsächlich angewendet hat, beeinträchtigt den Inhalt seines Rechts in keiner Weise. Der Vorbenutzer wird durch die Eintragung ohne weiteres verhindert, das Zeichen noch ferner zu benutzen oder die mit demselben versehenen Waaren in Verkehr zu bringen. In der Reichstagskommission war allerdings der Antrag gestellt worden, nach Analogie des §. 5 des Patentgesetzes nachstehende Bestimmung zu treffen:

> Hat sich ein Dritter bereits vor der Eintragung im gutgläubigen Besitz des Zeichens befunden, so steht dem Eingetragenen gegen diesen ein Ausschließungsrecht nicht zu.

Der Antrag wurde aber abgelehnt, ebenso wurde den Petitionen, welche in anderer Weise die Härten des Eintragungsprinzips gegenüber dem gutgläubigen Vorbenutzer beseitigen wollten, nicht entsprochen (Kommissionsbericht S. 6, vergl. auch v. Schütz in der Zeitschr. für gewerblichen Rechtsschutz 1893 S. 4). Siehe oben N. 2. — Nur für die Uebergangszeit bis zum 1. Oktober 1895 trifft §. 9 Abs. 2 zu Gunsten des Vorbesitzers eine Ausnahmebestimmung.

Der Eingetragene kann sein Untersagungsrecht demjenigen gegenüber nicht geltend machen, welchem er den Gebrauch seines Waarenzeichens gestattet hatte (N. 7 zu §. 7); vergl. N. 2, 3 zu §. 6.

5. Das Zeichenrecht reagirt ausnahmslos gegen jede Verletzung, welche in Deutschland geschieht. Auch wenn die verletzende Handlung von einem Ausländer oder im Auslande Wohnenden vorgenommen ist, steht dem Berechtigten der volle Rechtsschutz (N. 12) zur Seite. Aber das Zeichenrecht ist nicht, wie das Patentrecht, derart territorial beschränkt, daß die in ihm liegenden Befugnisse dem Berechtigten nur für das Gebiet des Deutschen Reichs zustehen. Der Grund liegt darin, daß das Zeichenrecht ein Ausfluß der Persönlichkeit ist, letztere aber in ihrer Bethätigung grundsätzlich nicht an die Landesgrenze gebunden ist. Beim Zeichenrecht eine Durchbrechung dieses Prinzips zu statuiren, wäre deshalb verfehlt, weil die Waarenzeichen gerade im Exporthandel ihre hauptsächliche Bedeutung haben. Auch kann man nicht den Gewerbetreibenden darauf verweisen, sich in den Ländern, wohin er exportirt, sein Zeichen schützen zu lassen, denn die Waarenzeichen spielen gerade im Verkehr mit uncivilisirten Völkern oder doch mit außereuropäischen Ländern, in denen ein gesetzlicher Zeichenschutz nicht besteht, eine hervorragende Rolle. So verlangen die Natur des Rechts und das Bedürfniß des Verkehrs, daß wir das in Deutschland eingetragene Waarenzeichen auch über die Grenzen des Reichs hinaus schützen (Kohler S. 446; R.G. 18, 28).

Andererseits darf nicht übersehen werden, daß das aus dem Rechte der Persönlichkeit fließende Zeichenrecht von unserer Gesetzgebung als ein durch positive Rechtsnormen geregeltes und durch spezielle Strafsanktionen geschütztes Verbietungsrecht ausgestaltet worden ist. Es würde gegen die Grundsätze des internationalen Rechts verstoßen, wenn wir uns anmaßten, alle im Auslande begangenen Handlungen, welche nach deutschem Gesetz als Verstöße gegen ein deutsches Waarenzeichen anzusehen wären, ausnahmslos nach unserem Gesetze zu ahnden (v. Bar Internationales Privatrecht. 2. Aufl. II S. 274 ff.).

Diese beiden Gesichtspunkte müssen bei der Frage, ob und unter welchen Voraussetzungen das deutsche Gesetz gegen solche im Auslande begangenen Handlungen reagirt, berücksichtigt werden. Sie führen dahin, daß wir zum Schutze eines deutschen Zeichens die Feststellungs- und Entschädigungsklage gewähren, auch wenn im Auslande die Störung stattgefunden hat, vorausgesetzt, daß ein deutscher Gerichtsstand begründet ist. Anders ist es mit der negatorischen Klage, weil diese den Beklagten zu einer Unterlassung durch Androhung einer Strafe zwingen will. Die aus dem staatlichen Hoheitsrecht fließende Befugniß, Strafen zu verhängen, steht aber dem Staate wegen einer im Auslande begangenen Handlung gegen Ausländer nicht zu, wohl aber gegen Deutsche. Und zwar bedarf es ihnen gegenüber bei der negatorischen Klage nicht einer Feststellung, daß die verletzende Handlung auch nach dem Gesetze des betreffenden Auslandes verpönt war, denn dies ist nur eine Voraussetzung strafrechtlicher Ahndung (R.G. 18, 28 läßt die Frage wegen des Ausländers offen; Kohler in der Zeitschrift für Deutschen Civilprozeß 10, 449 hält negatorische Klagen wegen der im Auslande begangenen Handlungen durchweg für unzulässig).

Dabei darf nicht übersehen werden, daß, wenn die verletzende Thätigkeit aus mehreren Einzelakten zusammengesetzt ist, welche theils im In-, theils im Auslande vorgenommen wurden, die Verletzung auch im Inlande stattgefunden hat (vergl. R.G. Straff. 10, 420). Es ist unerheblich, daß die Schlußhandlung im Auslande vorgenommen ist oder daß dort der Erfolg der verletzenden Thätigkeit eingetreten ist (Olshausen Kommentar zu §. 3 des Strafgesetzbuchs). Deshalb wird z. B. der im Inlande Wohnende, welcher eine Verletzung des Zeichenrechts im Auslande bewirkte und dazu von hier aus Anordnungen traf, die Verletzung auch im Inlande begangen haben. Dies gilt sowohl für die Negatoria, als für die Bestrafung. Im Uebrigen siehe wegen der strafrechtlichen Ahndung N. 22 zu §. 14. Berührt die Waare des Ausländers Deutschland, so kommt §. 17 zur Anwendung.

Vorstehendes gilt von inländischen Zeichen, d. h. von allen in die Zeichenrolle eingetragenen, gleichviel ob sie nur im Inlande oder außerdem auch im Auslande Schutz genießen. Wie ist es nun mit den ausländischen Zeichen, d. h. mit den nur im Auslande geschützten? Genießen dieselben auch bei uns Schutz? Da § 12 als Voraussetzung des Zeichenrechts die Eintragung in die Zeichenrolle verlangt und §. 14 den Schutz des Gesetzes nur einem „nach Maßgabe dieses Gesetzes geschützten“ Waarenzeichen gewähren will, so kann es keinem Bedenken unterliegen, daß wir die im Inlande vorgenommenen Handlungen, durch welche ein ausländisches Zeichen verletzt wird, weder civilrechtlich noch strafrechtlich ahnden können. War die Handlung aber im Auslande vorgenommen, so steht einer strafrechtlichen Verfolgung überdies §. 4 Str.G.B. entgegen. Zweifelhafter erscheint die Entscheidung bezüglich der bei uns geltend gemachten civilrechtlichen Entschädigung für eine im Auslande begangene Verletzung eines Auslandszeichens. Sie hängt mit der Frage zusammen: Nach welchem Recht sind die Folgen unerlaubter Handlungen zu beurtheilen? Wer mit Savigny (System 8, 278) und Kohler S. 450 nicht die lex delicti commissi, sondern das am Orte der Klage geltende Gesetz für anwendbar erachtet, darf, da nach unserem Rechte die Verletzung von Auslandsmarken nicht unerlaubt ist, eine Entschädigung nicht zubilligen. Aber selbst wenn man mit der gemeinen Meinung (vergl. namentlich v. Bar a. a. O. S. 119) die Gesetze des Ortes, wo das Delikt begangen ist, für maßgebend hält, so darf man diesen Grundsatz dann nicht anwenden, wenn er zu Resultaten führt, welche der deutsche Gesetzgeber ausschließen wollte (vergl. R.G. 29, 90). Nun hat das deutsche Gesetz zum Schutz der Waarenbezeichnungen, welches diese Materie abschließend regelt, ausländischen Waarenzeichen nur dann einen Schutz angedeihen lassen wollen, wenn dieselben unter Berücksichtigung des §. 23 Aufnahme in die Zeichenrolle gefunden haben: ein Schutz für Waarenzeichen ohne Erfüllung dieser Bedingungen kann innerhalb des Deutschen Reiches nicht geltend gemacht werden (R.G. 18, 28). Folglich kommt man zu dem Resultat, daß die deutschen Gerichte gegen die Verletzung einer Auslandsmarke auch civilrechtlich nie reagiren dürfen, gleichviel ob die Verletzung im In- oder Auslande begangen ist. Wir versagen den Auslandsmarken völlig den Rechtsschutz, es ist bezüglich derselben auch keine Feststellungsklage gegeben, denn §. 231 C.P.O. setzt ein in Deutschland anerkanntes Rechtsverhältniß voraus (R.G. in Jurist. Wochenschrift 1894 S. 369).

Ist ein Waarenzeichen in Deutschland für A und in einem anderen Staate für B geschützt, so ist B gehindert, es bei uns zu verwenden oder Waaren, welche mit dem Zeichen versehen sind, in Deutschland einzuführen. Es darf auch weder B noch ein Dritter das Zeichen hier auf Waaren setzen, welche in das Ausland, insbesondere in den Staat, in welchem B Schutz genießt, geschafft werden sollen (Rechtsprechung des R.G. in Strafsachen 6, 547). Dagegen verstößt B durch seinen Gebrauch in dem ausländischen Staate nicht gegen das Zeichenrecht des A, weil wir innerhalb jenes Staates die dort geltende Rechtsordnung anerkennen müssen. Dasselbe gilt auch umgekehrt. A darf sein Zeichen bei uns, aber nicht in dem fremden Staate anwenden, nur daß wir gegen eine Verletzung der fremden Rechtsordnung bei uns nicht einschreiten würden. Diese Grundsätze würden wir dann nicht zur Anwendung bringen, wenn die ausländische Marke nur als eine auf Täuschung berechnete Nachahmung der deutschen anzusehen ist: dann würden unsere Gerichte auch in ihrer Führung im Auslande einen Eingriff in das deutsche Zeichenrecht zu erblicken haben (Kohler S. 446). Ob B ein In- oder Ausländer ist, wäre im vorliegenden Falle unerheblich.

6. Ueber den Begriff der Waare siehe N. 7 zu §. 1. Das ausschließliche Recht des Eingetragenen erstreckt sich nicht bloß auf die Waaren, welche in der Anmeldung (§. 2) angegeben sind, sondern auch auf die diesen gleichartigen Waaren (N. 28 zu §. 4). Neben der Waare und deren Verpackung, welche der §. 8 des Markenschutzgesetzes ausschließlich erwähnte, ist in diesem Gesetz auch die Umhüllung genannt, um zweifelsfrei klar zu stellen, daß auch Behälter, Flaschen, Büchsen, welche in eine nur vorübergehende Verbindung mit der Waare — etwa beim Feilhalten — gebracht werden, unbefugt mit dem Zeichen nicht versehen werden dürfen (Motive S. 15). Die Worte Verpackung und Umhüllung begreifen in sich jede Hülle, welche eine einzelne Sache oder Sachmenge ganz oder theilweise umgiebt und, falls der konkreten Waare nach ihrer natürlichen Beschaffenheit die Eigenschaft einer Sache von fester, geschlossener, ein einheitliches Ganze bildender Form abgeht, diese Waare zu einem bestimmten Ganzen, zu einer species zusammenfaßt (R. G. Straff. 21, 214). Es fallen darunter Fässer, Gläser, Flaschen, Kisten, Körbe, Büchsen, Bassins (z. B. für Petroleum oder Spiritus), Futterale, Kapseln, Dosen, Schachteln, Düten, Kannen u. s. w. Eine Waare kann mehrere Hüllen haben. Parfüm kann z. B. in einem Fläschchen enthalten sein, mehrere dieser Fläschchen können in einem Kästchen, mehrere Kästchen wieder in einem Kasten vereinigt werden.

Unerheblich ist es, wem die Verpackung oder Umhüllung gehört und wer sie um die Waare gelegt hat. Auch diejenigen Umhüllungen und Behältnisse gehören hierher, welche vom Detailhändler verwendet werden, um die Waare zum Zwecke des Feilbietens als ein festes, geschlossenes Ganzes beim Publikum in die Erscheinung treten zu lassen, wie Auslagekisten, Standdosen, Büchsen, wenn sie auch als Feilbiete- oder Aufbewahrungsbehältnisse im Geschäfte verbleiben (Zeitschr. für gewerblichen Rechtsschutz 1892 S. 311). Dem entsprechend hatte das Reichsgericht eine in einem Laden aufgestellte Standdose, in welche der Verkäufer Kakaopulver einschüttete, bereits unter dem Markenschutzgesetze für eine Verpackung angesehen (R.G. Straff. 21, 214).

7. Vor diesem Gesetze war es nur verboten, das für einen Anderen geschützte Waarenzeichen auf der Waare oder ihrer Verpackung anzubringen, dagegen war seine sonstige Verwendung im geschäftlichen Verkehr Jedem gestattet (R.G. 17, 101). Diese Beschränkung des Zeichenrechts läßt das jetzige Gesetz fallen, indem es dem Eingetragenen auch das ausschließliche Recht verleiht, auf Ankündigungen, Preislisten, Geschäftsbriefen, Empfehlungen, Rechnungen oder dergleichen das Zeichen anzubringen. Wie die Worte „oder dergleichen" zeigen, sind die vorhergehenden fünf Worte nur Beispiele. Es gehört jede urkundliche Manifestation im Geschäftsverkehr hierher. Darunter würde außer den im Gesetze erwähnten Beispielen u. a. fallen der Gebrauch auf Prospekten, Wechselformularen, Gebrauchsanweisungen, Geschäftswagen (Kommissionsbericht S. 7), Firmenschildern, Ladenschildern (a. M. Pouillet nº 163), Speisekarten, geschäftlichen Visitenkarten u. s. w. Das Wort „Ankündigungen" im Gesetze schließt Plakate und Annoncen, das Wort „Geschäftsbriefe" auch die Umschläge derselben ein. Noch weiter zu gehen, indem man das Requisit der urkundlichen Manifestation fallen läßt und einen jeden, auch den mündlichen, Gebrauch im Geschäftsverkehr hierher zieht, ist bei dem Wortlaut des Gesetzes („anbringen", „versehen") nicht angängig.

Da das Zeichenrecht sich nur auf die bei der Anmeldung angegebenen und diesen gleichartigen Waaren erstreckt, so kann auch hier nur der Geschäftsverkehr, welcher sich auf diese Waaren bezieht, in Betracht kommen. Demnach kann ein Tabakhändler in einer geschäftlichen Annonce oder auf seinem Ladenschilde zwar nicht das Zeichen einer anderen Tabakfirma, wohl aber das einer Woll- oder einer Glashandlung anbringen.

8. Versehen, anbringen. Das Gesetz gebraucht diese beiden Worte in gleichem Sinne und wechselt in den §§. 12—16 in ihrer Anwendung ohne besonderen Grund ab. Es will mit ihnen jede körperliche Verbindung des Waarenzeichens mit den Waaren, der Verpackung, Umhüllung oder mit einer Manifestation des geschäftlichen Verkehrs bezeichnen. Fehlt das Moment der körperlichen Verbindung, hat also etwa ein Kaufmann nur beim Verkauf zu Unrecht behauptet, daß seine Waare die für einen Anderen geschützte Bezeichnung führt, so greift er nicht in das Zeichenrecht des Anderen ein (Pouillet nº 164). Wie die Verbindung des Zeichens mit der Waare oder den anderen Objekten hergestellt wird, ist unerheblich, keineswegs braucht sie unlösbar zu sein. Auf den Geschäftspapieren oder der Verpackung wird das Zeichen oft als Wasserzeichen, Siegel, Stempel, durch Aufdruck, Aufschrift, Aufkleben angebracht, bei Eisenwaaren kann es eingeprägt, bei Kartonnagewaaren aufgedruckt, bei Textilwaaren eingewebt, bei Pferden eingebrannt, bei Glaswaaren aufgemalt oder eingeätzt werden, kurz die Art seiner Anbringung hängt ganz von der Willkür des Berechtigten und der Natur des Objekts ab. Es muß nicht unmittelbar an der Waare, sondern kann auch an einer mit derselben verbundenen Schnur angebracht sein. An welcher Stelle der Waare, Verpackung u. s. w. es angebracht wird, ob an einer oder an mehreren Stellen — auch dies ist ganz in das Belieben des Berechtigten gestellt.

Diese Willkür kann aber eine Einschränkung erleiden. Wenn z. B. A sich für Glaswaaren ein Zeichen hat eintragen lassen und darauf B dasselbe Zeichen für Spirituosen anmeldet und eingetragen erhält, so entsteht die Frage, ob B auch die Flaschen, in welchen er die Spirituosen verkauft und die er nicht von A bezieht, mit diesem Zeichen versehen darf. Er darf es nur mit folgender Beschränkung thun, wenn er nicht in das Zeichenrecht des A eingreifen will. Er muß das Zeichen an den Flaschen in der Art anbringen, daß für jeden Dritten klar ist, daß das Zeichen sich nicht auf die Flasche als selbstständige Waare bezieht, sondern nur die Kennzeichnung ihres Inhalts bezweckt. Er würde also das Zeichen zwar auf dem Etikett, dem Korken, der den Verschluß bedeckenden Kapsel, anbringen, aber es nicht unmittelbar in der Flasche selbst einbrennen dürfen. Analog wäre für andere Gegenstände zu entscheiden, die als selbstständige Gegenstände des Waarenverkehrs und zugleich als Umhüllung anderer Waaren in Betracht kommen. Diese Beschränkung würde dann nicht gerechtfertigt sein, wenn in unserem Beispiele B zuerst das Zeichen angemeldet hätte (R.G. 29, 44; Schaefer in der Zeitschr. für gewerblichen Rechtsschutz 1892 S. 174). Katz in der Zeitschr. für gewerblichen Rechtsschutz 1893 S. 86 verwirft diese Beschränkung des Zeichenrechts des B: so lange die Flasche als Verpackungsmittel diene, sei sie nur Pertinenz ihres Inhalts, ihre Fähigkeit als selbstständige Handelswaare zu dienen, dürfe erst in Betracht kommen, wenn sie von ihrem Inhalt dauernd getrennt sei.

Eine Vertheilung des Zeichens auf verschiedene Stellen kommt beim Kollektivzeichen vor, bei den einzelnen Theilen desselben ist häufig die Art der

Anbringung eine verschiedene: bei Spirituosen in Flaschen wird oft das Zeichen theils als Etikett auf der Flasche angebracht, theils in die Kapsel eingeprägt, theils in den Korken eingebrannt (N. 15 zu §. 1). Schon das letzte Beispiel zeigt, daß das Zeichen nicht sichtbar angebracht zu werden braucht, bei Champagnerweinen ist es häufig in dem unteren Theil des Korkens eingebrannt; ebenso kann es bei einem zusammengewickelten Stück Stoff am inneren Ende des Stoffes oder bei verpackten Waaren innerhalb der Umhüllung angebracht sein (Pouillet n° 12, Kohler S. 206 f., Amar p. 113).

Der Eingetragene hat zwar die ausschließliche Befugniß, die Waaren u. s. w. mit dem Zeichen zu versehen, er hat aber kein Recht darauf, daß das Zeichen auf der Waare verbleibt. Folglich kann er Niemanden hindern, das Zeichen zu entfernen. Würde er beim Verkauf der Waare dies ausdrücklich verboten haben, so würde ein Zuwiderhandeln vielleicht kontraktliche Ansprüche begründen, aber nie eine Verletzung des Zeichenrechts enthalten (Kohler S. 292).

Das Zeichenrecht erstreckt sich nicht auf jedes Anbringen oder Versehen, sondern nur auf ein solches, welches zum Zwecke des Inverkehrsetzens der so gekennzeichneten Waare geschieht: der Zeicheninhaber kann einem Dritten nicht verwehren, eine Waare, Verpackung, Ankündigung u. s. w., welche dieser nicht in Verkehr setzen, sondern selbst gebrauchen will, mit dem Zeichen zu versehen (Kohler S. 337, Feigl S. 41). Diese Beschränkung des Zeichenrechts ergiebt sich zunächst aus dem Zwecke des Waarenzeichens, welches die Waaren des Berechtigten von denen Anderer unterscheiden soll, also einen Verkehr voraussetzt, innerhalb dessen eine Verwechselung denkbar ist. Sie folgt ferner daraus, daß der §. 12 Anderen nur verbietet, die bezeichneten Waaren in Verkehr zu setzen, also nicht, sie zu gebrauchen (N. 9 a. E.). Ist dem Dritten aber der Gebrauch der — von ihm oder einem Anderen bezeichneten — Waaren gestattet, so kann ihm auch nicht verwehrt sein, die Waaren, welche er ausschließlich selbst gebrauchen will, mit dem Zeichen zu versehen. Endlich spricht für die Beschränkung die Analogie der Urheberrechtsgesetze (N. 3), bei welchen dem Dritten eine Vervielfältigung auch nur dann untersagt ist, wenn dieselbe zum Zwecke der Verbreitung geschieht.

9. Das Inverkehrsetzen (vergl. Kohler S. 338, Seligsohn Patentgesetz S. 53) schließt jeden Akt ein, durch welchen die Waare in den Verkehr gebracht wird, also nicht bloß den Verkauf, sondern auch die Vermiethung, die Schaustellung auf Ausstellungen, die Auslegung im Laden oder Schaufenster, das mündliche oder schriftliche Angebot zum Ankauf unter Vorlegung der Waare, sowie insbesondere jedes Feilhalten derselben. Zu letzterem Begriff gehört subjektiv die Absicht des Verkaufs und objektiv das äußerlich erkennbare Zugänglichmachen zum Verkaufe (R.G. Straff. 4, 274); aus dem letzteren Merkmal wird regelmäßig auf das Vorhandensein des ersten geschlossen werden können.

Die vermittelnde Thätigkeit des Maklers erfüllt ebenso den Thatbestand des Inverkehrbringens, wie die Spedition, Versendung oder Verfrachtung der Waare. Da das Zeichenrecht sich nicht bloß auf das gewerbsmäßige Inverkehrsetzen beschränkt (anders §. 4 des Patentgesetzes), so fällt auch das unentgeltliche Verleihen, Verschenken unter dasselbe.

Das Inverkehrbringen bezeichnet nicht bloß den Akt, durch welchen der Gegenstand zum ersten Male in den Verkehr eingeführt wird, sondern auch jedes Weiterbringen der Waare in einen neuen Verkehrskreis (Preuß. Obertribunal in Oppenhoff Rechtsprechung 15, 85).

Das Inverkehrsetzen muß die Waare, welche selbst oder deren Hülle mit dem Zeichen versehen ist, zum Gegenstande haben. Demnach steht das Inverkehrbringen der mit dem Zeichen versehenen Hüllen oder Geschäftspapiere (N. 7) an sich Jedermann frei, es kann aber darin eine Beihilfe zu der Verletzung eines fremden Zeichenrechts liegen (N. 27 zu §. 14).

Der Verkehr, in welchen die Waare gebracht wird, braucht kein inländischer zu sein, das Zeichenrecht erstreckt sich bei seiner territorialen Unbeschränktheit (N. 5) auch auf das Einbringen in den ausländischen Verkehr. Es ist demnach hier noch viel unbedenklicher, als im Patentrecht, die Ausfuhr und die Durchfuhr unter das „Inverkehrsetzen" fallen zu lassen (R.G. Straff. 10, 349; 21, 205, Seligsohn Patentgesetz S. 56). Ebenso für das Zeichenrecht Kohler (S. 447 f. und Aus dem Patent- und Industrierecht I S. 16), während er im Patentrecht die Aus- und Durchfuhr geschützter Waaren freigiebt; a. M. v. Bar a. a. O. S. 282: der Transit von Waaren, welche mit einem hier geschützten Waarenzeichen versehen sind, sei gestattet. In der französischen Doktrin, welche, ebenso wie die dortige Praxis, den Transit der mit einer französischen Marke versehenen Waaren nicht zuläßt, wird mit Recht darauf hingewiesen, daß durch den zeitweiligen Aufenthalt der Waare in Frankreich dieselbe in Folge der Frachtzeichen den Schein einer französischen erhält, so daß gerade der Transit die täuschende Wirkung des Waarenzeichens verstärkt (Pouillet n° 429).

Da nur das Inverkehrsetzen unter das Zeichenrecht fällt, steht der Kauf oder anderweite Erwerb, sowie der Gebrauch der Waare Jedermann frei.

Abs. 2.

10. Im Gegensatz zum Markenschutzgesetz, welches besondere Bestimmungen über die Löschung des Zeichens (§. 5) und über das Erlöschen des Zeichenrechts (§. 12) traf, spricht unser Gesetz vom Erlöschen des Rechts überhaupt nicht, sondern nur von der Löschung des Zeichens (vergl. §§. 8, 9). Folglich bedarf es einer Untersuchung, wie sich letztere zum Erlöschen des Rechts verhält. Aus dem Abs. 2 des §. 12 geht hervor, daß das Zeichenrecht nicht bis zur Löschung fortdauert, sondern daß es materiell sein Ende bereits in dem Zeitpunkte gefunden hat, wo zuerst ein Rechtsgrund für die Löschung vorlag. Dies bezieht sich sowohl auf den Fall, wenn das Zeichen von vornherein zu Unrecht eingetragen war, als auch wenn nachträglich Endigungsursachen eintreten (Antrag des Inhabers, Zeitablauf, Aufgeben des Geschäftsbetriebes). Demnach hat im ersten Fall ein Zeichenrecht überhaupt nicht bestanden (N. 1), im zweiten hat es vor der Löschung bereits sein Ende gefunden. Die Bedeutung der Löschung besteht darin, daß mit ihr das — frühere — Erlöschen des Rechts geltend gemacht werden darf (Allfeld

S. 46). So lange das Zeichen nicht gelöscht ist, kann der Zeicheninhaber nicht verhindert werden, die Rechte aus der Eintragung (N. 12) geltend zu machen, mag auch offenbar das Zeichenrecht nie bestanden oder bereits sein Ende erreicht haben. Die Löschung hat also weder eine bloß beurkundende noch eine rechtszerstörende Bedeutung.

Damit ist die Frage noch nicht entschieden, ob spätestens mit der Löschung in jedem Falle ein Erlöschen des Rechts stattfindet, also auch dann, wenn die Löschung (z. B. in Folge eines Versehens des Patentamts oder wegen Unzurechnungsfähigkeit des Verzichtleistenden) zu Unrecht erfolgt ist. Ein Urtheil des R.G. (20, 167) hatte unter der Herrschaft des Gesetzes vom 30. November 1874 diese Frage verneint, weil die Löschung nur dazu da sei, um das in Folge des Eintritts anderweiter Voraussetzungen bereits wirklich erfolgte Erloschensein des Zeichenrechts formal zu beurkunden. Dieser Grund trifft zwar heute nicht mehr zu, trotzdem wird auch jetzt die Frage zu verneinen sein. Denn wenn das Gesetz der Löschung formale Rechtskraft in dem Sinne hätte verleihen wollen, daß sie allein, unabhängig von jeder weiteren Voraussetzung eine Rechtsänderung bewirkt (vergl. Motive zum Bürgerlichen Gesetzbuche III S. 137 ff.), so hätte das Gesetz bei der Abnormität dieses Prinzips es unzweideutig aussprechen müssen (Schanze a. a. O. S. 172).

Da das Patentamt zur Löschung erst schreiten darf, nachdem es sich mittels der ihm obliegenden Sachprüfung überzeugt hat, daß die Voraussetzungen der Löschung vorliegen, so spricht eine hohe Wahrscheinlichkeit dafür, daß, wenn ein Zeichen gelöscht ist, das Zeichenrecht nicht mehr besteht. Das Gesetz hat hier zwar keine „Vermuthung" (vergl. dagegen §. 826 des I. Entwurfes eines Bürgerlichen Gesetzbuches) vorgeschrieben, es sprechen aber innere Gründe für eine praesumtio facti, so daß man regelmäßig demjenigen die Beweislast auflegen wird, welcher behauptet, eine Löschung sei zu Unrecht erfolgt.

Hat das Patentamt ein Zeichen aus Versehen gelöscht, so muß es dasselbe auf Antrag oder von Amtswegen eintragen. In der Zwischenzeit besteht das Zeichenrecht zwar, kann aber mangels Eintragung nicht geltend gemacht werden. Für das frühere Recht vergl. R.G. 20, 167.

11. Die rückwirkende Kraft der Löschung wird von den Motiven (S. 16) damit gerechtfertigt, daß andernfalls der Inhaber eines Zeichens, dessen Eintragung von vornherein hätte versagt werden müssen, auch nachdem von Amtswegen die Löschung erfolgt ist, noch in der Lage wäre, für diejenige Zeit, während welcher das Zeichen thatsächlich eingetragen war, Entschädigungsansprüche gegen Dritte geltend zu machen. Um derartigen unbilligen Folgen vorzubeugen, sind die Wirkungen der Löschung auf denjenigen Zeitpunkt zurückverlegt, in welchem zuerst ein Rechtsgrund für die Löschung gegeben war. Dies wird im Falle des §. 8 Abs. 1 (Antrag des Inhabers) der Eingang des Antrags beim Patentamt sein, im Falle des §. 8 Abs. 2 Nr. 1 (Zeitablauf) der Tag, an welchem die zehn Jahre verflossen sind, in den Fällen des §. 8 Abs. 2 Nr. 2 (Schutzunfähigkeit), des §. 9 Abs. 1 Nr. 1 und des §. 9 Abs. 2 (Kollision mit einem Anderen) der Zeitpunkt der Eintragung, im Falle des §. 9 Abs. 1 Nr. 2 (Aufhören des Geschäftsbetriebes) der Tag, an welchem der Betrieb aufgehört hat. Im Falle des §. 9 Abs. 1 Nr. 3

(Vorliegen von Umständen, aus denen sich die irreführende Natur des Zeichens ergiebt) wird es darauf ankommen, ob diese Umstände schon bei der Eintragung vorhanden waren oder erst später eintraten: im ersteren Falle ist die Eintragung, im zweiten der Tag, an welchem die Umstände eingetreten sind, der maßgebende Zeitpunkt.

Die Wirkung der Löschung wird nach dem Wortlaut des Gesetzes nicht auf den Zeitpunkt zurückgezogen, in welchem gerade derjenige Rechtsgrund eintrat, welcher den äußeren Anlaß zur Löschung gab, sondern auf den Zeitpunkt, in welchem zuerst ein Rechtsgrund für die Löschung vorlag. Wenn beispielsweise ein Zeichen durch Urtheil wegen Aufgabe des Geschäftsbetriebes zur Löschung gebracht worden ist, so steht Jedem, welcher nachträglich von dem früheren Zeicheninhaber in Anspruch genommen wird, die Einrede offen, daß das Zeichen schon vor Aufgabe des Geschäftsbetriebes aus einem anderen Grunde, etwa weil es überhaupt nicht eintragungsfähig war, hätte zur Löschung gebracht werden können (Motive S. 16.)

Zusatz.

12. Rechtsschutz. Wird das Zeichenrecht verletzt, so steht dem Berechtigten nach allgemeinen Rechtsgrundsätzen eine Reaktion in Gestalt der Klage zu. Die Klage ist entweder die aus der absoluten Natur des Rechts sich ergebende negatorische Klage (N. 13—14) oder — falls die Verletzung eine wissentliche oder grob fahrlässige war — die obligatorische Entschädigungsklage (§. 14 Abs. 1). Eine Verbindung beider Klagen ist zulässig (§. 232 C.P.O.). Bei einer wissentlichen Verletzung ist der Berechtigte außerdem befugt, die öffentliche Bestrafung des Thäters zu beantragen (§. 14 Abs. 2); im Falle der Verurtheilung kann er statt der Entschädigung eine Buße zugesprochen erhalten (§. 18). Auch wenn keine Verletzung des Zeichenrechts vorliegt, kann der Berechtigte ein dringendes Interesse an der Feststellung seines Rechts haben. Der §. 231 C.P.O. gewährt ihm die Möglichkeit, dieses Interesse durch Anstellung einer Feststellungsklage zu realisiren (N. 15); umgekehrt gewährt dieselbe Bestimmung den Interessenten die Möglichkeit, unberechtigte Anmaßungen des Berechtigten abzuwehren (N. 16). Schnellen Schutz gewährt dem Berechtigten die einstweilige Verfügung (N. 17).

13. Die Voraussetzung der negatorischen Klage ist eine Verletzung des Zeichenrechts. Daß der Störer für sich selbst ein Recht in Anspruch nimmt, ist nicht erforderlich.

Eine Störung liegt dann vor, wenn Jemand Waaren der angemeldeten Art, deren Verpackung oder Umhüllung (N. 6) oder Ankündigungen u. s. w. (N. 7) ohne Befugniß mit dem Zeichen versieht (N. 8), oder wenn er so gekennzeichnete Waaren ohne Befugniß in den Verkehr setzt (N. 9).

„Ohne Befugniß" bedeutet „objektiv widerrechtlich", auf den guten oder schlechten Glauben des Störenden kommt es bei der negatorischen Klage nicht an. Besteht die Störung in der zweiten Alternative d. h. in dem Inverkehrsetzen, so liegt eine Verletzung des Rechts schon dann vor, wenn das Inverkehrbringen widerrechtlich war, sollte auch das Versehen mit dem Zeichen rechtmäßiger Weise geschehen sein. Wenn also A das Zeichen erst eintragen läßt, nachdem B mit demselben Waaren bezeichnet hatte, so darf B diese Waaren nunmehr nicht in Verkehr setzen (vergl. R.G. Straff. 5, 105; 20, 112; Feigl S. 39 f.).

Um einzelne Fälle von Widerrechtlichkeit hervorzuheben, welche aus den Erörterungen in N. 6—9 nicht ohne Weiteres sich ergeben, so handelt ohne Befugniß Derjenige, welcher das echte Zeichen von der Originalwaare, -verpackung, -ankündigung u. s. w. loslöst und es an anderen Waaren, Umhüllungen, Ankündigungen u. s. w. anbringt. Unerlaubt ist es auch, wenn Jemand die mit dem eingetragenen Zeichen versehenen Originalumhüllungen (Flaschen, Büchsen u. s. w.) ganz oder theilweise mit fremden Waaren anfüllt, um sie so in den Verkehr zu bringen (Kohler S. 335, Pouillet n° 197).

Aber der Begriff der Störung ist noch weiter zu ziehen. Aus den Ausführungen in N. 3 geht hervor, daß ein Eingriff in das Zeichenrecht auch vorliegt, wenn ein Anderer Waaren, welche vom Eingetragenen herrühren, mit dessen Waarenzeichen versieht (R.G. Straff. 4, 171). Der Zeicheninhaber erklärt, wenn er an einem Waarenstücke sein Zeichen anbringt, daß er rücksichtlich dieses konkreten Stückes die Garantie dafür übernehmen will, daß es aus seiner Hand komme. Es ist keinem Anderen gestattet, für den Berechtigten die Wahl zu treffen und ihm eine Garantie, welche er nicht übernehmen wollte, zu imputiren: wer dagegen verstößt, verletzt sein Zeichenrecht. Wenn Jemand dem vom Berechtigten gekennzeichneten konkreten Stücke ein anderes unterschiebt oder in anderer Weise den Zusammenhang zwischen Waare und Zeichen löst, so darf er nicht die Garantie, welche der Zeicheninhaber nur bei unverändertem Zusammenhange übernehmen konnte und wollte, in den Augen des Publikums fortbestehen lassen, sonst verletzt er ebenfalls das Zeichenrecht. Ein Fall der letzteren Art liegt, wenn sich das Zeichen auf der Verpackung befindet, stets dann vor, wenn Jemand die Waare aus der ursprünglichen Verpackung entfernt und ihr eine andere Hülle giebt, sollte auch diese Hülle ebenfalls vom Berechtigten herrühren und von ihm mit demselben Zeichen versehen worden sein.

Es ist also unzulässig, wenn A von B Cognac in Gebinden, die mit dem Zeichen des B versehen sind, bezieht und zum Weiterverkauf den Cognac in Flaschen, welche dasselbe Zeichen tragen, umfüllt. Ebenso, wenn der Cognac aus einem Gebinde in ein anderes oder aus einer Flasche in eine andere gegossen wird, sollten auch in allen Fällen die Gefäße dasselbe Zeichen tragen. Ebenso, wenn der Inhalt mehrerer gleich gezeichneter Flaschen Cognac zusammengegossen wird und darauf die zusammengegossene Flüssigkeit in die zuvor entleerten Flaschen zurückgefüllt wird, denn auch durch diese Manipulation ist der durch die ursprüngliche Einfüllung in die einzelne Flasche individualisirten Flüssigkeitsmenge eine andere durch die zweite Einfüllung individualisirte untergeschoben worden (R.G. Straff. 23, 365). Die vom Reichsgericht in diesem Erkenntniß (S. 370) offen gelassene Frage, ob ebenso zu entscheiden ist, wenn in jede einzelne Flasche genau dieselbe Flüssigkeit, welche vorher darin gewesen war, zurückgefüllt wird, ist zu bejahen. Durch die Weiterverwendung der Originalflasche mit Schutzmarke wird beim Publikum der Schein einer fortdauernden Garantie des Zeicheninhabers für

Echtheit und Originalfüllung erweckt, welche Garantie dieser, nachdem eine Zwischenperson die Umfüllungsmanipulation vorgenommen hat, nicht mehr leisten kann (Schaefer in der Zeitschr. für gewerblichen Rechtsschutz 1893 S. 284). Alles Vorstehende gilt selbstverständlich nicht nur von Flüssigkeiten: es wäre ganz ebenso zu entscheiden, wenn es statt Cognac „Streichhölzer", statt Gebinde „Kiste" und statt Flasche „Schachtel" heißen würde.

Für die Verletzung des Zeichenrechts ist es unerheblich, ob die Waare, welche unter der falschen Flagge in Verkehr gebracht wird, von besserer oder schlechterer Beschaffenheit, als die Originalwaare, oder ob sie ihr gleichwerthig ist. Ist sie minderwerthig, so kann Betrug vorliegen (N. 22 zu §. 14).

Bei der Frage, ob das Zeichen eines Anderen verwendet worden, ist §. 20 zu berücksichtigen. Zur Vergleichung ist aber nur das Zeichen des Berechtigten in der Gestalt, wie es eingetragen ist, heranzuziehen; gebraucht er im Verkehr das Zeichen in einer anderen Form, so kann die letztere nicht den Schutz des Waarenzeichens, sondern nur den der Ausstattung genießen.

Das absolute Recht reagirt nur gegen präsente Störungen. Sind dieselben wieder gehoben, so kann nicht mehr die Klage aus dem absoluten Recht, sondern höchstens eine Entschädigungsklage angestrengt werden. Dies führt, auf das Zeichenrecht angewendet, dahin, daß die negatorische Klage im Allgemeinen dann nicht gegeben ist, wenn das Zeichen nicht mehr in der Rolle eingetragen steht oder wenn die Störung mit ihren Folgen der Vergangenheit angehört. Wird die Störung aber nicht durch einen vereinzelten Akt des Thäters bewirkt, sondern durch eine kontinuirliche Thätigkeit desselben, welche etwa dem Begriffe des fortgesetzten Verbrechens im Strafrecht entspricht, so entzieht eine zeitweilige Nichtstörung dem Berechtigten nicht den negatorischen Anspruch. Letzterer fällt in diesem Falle erst dann fort, wenn die Nichtwiederkehr der Störung gesichert erscheint (vergl. Kohler Patentrecht S. 440). Da nun das Anbringen von Waarenzeichen, das Inverkehrsetzen von Waaren, die Versendung von Zirkularen sich in der Regel nicht als vereinzelte sporadische Akte, sondern als Manifestationen eines gewerblichen Betriebes darstellen werden, so werden sie fast stets die negatorische Klage rechtfertigen, wofern nicht wegen der Länge der Zeit, welche seit der Störung verflossen ist, oder aus anderen Gründen die Besorgniß einer Wiederkehr der Störung unbegründet erscheint.

War die Verletzung im Auslande begangen, so ist N. 5 zu berücksichtigen.

14. Zur Klage aktiv legitimirt ist der Zeicheninhaber und zwar nur der eingetragene (§. 7 Abs. 2), dagegen nicht derjenige, welchem der Vertrieb der Waare für ein bestimmtes Territorium ausschließlich übertragen ist, oder der Licenzträger (N. 7 zu §. 7). Wer im Inlande keine Niederlassung hat, kann gemäß §. 23 Abs. 2 die Klage nur, wenn er hier einen Vertreter bestellt hat, anstrengen.

Passiv legitimirt ist der Störende, nicht seine Erben, es sei denn, daß der Rechtsstreit schon vor dem Erbfall anhängig war. Hatte ein Organ oder Vertreter einer juristischen Person bezw. Handelsgesellschaft in dieser seiner Eigenschaft die Störung begangen, so geht die Klage gegen die juristische

Person bezw. Gesellschaft. Hatte der Störende im Auftrage eines Anderen gehandelt, so kann die Klage gegen Beide gerichtet werden.

Der Klageantrag wird sich nach der Störung richten. Er wird meistens dahin gehen, dem Beklagten die fernere Störung zu untersagen. Eine Strafandrohung für den Fall des Zuwiderhandelns gegen die Untersagung kann in der Klage begehrt und im Urtheil ausgesprochen werden; ist dies unterblieben, so erfolgt die Strafandrohung gemäß §. 775 C.P.O. im Zwangsvollstreckungsverfahren. Wegen einer jeden Zuwiderhandlung kann eine Geldstrafe bis zu fünfzehnhundert Mark oder eine Haftstrafe bis zu sechs Monaten angedroht werden. Bei der Klage gegen eine Gesellschaft bezw. juristische Person ist die Strafandrohung gegen die Mitglieder bezw. Organe zu richten (Kohler Aus dem Patent- und Industrierecht II S. 13). Auf Beseitigung der widerrechtlichen Kennzeichnung oder auf Vernichtung der mit ihr versehenen Gegenstände darf der Antrag nicht gehen, denn diese Rechtswirkungen treten nach §. 19 nur bei einer Verurtheilung auf Grund der §§. 14—16, 18 ein.

Was die Beweislast anlangt, so muß Kläger sein Recht und die dasselbe verletzende Handlung nachweisen. Sache des Beklagten ist es, darzuthun, daß er zu dieser Handlung, etwa auf Grund einer Licenz, befugt war.

Die Behauptung, daß das Zeichen des Klägers nach §§. 8, 9 der Löschung unterliege, ist als Einwand nicht zu berücksichtigen (N. 2), es sei denn, daß der Beklagte selbst Inhaber eines früher angemeldeten Zeichens ist (§. 9 Abs. 1 Nr. 1). Der Beklagte kann auf Grund des §. 9 widerklagend die Löschung des klägerischen Zeichens beantragen. Ist die Löschungsklage bereits in einem besonderen Verfahren angestellt oder schwebt beim Patentamt ein Verfahren auf Grund des §. 8, so kann der Beklagte gemäß §. 139 C.P.O. Aussetzung des Verfahrens beantragen.

Wegen der Vernehmung von Sachverständigen über die Verletzung siehe N. 16 zu §. 14.

Die sachliche Zuständigkeit des Gerichts bestimmt sich nach dem Streitwerth. Uebersteigt derselbe nicht dreihundert Mark, so ist das Amts-, sonst das Landgericht zuständig. In letzterem Falle gehört die Klage nach §. 101 Nr. 3c des Gerichtsverfassungsgesetzes vor die Kammer für Handelssachen, die Revision geht nach §. 21 an das Reichsgericht.

Von den besonderen Gerichtsständen der C.P.O. kommen die des §. 22 C.P.O. (Niederlassung) und §. 24 C.P.O. (Vermögen) in Betracht. Das Gericht, in dessen Bezirk die verletzende Handlung begangen ist, ist nicht zuständig, weil die Störungsklage nicht eine Klage aus einer unerlaubten Handlung (§. 32 C.P.O.), sondern aus dem absoluten Recht ist; daran ändert es auch nichts, wenn dem Beklagten Wissentlichkeit der Verletzung vorgeworfen wird (R.G. 24, 394, im Patentblatt 1890 S. 47; R.G. in Jurist. Wochenschrift 1890 S. 109). In Folge dessen kann die Klage gegen eine im Auslande wohnende Person, bezüglich deren die Voraussetzungen der §§. 22, 24 C.P.O. nicht vorliegen, überhaupt nicht angestrengt werden, denn §. 23 Abs. 2 trifft hier nicht zu. Das Reichsgericht hat für den Fall, daß die Störungsklage mit der Enschädigungsklage verbunden wird, im Interesse der Erleichterung der Rechtsverfolgung das Gericht, in dessen Bezirk die subjektiv schuldhafte Handlung vorgenommen worden ist, für beide Ansprüche für zuständig erklärt (Patentblatt 1887 S. 235); über die Bedenken gegen diese Entscheidung siehe Seligsohn Patentgesetz S. 62.

15. Der Zeicheninhaber kann gemäß §. 231 C.P.O. auf Feststellung des Bestehens oder des Umfangs des Zeichenrechts klagen, wenn er ein rechtliches Interesse an der alsbaldigen Feststellung darthut. Dies Interesse ist vorhanden, wenn er eine Entschädigungsklage aus §. 14 dadurch vorbereiten will, daß er durch die vorherige rechtskräftige Feststellung der Existenz und Tragweite des Rechts sich den Nachweis der Wissentlichkeit oder groben Fahrlässigkeit der Verletzung im Entschädigungsprozeß sichern will. Ebenso regelmäßig dann, wenn Jemand behauptet, das Zeichen müsse auf Grund der §§. 8, 9 gelöscht werden, oder wenn Jemand zwar nicht die Rechtsbeständigkeit des Zeichens in Abrede stellt, aber demselben nur eine geringere Tragweite, als es im Hinblick auf §. 20 hat, zugesteht. Das Gesetz verlangt zwar ein rechtliches Interesse; es darf aber nicht übersehen werden, daß gerade die wirthschaftlichen Interessen mit den Rechtsbeziehungen auf das Engste verknüpft sind und deshalb nicht allgemein ausgeschlossen werden können (Wilmowski-Levy Kommentar zur C.P.O. 6. Aufl. S. 370). Dies gilt insbesondere für das Zeichenrecht. Dazu kommt, daß für die Einführung eines Waarenzeichens in den Verkehr häufig große Geldsummen verwendet werden und daß durch die Rechtsgültigkeit und Tragweite eines Zeichens oft der Absatz der Waare bedingt ist. Deshalb empfiehlt es sich für das Zeichenrecht ebenso wenig wie für das Patentrecht (Seligsohn a. a. O. S. 59 f.), bei der Prüfung des Interesses die strengen Grundsätze anzuwenden, welche das Reichsgericht für privatrechtliche Verhältnisse im Allgemeinen aufgestellt hat (R.G. 4, 437; 5, 392; 8, 71; 10, 368). Die bezügliche Rechtsprechung des Reichsgerichts will hauptsächlich verhindern, daß der Kläger willkürlich der Leistungsklage die Klage auf Feststellung vorausschickt und so den Gegner unnöthig wiederholt in Prozesse verwickelt — ein Moment, das auf jenen Rechtsgebieten selten zutreffen wird. Es wird deshalb angemessen sein, bei ihnen das berechtigte Interesse regelmäßig schon dann anzunehmen, wenn Jemand die Gültigkeit oder Tragweite des Rechts bestreitet. Nur wird man unter Umständen verlangen müssen, daß Kläger darlegt, weshalb ihm an einer sofortigen Feststellung gelegen ist. Den vorstehenden Ausführungen entspricht die für das Patentrecht ergangene Entscheidung des Reichsgerichts in der Jurist. Wochenschrift 1889 S. 367 (Seligsohn a. a. O. S. 60).

Die bona oder mala fides des Beklagten ist für den Feststellungsprozeß unerheblich.

Wegen der Aktivlegitimation, des Einwandes der Rechtsungültigkeit, der Aussetzung des Verfahrens und der sachlichen Zuständigkeit gilt dasselbe wie bei der Störungsklage (N. 14); von den besonderen Gerichtsständen der C.P.O. kommen auch hier die der Niederlassung und des Vermögens in Betracht.

Das **Urtheil** stellt nur zwischen den Parteien die Gültigkeit und Tragweite fest, Dritten gegenüber ist es ohne Wirkung.

16. Wenn Jemand für sein Zeichenrecht eine ihm nicht zukommende Tragweite beansprucht und auf Grund dieser Auslegung entweder das gewerbliche Verhalten Anderer als eine auch nur objektive Verletzung seines Rechts bezeichnet oder Anderen die Vornahme von erlaubten Handlungen untersagt, so steht den in ihrer gewerblichen Ehre oder Freiheit Bedrohten die negative Feststellungsklage darauf zu, daß ihr Verhalten das Zeichenrecht nicht verletze. Das rechtliche Interesse an der alsbaldigen Feststellung liegt hier ohne Weiteres in dem ehrverletzenden Vorwurfe (§. 231 C.P.O. setzt nicht bloß ein privatrechtliches Interesse voraus: R.G. 16, 390) und in der unberechtigten Störung der rechtlich erlaubten gewerblichen Verfügungen (R.G. 22, 93 und R.G. in der Jurist. Wochenschrift 1889 S. 367). Die Klage kann sich nur gegen den Umfang, nicht aber gegen die Rechtsgültigkeit des eingetragenen Zeichens richten (N. 2). Die Feststellungsklage steht insbesondere dem Licenznehmer zu, welchem der Zeicheninhaber das Recht zur Benutzung des Zeichens bestreitet (N. 7 zu §. 7).

Wegen der Beweislast vergl. R.G. 9, 337 und Wilmowski-Levy Kommentar zu §. 231 C.P.O.; wegen der Zuständigkeit gilt das in N. 15 Gesagte.

Ueber diese Feststellungsklage und über ihre Verbindung mit der Entschädigungsklage vergl. Kohler in Busch's Archiv Bd. 47 S. 335.

17. In den Zeichenprozessen kommt den einstweiligen Verfügungen fast eine ebenso große Bedeutung zu, wie in den Patentprozessen (vergl. Seligsohn a. a. O. S. 63). Diese Verfügungen sind nach §. 819 C.P.O. zum Zwecke der Regelung eines einstweiligen Zustandes in Bezug auf ein streitiges Rechtsverhältniß zulässig, sofern die Regelung zur Abwendung wesentlicher Nachtheile oder aus anderen Gründen nöthig erscheint. Dies ist hier oft der Fall. Denn während der meist recht erheblichen Dauer des Zeichenprozesses gebraucht der Verletzer das Zeichen ruhig weiter; wird der Prozeß auch zu seinen Ungunsten entschieden, so ist sein Risiko nicht zu groß, denn zur Entschädigung ist er nur verpflichtet, wenn ihm Vorsatz oder grobe Fahrlässigkeit nachgewiesen wird (§. 14 Abs. 1). Dies gilt nach der Rechtsprechung des Reichsgerichts auch für die Zeit der Prozeßdauer (N. 17 zu §. 14). Ob dem Zeicheninhaber dieser schwierige Nachweis gelingen und ob er im Falle des Gelingens von dem, vielleicht nicht solventen, Gegner hinreichende Entschädigung erhalten wird, ist fast stets zweifelhaft; gewiß ist dagegen, daß sein Zeichen durch die längere Konkurrenz des Gegners an Werth beträchtlich verliert, ja oft werthlos wird (Bolze Der Entwurf einer Patentnovelle S. 66). Es wird deshalb zur Abwendung wesentlicher Nachtheile häufig eine interimistische Regelung geboten sein, sie wird zweckmäßig darin bestehen, daß der Richter auf Antrag des Zeicheninhabers, unter Umständen nach vorgängiger Sicherheitsleistung desselben, dem Gegner unter Androhung der in §. 775 C.P.O. angegebenen Strafen verbietet, bis zur rechtskräftigen Entscheidung des Prozesses das Waarenzeichen zu gebrauchen.

Die Praxis des Reichsgerichts beschränkt den Erlaß einstweiliger Verfügungen überaus. Sie verlangt vom Zeicheninhaber zunächst die Glaubhaftmachung, daß der Verletzende dolos oder grob fahrlässig handele und daß der Erlaß der Verfügung nothwendig sei, um dem Zeicheninhaber den Beweis seines Schadens zu sichern. Die bezüglichen Entscheidungen des Reichsgerichts sind zwar für das Patentrecht ergangen (vergl. die Urtheile vom 22. Januar 1887 in Bolze 4, 1555 und in den Beiträgen zur Erläuterung des Deutschen Rechts 33, 1209 und vom 20. Januar 1894 in Jurist. Wochenschrift 1894 S. 126), ihre Begründung trifft aber auch für das Zeichenrecht zu.

Dieser Praxis kann nicht zugestimmt werden. Der Zeichenberechtigte kann gegen Verletzungen außer der Entschädigungsklage auch die negatorische Störungsklage erheben, bei welcher es auf ein subjektives Verschulden des Gegners gar nicht ankommt. Ihm ist bisweilen mit dieser mehr gedient, weil ihre Voraussetzungen leichter nachweisbar sind, weil bei manchen Gegnern die Strafandrohung wirksamer ist als die Verurtheilung zur Zahlung einer Entschädigungssumme, weil er hauptsächlich zukünftigen Verletzungen vorbeugen will u. s. w. Zum Schutze des absoluten Rechts, welches der Negatoria zu Grunde liegt, muß ebenfalls eine interimistische Regelung zulässig sein. Der §. 819 C.P.O. verlangt, daß diese Regelung zur Abwendung wesentlicher Nachtheile oder aus anderen Gründen nöthig erscheint. Dies wird aber fast regelmäßig der Fall sein, denn das Zeichen kann seine bestimmungsgemäße Funktion, als Kennzeichen der Waaren des Berechtigten zu dienen, nicht erfüllen, wenn es von seinen Konkurrenten ebenfalls angewendet wird. Es verliert mit der Dauer der letzteren Anwendung immer mehr an Werth. Der spätere Entschädigungsanspruch, auf den das Reichsgericht verweist, ist aber ebenso prekär, wie das dem Berechtigten empfohlene Mittel, „dem Beklagten förderſamst Beweise zu bringen, welche geeignet sind, denselben in bösen Glauben zu versetzen und sich den Beweis seines Schadensanspruchs zu sichern". Aus der notorischen Thatsache, daß durch den Entschädigungsprozeß nur in den seltensten Fällen eine völlige Schadloshaltung des Berechtigten erzielt wird, folgt die Nothwendigkeit, in der Zulassung der einstweiligen Verfügungen weniger skrupulös zu sein. Da sie aber in die gewerblichen Verhältnisse desjenigen, an den sie ergeht, tief eingreifen können, so wird es regelmäßig zweckmäßig sein, vor ihrem Erlaß eine mündliche Verhandlung anzuordnen.

Für das Verfahren sind die Vorschriften der §§. 796—822 C.P.O., insbesondere der §§. 816 ff. maßgebend. Mit dem Antrage wird der Zeicheninhaber regelmäßig die ihm vom Patentamt über die Eintragung ertheilte Bescheinigung vorlegen, um sein Recht glaubhaft zu machen, außerdem die Falsifikate, sowie nöthigenfalls eidesstattliche Versicherungen, aus denen die Verletzung hervorgeht. Mit Rücksicht auf die Praxis des Reichsgerichts wird es ferner angebracht sein, besondere Momente glaubhaft zu machen, welche im vorliegenden Falle den Erlaß der Verfügung rechtfertigen, z. B. die nicht genügende Solvenz des Gegners.

Der Antrag kann nicht bloß mit der Störungs- oder Entschädigungsklage verbunden, sondern auch im Feststellungsprozeß gestellt werden. Die

Verfügung kann sogar erlassen werden, bevor ein Hauptprozeß anhängig ist (R.G. 4, 399). Durch die Aussetzung des Verfahrens verliert sie nicht ihre Kraft.

§. 13.

Durch die Eintragung eines Waarenzeichens wird niemand gehindert, seinen Namen, seine Firma, seine Wohnung, sowie Angaben über Art, Zeit und Ort der Herstellung, über die Beschaffenheit, über die Bestimmung, über Preis-, Mengen- oder Gewichtsverhältnisse von Waaren, sei es auch in abgekürzter Gestalt, auf Waaren, auf deren Verpackung oder Umhüllung anzubringen und derartige Angaben im Geschäftsverkehr zu gebrauchen.

1. Grund der Bestimmung.
2. Inhalt der Bestimmung.
3. Namensgleichheit.

1. Der §. 13 enthält eine Einschränkung des Zeichenrechts (O.H.G. 20, 353). Schon in §. 10 Abs. 1 des Markenschutzgesetzes von 1874 war ausgesprochen, daß, trotz eines entgegenstehenden Zeichenrechts, Jeder berechtigt sein soll, seinen Namen oder seine Firma zur Kennzeichnung seiner Waaren zu gebrauchen. Diese natürliche Befugniß ist jetzt nicht bloß auf die Wohnung ausgedehnt, sondern es ist auch dafür gesorgt, daß der für den allgemeinen Verkehr unentbehrliche Gebrauch von Herkunfts-, Qualitäts-, Preis-, Mengen-, Gewichtsangaben durch ein Zeichenrecht nicht gehindert wird. Zwar sind Waarenzeichen, welche derartige Angaben ausschließlich enthalten, nach §. 4 Abs. 1 Nr. 1 nicht eintragungsfähig; tritt aber zu diesen Angaben ein anderes Wort oder eine Figur hinzu, so wird das Zeichen schutzfähig (N. 16 zu §. 4). Wer sich ein solches Kombinationszeichen erwählt, muß also darauf gefaßt sein, daß die in demselben enthaltenen Angaben auch von Anderen sei es isolirt gebraucht, sei es in neue Waarenzeichen aufgenommen werden; denn auch letzteres ist gestattet, wofern nur die neue Gesammtgestaltung die Gefahr einer Verwechselung mit dem alten Zeichen ausschließt (Motive S. 16).

2. Mit dem Namen ist hier nur der Stamm- oder Familienname — sei es allein, sei es in Verbindung mit dem Vornamen — gemeint, denn für den Geschäftsverkehr kommt der Vorname allein nicht in Betracht. Es kann also Jemand, welcher Friedrich Müller heißt, durch einen Konkurrenten Namens Friedrich oder durch ein bestehendes Zeichenrecht gehindert werden, seine Waaren mit dem Namen „Friedrich" zu versehen, während die Anbringung des Namens „Müller" oder „Friedrich Müller" ihm nie verwehrt werden kann. Vorausgesetzt ist dabei stets, daß er den Namen „Friedrich Müller" zu führen berechtigt ist. Die Vorschrift erstreckt sich nicht auf solche Namen, welche Jemandem ohne Rechtsgrund im Verkehr beigelegt zu werden pflegen (R.G. 1, 26).

Die Firma eines Kaufmanns ist der Name, unter welchem er im Handel seine Geschäfte betreibt und die Unterschrift abgiebt (Art. 15 des Handelsgesetzbuchs). Daß die Firma in das Handelsregister eingetragen ist, ist nicht nothwendig. Es muß sich um eine Firma im Sinne des Handelsgesetzbuchs handeln, eine solche steht nur Vollkaufleuten zu (N. 4 zu §. 14). Verkehrsgebräuchliche Bezeichnungen eines Etablissements, welche von der Firma abweichen, gehören nicht hierher (R.G. 1, 26), es sei denn, daß sie sich als Abkürzungen der Firma darstellen.

Wohnung begreift sowohl die Angabe des Wohnortes als der Straße und Hausnummer in sich. Der Wohnung entspricht bei Kaufleuten der Ort der Handelsniederlassung, bei Gesellschaften, Korporationen u. s. w. der Sitz derselben.

Beispiele für die Angaben über Zeit, Art, Ort u. s. w. siehe in N. 13 zu §. 4.

Eine Abkürzung eines Wortes liegt vor, wenn der Anfangsbuchstabe allein oder mit anderen im Worte vorkommenden Buchstaben gebraucht wird; nur darf die gewählte Zusammenstellung mit den anderen Buchstaben nicht ungebräuchlich sein. Ein Mann, der Friedrich Müller heißt, könnte sich F. M., F. Müller, Fr. Müller, Friedr. Müller u. s. w. schreiben; statt „Nummer" wäre z. B. zulässig „N., Nr., №". Bei Namen, Firmen, Angaben, welche aus mehreren Worten bestehen, kann die zulässige Abkürzung in einem der Worte bestehen. So wäre, wenn ein Bierhändler in irgend einer Kombination das Wort „Patzenhofer" anmeldete und das Patentamt trotz §. 4 Abs. 1 Nr. 3 dieses Zeichen eintrüge, die Berliner „Aktien-Brauerei-Gesellschaft Friedrichshöhe, vormals Patzenhofer", deren Bier im Verkehr allgemein unter dem Namen „Patzenhofer" bekannt ist, nicht gehindert, ihre Produkte weiter mit „Patzenhofer" als Abkürzung ihrer Firma zu bezeichnen. Ebenso ist Bénédictine als Abkürzung der Firma Société anonyme de la Distillerie de la Bénédictine anzusehen.

Die Schlußworte, welche den Gebrauch im Geschäftsverkehr freigeben, entsprechen der im §. 12 dem Zeichenberechtigten gewährten ausschließlichen Befugniß, sein Zeichen auf Ankündigungen, Preislisten, Geschäftsbriefen, Empfehlungen, Rechnungen und dergleichen anzubringen (N. 7 zu §. 12). Wegen der „Waaren, Verpackung, Umhüllung" siehe N. 6 zu §. 12, wegen des „Anbringens" N. 8 zu §. 12.

Die Bestimmung steht nur demjenigen zur Seite, welcher seinen eigenen Namen, seine eigene Firma oder Wohnung zur Waarenbezeichnung benutzt, also nicht demjenigen, welcher auf Grund eines Scheingeschäfts sich einen fremden Namen, eine ihm nicht zustehende Firma oder eine falsche Wohnung aneignet. Der Name kann durch einen simulirten Adoptionsvertrag, die Wohnung durch Simulation eines Miethsvertrags, durch Errichtung eines Scheingeschäfts oder einer Scheinfabrik, durch unrichtige Anmeldung zur Gewerbesteuer oder zum Handelsregister u. s. w. erschlichen sein. Besonders häufig kommt in der Praxis der Fall der erschlichenen Firma vor. Die Manipulation vollzieht sich oft in nachstehender Weise. Derjenige, welcher von dem geschäftlichen Rufe eines renommirten Gewerbetreibenden mitzehren will, bestimmt gegen ein Entgelt irgend einen Namensvetter desselben, seinen Namen als Firma anzumelden, betreibt dann formell als Geschäftsführer oder Prokurist des Anmelders, in Wirklichkeit aber für eigene Rechnung das Geschäft in derselben Branche wie das altbekannte Geschäftshaus und macht diesem so mit der ganz gleichen (bei Verschiedenheit der Orte) oder doch sehr ähnlichen Firma Konkurrenz. Oder er erwirbt gleich nach der Anmeldung von dem Strohmanne das Geschäft nebst Firma und macht dann als offizieller Firmeninhaber die illoyale Konkurrenz. Diese Fälle haben die deutschen Gerichte häufig beschäftigt; es sei an die Prozesse über die Firmen Farina (R.G. 7, 271), Faber (O.H.G. 6, 246; R.G. 22, 58), Prätorius (RG. 3, 120), Benecke (R.G. 20, 71), Blüthner (Urtheil des R.G. vom 28. Februar 1894 in der Zeitschr. für gewerblichen Rechtsschutz 1894 S. 180) erinnert. Die höchsten Gerichte haben mit Recht in allen diesen Fällen, mit Ausnahme des Prozesses Benecke, (die Begründung dieser Entscheidung ist aber von demselben Senat des Reichsgerichts in der Blüthner-Entscheidung verlassen worden) diese Manipulationen nicht für geeignet erachtet, um ein Firmenrecht zu begründen.

3. Derjenige, welcher lediglich von dem ihm durch §. 13 gegebenen Recht Gebrauch macht, braucht keine Rücksicht darauf zu nehmen, daß hierdurch Verwechselungen mit einem Konkurrenten, welcher ein Waarenzeichen mit denselben Worten, einen gleichen Namen oder eine gleiche Firma führt, entstehen können. Er ist, abgesehen von Art. 20 des Handelsgesetzbuchs, nicht verpflichtet, positive Maßnahmen zu treffen, z. B. seinen Namen oder seiner Firma einen Zusatz beizufügen, um einer Verwechselung vorzubeugen (a. M. Kohler S. 131 ff.). Andererseits hat er sich aber auch jeder Veranstaltung zu enthalten, welche geeignet ist, einer Verwechselung Vorschub zu leisten. Er darf z. B. nicht die Schriftzüge, welche der Andere anwendet, nachahmen, er darf, wenn der Konkurrent Friedrich heißt, seinen Namen Friedrich Müller nicht derart schreiben, daß er den Vornamen besonders groß und den Familiennamen besonders klein schreibt u. s. w. — sonst verletzt er das Recht des Anderen gemäß §. 14. Auch bei der Frage, ob Jemand die Ausstattung eines Anderen zum Zwecke der Täuschung nachahmt (§. 15), wird es schwer ins Gewicht fallen, wenn er seinen Namen oder seine Firma an derselben Stelle, in derselben Größe, mit denselben Schriftzeichen, wie der Andere, angebracht hat (vergl. dagegen R.G. 2, 140).

Ueber die Grundsätze bezüglich der Namensgleichheit oder Homonymie, welche in der ausländischen Rechtsprechung eine reichhaltige Ausbildung erfahren haben, vergl. Kohler a. a. O. und Aus dem Patent- und Industrierecht I S. 35, sowie Pouillet n° 488—513, Amar p. 381.

§. 14.

Wer wissentlich oder aus grober Fahrlässigkeit Waaren oder deren Verpackung oder Umhüllung, oder Ankündigungen, Preislisten, Geschäftsbriefe, Empfehlungen, Rechnungen oder dergleichen mit dem Namen oder der

Firma eines Anderen oder mit einem nach Maßgabe dieses Gesetzes geschützten Waarenzeichen widerrechtlich versieht oder dergleichen widerrechtlich gekennzeichnete Waaren in Verkehr bringt oder feilhält, ist dem Verletzten zur Entschädigung verpflichtet.

Hat er die Handlung wissentlich begangen, so wird er außerdem mit Geldstrafe von einhundertfünfzig bis fünftausend Mark oder mit Gefängniß bis zu sechs Monaten bestraft. Die Strafverfolgung tritt nur auf Antrag ein. Die Zurücknahme des Antrages ist zulässig.

1. Der §. 14 behandelt die wirksamsten Rechtsbehelfe, welche das Gesetz zum Schutze des Zeichenrechts gewährt (N. 12 zu §. 12): die Entschädigungsklage und die Strafverfolgung. Im Gegensatze zu der negatorischen Klage, welche es schon bei jeder objektiv widerrechtlichen Verletzung jenes Rechts giebt (N. 13 zu §. 12), verlangt es als Voraussetzung für die hier behandelten Rechtsbehelfe ein subjektives Verschulden des Verletzenden, und zwar für die Entschädigungsklage Wissentlichkeit oder grobe Fahrlässigkeit, für die Strafverfolgung Wissentlichkeit. Beide Rechtsbehelfe setzen eine vollendete Störung voraus; ist die That im Stadium des Versuchs geblieben, so macht sie weder strafbar noch entschädigungspflichtig (N. 23).

Als Objekte des Schutzes nennt das Gesetz hier außer dem Zeichenrecht noch das Namen- und Firmenrecht, auch diesen stellt es unter denselben Voraussetzungen beide Rechtsbehelfe zur Verfügung. Der Schutz des Namens und der Firma ist hier aber ausschließlich auf den Fall beschränkt, wenn sie mißbräuchlich zur Bezeichnung von Waaren (einschließlich der Ankündigungen u. s. w.) verwendet werden. Es bleiben also die reichs- und landesrechtlichen Vorschriften, welche nach anderer Richtung den Namen oder die Firma schützen, weiter in Kraft, insbesondere der Art. 27 des Handelsgesetzbuchs:

Wer durch den unbefugten Gebrauch einer Firma in seinen Rechten verletzt ist, kann den Unberechtigten auf Unterlassung der weiteren Führung der Firma und auf Schadensersatz belangen.

Ueber das Vorhandensein und die Höhe des Schadens entscheidet das Handelsgericht nach seinem freien Ermessen.

Das Handelsgericht kann die Veröffentlichung des Erkenntnisses auf Kosten des Verurtheilten verordnen.

Die Praxis hatte diese Gesetzesbestimmung gerade auf den Fall der Waarenbezeichnnng nicht angewendet, weil in der Anmeldung eines Waarenzeichens und in dem Bezeichnen von Waaren nicht der Gebrauch einer Firma liege (vergl. O.H.G. 4, 253; 6, 246; R.G. 3, 164; 22, 158; a. M. Staub Kommentar zum H.G.B. Art. 27). Deshalb bedurfte es einer Spezialbestimmung gegen diesen Mißbrauch, diese traf für das Deutsche Reich der §. 287 des Strafgesetzbuchs (Einleitung S. 9). Sein Inhalt wurde dann in den §. 14 des Markenschutzgesetzes übernommen, letzterer liegt wiederum dem vorliegenden §. 14 zu Grunde.

Dieser Paragraph erschöpft aber nicht den Schutz, welcher gegen eine mißbräuchliche Benutzung fremder Namen oder Firmen zur Waarenbezeichnung stattfindet. Vielmehr ist, da es sich um ein absolutes Recht handelt, auch die negatorische Klage zulässig; außerdem kommen hier ebenso, wie beim Zeichenrecht, positive und negative Feststellungsklage, sowie einstweilige Verfügungen in Betracht. Die Erörterungen in N. 12 bis 17 zu §. 12 finden deshalb entsprechende Anwendung.

Abs. 1.

2. Der objektive Thatbestand der Verletzung eines Waarenzeichens ist hier genau derselbe, wie bei der negatorischen Klage. Es wird deshalb auf die Erläuterung zu §. 12 verwiesen, und zwar auf N. 13 (Verletzung des Zeichenrechts), N. 6 (Waaren, Verpackung, Umhüllung), N. 7 (Ankündigungen u. s. w.), N. 8 (versehen), N. 9 (in Verkehr setzen).

Ein wesentlicher Unterschied von der Negatoria besteht darin, daß bei der Entschädigungsklage die Störung nicht eine präsente zu sein braucht. Es ist gleichgültig, ob sie in der Vergangenheit abgeschlossen ist oder noch fortdauert, ferner ob das Waarenzeichen noch eingetragen ist oder nicht. Nothwendig ist nur, daß das Zeichen in der Rolle einmal eingetragen war, denn der §. 14 steht nur einem „nach Maßgabe dieses Gesetzes geschützten" Waarenzeichen zur Seite (im entsprechenden §. 14 des Markenschutzgesetzes war von einem „nach Maßgabe dieses Gesetzes zu schützenden" Waarenzeichen die Rede). Gebraucht ein Gewerbetreibender sein Zeichen im geschäftlichen Verkehr in einer von der Eintragung abweichenden Form, so genießt nur die eingetragene, nicht die thatsächlich benutzte Gestaltung den Schutz des §. 14. Die letztere Gestaltung kann aber unter Umständen nach

§. 15 als Ausstattung Schutz finden. Der Umstand, daß das Zeichen noch eingetragen steht, fällt insofern in's Gewicht, als während der Dauer der Eintragung die Ungültigkeit des Zeichens nicht eingewendet werden kann (N. 1 zu §. 12), während nach Löschung des Zeichens dem Beklagten der Nachweis offen steht, daß schon zur Zeit der angeblichen Verletzung ein Rechtsgrund für die Löschung vorhanden gewesen ist (§. 12 Abs. 2).

Eine im Auslande vorgenommene Verletzung macht auch entschädigungspflichtig (N. 5 zu §. 12).

Bezüglich des Schutzes der in Gemäßheit des Markenschutzgesetzes in die Zeichenregister eingetragenen Waarenzeichen siehe §. 24.

3. Der Name wird geschützt, ohne daß es der Eintragung desselben in irgend ein Register bedarf. Geschützt ist nur der Familienname, sei es mit oder ohne Vornamen, und zwar nur der Name in rechtlichem Sinne (N. 2 zu §. 13). Willkürliche Abänderungen des Namens, welche der Träger desselben mit Rücksicht auf die Aussprache in einem anderen Lande vornimmt, sind nicht schutzfähig (R.G. 25, 114).

Ein Eingriff in das Namensrecht durch eine Waarenbezeichnung liegt nur vor, wenn letztere auf ein bestimmtes Individuum oder eine bestimmte Familie hinweist. Der Gebrauch eines weitverbreiteten Familiennamens, etwa Müller, berechtigt regelmäßig nicht jeden Träger dieses Namens zu einer Klage. Ebenso wenig liegt in dem Gebrauch des Namens einer historischen Persönlichkeit (z. B. Bismarck) ein Mißbrauch, da solche Namen gleichsam zum Gemeingut geworden sind; erst durch den Widerspruch der Persönlichkeit wird die Verwendung eine unbefugte.

Verwandt diesem Falle ist der, daß ein Name in Bezug auf eine bestimmte Waare zur Bezeichnung einer bestimmten Qualität derselben geworden ist und in dieser Verbindung seine Funktion als Bezeichnung einer bestimmten Persönlichkeit eingebüßt hat. Diese Umwandlung der Funktion eines Namens vollzieht sich nur sehr allmählich: es müssen mancherlei Umstände, z. B. die ausdrückliche oder stillschweigende Einwilligung des Namensträgers und eine durch eine längere Zeit hindurch allgemein frei geübte Anwendung des Namens für eine bestimmte Qualität der Waare zusammentreffen, damit in den Augen der Konsumenten der Name seine Funktion als Individualbezeichnung verloren hat. So lange der Namensträger energisch gegen die Generalisirung seines Namens ankämpft, hat sich dieser Umgestaltungsprozeß noch nicht zu seinen Ungunsten vollzogen, wenn auch seine Konkurrenz zum Beweise des Gegentheils sich auf die allgemeine Usurpirung des Namens berufen mag. Bekannt sind nach dieser Richtung die zahllosen Rechtsstreitigkeiten, welche über die Namen und Firmen Menier (Chokolade), Chartreuse (Likör), Singer, Howe (Nähmaschinen), Liebig (Fleischextrakt) geführt worden sind. Man wird in diesen Streitigkeiten regelmäßig davon ausgehen können, daß die angebliche Generalisirung des Namens nur ein Deckmantel ist, um an dem guten geschäftlichen Rufe, welchen sich der Träger des Namens erworben hat, in unlauterer Weise theilzunehmen, und deshalb die zwingendsten Nachweise verlangen, daß die Konsumenten allgemein mit dem Namen nicht mehr den Gedanken verbinden, die Waare rühre von dem Träger desselben her. Vergl.

die analogen Ausführungen über die Umwandlung eines Individualzeichens in ein Freizeichen in N. 5 zu §. 4 (Kohler S. 146 ff. und in Busch's Archiv S. 358 ff., Pouillet nº 384—386, Amar p. 383 ff.).

Der Name steht in Bezug auf den Schutz einer eingetragenen Wortmarke gleich und zwar einer solchen, bei welcher nicht eine bestimmte Darstellungsform, sondern das Klangzeichen des Wortes geschützt ist (N. 11 zu §. 1, N. 12 zu §. 4). Daraus ergiebt sich, daß für die Frage, ob eine Verletzung des Namensrechts vorliegt, nicht bloß die Schreibart, sondern auch die Aussprache des Namens zu berücksichtigen ist. Nachahmungen des Namens, welche bei Anwendung anderer Buchstaben eine ganz gleiche Aussprache, wie der geschützte Name, erzielen, verletzen das Namensrecht ebenso, wie dieselben Schriftzeichen, welche nach irgend einem Idiom anders ausgesprochen werden. Der französische Name Duval wird z. B. verletzt, gleichviel ob der Nachahmer „Duval" oder „Dühwal" schreibt. Dabei ist noch §. 20 zu berücksichtigen, so daß es also nicht auf völlige Uebereinstimmung in der Schreibweise oder Aussprache ankommt: Abweichungen sind unerheblich, wenn ungeachtet derselben die Gefahr einer Verwechselung im Verkehr vorliegt (N. 4 zu §. 20 a. E.).

Der Schutz eines Namens wird dadurch nicht beeinträchtigt, daß ein Dritter sich ein Waarenzeichen eintragen läßt, welches widerrechtlich diesen Namen enthält (O.H.G. 24, 228, R.G. 25, 114). Der Träger des Namens kann zwar nicht Löschung des Zeichens verlangen, es sei denn, daß der Fall des §. 9 Abs. 1 Nr. 3 vorliegt, wohl aber kann er gegen den Gebrauch des Zeichens auf Grund des §. 14 vorgehen. Unerheblich ist es, ob der Namensträger in irgend einer Beziehung zu den Waaren steht, welche mit seinem Namen versehen worden sind. So braucht z. B. ein Rechtsanwalt oder ein Glashändler nicht zu dulden, daß ein Pelzwaarenhändler mit ihren Namen seine Waaren bezeichnet (vergl. dagegen §. 9 Abs. 1 Nr. 1).

Wegen der sonstigen Thatbestandsmerkmale siehe die Erläuterungen zu §. 12, insbesondere N. 6 (Waaren, Verpackung, Umhüllung), N. 7 (Ankündigungen u. s. w.), N. 8 (versehen), N. 9 (in Verkehr setzen).

4. Firma ist der Name, unter welchem ein Kaufmann im Handel seine Geschäfte betreibt und die Unterschrift abgiebt (Art. 15 des Handelsgesetzbuchs); bezüglich ihrer gelten die Vorschriften des Handelsgesetzbuchs, insbesondere Art. 10, 16 ff. Danach steht nur einem Vollkaufmann der Gebrauch einer Firma zu, folglich hat nur ein solcher einen Anspruch auf Firmenschutz. Die Ansicht, welche sich unter der Herrschaft des Markenschutzgesetzes fast allgemein dahin gebildet hatte, daß auch Firmen von Produzenten und Minderkaufleuten geschützt seien (Kohler S. 125, Finger S. 72, Stenglein-Appelius S. 77; a. M. Staub Kommentar zum H.G.B. Art. 10), konnte sich vielleicht auf den Wortlaut des §. 14 jenes Gesetzes („mit dem Namen oder der Firma eines inländischen Produzenten oder Handeltreibenden widerrechtlich bezeichnet") berufen. Für das heutige Recht kann ihr aber keinesfalls beigetreten werden. Der Begriff der Firma ist ein Rechtsbegriff, welcher ausschließlich durch das Handelsgesetzbuch normirt wird, außerhalb desselben giebt es keine Firma. Den Genossenschaften und den

Gesellschaften mit beschränkter Haftung, welche eine Firma führen, ist ausdrücklich die Kaufmannseigenschaft beigelegt. Einen Schutz der von der Firma abweichenden verkehrsgebräuchlichen Bezeichnung eines Etablissements kennt das Gesetz nicht (R.G. 1, 26); anders das österreichische Gesetz, welches in §. 10 außer Namen und Firma noch „die geschäftliche Benennung des Etablissements" schützt. Daß die Firma im Handelsregister eingetragen ist, ist nicht nothwendig, es genügt, wenn ihre Existenz durch den fortgesetzten ausschließlichen Gebrauch zur rechtlichen Kenntniß gebracht ist (R.G. in der Zeitschrift für gewerbl. Rechtsschutz 1893 S. 61 und in Jurist. Wochenschrift 1891 S. 546).

Die Ausführungen in N. 3 finden auch auf die Firma Anwendung.

5. Widerrechtlich besagt, daß der Eingriff in das Recht objektiv unbefugt erfolgt sein muß (N. 13 zu §. 12). Mit der subjektiven Seite hat dieses Wort nichts zu thun, auf diese beziehen sich die Ausdrücke „wissentlich" und „aus grober Fahrlässigkeit". Der §. 14 bezweckt den Schutz des Zeichen-, Namens- und Firmenrechts vornehmlich nach der privatrechtlichen Seite (Entschädigungspflicht, Strafverfolgung nur auf Antrag), in Folge dessen liegt eine Widerrechtlichkeit in seinem Sinne nicht vor, wenn der Berechtigte seine Einwilligung in den Gebrauch des Zeichens u. s. w. erklärt hatte (R.G. 13, 157; abweichend in der Begründung Kohler S. 242, 365).

6. Durch die Verletzung des Zeichen-, Namens- oder Firmenrechts muß dem Kläger ein Schaden entstanden sein; fehlt es an einem solchen, so kann der Verletzer zwar strafbar, aber nie entschädigungspflichtig sein. Nicht jede Verletzung schädigt den Berechtigten, insbesondere braucht dies nicht bei dem bloßen Anbringen des Zeichens u. s. w., wenn ein Inverkehrbringen oder Feilhalten der Waaren noch nicht stattgefunden hatte, der Fall zu sein.

Wegen der Elemente, aus denen sich der Schaden zusammensetzen kann, siehe N. 12.

7. Wissentlichkeit liegt zunächst dann vor, wenn Jemand sowohl die Kenntniß vom Bestehen und Umfang des fremden Rechts, als auch das Bewußtsein besitzt, daß er in dasselbe eingreift (R.G. im Patentblatt 1882 S. 89). Es ist indessen nicht nothwendig, daß der Verletzer das direkte Bewußtsein hat, er greife in das fremde Recht ein, vielmehr genügt es, daß er den rechtsverletzenden Erfolg seiner Handlung sich als möglich vorstellt und trotzdem, ohne den Glauben an das Nichteintreten dieses Erfolges, die Handlung ausführt und so den rechtsverletzenden Erfolg schafft (R.G. Straff. 14, 415; 15, 34). Dieser zweite Fall der Wissentlichkeit, der im Gegensatze zum ersten in der Strafrechtswissenschaft der dolus eventualis genannt wird, wird vom R.G. zutreffend dahin charakterisirt, der Verletzer brauche nicht das volle, sichere Wissen zu haben, es reiche aus, wenn er sich der Möglichkeit bewußt war, das von ihm nachgemachte Zeichen könne ein geschütztes sein, und daß er diese Möglichkeit dergestalt mit in seinen Willen aufgenommen hat, daß er entschlossen war, auch das geschützte Zeichen widerrechtlich zu gebrauchen (R.G. Straff. 6, 272). Der bloße Zweifel an der Rechtmäßigkeit des Thuns deckt sich noch nicht mit dem Eventualdolus (R.G. Straff. 21,

420; vergl. N. 8). Letzterer wird regelmäßig dann vorliegen, wenn Jemand ohne weitere Erkundigung ein geschütztes Waarenzeichen, welches als solches kenntlich war, gebraucht oder wenn Jemand ein Zeichen gebraucht, nachdem er von dem Berechtigten oder dessen Vertreter auf das ihm entgegenstehende Recht aufmerksam gemacht worden war. Wollte man den Satz aufstellen, daß der Berechtigte, um die Wissentlichkeit des Verletzers herbeizuführen, den Nachweis seines Rechts in einer jeden Zweifel niederschlagenden Weise führen müßte, so würde man einem Verletzer gegenüber, in dessen Interesse Zweifel liegen, Unmögliches verlangen. Unterläßt es derjenige, welcher auf eine Verletzung aufmerksam gemacht wird, sich zu überzeugen, ob der Anspruch begründet ist, so kann von ihm angenommen werden, er wolle sein vortheilhaftes Handeln fortsetzen, auch wenn es eine Verletzung enthalte (Lieber Patentgesetz S. 178). Dies wird insbesondere dann gelten müssen, wenn der Verletzer vorher das Zeichen zur Eintragung angemeldet hatte und vom Patentamt von dessen Uebereinstimmung mit einem anderen Zeichen unterrichtet worden war. Dagegen kann daraus, daß das Patentamt das angemeldete Zeichen eingetragen hat, kein Rückschluß auf die mangelnde Wissentlichkeit des Verletzers gemacht werden.

Zum Thatbestande gehört nicht die Absicht, einem Anderen einen Nachtheil oder sich einen Vortheil zu verschaffen (O.H.G. 24, 228), selbst die Absicht zu täuschen, welche regelmäßig vorhanden sein wird, ist begrifflich nicht nothwendig (Landgraf S. 68).

8. Während nach dem Markenschutzgesetz auch die Entschädigungspflicht nur bei Wissentlichkeit eintrat (R.G. 14, 69), ist jetzt nach dem Vorbilde des Patent- und des Gebrauchsmustergesetzes hinsichtlich der civilrechtlichen Haftung die grobe Fahrlässigkeit der Wissentlichkeit gleichgestellt.

Unter Fahrlässigkeit oder culpa versteht man den Mangel derjenigen Sorgfalt, durch welchen der rechtswidrige Erfolg hätte vermieden werden können (R.G. Straff. 6, 41). Der Maßstab, nach welchem bemessen wird, ob ein Benehmen den Vorwurf der Fahrlässigkeit verdient oder nicht, ist der eines ordentlichen Mannes, eines bonus pater familias, d. h. eines Durchschnittsmenschen aus dem Bildungs- und Gewerbskreise des Handelnden; als Fahrlässigkeit ist ein Verhalten anzusehen, welches ein solcher Mann sich nicht zu Schulden kommen lassen würde (Windscheid Pandekten I §. 101). Man geht also von einem Durchschnittsmenschen aus, auf das Verhalten der konkreten Person in ihren sonstigen Angelegenheiten kommt es bei der Bestimmung des Begriffes der Fahrlässigkeit, abgesehen von einigen hier nicht interessirenden Rechtsverhältnissen, nicht an.

Grobe Fahrlässigkeit liegt vor, wenn die Sorgfalt eines ordentlichen Hausvaters in besonders schwerer Weise vernachlässigt wird (§. 144 Abs. 2 des I. Entwurfs eines bürgerlichen Gesetzbuchs). Hieraus ergiebt sich, daß sich nicht eine feste Formel aufstellen läßt, an deren Hand der Richter mit Sicherheit über das Vorliegen grober Fahrlässigkeit entscheiden kann, sondern, daß er nur nach der Erfahrung des Lebens unter Berücksichtigung einerseits der Individualität des Betreffenden, um den Kreis, zu welchem er gehört, zu bestimmen, andererseits der durchschnittlichen Gepflogenheiten dieses

Kreises in jedem einzelnen Falle bestimnen kann, ob dem Thäter eine solche Fahrlässigkeit zur Last fällt.

Die Grenze zwischen dem eventuellen Dolus und der Fahrlässigkeit liegt nicht in dem Bewußtsein der Möglichkeit des rechtsverletzenden Erfolges. Wenn Jemand diese Möglichkeit sich zwar vorstellt, sich aber der Erwartung hingiebt, dieselbe werde nicht eintreten und wenn er nur in dieser, wenn auch leichtfertigen, Erwartung die Verletzung begeht, so nimmt er jene Möglichkeit nicht in seinen Willen auf. Der Richter wird sich demnach darüber schlüssig zu machen haben, ob der Verletzer nach den konkreten Umständen, seiner Zweifel ungeachtet, die Rechtsverletzung nicht in seinen Willen aufgenommen hat oder ob zu dem Zustande des Zweifelns jener Wille in der Form des sog. Eventualdolus hinzugetreten ist (R.G. Straff. 21, 420).

Thatfrage wird es sein, ob eine grobe Fahrlässigkeit darin liegt, daß ein Gewerbetreibender die geschützten Zeichen seines Geschäftszweiges nicht kennt. Bei einem Fabrikanten oder Großhändler, welcher seine Waaren mit Waarenzeichen zu versehen pflegt, wird dies regelmäßig zu bejahen sein, denn ein solcher hat die Pflicht, die Publikationen des Patentamts in Betreff dieser Zeichen zu lesen oder die Zeichenrolle einzusehen (Stenogr. Berichte S. 2163). Ebenso hat ein Produzent, wenn er bei Bestellung einer Waare den Auftrag erhält, dieselbe mit einem bestimmten Zeichen zu versehen, regelmäßig die Pflicht, sich darüber zu informiren, ob der Besteller ein Recht auf dieses Zeichen hat. Dagegen wird man von einem Detailhändler nicht verlangen können, daß er sich bei jedem Stück Waare, das er führt, erst orientirt, ob sein Lieferant zur Anbringung des darauf befindlichen Zeichens befugt war. Es wird auf die Persönlichkeit des Gewerbetreibenden, den Umfang und die Eigenart seines Geschäftsbetriebes, auf den Grad der Verbreitung der rechtmäßig bezeichneten Waare, auf die mehr oder minder ausgeprägte Originalität des Zeichens u. s. w. ankommen (Allfeld S. 70). Die beiden letzten Beispiele werden analog anzuwenden sein, wenn es sich um Waaren handelt, welche mit einem Namen oder einer Firma versehen werden sollen oder versehen sind.

Bei leichter Fahrlässigkeit oder ohne Fahrlässigkeit des Verletzers existirt keine Entschädigungspflicht, auch nicht bis zur Höhe der Bereicherung. Bei dem kodifikatorischen Charakter des Gesetzes können landesgesetzliche Vorschriften die nach ihren Voraussetzungen und ihrem Umfange für das Reich einheitlich geregelte Entschädigungspflicht nicht modifiziren (R.G. 14, 69). Ein im Reichstage bei der zweiten Lesung gestellter Antrag, das Wort „grober" vor „Fahrlässigkeit" zu streichen, wurde abgelehnt (Stenogr. Berichte S. 2162, 2163).

9. Bezüglich des Einflusses des Irrthums auf die Wissentlichkeit ist zwischen Rechtsirrthum und faktischem Irrthum zu unterscheiden. Durch einen Rechtsirrthum d. h. durch Unkenntniß oder falsche Auslegung der gesetzlichen Bestimmungen wird die Wissentlichkeit nicht ausgeschlossen, wohl aber durch einen Irrthum in den thatsächlichen Voraussetzungen des zur Verletzung erforderlichen objektiven Thatbestandes. Kannte der Verletzer also das Bestehen des fremden Schutzrechts und den Mangel seines eigenen Rechts zur Benutzung des Zeichens, des Namens oder der Firma, so ist es unerheblich, wenn er aus irrthümlicher Auffassung des Gesetzes annimmt, sein Handeln sei nicht widerrechtlich (R.G. Straff. 11, 90; 15, 349; vergl. die auch hier verwendbaren patentrechtlichen Entscheidungen: R.G. Straff. 6, 224; 8, 215; 10, 349; 21, 205).

In Folge dessen ist z. B. wesentlich: ein Irrthum des Verletzers über den Eintrag des nachgeahmten Zeichens in die Zeichenrolle oder über die Uebereinstimmung des eigenen Zeichens mit dem nachgeahmten, ferner wenn der Verletzer irrthümlich glaubt, er selbst habe das Zeichen früher zur Zeichenrolle angemeldet oder er habe von dem Berechtigten die Erlaubniß zur Benutzung des Zeichens erhalten. Ein Irrthum über die Person des Berechtigten ist in der Regel unerheblich, es sei denn, daß der Verletzer behauptet, er habe die Erlaubniß zur Benutzung des Zeichens von Jemandem erhalten, den er irrthümlich für den Berechtigten gehalten habe. Ein nicht zu berücksichtigender Rechtsirrthum liegt z. B. vor, wenn Jemand annimmt: ein Zeichen, welches zu Unrecht eingetragen sei, werde nicht geschützt; eine Nachahmung sei gestattet, wenn man nur irgendwie vom Original abweiche; er dürfe Waaren in Verkehr bringen, welche von ihm schon vor der Eintragung des Zeichens für einen Anderen bezeichnet worden waren.

Ob der Irrthum bei Anwendung einer gewissen Sorgfalt zu vermeiden war oder nicht, ob er also in einem Verschulden des Thäters seinen Grund hat, ist für die Frage nach der Wissentlichkeit unerheblich, wird aber für die Frage, ob er grob fahrlässig gehandelt hat, wesentlich sein.

10. Zur Entschädigungsklage berechtigt ist der Verletzte, d. h. derjenige, welchem zur Zeit der Vornahme der verletzenden Handlung die ausschließliche Nutzung an dem verletzten Recht zustand, also ebenso der Inhaber des Zeichen-, Namens- oder Firmenrechts, wie der Nießbraucher. War der Vertrieb der bezeichneten Waaren für einen gewissen Bezirk Jemandem ausschließlich übertragen, so ist dieser zur Klage berechtigt, wenn die Verletzung seinen Bezirk betrifft. Der Licenzträger kann gegen den Verletzer nicht klagen (N. 7 zu §. 7). Ein nicht im Inlande wohnender Zeicheninhaber kann wegen Verletzung eines Waarenzeichens nur klagen, wenn er gemäß §. 23 Abs. 2 einen Vertreter bestellt hat, denn die Entschädigungsklage ist eine Geltendmachung der Rechte aus dem Zeichen. Aus demselben Grunde kann nach §. 7 Abs. 2 bei einem Uebergange des Zeichenrechts der Rechtsnachfolger erst klagen, nachdem der Uebergang in der Zeichenrolle vermerkt ist.

Von mehreren Berechtigten kann jeder ohne Rücksicht auf die anderen den ihm erwachsenen Schaden geltend machen.

Da der Entschädigungsanspruch ein mit der verletzenden Handlung erwachsenes Vermögensrecht ist (N. 2 zu §. 18), so steht nichts im Wege, daß er bei einer Zeichenverletzung erst nach Löschung des Zeichens von dem Berechtigten oder dessen Rechtsnachfolger geltend gemacht wird. In diesem Falle ist §. 12 Abs. 2 zu berücksichtigen (N. 15 zu §. 9).

11. Der Entschädigungsanspruch geht gegen den Verletzenden bezw. seine Erben.

Die Frage, ob er auch gegen juristische Personen gehen kann, ist von der Beantwortung der allgemeineren Frage abhängig, ob und inwieweit eine solche Person für kontraktliche oder außerkontraktliche Verschuldung ihrer Vertreter und Beamten aufzukommen hat. Nach der ständigen Rechtsprechung des Reichsgerichts haftet nach gemeinem und preußischem Recht eine juristische Person, z. B. eine Aktiengesellschaft, für die Verschuldung ihrer Vertreter in gleicher Weise, wie eine natürliche Person für ihre eigene Verschuldung zu haften hat, dagegen für das Verschulden ihrer Beamten, die nicht ihre Vertreter sind, nach denselben Grundsätzen, nach welchen sich die entsprechende Haftung einer physischen Person bestimmt (R.G. 18, 120; 19, 348; R.G. 22, 259; Jurist. Wochenschrift 1888 S. 212, 1889 S. 329, 1892 S. 306, 338). Es muß natürlich feststehen, daß der Vertreter oder Beamte in dieser Eigenschaft und nicht bei Wahrnehmung seiner eigenen Angelegenheiten die Verletzung begangen hat.

Hatte eine Gesellschaft sich einer Verletzung schuldig gemacht, so haftet, auch wenn nur auf Seiten desjenigen Sozius, der die Handlung angeordnet oder vorgenommen hat, grobe Fahrlässigkeit oder Wissentlichkeit vorhanden war, nicht bloß dieser Sozius, sondern die Gesellschaft selbst, vorausgesetzt, daß der Sozius nicht von der Vertretung bezw. der Geschäftsführung ausgeschlossen war (R.G. 15, 121, Kohler Aus dem Patent- und Industrierecht II S. 12).

Haben Mehrere in gemeinsamem Handeln das Recht verletzt, so geht gegen alle der Anspruch; ob sie solidarisch oder pro rata haften, richtet sich nach den Landesgesetzen. War die unrechtmäßig bezeichnete Waare durch mehrere Hände gegangen (z. B. Fabrikant, Großhändler, Detailhändler), so haftet Jeder, bei welchem die subjektive Voraussetzung vorliegt, für den Schaden. Hat der Verletzte von einem den Schaden ersetzt erhalten, so kann er von einem anderen nur dann eine Entschädigung verlangen, wenn ihm durch dessen Thätigkeit ein besonderer Schaden erwachsen ist.

12. Der Anspruch geht stets auf volle Entschädigung des Verletzten, ohne Unterscheidung zwischen wirklichem Schaden und entgangenem Gewinn, zwischen mittelbarem und unmittelbarem, zwischen gegenwärtigem und zukünftigem Schaden, d. h. der Beklagte muß, gleichviel ob er wissentlich oder grob fahrlässig gehandelt hat, den Kläger in die Vermögenslage setzen, in welcher derselbe sich ohne die Verletzung befunden haben würde. Der Begriff der Entschädigung verhindert zwar, darüber hinaus den Beklagten zur Herausgabe alles dessen für verpflichtet zu erklären, was er in Folge der Verletzung gewonnen hat, gleichviel ob der Verletzte selbst in der Lage gewesen wäre, dies zu gewinnen, oder nicht (a. M. Kohler S. 360ff.); der Richter kann aber bei der Schätzung des Schadens regelmäßig davon ausgehen, daß derselbe mindestens so viel, als der dem Verletzer erwachsene Gewinn beträgt (R.G. Straff. 6, 272; R.G. in Jurist. Wochenschr. 1890 S. 162). Wenn der Verletzer darthut, daß dies im Einzelfalle nicht zutrifft, so muß dies der Richter berücksichtigen.

Aus welchen Elementen sich der Schaden zusammensetzen kann, läßt sich nicht allgemein sagen; häufig wird hier auch der Nachtheil in Betracht kommen, welchen die Konkurrenz mit den — oft schlechteren — Waaren des Verletzers, sowie die hierdurch hervorgerufene Diskreditirung des Waarenzeichens, des Namens oder der Firma des Berechtigten dem Letzteren verursacht haben. Andererseits ist zu Gunsten des Verletzers zu berücksichtigen, daß die Entschädigung sich nicht schlechthin auf allen Gewinn erstrecken darf, welchen er durch den Vertrieb der unrechtmäßig bezeichneten Waaren erlangt hat, sondern nur auf den, welchen er in Folge der unrechtmäßigen Bezeichnung mehr gehabt hat, als er ohne dieselbe gehabt haben würde (Kohler S. 360).

Wegen des Nachweises des Schadens vergl. noch N. 18.

Außerdem kann Kläger gemäß §. 19 bezüglich der im Besitze des Beklagten befindlichen Gegenstände auf Beseitigung der widerrechtlichen Kennzeichnung oder, wenn die Beseitigung in anderer Weise nicht möglich ist, auf Vernichtung der damit versehenen Gegenstände antragen; vergl. die Erläuterungen zu §. 19.

13. Der durch die Verletzung entstandene Entschädigungsanspruch ist ein Vermögensrecht, das unter Lebenden und von Todeswegen übertragen werden kann (R.G. 16, 6). Ueber die Unterschiede zwischen diesem Anspruch und dem Recht auf Buße vergl. N. 2 zu §. 18.

14. Die Klage kann stets im allgemeinen Gerichtsstande des Beklagten (§§. 12—20 C.P.O.) angestellt werden; von den besonderen Gerichtsständen der C.P.O. werden hauptsächlich in Betracht kommen die der Niederlassung (§. 22), des Vermögens (§. 24) und der unerlaubten Handlung (§. 32). Letzterer wird namentlich bei Waaren, welche aus dem Auslande eingeführt werden, um hier in den Verkehr gebracht zu werden, von Erheblichkeit sein. Ueber die Frage bei welchem Gerichte bei Verletzungen der Gerichtsstand des §. 32 C.P.O. begründet ist, vergl. R.G. 13, 424 (patentrechtliche Entscheidung).

Sachlich zuständig sind je nach dem Werthe des Streitgegenstandes die Amts- oder die Landgerichte. Bei letzteren sind, wenn es sich um Verletzung des Zeichenrechts handelt, die Kammern für Handelssachen unzweifelhaft zuständig, weil vor diese nach § 101 Nr. 3c des Gerichtsverfassungsgesetzes die Ansprüche aus den Rechtsverhältnissen, die sich auf den Schutz der Marken beziehen, gehören. Auf die Verletzung des Firmen- und Namensrechts kann man diese Vorschrift nicht füglich ausdehnen, und da §. 101 Nr. 3b G.V.G. hier nicht zur Anwendung kommt, weil im Bezeichnen der Waaren kein Gebrauch der Handelsfirma liegt (N. 1), so ergiebt sich der unangenehme Dualismus, daß zwar Verletzungen des Zeichenrechts vor den Kammern für Handelssachen zum Austrag gebracht werden, während die denselben gesetzlichen Bestimmungen unterstehenden Verletzungen des Namens- oder Firmenrechts mittels Waarenbezeichnung vor die Civilkammern gehören. Um dem zu entgehen, bemerken die Motive, daß in allen bürgerlichen Rechtsstreitigkeiten, durch welche ein Anspruch auf Grund dieses Gesetzes geltend gemacht wird, bei dem Landgericht die Kammern für Handelssachen zuständig seien. Eine ausdrückliche Bestimmung erscheine nicht erforderlich, da der Ausdruck „Marke" im §. 101 Nr. 3c im weiteren Sinne zu verstehen ist und nach der Auffassung des Entwurfs mit dem Begriff „Waarenbezeichnung" zusammenfällt (S. 19).

Ueber die Gewagtheit dieser Art von Auslegung kann kaum ein Zweifel sein, trotzdem empfiehlt es sich aus Zweckmäßigkeitsgründen, dieser „authentischen" Interpretation der Motive zu folgen.

Als Revisionsinstanz fungirt ausschließlich das Reichsgericht (§. 21).

15. Dem Kläger liegt die Beweislast ob

a) daß der Beklagte sein Recht verletzt hat (N. 16),

b) daß dies wissentlich oder aus grober Fahrlässigkeit geschehen ist (N. 17),

c) daß ihm, dem Kläger, dadurch ein Schaden von einer bestimmten Höhe entstanden ist (N. 18).

16. Zum Nachweise der objektiven Rechtsverletzung wird Kläger regelmäßig sein Recht und die Verletzung desselben darthun müssen. Das erstere wird er meistens durch einen Auszug aus dem Handelsregister (Firma), der Zeichenrolle (Waarenzeichen) oder dem standesamtlichen Register (Name) nachweisen, das zweite durch Vorlegung eines Falsifikats. Wegen der Uebereinstimmung ist §. 20 zu berücksichtigen.

Ob eine Uebereinstimmung vorliegt, wird das Gericht regelmäßig auf Grund des Augenscheins selbstständig beurtheilen können. Wenn aber z. B. bei einer Exportwaare diese Frage von dem Bildungsgrade der ausländischen Konsumenten abhängt, so wird es zweckmäßig darüber Sachverständige hören. Handelt es sich um ein Waarenzeichen und liegen abweichende Gutachten mehrerer Sachverständiger vor, so kann das Gericht das Gutachten des Patentamts einholen (§. 11). Das Gericht darf dem Sachverständigen oder dem Patentamt nicht, wie es in Patentprozessen bisweilen geschieht (Katz in der Jurist. Wochenschrift 1893 S. 462; vergl. R.G. in der Jurist. Wochenschrift 1892 S. 430 und im Patentblatt 1892 S. 690), summarisch die Frage vorlegen, ob der Beklagte das klägerische Recht verletzt oder, was auf dasselbe herauskommt, ob eine Uebereinstimmung vorliegt, denn dies wäre eine Rechtsfrage, deren Entscheidung ausschließlich dem Gericht obliegt. Vielmehr muß es genau die Thatfragen spezialisiren, deren Beantwortung es für nöthig erachtet, um dann selbst zu einem Urtheile über die Uebereinstimmung zu gelangen.

17. Das subjektive Moment ist bei Nachahmung von Waarenzeichen häufig schwer in stringenter Weise nachzuweisen, der Kläger wird regelmäßig dem Richter nur Thatsachen unterbreiten können, welche einen Anhalt für die Annahme von dolus oder lata culpa geben: hier muß die freie Beweistheorie des §. 259 C.P.O. eingreifen, der Richter muß an ihrer Hand sich frei seine Ueberzeugung bilden, ob jenes Moment vorhanden ist oder nicht. Der Berechtigte kann den Beweis zwar nicht ersetzen, wohl aber sich erleichtern, indem er — wozu er nach dem Gesetze an sich nicht verpflichtet ist — das Waarenzeichen mit einem Zusatze versieht, welcher darauf hinweist, daß das Zeichen geschützt ist (z. B. Schutzmarke, trade mark, registered, déposé u. dergl.). Nur darf er nicht einen Zusatz wählen, welcher den Irrthum erregen könnte, daß der bezeichnete Gegenstand durch ein Reichspatent geschützt sei, denn dies wäre nach §. 40 des Patentgesetzes strafbar (vergl. Seligsohn Patentgesetz S. 265). Auch ist es zweckmäßig, wenn der Berechtigte, sobald er von einer Verletzung erfährt, den Verletzer unter Hinweis auf sein Recht warnt.

Eine Rechtsvermuthung, daß die amtliche Bekanntmachung des Waarenzeichens oder der Firma schon genüge, um das strafbare Bewußtsein oder mindestens die grobe Fahrlässigkeit des Verletzers zu erweisen, hat das Gesetz nicht aufgestellt, der Richter darf also eine solche nicht ohne Weiteres annehmen (vergl. R.G. Straff. 5, 268). Es kann allerdings unter Umständen in dem Nichtlesen der amtlichen Bekanntmachung eine grobe Fahrlässigkeit liegen; vergl. N. 8.

Es ist streitig, ob der Berechtigte, welcher mit Erfolg auf Unterlassung der Störung geklagt hatte, von dem Störenden ohne Weiteres wegen der nach Zustellung der Negatoria fortgesetzten Benutzung Entschädigung verlangen kann oder ob es auch hier noch erst des besonderen Nachweises eines Verschuldens bedarf. Das Reichsgericht hat sich in wiederholten Entscheidungen (R.G. 21, 68; Jurist. Wochenschr. 1889 S. 72) für die letztere Ansicht ausgesprochen, Bolze in den Beiträgen zur Erläuterung des Deutschen Rechts Bd. 33 S. 9 und Kohler Aus dem Patent- und Industrierecht II S. 1 vertreten die erstere. Die Ansicht des Reichsgerichts erscheint zutreffender. Die obigen Entscheidungen, in denen sie ausgedrückt ist, beziehen sich unmittelbar auf das Patentrecht, sie sind aber wegen der Gleichheit der gesetzlichen Bestimmungen ohne Weiteres auf die uns hier beschäftigenden Rechte anzuwenden. Nach den Ausführungen des Reichsgerichts will das Gesetz mit seinen Bestimmungen über die Entschädigungspflicht bezw. ihre Voraussetzungen die Materie einheitlich regeln; diese Absicht würde vereitelt werden, wenn die landesrechtichen Vorschriften über die Wirkungen der Klageerhebung daneben anwendbar wären. Das Gesetz verlangt Wissentlichkeit oder grobe Fahrlässigkeit; wenn auch diese Momente durch die Klageerhebung beim Verletzenden erzeugt werden können, so ist es doch denkbar, daß dies nicht der Fall ist (vergl. den Fall in R.G. 21, 68), und eine durch die Erhebung der Klage begründete Präsumtion oder Fiktion des dolus oder der lata culpa ist im Gesetze nicht aufgestellt. Natürlich wird der Richter diese Momente für die Zeit nach der Klageerhebung regelmäßig eher annehmen können, als für die vorangegangene Zeit, er wird aber auch für jene Zeit den Kläger nicht von der Beweispflicht entbinden dürfen. Der von Kohler (a. a. O. S. 5) als ausschlaggebend hervorgehobene Gesichtspunkt, daß der Kläger durch Erhebung der Negatoria bewirke, daß von nun an die Erfindungsausbeute des Gegners als eine Ausbeute zu betrachten sei, von welcher der Ausgang des Prozesses entscheide, zu wessen Gunsten sie erfolge, dürfte einer petitio principii nahe kommen.

Behauptet der Beklagte, daß die Wissentlichkeit im vorliegenden Fall durch einen Irrthum seinerseits ausgeschlossen ist, so hat er den Irrthum zu beweisen (R.G. 15, 75).

18. Der §. 16 des Markenschutzgesetzes bestimmte:

Darüber, ob ein Schaden entstanden ist, und wie hoch sich derselbe beläuft, entscheidet das Gericht unter Würdigung aller Umstände nach freier Ueberzeugung.

Das jetzige Gesetz nahm diese Bestimmung nicht auf, weil sie durch §. 260 der Civilprozeßordnung überflüssig geworden war (Kommissionsbericht S. 7). Derselbe besagt nämlich:

> Ist unter den Parteien streitig, ob ein Schaden entstanden sei, und wie hoch sich der Schaden oder ein zu ersetzendes Interesse belaufe, so entscheidet hierüber das Gericht unter Würdigung aller Umstände nach freier Ueberzeugung. Ob und inwieweit eine beantragte Beweisaufnahme oder von Amtswegen die Begutachtung durch Sachverständige anzuordnen sei, bleibt dem Ermessen des Gerichts überlassen. Das Gericht kann anordnen, dass der Beweisführer den Schaden oder das Interesse eidlich schätze. In diesem Falle hat das Gericht zugleich den Betrag zu bestimmen, welchen die eidliche Schätzung nicht übersteigen darf.
>
> Die Vorschriften über den Schätzungseid werden aufgehoben.

Wenn irgendwo, so ist gerade bei den hier in Betracht kommenden Verletzungen die von allen gesetzlichen Regeln befreite Beweiswürdigung angebracht, denn bei ihnen ist der genaue Nachweis des Schadens regelmäßig unmöglich. Bei den Zweifelsfragen, die hier fast stets sowohl bezüglich der Existenz, als der Höhe des Schadens auftauchen, muß der Richter sich gegenwärtig halten, daß diese Unsicherheit die Folge einer schuldhaften Handlungsweise des Verletzers ist, und deshalb die zweifelhaften Punkte eher zu dessen Nachtheil, als auf Kosten des gekränkten Berechtigten entscheiden. Er darf nicht vom Kläger die Substantiirung des Schadens auf Heller und Pfennig verlangen, sondern muß unter Berücksichtigung der Schwere des Verschuldens eine Summe normiren, von welcher er nach seiner Lebenserfahrung annehmen kann, daß sie geeignet ist, dem Verletzten eine vollständige Satisfaktion zu bieten. Bisher haben unsere Gerichte sich dieser Aufgabe wenig gewachsen gezeigt (Kohler Patentrecht S. 493, Robolski Theorie und Praxis des deutschen Patentrechtes S. 256). Der Kommissionsbericht S. 7 bemerkt hierzu: „Wenn trotz der Bestimmung des §. 260 der Richter vielfach einen in der Regel ganz unmöglichen Nachweis des Schadens gefordert habe und nicht das freie Ermessen entscheiden lasse, wie das in anderen Industrieländern der Fall sei, so war man doch in der Kommission der Meinung, man könne diesen Mangel nicht in dem gegenwärtigen Gesetz erledigen. Es sei zu hoffen, daß die Gerichte künftig mehr wie bisher bei Anwendung des §. 260 der Civilprozeßordnung die eidliche Schätzung des Schadens durch den Kläger zulassen."

19. Während das Patentgesetz und sämmtliche Urheberrechtsgesetze eine dreijährige Verjährungsfrist für die Entschädigungsklage vorschreiben, mangelt es in unserem Gesetze an einer Vorschrift über die Verjährung derselben. In Folge dessen kommen die landesgesetzlichen Vorschriften zur Anwendung, danach verjährt die Klage z. B. nach gemeinem Recht in 30 Jahren, nach Preußischem Landrecht (§. 54 A.L.R. I, 6) in 3 Jahren, nach französischem Recht (art. 2262 des code civ.) in 30 Jahren.

20. Wegen Erlassung einstweiliger Verfügungen siehe N. 17 zu §. 12.

21. Es darf nicht übersehen werden, daß der §. 14 sich nur auf die in die Zeichenrolle eingetragenen Waarenzeichen bezieht (N. 2) und daß §. 24 auf die in die Zeichenregister eingetragenen Zeichen bis zum 1. Oktober 1898 das Markenschutzgesetz für anwendbar erklärt. Nach diesem Gesetze verpflichtet eine fahrlässige Verletzung aber nicht zum Schadensersatze.

Abs. 2.

22. Der Thatbestand des Vergehens deckt sich mit den Voraussetzungen der Entschädigungspflicht, nur daß hier ein Schaden durch die Verletzung nicht entstanden zu sein braucht und daß Wissentlichkeit, nicht bloß grobe Fahrlässigkeit des Verletzers vorliegen muß. Es treffen deshalb die Erörterungen in N. 2—5, 7, 9 hier zu.

Die Bezeichnung der Waare, Verpackung u. s. w. mit Zeichen, Namen oder Firma ist regelmäßig nicht dazu bestimmt, eine Gedankenäußerung des Bezeichnenden Dritten erkennbar zu machen, folglich ist sie keine Urkunde. Es wird deshalb in dem Thatbestande des §. 14 eine Urkundenfälschung gewöhnlich nicht liegen (R.G. Straff. 17, 282). Dagegen kann das Delikt häufig in Konkurrenz mit Betrug begangen werden. Während es nämlich für die Verletzung des Namens-, Firmen- oder Zeichenrechts unerheblich ist, ob die Waare, welche unter der falschen Flagge in Verkehr gebracht wird, von besserer oder schlechterer Beschaffenheit als die Originalwaare oder ob sie ihr gleichwerthig ist (N. 13 zu §. 12), kann unter Umständen darin, daß die unbefugt bezeichnete Waare minderwerthig ist, ein Betrug liegen. Dies ist dann der Fall, wenn der Käufer in dem Irrthume, er erwerbe die geschützte Waare, den für dieselbe eingeführten Preis bewilligt (Feigl S. 47). Außerdem kann Betrug insofern konkurriren, als der Verletzte durch die Täuschung der Abnehmer des Berechtigten Letzterem die Kundschaft schmälert (R.G. Straff. 6, 75). In dem ersten Betrugsfalle ist der Konsument, in dem zweiten der Berechtigte geschädigt.

Ist die Verletzung im Inlande begangen — wann dies der Fall ist, ist in N. 5 zu §. 12 erörtert —, so wird sie bestraft, auch wenn der Thäter ein Ausländer ist (§. 3 des Strafgesetzbuchs). Ist sie dagegen im Auslande begangen, so kann der Thäter zur Verfolgung nur gezogen werden, wenn er ein Deutscher ist und wenn die That auch nach den Gesetzen des Orts, an welchem sie begangen ist, mit Strafe bedroht ist (§. 4 Nr. 3 Str.G.B.). Letzteres wird nur der Fall sein, wenn entweder das Zeichen auch im Auslande eingetragen ist oder wenn Zeichen, Name, Firma auch ohne Eintragung in dem betreffenden Lande strafrechtlichen Schutz genießen. Es genügt aber nicht, daß die That im Auslande unter einem anderen Gesichtspunkte, also etwa als Betrug geahndet wird (Kohler S. 458). Von dem Erforderniß daß die That am Begehungsort mit Strafe bedroht ist, muß abgesehen werden, wenn dieselbe in einer uncivilisirten Gegend oder auf staatenlosem Gebiet, z. B. auf offenem Meere, begangen ist (dies ist sehr streitig; vergl. Olshausen Kommentar zum Str.G.B. §. 4). Berühren ausländische

Waaren, welche zu Unrecht bezeichnet sind, deutsches Gebiet, so kommt §. 17 zur Anwendung.

23. Bezüglich der Frage, wann die erste Alternative des Delikts — das widerrechtliche Versehen mit Zeichen, Namen, Firma — vollendet ist, muß man unterscheiden. Sind das Objekt der Bezeichnung Waaren oder Ankündigungen, Preislisten und dergleichen, dann ist dies mit dem Augenblicke der Fall, wo die Bezeichnung geschehen ist; nur muß diese in der Absicht erfolgt sein, den bezeichneten Gegenstand in den Verkehr zu bringen (N. 8 a. E. zu §. 12). Handelt es sich dagegen um die Verpackung oder Umhüllung, so genügt nicht das in jener Absicht erfolgte Versehen derselben mit Zeichen, Firma, Namen, sondern es muß noch hinzukommen, daß die Verpackung oder Umhüllung in die bestimmungsgemäße Verbindung mit der Waare gebracht ist, also ihre Funktion als Verpackung oder Umhüllung ausübt (R.G. Straff. 13, 388, Kohler S. 385). Daraus ergeben sich folgende Konsequenzen. Wenn ein Buchdruckereibesitzer auf Bestellung oder freiwillig Etiketts zu Cognacflaschen mit der Firma oder dem Zeichen eines renommirten Geschäftshauses druckt in der Absicht, sie den Konkurrenten dieses Hauses zu liefern, so liegt darin noch kein selbstständiges Delikt, und zwar deshalb nicht, weil die Etiketts mit der Waare noch nicht verbunden sind. Ebenso wenig ist es an sich strafbar, wenn Fabrikanten wissentlich für Unberechtigte Flaschen, Krüge, Kisten, Düten u. s. w., die leer sind, mit dem Zeichen oder der Firma eines Dritten versehen (R.G. Straff. 13, 388). In beiden Handlungen kann allerdings Beihilfe zu dem Delikte eines Anderen liegen (N. 27). Dagegen würde ein selbstständiges Delikt jenes Buchdruckereibesitzers vorliegen, wenn er in der oben angegebenen Absicht statt der Etiketts Preislisten oder Fakturen mit einer fremden Firma oder einem fremden Zeichen gedruckt hätte. Der innere Grund für diese Verschiedenheit ist darin zu finden, daß Etiketts und Umhüllungen ihre Funktionen nur in Verbindung mit der Waare erfüllen, während dies bei den Geschäftspapieren nicht der Fall ist.

Die zweite Alternative des Delikts — das Inverkehrbringen der widerrechtlich gekennzeichneten Waare — ist mit dem Augenblicke vollendet, wo die Waare in den Verkehr gebracht ist. Daß dies nicht erst durch den Verkauf der Waare, sondern auch durch gewisse Vorbereitungshandlungen zu demselben stattfindet, darüber siehe N. 9 zu §. 12.

Handlungen, welche vor der Vollendung liegen, können höchstens in das Stadium des Versuchs fallen. Dieser ist aber nach §. 43 Abs. 2 des Strafgesetzbuchs straflos und begründet auch keine Entschädigungspflicht.

24. Unter einem fortgesetzten Vergehen versteht man eine Reihe von Handlungen, von welchen jede einzelne den vollen Thatbestand des Delikts enthält, die aber, weil einem und demselben verbrecherischen Vorsatze (Einheitlichkeit des Entschlusses genügt nicht: R.G. Straff. 22, 235) entflossen, als eine strafrechtliche Einheit angesehen werden (R.G. Straff. 15, 23; 15, 370; Olshausen Kommentar zum Strafgesetzbuch §. 73). Gerade das Vergehen gegen §. 14 wird sich häufig als ein fortgesetztes darstellen, denn regelmäßig wird eine falsche Bezeichnung von Waaren nicht gelegentlich, vereinzelt vorgenommen werden, sondern der Thäter hat meistens den Vorsatz, das fremde Zeichen, die fremde Firma, den fremden Namen in seinem Geschäftsbetriebe zu gebrauchen. Da ein solcher Betrieb eine Reihe von Einzelakten umfaßt, so wird sich der Vorsatz auf diese einzelnen Handlungen miterstrecken. Die Einheitlichkeit des Vorsatzes wird sich häufig auch dadurch manifestiren, daß der Thäter die Falsifikate gleich in größeren Quantitäten herstellt oder bezieht, daß er Mittel zur beliebigen Reproduktion der falschen Bezeichnung (z. B. Druckstempel) sich beschafft u. s. w. (Stenglein-Appelius S. 80).

Von einer Einheitlichkeit des Vorsatzes kann aber nur die Rede sein, wenn sich die verschiedenen Einzelhandlungen gegen dasselbe Rechtsgut wenden. Rechtsgut ist hier, wo es sich um Individualrechte handelt, die Persönlichkeit eines Dritten. Folglich liegen so viele selbstständige strafbare Handlungen vor, als Verletzte vorhanden sind (R.G. Straff. 4, 36; 10, 53). Dagegen wird die Einheitlichkeit dadurch nicht berührt, daß der Thäter seinen gegen dieselbe Person gerichteten Vorsatz auf verschiedene Weise bethätigt, z. B. seine Waaren mit ihrem Zeichen, seine Fakturen mit ihrer Firma versieht. Ist der Thäter einmal wegen Verstoßes gegen §. 14 bestraft worden und verletzt er nachher wiederum denselben, so wird, auch wenn sich sein Vergehen gegen dieselbe Person richtet, durch die Bestrafung die Einheitlichkeit seines Vorsatzes unterbrochen. Man kann nicht die nach der Bestrafung begangenen Handlungen mit den ihr vorausgegangenen zu einem fortgesetzten Delikt vereinigen (R.G. Straff. 20, 316).

Die Natur des fortgesetzten Vergehens als einheitliches Delikt zeigt sich in folgenden Konsequenzen:

a) Es kann nur mit einer einzigen Strafe belegt werden.
b) Die Antragsfrist beginnt erst mit der Kenntniß der letzten Einzelhandlung (R.G. Straff. 15, 370; 20, 226).
c) Die Verjährung beginnt erst mit der letzten Einzelhandlung (R.G. Straff. 10, 203).
d) Die Hauptverhandlung und Urtheilsfällung kann, wenn das Hauptverfahren wegen eines fortgesetzten Delikts eröffnet worden ist, auf solche Einzelfälle erstreckt werden, welche in dem Eröffnungsbeschluß nicht erwähnt oder bisher überhaupt nicht erörtert worden sind (in geeigneten Fällen kommt §. 264 Abs. 4 der Strafprozeßordnung zur Anwendung). Will das Gericht aber wegen mehrerer selbstständigen Delikte verurtheilen, so muß es den Angeklagten auf den veränderten rechtlichen Gesichtspunkt hinweisen (R.G. Straff. 7, 32; 8, 135; 9, 344; 9, 426; 20, 226).
e) Die rechtskräftige Verurtheilung wegen eines fortgesetzten Vergehens konsumirt alle vor der Aburtheilung stattgefundenen Einzelhandlungen, gleichviel, ob sie dem erkennenden Gericht bekannt waren oder nicht (R.G. Straff. 7, 32; 10, 344).

Wegen der Theilnahme Dritter an einem fortgesetzten Vergehen siehe R.G. Straff. 17, 227; 23, 300.

25. Thäter ist nicht der Arbeiter oder Angestellte, welcher den mechanischen Akt des Bezeichnens oder des Inverkehrbringens vornimmt, sondern derjenige, welcher in seinem kaufmännischen, geschäftlichen oder technischen Betriebe jene mechanische Thätigkeit veranlaßt (vergl. R.G. Straff. 12, 34). Deshalb wird regelmäßig derjenige, für dessen Rechnung das Bezeichnen oder Inverkehrbringen stattfindet, als Thäter strafbar sein. Der selbstständige Gewerbetreibende, welcher wissentlich für Andere die falsche Bezeichnung vornimmt, z. B. der Buchdruckereibesitzer, welcher Geschäftspapiere mit Zeichen oder Firma für Andere als den Berechtigten herstellt, wird je nach den Umständen Thäter oder Gehilfe sein. Er wird regelmäßig Thäter sein, wenn er aus eigenem Entschluß solche Papiere herstellt, um sie an die Konkurrenten des Berechtigten zu verkaufen, Gehilfe, wenn er es auf Bestellung thut (vergl. Allfeld S. 82).

Nur physische Personen können sich strafbar machen. Wenn eine juristische Person, z. B. eine Aktiengesellschaft, ein fremdes Waarenzeichen benutzt, so sind ihre Organe, denen Wissentlichkeit zur Last fällt, als Thäter zu strafen, bei der Benutzung durch eine offene Handelsgesellschaft ebenfalls nur diejenigen Sozien, welchen Wissentlichkeit nachgewiesen werden kann (Kohler Aus dem Patent- und Industrierecht II S. 13). Eine Vorschrift des Inhalts, daß bestimmte Organe oder die Sozien von der Verletzung Kenntniß haben und für dieselbe aufkommen müssen, wofern sie nicht Umstände darlegen, welche das Gegentheil erweisen, giebt es nicht (R.G. Straff. 5, 105).

Als Mitthäter sind z. B. mehrere Gesellschafter oder Geschäftsführer, die wissentlich handeln, anzusehen (Obertribunal in Goltdammer Archiv 23, 490). Auch eine Mitthäterschaft ist denkbar, ohne daß der Einzelne die Verletzung selbst vorzunehmen brauchte (vergl. R.G. 18, 28). Es reicht hin, wenn sich Mehrere zur Verletzung vereinigen und diese dann im bewußten und gewollten Zusammenwirken verübt wird, sollte auch bei dem Einzelnen der volle Thatbestand des Delikts nicht vorliegen.

26. Der Fall der Anstiftung kommt häufig vor. Darunter fällt es z. B., wenn der Besteller einer Waare von dem Fabrikanten verlangt, daß dieser die herzustellende Waare mit einem für einen Dritten eingetragenen Zeichen versieht, oder wenn ein Lithograph, welcher Waarenzeichen herstellt, einen Gewerbetreibenden überredet, mit diesem Zeichen seine Waaren unberechtigt zu versehen. Voraussetzung ist immer, daß auch der Angestiftete wissentlich das Delikt begeht.

27. Als Gehilfe kommt namentlich der Arbeiter oder Angestellte in Betracht, welcher auf Geheiß die Waare bezeichnet oder in Verkehr bringt, vorausgesetzt, daß bei ihm Wissentlichkeit vorliegt. Auch diejenigen dritten Personen gehören hierher, welche dem Thäter die zu Recht bezeichneten Umhüllungen liefern, damit er sie mit unechtem Inhalt anfüllt, oder welche ihm auf Bestellung fremde Geschäftspapiere oder Waarenzeichen oder auch zur Herstellung von Falsifikaten dienende Druckstempel u. s. w. liefern.

Wenn ein Arbeiter oder Angestellter ohne Wissen des Prinzipals jene Handlungen vorsätzlich vornimmt, dann haftet er nicht als Gehilfe, sondern als Thäter (Kohler S. 390, R.G. in Jurist. Wochenschrift 1893 S. 337).

28. Das Gesetz hat Beweisregeln zum Zweck der Lösung der Schuldfrage im Strafverfahren nicht aufgestellt. Der Richter darf demnach bei der Prüfung des Vorliegens der thatsächlichen Voraussetzungen des Vergehens, z. B. der Wissentlichkeit, nicht besondere Rechtsnormen über Vertheilung der Beweislast bilden, namentlich nicht dem Angeklagten eine solche aufbürden, sondern er hat in selbstständiger Thätigkeit (gemäß §. 153 der Strafprozeßordnung) zur Untersuchung der Sachlage zu schreiten und aus dem Ergebniß der Verhandlung sich gemäß §. 260 Str.P.O. seine Ueberzeugung zu bilden (R.G. im Patentblatt 1883 S. 93.)

29. Die Strafe ist insofern gegen früher verschärft, als der Höchstbetrag der Geldstrafe von 3000 ℳ. auf 5000 ℳ. erhöht worden ist, um den Richter in die Lage zu versetzen, in Fällen schwererer Art ein Strafmaß zu verhängen, welches im Verhältniß zu dem Grade der Verschuldung, zu dem Vermögen des Schuldigen und zu der Höhe des entstandenen Schadens eine angemessene Sühne bildet (Motive S. 16). Der Mindestbetrag der Gefängnißstrafe ist nach §. 16 Str.G.B. ein Tag. Eine nicht beizutreibende Geldstrafe wird in Gefängniß oder, wenn die erkannte Strafe nicht den Betrag von sechshundert Mark und die an ihre Stelle tretende Freiheitsstrafe nicht die Dauer von sechs Wochen übersteigt, nach Ermessen des Gerichts in Haft umgewandelt (§. 28 Str.G.B.).

Ueber die Strafe bei Konkurrenz von strafbaren Handlungen vergl. §§. 73—79 Str.G.B., hier kann namentlich Betrug konkurriren (N. 22).

Im Falle einer Verurtheilung kommt §. 19 in Betracht.

30. Das Vergehen ist ein Antragsdelikt. Die Vorschriften des Strafgesetzbuchs über Antragsdelikte finden auch hier Anwendung:

> §. 61. Eine Handlung, deren Verfolgung nur auf Antrag eintritt, ist nicht zu verfolgen, wenn der zum Antrage Berechtigte es unterlässt, den Antrag binnen drei Monaten zu stellen. Diese Frist beginnt mit dem Tage, seit welchem der zum Antrage Berechtigte von der Handlung und von der Person des Thäters Kenntniss gehabt hat.
>
> §. 62. Wenn von mehreren zum Antrage Berechtigten einer die dreimonatliche Frist versäumt, so wird hierdurch das Recht der übrigen nicht ausgeschlossen.
>
> §. 63. Der Antrag kann nicht getheilt werden. Das gerichtliche Verfahren findet gegen sämmtliche an der Handlung Betheiligte (Thäter und Theilnehmer), sowie gegen den Begünstiger statt, auch wenn nur gegen eine dieser Personen auf Bestrafung angetragen worden ist.
>
> §. 64. Die Zurücknahme des Antrages ist nur in den gesetzlich besonders vorgesehenen Fällen und nur bis zur Verkündung eines auf Strafe lautenden Urtheils zulässig.
>
> Die rechtzeitige Zurücknahme des Antrages gegen eine der vorbezeichneten Personen hat die Einstellung des Verfahrens auch gegen die anderen zur Folge.

§. 65. Der Verletzte, welcher das achtzehnte Lebensjahr vollendet hat, ist selbständig zu dem Antrage auf Bestrafung berechtigt.

So lange der Verletzte minderjährig ist, hat der gesetzliche Vertreter desselben, unabhängig von der eigenen Befugniss des Verletzten, das Recht, den Antrag zu stellen.

Bei bevormundeten Geisteskranken und Taubstummen ist der Vormund der zur Stellung des Antrages Berechtigte.

Wegen der Form des Antrages ist §. 156 Abs. 2 Str.P.O. maßgebend:

Bei strafbaren Handlungen, deren Verfolgung nur auf Antrag eintritt, muss der Antrag bei einem Gericht oder der Staatsanwaltschaft schriftlich oder zu Protokoll, bei einer anderen Behörde schriftlich angebracht werden.

Vergl. zu den Paragraphen des Str.G.B. Olshausen Kommentar, zu §. 156 Str.P.O. Loewe Kommentar, und über Antragsdelikte im Allgemeinen: Fuchs Anklage und Antragsdelikte 1873, Ressel Die Antragsberechtigungen 1873, Reber Die Antragsdelikte 1873.

Der Verletzte ist zum Antrage berechtigt; die Erörterungen in N. 10 finden hier Anwendung. Der durch die falsche Bezeichnung getäuschte Käufer ist nicht berechtigt. Von mehreren Mitinhabern einer Firma ist jeder zu ihrer Vertretung Befugte antragsberechtigt, eine Handelsgesellschaft kann unter ihrer Firma den Antrag stellen (R.G. Straff. 15, 293).

Der Antragsberechtigte braucht den Antrag nicht selbst zu stellen, es kann dies auch ein Dritter für ihn und zwar nicht bloß als sein Bote, sondern als sein Stellvertreter thun, nämlich soweit die Wahrnehmung der durch das Antragsdelikt verletzten Interessen, insbesondere die Vermögensverwaltung dem Dritten übertragen worden ist. In Folge dessen, also nicht auf Grund des Art. 42 des Handelsgesetzbuchs, wird regelmäßig, wenn es sich um Verletzung eines Zeichens oder einer Firma handelt, der Prokurist und ebenso der Generalbevollmächtigte den Antrag stellen können (R.G. Straff. 1, 387; 2, 145; 15, 144). Einen Generalagenten hat das Reichsgericht in einem speziellen Falle ohne besonderen Auftrag des Berechtigten zur Antragstellung nicht für legitimirt erachtet (R.G. Straff. 12, 327). Der gemäß §. 23 Abs. 2 bestellte Vertreter ist kraft Gesetzes zur Stellung von Strafanträgen befugt.

Bei einem fortgesetzten Delikt läuft die Frist von der letzten Einzelhandlung (N. 24).

31. Die Zurücknahme des Strafantrags war früher nicht gestattet, das jetzige Gesetz läßt sie zu, um eine Uebereinstimmung mit dem Patent- und dem Gebrauchsmustergesetz herzustellen (Motive S. 16). Damit ist das allgemeine Interesse an der Verhütung des Vergehens völlig in den Hintergrund gestellt.

Trotzdem der §. 24 Abs. 1 auf die Verletzung der in die Zeichenregister eingetragenen Zeichen das Markenschutzgesetz für anwendbar erklärt, so kann doch nach §. 2 Abs. 2 des Strafgesetzbuchs auch bei Verletzung dieser Zeichen der Antrag stets zurückgenommen werden, gleichviel ob er vor oder nach dem 1. Oktober 1894 gestellt worden war.

§. 15.

Wer zum Zweck der Täuschung in Handel und Verkehr Waaren oder deren Verpackung oder Umhüllung, oder Ankündigungen, Preislisten, Geschäftsbriefe, Empfehlungen, Rechnungen oder dergleichen mit einer Ausstattung, welche innerhalb betheiligter Verkehrskreise als Kennzeichen gleichartiger Waaren eines Anderen gilt, ohne dessen Genehmigung versieht, oder wer zu dem gleichen Zweck derartig gekennzeichnete Waaren in Verkehr bringt oder feilhält, ist dem Verletzten zur Entschädigung verpflichtet und wird mit Geldstrafe von einhundert bis dreitausend Mark oder mit Gefängniß bis zu drei Monaten bestraft. Die Strafverfolgung tritt nur auf Antrag ein. Die Zurücknahme des Antrages ist zulässig.

1. Während das Markenschutzgesetz sich mit dem Schutze des Waarenzeichens begnügte, hat unser Gesetz auch den Schutz der Ausstattung in seinen Rahmen gezogen. Unter letzterer versteht es die besondere Art, in welcher ein Gewerbetreibender seine Waaren, deren Umhüllung, seine Ankündigungen, Preislisten u. s. w. ausstattet, damit der Abnehmer daran die Quelle, aus welcher die Waare stammt, erkennt.

Die Ausstattung hat eine erhebliche wirthschaftliche Bedeutung. Zahlreiche Genußmittel (Tabak, Liköre, Zigarren, Chokoladen, Thee), viele Luxuswaaren, namentlich Parfümerien, Mode- und Toilettenartikel, aber auch unentbehrliche Gegenstände des täglichen Verbrauchs (Butter, Käse, Honig, Zwirn, Nadeln, Seifen, Kerzen, Zündhölzer u. s. w.) werden den Konsumentenkreisen in einer charakteristischen äußeren Darstellung geboten. Nicht minder suchen Gewerbetreibende ihren Preislisten, Fakturen, Geschäftswagen u. s. w. ein eigenartiges charakteristisches Gepräge zu verleihen.

Es widerspricht nun der Redlichkeit im Verkehr, wenn die charakteristische, in den Abnehmerkreisen bekannte und als Ursprungszeichen behandelte Art der äußeren Ausstattung, unter welchen ein bestimmtes Geschäft seine Waaren in den Verkehr zu bringen gewohnt ist, von einem Anderen zu dem Zwecke benutzt wird, um mittels einer Täuschung des Publikums die Werthschätzung der eigenen Waaren zu steigern. Der Betrugsparagraphen des Strafgesetzbuchs kann diesem Gebahren nicht genügend steuern, weil er zu seiner Anwendung u. a. eine eingetretene Vermögensschädigung voraussetzt, der Zeichenschutz genügt auch nicht, einmal weil der Begriff der Ausstattung weiter geht als der des Waarenzeichens, sodann weil mancher Gewerbetreibende für den Schutz eines Kennzeichens nicht dreißig Mark verausgaben will. Deshalb hat das Gesetz für die Ausstattung einen eigenen straf- und civilrechtlichen Schutz eingeführt (Motive S. 17).

2. Die Voraussetzungen des Rechts der Ausstattung sind:

a) Ausstattung,

b) welche als Kennzeichen von Waaren gilt

c) innerhalb betheiligter Verkehrskreise.

Zu a. Die Ausstattung hat nicht bloß den Zweck, die Waare von gleichartigen zu unterscheiden, sondern auch sie zu schmücken und zu schützen. Entsprechendes gilt für die Ausstattung der Ankündigung und dergl. Auch hier ist ihr Hauptzweck, den Gegenstand zu zieren und ihm ein im Verkehr auffallend hervortretendes Aeußere zu gewähren. Alles, was diesen Zwecken dienen kann, Verzierung, Etikettirung, Aufmachung, gehört zur Ausstattung. Es fällt demnach unter ihren Begriff sowohl jedes Kennzeichen, welches die Eigenschaft eines Waarenzeichens hat (N. 10 zu §. 1), als auch darüber hinaus die besondere Gestaltung, eigenthümliche Form oder Farbe der Waare, der Umhüllung, der Ankündigung u. s. w. (z. B. Kugelform einer Seife oder einer Likörflasche, eigenthümliche Kolorirung einer Preisliste, besonderes Format oder auffallende Verzierung eines Geschäftswagens, charakteristische Verschnürung einer bestimmten Waare, eigenthümlicher Verschluß einer Flasche). Ein Zeichen kann sowohl vor seiner Eintragung als nach seiner Löschung als Ausstattung Schutz genießen (vergl. Katz in der Zeitschrift für gewerbl. Rechtsschutz 1894 Nr. 19).

Zu b. Die Ausstattung muß das Kennzeichen von Waaren sein. Das Gesetz will also nicht jede Ausstattung schlechtweg schützen, sondern nur diejenige, welche auf die Herkunft von Waaren hinweist. Es gehört also zwar die charakteristische Ausstattung des Geschäftswagens eines Cigarren- oder Konfektionsgeschäfts, aber nicht die eines Hotelwagens oder der Fuhrwerke einer Omnibusgesellschaft oder eines Arztes hierher, ebenso zwar die eigenthümlich gestalteten Preislisten einer Weinhandlung, aber nicht eines Patentanwalts. Zeitungen, Zeitschriften, Bücher sind für den Verleger Waaren (N. 7, 11 zu §. 1), so daß auch ihre Ausstattung, insbesondere der nicht als Waarenzeichen eingetragene Titel, den Schutz des §. 15 genießen kann.

Zu c. Die betheiligten Verkehrskreise, innerhalb welcher die Ausstattung als Kennzeichen gelten muß, sind die Zwischenhändler, die Detailhändler und die Konsumenten der betreffenden Waare. Die Ausstattung braucht nicht von allen betheiligten Verkehrskreisen als Kennzeichen angesehen zu werden, es genügt, wenn dies nur bei den Händlern oder nur bei den Konsumenten oder auch nur bei einem erheblicheren Theile derselben, z. B. bei denen einer bestimmten Gegend, der Fall ist. Aus diesem Grunde sind die Worte des ersten Entwurfs „in den betheiligten Verkehrskreisen" ersetzt durch „innerhalb betheiligter Verkehrskreise" (Kommissionsbericht S. 7). Ob die Kreise dem Inlande oder Auslande angehören, ist unerheblich (vergl. N. 5 zu § 4). Man wird in der Regel davon ausgehen, daß eine Ausstattung erst durch einen längeren, mehrjährigen Gebrauch sich als Kennzeichen eines bestimmten Gewerbetreibenden einbürgert. Vorher kann die Ausstattung höchstens als Faktor für den Gesammteindruck eines Waarenzeichens an dem Schutze des letzteren partizipiren (N. 2 zu §. 20).

3. Das Recht der Ausstattung ist ein dem Zeichenrecht analoges Recht. Es fließt ebenfalls aus dem Recht der Persönlichkeit und will auch der Verwechselung der von einem bestimmten Gewerbetreibenden in den Verkehr gebrachten Waaren mit denen Anderer vorbeugen (N. 3 zu §. 12).

Der Inhalt des Rechts entspricht gleichfalls dem Zeichenrecht. Derjenige, dessen Ausstattung den Voraussetzungen der N. 2 entspricht, ist ausschließlich befugt, diejenigen Waaren, als deren Kennzeichen seine Ausstattung gilt, oder deren Verpackung oder Umhüllung oder Ankündigungen, Preislisten, Geschäftsbriefe, Empfehlungen, Rechnungen oder dergl. mit der Ausstattung zu versehen und die so gekennzeichneten Waaren in Verkehr zu bringen oder feilzuhalten. Das Recht erstreckt sich auch auf gleichartige Waaren (N. 28 zu §. 4). Es findet seine Schranke in der Vorschrift des §. 13.

Der Umfang des Rechts deckt sich insofern mit seinen Voraussetzungen, als es nur bezüglich derjenigen Interessentenkreise wirkt, von welchen die Ausstattung als Kennzeichen angesehen wird (N. 2 zu c). Ist z. B. die Ausstattung eines Hamburger Kaufmanns, welcher Waaren nach China exportirt, nur in diesem Lande als Kennzeichen der Waaren bekannt, so ist das Recht jenes Kaufmanns territorial auf China beschränkt. Er kann Niemand hindern, für den Export nach Amerika oder für den innerdeutschen Vertrieb dieselbe Ausstattung auch bei gleichartigen Waaren anzuwenden. Dies ergiebt sich daraus, daß die gesetzliche Bestimmung die Täuschung im Handel und Verkehr verhindern will; die Gefahr einer solchen ist aber ausgeschlossen, wenn die neue Ausstattung für Kreise bestimmt ist, denen die Hindeutung der alten auf einen bestimmten Gewerbetreibenden unbekannt ist. Daraus ergiebt sich, daß das Recht auf dieselbe Ausstattung für dieselben Waaren mehreren Gewerbetreibenden zustehen kann: dem A für Süddeutschland, dem B für Ost- und Westpreußen, dem C für Ostasien u. s. w. Wenn C seine mit der Ausstattung versehenen Waaren in Süddeutschland in Verkehr bringen wollte, würde er gegen das Recht des A verstoßen, ebenso würde ein Dritter, welcher dies thut, nur das Recht des A, nicht das des B oder C verletzen. Ausgeschlossen ist es, daß Mehreren das Recht bezüglich derselben Interessentenkreise zusteht. Theoretisch wäre es denkbar, daß eine Ausstattung bei den Händlern einer Gegend auf A hinweist, während sie bei den Konsumenten derselben Gegend als Kennzeichen der Waaren des B bekannt ist; in der Praxis wird dies aber kaum vorkommen.

Das Recht geht auf die Erben über und kann durch Vertrag oder durch Verfügung von Todeswegen auf Andere übertragen werden; es kann jedoch nur zusammen mit dem Geschäftsbetriebe auf einen Anderen übergehen. Diese Grundsätze des § 7 müssen bei der Gleichartigkeit der Rechte auch hier gelten; vergl. bezüglich ihrer N. 3—6 zu §. 7. Ebenso treffen hier auch die Erörterungen über Licenz zu (N. 7 zu §. 7).

4. Schon oben (Einleitung S. 16, N. 10 zu §. 1) ist darauf hingewiesen, daß Ausstattung der allgemeinere Begriff ist, welcher den engeren des Waarenzeichens einschließt, und daß deshalb ein Zeichen, welches nicht eingetragen ist, als Ausstattung Schutz genießen kann. Dies trifft insbesondere auch dann zu, wenn ein Gewerbetreibender im Verkehr sein Zeichen in einer von der Eintragung abweichenden Form gebraucht; die thatsächlich benutzte Form kann zwar nicht als Zeichen, wohl aber als Ausstattung Schutz finden (N. 13 zu §. 12, N. 2 zu §. 14). Ueber das Verhältniß von Ausstattung und Zeichen sei noch Folgendes erwähnt:

a) Das Zeichen dient nur zur Unterscheidung der Waare und wird willkürlich gewählt. Die Ausstattung dagegen hat in erster Reihe andere Zwecke, insbesondere die Waare zu schützen und zu schmücken, in Folge dessen sind für ihre Gestaltung nicht allein die Willkür, sondern vor Allem die Art und die Verpackung der Waare maßgebend.

b) Da in Folge dessen häufig mehrere Gewerbetreibende aus Zweckmäßigkeitsgründen auf dieselbe Art der Ausstattung verfallen können, so erachtete das Gesetz es für unbillig, jede Form der Aufmachung, Verpackung oder Verzierung, welche ein Gewerbetreibender für die von ihm in den Verkehr gebrachten Waaren benutzt, ihm sofort zu monopolisiren. Vielmehr erschien ein Rechtsschutz erst dann angebracht, wenn sich bei dem kaufenden Publikum mit der Länge der Zeit die Ansicht herausgebildet hat, daß diese Form ein Kennzeichen der Waaren eines bestimmten Gewerbetreibenden sei. Aus diesem Grunde hat das Gesetz den Schutz der Ausstattung im Gegensatz zum Zeichen weder von einer amtlichen Eintragung abhängig gemacht, noch durch eine solche entstehen lassen (Motive S. 17). Der längere Besitzstand und die durch ihn hervorgerufene Anschauung des Verkehrs sind das Surrogat der Eintragung.

c) Der Schutz des Zeichens ist intensiver. Die Strafsätze des §. 15 sind niedriger, als die des §. 14; außerdem verlangt der §. 15 im Gegensatz zu §. 14 noch die Täuschungsabsicht und läßt ohne solche nicht einmal die civilrechtliche Entschädigungspflicht eintreten.

d) Das Geltungsgebiet des Zeichenschutzes erstreckt sich über ganz Deutschland und noch über dessen Grenzen hinaus, das der Ausstattung kann territorial beschränkt sein.

e) Wer ein Zeichen für sich eintragen läßt, verhindert dadurch alle Anderen, sich desselben ferner zu bedienen, depossedirt also auch den, welcher Jahre lang ausschließlich dieses Zeichen benutzt hatte, ohne es eintragen zu lassen (N. 2, 4 zu §. 12). Daraus ergiebt sich folgende Konsequenz. Wenn A mit dem nicht eingetragenen Waarenzeichen, welches B seit Jahrzehnten für seine Waaren benutzt und das als Kennzeichen der Waaren des B allgemein bekannt ist, in Täuschungsabsicht seine Waaren versieht, so begeht er das Delikt des §. 15. Läßt A sich aber trotz Kenntniß des Sachverhalts dieses Zeichen eintragen, so wird er legitimer Inhaber desselben, und B macht sich aus §. 14 haftbar, wenn er es noch weiter benutzt. Allerdings wirkt die Eintragung nicht zurück, so daß A wegen der vorherigen Verletzung des fremden Rechts weiter haftbar bleibt. (Reuling in der Zeitschr. für gewerblichen Rechtsschutz 1892 S. 313, Hauß ebenda 1893 S. 371).

5. Die Verletzung des Rechts kann ebenso wie beim Zeichenrecht in zwiefacher Form erfolgen, einmal dadurch, daß man Waaren, Umhüllung (N. 6 zu §. 12), Ankündigungen u. s. w. (N. 7 zu §. 12) mit der Ausstattung eines Anderen versieht (N. 8 zu §. 12), — auf sklavische Nachahmung kommt es nicht an: §. 20 — zweitens, daß man so gekennzeichnete Waaren in den Verkehr bringt (N. 9 zu §. 12). Ob der Thäter die Ausstattung nachahmt oder ob er durch Loslösung der echten Ausstattung von der Originalwaare und ihre Verbindung mit einer anderen die Täuschung begehen will, ist unerheblich; vergl. N. 13 zu §. 12. Das Versehen oder Inverkehrbringen muß objektiv rechtswidrig sein. Dies ist dann nicht der Fall, wenn es der Berechtigte dem Thäter gestattet hatte; die Form der Genehmigung, welche sowohl vorher als nachher erfolgen kann, richtet sich nach den Landesgesetzen. Bei der zweiten Alternative, dem Inverkehrbringen, liegt die Verletzung schon vor, wenn zur Zeit dieses Aktes die Genehmigung fehlt. Hatte also A mit Genehmigung des Berechtigten B Waaren mit der Ausstattung versehen, so darf er, wenn B seine Genehmigung zulässiger Weise zurückzieht, die Waaren nicht in Verkehr setzen (vergl. N. 13 zu §. 12).

Dem Berechtigten stehen dieselben Rechtsbehelfe, wie im Zeichenrecht zur Seite: negatorische Störungsklage, Entschädigungsklage, Strafverfolgung, Feststellungsklage, einstweilige Verfügung (N. 12 zu §. 12). Die Erörterungen zu §. 12 über die Negatoria (N. 13, 14), die Feststellungsklage (N. 15, 16) und die einstweilige Verfügung (N. 17) finden entsprechende Anwendung. Nur bezüglich der Entschädigungsklage und der Strafverfolgung gilt hier etwas Besonderes, indem beide einen eigenthümlich qualifizirten Dolus des Thäters voraussetzen; vergl. darüber die folgende Note. Bemerkt sei, daß auch für die Civilklagen wegen der Ausstattung beim Landgericht die Kammern für Handelssachen zuständig sind (N. 14 zu §. 14).

6. Die Entschädigungsklage und die Strafverfolgung sind dadurch bedingt, daß der Thäter die Verletzung (N. 4) vorgenommen hat zum Zweck der Täuschung in Handel und Verkehr. Es genügt also weder Fahrlässigkeit noch auch Wissentlichkeit des Thäters (N. 7, 8 zu §. 14). Natürlich muß auch, wie bei allen vorsätzlichen Delikten, der allgemeine Dolus vorhanden sein d. h. das Wissen und Wollen sämmtlicher Deliktsmerkmale verbunden mit dem Bewußtsein der Rechtswidrigkeit. Dazu würde hier insbesondere das Bewußtsein des Thäters gehören, daß die Voraussetzungen der Ausstattung (N. 2) vorliegen und daß der Berechtigte ihm nicht die Genehmigung (N. 4) gegeben hat. Aber zu diesem generellen Dolus muß noch der erwähnte Zweck der Täuschung hinzutreten. Ueber den Begriff „Zweck" siehe N. 5 zu §. 16. Der Thäter muß über die Herkunft der Waare täuschen wollen, er muß bezwecken, durch die Ausstattung den Irrthum zu erregen oder zu unterhalten, daß die Waare von dem Berechtigten herrührt. Der zu Täuschende muß den betheiligten Verkehrskreisen (N. 2 zu c) angehören. Es ist nicht nothwendig, daß eine größere Zahl von Händlern oder Konsumenten oder daß gerade ein bestimmtes Individuum getäuscht werden soll; es genügt, wenn überhaupt nur Jemand getäuscht werden sollte. Da eine

Täuschung im Handel und Verkehr bezweckt sein muß, so fällt eine Täuschung zum Scherz, im Familienkreise, bei Gelegenheit einer Schenkung u. dergl. regelmäßig nicht unter das Delikt. Der Täuschungszweck muß, wenn das Delikt in dem rechtswidrigen Inverkehrbringen der Waaren besteht, nur zur Zeit vorhanden sein, wenn der Thäter die Waare in den Verkehr setzte; ob er schon zur Zeit des Ausstattens vorhanden war, ist unerheblich (N. 4).

Da das Täuschenwollen für den Thatbestand ausreicht, so ist nicht nothwendig, daß die bezweckte Täuschung erreicht worden ist. Darin unterscheidet sich das Ausstattungsdelikt vom Betruge (R.G. Straff. 2, 42), mit welchem es konkurriren kann (N. 22 zu §. 14). Es braucht der mit der nachgeahmten Ausstattung versehene Gegenstand überhaupt nicht zur sinnlichen Wahrnehmung des zu Täuschenden gelangt sein (R.G. Straff. 14, 242). Nicht nothwendig ist es, daß durch die Ausstattung der Irrthum erst hervorgerufen werden soll, in der Unterhaltung der Täuschung liegt auch eine Täuschung (R.G. Straff. 13, 245). Hatte z. B. A durch Beilegung eines falschen Namens den Besteller in den Irrthum versetzt, er bestelle bei B, und versieht A nachher zur Unterhaltung der Täuschung seine Waare mit der allbekannten Ausstattung des B, so macht er sich des Delikts ebenfalls schuldig. Daß der Thäter sich oder einem Anderen einen rechtswidrigen Vermögensvortheil verschaffen wollte, ist zum Delikt ebenso wenig erforderlich, wie die Absicht, einen Anderen zu schädigen. Auch darin unterscheidet sich das Delikt vom Betruge.

Im Uebrigen treffen hier die Erörterungen zu §. 14 im Allgemeinen zu: wegen der Entschädigungsklage N. 10—21, wegen der Bestrafung N. 22—29, wegen des Strafantrages N. 30, 31. Wegen der Person des Verletzten siehe N. 3 zu §. 15.

Im Falle der strafrechtlichen Verurtheilung kommen §§. 18, 19 in Betracht. Der §. 11 (Gutachten des Patentamts) findet hier keine Anwendung.

§. 16.

Wer Waaren oder deren Verpackung oder Umhüllung oder Ankündigungen, Preislisten, Geschäftsbriefe, Empfehlungen, Rechnungen oder dergleichen fälschlich mit einem Staatswappen oder mit dem Namen oder Wappen eines Ortes, eines Gemeinde- oder weiteren Kommunalverbandes zu dem Zweck versieht, über Beschaffenheit und Werth der Waaren einen Irrthum zu erregen, oder wer zu dem gleichen Zweck derartig bezeichnete Waaren in Verkehr bringt oder feilhält, wird mit Geldstrafe von einhundertfünfzig bis fünftausend Mark oder mit Gefängniß bis zu sechs Monaten bestraft.

Die Verwendung von Namen, welche nach Handelsgebrauch zur Benennung gewisser Waaren dienen, ohne deren Herkunft bezeichnen zu sollen, fällt unter diese Bestimmung nicht.

1. Bedeutung der Bestimmung.

Abs. 1 (N. 2—7).

2. Thatbestand des Delikts.
3. Name, Wappen.
4. Fälschlich.
5. Zweck.
6. Eintragung als Waarenzeichen.
7. Bestrafung.

Abs. 2 (N. 8—12).

8. Gattungsnamen.
9. Weine.
10. Schaumweine.
11. Mineralquellen.
12. Tabak und Cigarren.

1. In den letzten Jahren tritt in der Gesetzgebung der Kulturländer immer mehr das Bestreben hervor, gegen die Angabe eines falschen Herkunftsortes auf Waaren streng vorzugehen. Am bekanntesten ist nach dieser Richtung die englische Merchandise Marks Act von 1887 geworden, weil ihre Bestimmungen von den Vollzugsorganen vielfach benutzt worden sind, um der unbequemen ausländischen Konkurrenz Fesseln anzulegen (N. 1 zu §. 22). In internationalen Vereinbarungen ist ebenfalls gegen das Unwesen der falschen Ursprungsbezeichnungen Front gemacht, so von mehreren Staaten der Union in der auf der Madrider Konferenz von 1890 geschlossenen Spezialkonvention (Einl. S. 21). Auch in Art. 8 des Uebereinkommens zwischen Deutschland und Oesterreich-Ungarn vom 6. Dezember 1891 hat sich jeder Theil verpflichtet, „soweit dies noch nicht geschehen ist, Bestimmungen gegen den Verkauf und das Feilhalten solcher Waaren zu treffen, welche zum Zweck der Täuschung in Handel und Verkehr mit Staatswappen des anderen Theils oder mit Namen oder Wappen bestimmter, in den Gebieten des anderen Theiles belegenen Orte oder Bezirke behufs Bezeichnung des Ursprungs versehen sind". Ebenso: Art. 7 des Uebereinkommens mit Serbien; ähnlich: Art. 8 des Uebereinkommens mit der Schweiz (Nr. 3, 5, 6 der Anlagen).

Diese Lücke in unserer Gesetzgebung auszufüllen ist der §. 16 bestimmt. Er kann auf Industrie und Handel um so erziehlicher wirken, als die Unsitte, deutsche Produkte mit einem fremdländischen Ursprungsorte zu versehen, leider noch häufig anzutreffen ist.

Das Zeichen- und das Ausstattungsrecht wollen der Verwechselung der Waaren eines bestimmten Individuums mit denen Anderer vorbeugen, der §. 16 dagegen will einer Irreführung der Konsumenten über den Produktions- oder Handelsort entgegenwirken. Ein Verstoß gegen die letztere Bestimmung schließt nicht nothwendig die Verletzung einer bestimmten Persönlichkeit ein. Deshalb erkennt zwar das Gesetz das Zeichen- und das Ausstattungsrecht als Privatrechte an, deren Verletzung — außer den im öffentlichen Interesse statuirten strafrechtlichen Wirkungen — einen Entschädigungsanspruch des Verletzten begründet (N. 3 zu §. 12, N. 3 zu §. 15), während es in §. 16 keinen privatrechtlichen Anspruch, sondern nur einen Deliktsbegriff aufstellt. Das Gesetz giebt weder dem einzelnen Gewerbetreibenden eines bestimmten Ortes oder Distriktes noch der Gesammtheit derselben ein ausschließliches Privatrecht auf die Verwendung des Namens oder des Wappens der Heimath zur Waarenbezeichnung. In Folge dessen haben diese nicht einen negatorischen oder einen Schadensersatzanspruch, wenn ein Unbefugter sich den Namen oder das Wappen zu diesem Zweck anmaßt. Die Strafverfolgung hängt auch nicht von ihrem Willen ab: das Vergehen des §. 16 ist nicht, wie das des §. 14 oder §. 15, ein Antrags-, sondern ein Offizialdelikt.

Abs. 1.

2. Der §. 16 enthält ebenso, wie die beiden vorhergehenden Paragraphen einen sog. Mischthatbestand, d. h. eine Mehrheit selbstständiger nur im Interesse der Kürze alternativ mit einander verbundener Verbrechensthatbestände (Olshausen Kommentar zum Str.G.B. §. 81 N. 3).

I. Der erste Thatbestand verlangt, daß Jemand
  a) Waaren, deren Verpackung oder Umhüllung oder Ankündigungen, Preislisten, Geschäftsbriefe, Empfehlungen, Rechnungen oder dergl. (N. 6, 7 zu §. 12)
  b) mit dem Namen oder Wappen eines Ortes, eines Gemeinde- oder weiteren Kommunalverbandes (N. 3)
  c) fälschlich (N. 4)
  d) versieht (N. 8 zu §. 12)
  e) zu dem Zweck, über Beschaffenheit und Werth der Waaren einen Irrthum zu erregen (N. 5).

II. Der zweite Thatbestand verlangt, daß Jemand
  a) Waaren (N. 6 zu §. 12),
  b) welche versehen sind (N. 8 zu § 12)
  c) fälschlich (N. 4)
  d) mit dem Namen oder Wappen eines Ortes, eines Gemeinde- oder weiteren Kommunalverbandes (N. 3),
  e) in Verkehr bringt oder feilhält (N. 9 zu § 12)
  f) zu dem Zweck, über Beschaffenheit und Werth der Waaren einen Irrthum zu erregen (N. 5).

Außerdem muß bei dem Thäter in beiden Fällen der allgemeine Dolus vorhanden sein, d. h. das Wissen und Wollen sämmtlicher Deliktsmerkmale. Insbesondere muß er das Bewußtsein haben, daß die Bezeichnung fälschlich ist (N. 4); bei dem zweiten Thatbestande braucht dieses Bewußtsein nur zur Zeit des Inverkehrbringens vorhanden zu sein.

3. Das Gesetz schützt Staatswappen, sowie Namen und Wappen eines Ortes, eines Gemeinde- oder weiteren Kommunalverbandes. Dieser Schutz wird durch Abweichungen in der Schreibweise des Namens oder in der Gestaltung des Wappens, durch Zusätze und Weglassungen nicht beeinträchtigt, sofern ungeachtet dieser Abweichungen die Gefahr einer Verwechselung im Verkehr vorliegt (§. 20).

Namen von Staaten sind nicht geschützt und zwar nach den Motiven S. 18 deshalb, „weil ihre Verwendung fast immer nur eine charakterisirende Bedeutung hat und jedenfalls nur Hinweise von solcher Allgemeinheit enthält, daß dabei eine Absicht zu täuschen nicht vorausgesetzt werden kann". Die Richtigkeit dieser Begründung kann dahin gestellt bleiben. Denn selbst wenn sie unrichtig wäre, so ist es nach dem Wortlaut des Gesetzes, welches zwar bei Orten, Gemeinden und Kommunalverbänden Namen und Wappen, bei den Staaten aber nur die Wappen als geschützt erklärt, nicht angängig, den Schutz auch auf die Namen der Staaten auszudehnen. Den Staat aber als weiteren Kommunalverband aufzufassen und auf diese Weise den Namen zu schützen, ist erstens begrifflich unrichtig, zweitens wäre es dann unklar, warum die Staatswappen noch besonders hervorgehoben sind. Man darf also Grüneberger Wein auf dem Etikett Ungarwein nennen, aber man darf nicht das ungarische Wappen auf dem Etikett anbringen. Fällt der Name eines Staats aber mit dem Namen eines Ortes oder eines Kommunalverbandes zusammen (z. B. Hamburg, Bremen, Mexiko), dann genießt der Name Schutz. Natürlich sind Namen von größeren Territorialbegriffen als Staat, z. B. von Erdtheilen, oder Benennungen wie Ostasien, Südamerika ungeschützt. Dagegen gehören die Bezeichnungen aller geringeren Territorialeinheiten hierher.

Davon muß man bei Auslegung der Bestimmung ausgehen. Es fallen zunächst die politischen Gemeinde- oder Kommunalverbände (Dorf, Stadt, Amtsbezirk, Kreis, Landdrostei, Regierungsbezirk, Kanton, Provinz u. s. w.) unter die Vorschrift. Aber man darf nicht bei den öffentlichen Gemeindeverbänden stehen bleiben, sondern man muß alle — auch die historischen oder verkehrsgebräuchlichen — Benennungen von Orten, Distrikten, Landschaften, u. s. w. hierher rechnen. Der Begriff „Ort" ist im weitesten Sinne auszulegen. Er schließt sowohl Distrikte, Gemarkungen, Feldmarken, Landschaften, wie Klöster (z. B. la Chartreuse), Schlösser (man denke an die verschiedenen châteaux im Weinhandel), Häuser, Weiler, Quellen, Brunnen u. s. w. ein (Pouillet n° 396).

Wer das Gesetz nicht in diesem Sinne auslegt, der vereitelt den Zweck der Bestimmung. Denn dann wäre es beispielsweise gestattet, Uhren, welche in Berlin hergestellt sind, mit der Bezeichnung „Schwarzwald" oder Pfälzer Cigarren mit dem Etikett „Vuelta Abajo" (einem bekannten Tabakdistrikt der Insel Cuba) zu versehen (ebenso Allfeld S. 90; a. M. Zeitschrift für gewerbl. Rechtsschutz 1892 S. 354).

Ob die Orte, Landschaften, Verbände dem In- oder Auslande angehören, ist unerheblich (anders in §. 4 Abs. 1 Nr. 2). Im I. Entwurf hatte §. 16 (damals §. 15) allerdings noch nachstehenden Absatz:

> Diese Bestimmung findet zugunsten des Auslandes nur dann Anwendung, wenn dort nach einer im Reichs-Gesetzblatt enthaltenen Bekanntmachung gegen die mißbräuchliche Benutzung deutscher Ursprungsbezeichnungen Schutz gewährt wird.

Dieser Absatz wurde lebhaft bekämpft (vergl. Seligsohn in der Zeitschrift für gewerbl. Rechtsschutz 1893 S. 18) und deshalb in den II. Entwurf nicht aufgenommen.

Ob der Name oder das Wappen allein oder in Verbindung mit anderen wörtlichen oder figürlichen Elementen gebraucht wird, ist ohne Belang.

Auch die mißbräuchliche Benutzung eines Siegels, welches Namen oder Wappen eines Ortes enthält, beispielsweise eines sog. Hopfensiegels, wie solche von einzelnen Gemeinden zur Beglaubigung des Ursprungs ihrer

Hopfenerzeugnisse verwendet zu werden pflegen, fällt unter die Strafbestimmung (Motive S. 18).

Es muß aber stets der Name oder das Wappen eines wirklichen Ortes, Verbandes, Distriktes u. s. w. vorliegen, die Bezeichnung mit Phantasienamen und -wappen steht Jedermann frei. Es kann der Cigarrenhändler seine Waare mit spanischen, der Weinhändler die seinige mit französischen oder italienischen Wörtern beliebig versehen, nur darf er nicht solche wählen, welche mit Ortsbezeichnungen verwechselt werden können (§. 20). Daß in einem solchen Verfahren aber unter Umständen ein Betrug liegen kann, ist selbstverständlich.

4. Die Bezeichnung ist fälschlich, wenn durch sie objektiv der Schein erweckt wird, als stamme die Waare aus einem anderen Herkunftsorte als dem wirklichen.

Die verkehrsgebräuchlichen Benennungen eines Ortes fallen häufig nicht mit seinen politischen Grenzen zusammen. Namentlich die Vororte großer Städte oder die nächste Umgebung von Fabrikstädten pflegen im Geschäftsverkehr zu der betreffenden Stadt gerechnet zu werden. Ist dieses der Fall, so dürfen die Etablissements, welche innerhalb dieser geschäftlichen Peripherie liegen, ihre Waaren mit dem Namen der Stadt bezeichnen. Es wird also z. B. darin, daß eine in Rixdorf, Charlottenburg, Wilmersdorf belegene Fabrik als Ursprungsort ihrer Produkte Berlin angiebt, regelmäßig kein Verstoß gegen §. 16 liegen (Pouillet n° 397, 398).

Nicht erforderlich ist es, daß die Waare ausdrücklich als aus der angegebenen Oertlichkeit herrührend bezeichnet ist. Es genügt, wenn der Ortsname, sei es allein, sei es mit einer anderen Angabe dergestalt zu der Waare, der Verpackung, der Ankündigung u. s. w. in Beziehung gesetzt ist, daß die Meinung entstehen kann, als ob die Waare von dem bezeichneten Orte herrühre (Motive S. 18). Wenn z. B. ein Berliner Fabrikant von Nähnadeln auf ihrer Umhüllung die Anfangsworte des Gedichtes „Der Graf von Habsburg" („Zu Aachen in seiner Kaiserpracht") derart drucken lassen würde, daß das Wort „Aachen" besonders hervortritt, so würde darin eine fälschliche Herkunftsangabe liegen. Es wird eine schwierige, aber verdienstliche Aufgabe des Richters sein, sich den Ideengang des Fälschers zu rekonstruiren. Er wird dann, wenn die — gleichviel in welchem Zusammenhange angewendete — Ortsbezeichnung der Waare zur Empfehlung gereicht, stets davon ausgehen können, daß eine fälschliche Ursprungsbezeichnung vorliegt. In Zweifelsfällen wird er Sachverständige vernehmen.

Der Grundsatz des §. 13, daß Jeder sein persönliches oder geschäftliches Domizil zur Bezeichnung von Waaren gebrauchen darf, erleidet an sich durch §. 16 keine Einschränkung. Daß ein simulirter Wohnort (N. 2 zu §. 13) nicht diese Befugniß verleiht, ist selbstverständlich (Pouillet n° 401). Aber auch bei einem wirklichen Wohnort darf die Befugniß nicht dazu gemißbraucht werden, um den Irrthum zu erregen, als rühre die Waare aus einem anderen Orte her, als es wirklich der Fall ist.

Es darf deshalb der Fabrikant, welcher seine Waare außerhalb seines Wohnortes herstellen läßt, diesen Ort auf der Waare nicht in einer Weise anführen, daß der Schein erweckt wird, als ob damit die Herkunft der Waare bezeichnet werden sollte. Das würde regelmäßig der Fall sein, wenn er den Ort allein, ohne seinen Namen oder seine Firma, auf die Waare setzt. Wenn er aber Namen oder Firma dazu setzt, so hängt es von den Umständen ab, ob in der Angabe seines Domizils ein Hinweis auf den Herstellungsort der Waare gefunden werden kann. Dies wird dann regelmäßig der Fall sein, wenn sein Domizil als Erzeugungsort solcher Waaren bekannt ist. Liegt dieses vor, so muß er einen Zusatz über die wirkliche Herkunft der Waare beifügen. Ein Herr Arnold Müller in Solingen z. B., welcher Stahlwaaren aus Berlin bezieht, würde gegen §. 16 verstoßen, wenn er diese Waaren bloß mit der Inschrift „Solingen“ oder „Arnold Müller Solingen“ in Verkehr brächte. Würde er aber anstatt in Solingen etwa in Posen wohnen, so würde man in der Bezeichnung mit „Arnold Müller Posen“ wohl kaum eine Hindeutung darauf finden, daß die Waaren in Posen fabrizirt sind. Etwas Anderes wäre, wenn nur „Posen“ darauf stände, aber auch in diesem Falle dürfte das Vergehen des §. 16 nicht vorliegen, weil derjenige, welcher bei Stahlwaaren statt Berlin Posen als Herstellungsort angiebt, damit kaum den Zweck verfolgen wird, über den Werth der Waare einen Irrthum zu erregen.

5. Zweck. Der I. Entwurf des Gesetzes verlangte bei dem Thäter nur die „Absicht, durch eine unrichtige Bezeichnung der Herkunft über die Beschaffenheit der Waaren einen Irrthum zu erregen;“ außerdem fehlte der jetzige Absatz 2. In Folge dessen rief die Bestimmung in weiten Kreisen der Gewerbetreibenden, namentlich im Wein- und Tabakhandel, lebhafte Beunruhigung hervor. In den genannten Geschäftszweigen, wie auch in manchen anderen giebt es nämlich eine große Reihe von Bezeichnungen, die sich zwar äußerlich als Herkunftsangaben darstellen, in der That aber nicht die Herkunft, sondern die allgemeine Natur einer Waare bezeichnen sollen (N. 8). Es wurde geltend gemacht, daß derartige zu Gattungsnamen gewordenen Benennungen, welche ihre geographische Bedeutung längst abgestreift haben, Niemanden irreführen. Auch der Konsument wisse, daß mit solchen Bezeichnungen weniger der Ort der Erzeugung als der Charakter des Erzeugnisses gekennzeichnet werden soll, ihm sei wohlbekannt, daß z. B. im Weinhandel diese Namen nur eine Sorte von einer gewissen Beschaffenheit und Preislage andeuten. Unter Berücksichtigung dieser Ausführungen erhielt der Paragraph im II. Entwurf die jetzige Fassung: er bestraft nur denjenigen, welcher eine falsche Herkunftsbezeichnung zu dem Zwecke verwendet, um über Beschaffenheit und Werth der Waaren einen Irrthum zu erregen, und gestattet in Abs. 2 ausdrücklich die Verwendung der zu Gattungsnamen gewordenen Ortsbezeichnungen (Motive S. 17 f., Kommissionsbericht S. 7, Stenogr. Berichte S. 2163—2167).

Unter Zweck versteht man die Richtung des Willens auf ein bestimmtes Ziel. Der Thäter muß also die Irrthumserregung über Beschaffenheit und Werth als Ziel seines Handelns in das Auge gefaßt und sie beabsichtigt haben. Es reicht nicht aus, daß er lediglich das Bewußtsein hatte, es könne Jemand getäuscht werden. Aber jenes Ziel braucht nicht der Endzweck seines

Handelns zu sein: der Thäter kann mit dem Täuschungszweck noch einen weiteren Zweck verbinden, welcher sich als Endzweck oder Beweggrund seines Handelns darstellt. Das berührt den Thatbestand des Delikts nicht (R.G. Straff. 5, 314; 16, 150). Wenn z. B. ein Händler mit sächsischen Spitzen einen Konkurrenten, welcher seine Waare unter dem Werthe verschleudert, dadurch unschädlich machen will, daß er seine Spitzen ebenfalls zu dem ermäßigten Preise, aber mit der Bezeichnung „Brüsseler Spitzen" verkauft, so würde er gegen §. 16 verstoßen.

Der Zweck muß dahin gehen, einen Irrthum zu erregen, d. h. zu täuschen. Insofern deckt er sich mit dem zum Thatbestande des §. 15 erforderlichen Zweck. Wenn dort noch verlangt wird, daß eine Täuschung in Handel und Verkehr bezweckt sein muß, so trifft dies auch hier zu: Täuschungen zum Scherz, im Familienkreise, bei Gelegenheit einer Schenkung u. s. w. fallen regelmäßig nicht unter das Delikt des §. 16. Der Unterschied besteht nur darin, daß dort über die Produktions- oder Verkaufsstätte, hier über Beschaffenheit und Werth der Waare getäuscht werden soll. Unter Berücksichtigung dieses Momentes finden die Erörterungen in N. 6 zu §. 15 hier entsprechende Anwendung.

Es soll ein Irrthum über die Beschaffenheit der Waare erregt werden. Bei der Beschaffenheit ist hier weniger an die inneren Eigenschaften der Waare, als an den Ursprungsort der Waare zu denken. Denn da die inneren Eigenschaften den Hauptfaktor für die Werthbestimmung bilden, so wäre es bei einer anderen Auslegung überflüssig gewesen, zu der Beschaffenheit noch die Worte „und Werth" hinzuzufügen. Außerdem spricht hierfür, daß durch eine falsche Herkunftsbezeichnung zunächst stets ein Irrthum über die Herkunft erregt werden soll. In den Motiven zum I. Entwurf, welcher, wie erwähnt, in seinem korrespondirenden §. 15 für den Thatbestand nur die Absicht verlangte, „durch eine unrichtige Bezeichnung der Herkunft über die Beschaffenheit der Waaren einen Irrthum zu erregen", heißt es auch ausdrücklich:

> „Der Entwurf macht die Strafbarkeit davon abhängig, daß die Absicht unmittelbar darauf gerichtet ist, durch die Wahl der Ursprungsbezeichnung den Abnehmer über den Ort der Herkunft der Waare zu täuschen."

Das Delikt liegt also nach der jetzigen Fassung der Bestimmung vor, wenn außer über den Werth auch noch über die Herkunft der Waare ein Irrthum erregt werden sollte — es ist nicht nothwendig, daß außerdem noch eine Täuschungsabsicht über die „Beschaffenheit" vorliegt.

Der Werth einer Waare kann ein subjektiver oder ein objektiver sein, je nachdem man bei seiner Bemessung von den Interessen, Bedürfnissen, Wünschen gewisser einzelner Personen ausgeht oder nicht. Hier kommt regelmäßig nur der objektive Werth in Betracht. Und zwar ist hier, wo es sich um eine im Interesse des redlichen Verkehrs gegebene Vorschrift handelt, nicht die innere Güte und Brauchbarkeit der Waare maßgebend, sondern derjenige Werth, welchen die Käufer der Waare beilegen. Dieser drückt sich in dem Preise der Waare aus (R.G. Straff. 1, 266). Es ist deshalb für den

Thatbestand des Vergehens nothwendig, daß der Thäter über den an dem betreffenden Orte üblichen Preis der Waare einen Irrthum erregen will. Nehmen wir folgenden Fall. Ein Arzt verordnet dem A Tokayer Wein, A geht zu dem Kaufmann B und verlangt eine Flasche Tokayer; B hat keinen, versieht deshalb eine Flasche Marsalawein mit dem Etikett „Tokayer" und verkauft sie dem A. Hier hatte B unzweifelhaft die Absicht, den A über die Beschaffenheit des Weines zu täuschen. Auch über seinen Werth? War der Marsalawein billiger als der Tokayer, so ist dies zu bejahen, und es kann dem B nicht der Nachweis verstattet werden, daß der innere Werth des Marsala nicht geringer sei als der des Tokayer. War der Marsala theurer, so liegt der Thatbestand des §. 16 unzweifelhaft nicht vor, denn dieser bezieht sich seiner ganzen Tendenz nach nur auf den Fall, daß eine Täuschung zum Nachtheil, nicht zum Vortheil des Abnehmers der Waare bezweckt ist. War der Preis beider Weine derselbe, so mangelt es an einer Irrthumserregung über den Werth, denn wenn auch in dem konkreten Falle der Tokayer gerade für A einen höheren Werth hatte, so kommt hier doch dieser individuelle Werth nicht in Betracht. Und dies selbst dann nicht, wenn B gewußt hätte, daß dem A Tokayerwein verordnet worden war, denn es mangelte ihm auch dann die Absicht, über den Preis der Waare zu täuschen (dagegen würde seine Handlungsweise unter Betrug fallen, vergl. R.G. Straff. 5, 137).

6. Wie ist es, wenn die trügerische Waarenbezeichnung als Waarenzeichen eingetragen worden ist? Den in- und ausländischen Staatswappen, den Wappen eines inländischen Ortes, eines inländischen Gemeinde- oder weiteren Kommunalverbandes ist zwar nach §. 4 Abs. 1 Nr. 2 die Eintragung zu versagen, ebenso nach §. 4 Abs. 1 Nr. 1 solchen Zeichen, welche ausschließlich in Wörtern bestehen, die Angaben über den Ort der Herstellung enthalten. Aber es leuchtet ein, daß trotzdem noch zahlreiche Fälle übrig bleiben, in denen das Zeichen einen Hinweis auf den Herkunftsort der Waare enthalten kann. Man denke an Wappen ausländischer Orte und Verbände, an kombinirte Zeichen, wie Spatenbräu München, u. s. w. Außerdem ist mit der Möglichkeit zu rechnen, daß das Patentamt auch einmal zu Unrecht einträgt. Auch die Nr. 3 des §. 4 Abs. 1, nach welcher Zeichen nicht eingetragen werden sollen, wenn sie Angaben enthalten, die ersichtlich den thatsächlichen Verhältnissen nicht entsprechen und die Gefahr einer Täuschung begründen, ist kein genügendes Vorbeugungsmittel, denn der trügerische Charakter des Zeichens wird bei dem Patentamt häufig nicht sofort erkannt werden, außerdem ist auch die Möglichkeit vorhanden, daß ein Zeichen ursprünglich auf den richtigen Herkunftsort der Waare hinwies, daß aber der Berechtigte im Laufe der Zeit die Waare anderswoher bezieht.

Für alle diese Fälle gilt, daß die Eintragung den Berechtigten nicht vor der Strafe des §. 16 schützt. Dies ist zwar weder im Gesetz noch in der Vorgeschichte desselben zum Ausdrucke gelangt, folgt aber aus der Natur der Sache. Der Gesetzgeber wollte durch den §. 16 den unehrlichen Wettbewerb in einem seiner gemeingefährlichsten Auswüchse treffen, er würde aber eine Prämie auf die Raffinirtheit und Unverfrorenheit des Delinquenten aussetzen, wenn er diesem die Möglichkeit eröffnete, durch Erschleichung der — in den meisten Fällen unstatthaften — Eintragung die Täuschung unter dem Schutze des Gesetzes begehen zu können. Wenn ein Waarenzeichen den Thatbestand des §. 16 erfüllt, d. h. eine fälschliche Herkunftsbezeichnung enthält, so entspricht es den thatsächlichen Verhältnissen nicht und begründet die Gefahr einer Täuschung; folglich soll es nicht eingetragen werden. Ist es trotzdem zur Eintragung gelangt, so giebt das Gesetz Jedermann die Befugniß zur Löschungsklage (§. 9 Abs. 1 Nr. 3) und der nachherigen Löschung rückwirkende Kraft (§. 12 Abs. 2). Aus diesen Bestimmungen geht hervor, daß es nicht dem Geiste des Gesetzes entspricht, den, welcher ein solches Zeichen zu betrügerischen Zwecken ausbeutet, von der allgemeinen Strafsanktion des §. 16 auszunehmen. In jedem Falle hätte es gegenüber dieser allgemeinen Bestimmung einer ausdrücklichen Ausnahme bedurft, der §. 12 enthält eine solche nicht, denn er deckt sich nicht mit dem Thatbestande des §. 16 (Allfeld S. 89 f.).

7. Bestrafung. Die Erörterungen zu §. 14 finden hier entsprechende Anwendung. Namentlich ist dies bezüglich der N. 22 (Thatbestand), N. 23 (Vollendung und Versuch), N. 24 (Fortgesetztes Vergehen), N. 25 (Thäter), N. 26 (Anstifter), N. 27 (Gehilfe), N. 28 (Beweislast), N. 29 (Strafe) der Fall.

Abs. 2.

8. Wir haben oben gesehen, wie aus einem Individualzeichen allmählich ein Freizeichen werden kann (N. 5 zu §. 4) und wie der Name einer Person in Verbindung mit einer bestimmten Waare seine Funktion als Name einbüßen und zu einer Qualitätsbezeichnung der Waare werden kann (N. 3 zu §. 14). Ein analoger Prozeß findet bei Herkunftsbezeichnungen statt. Wenn ein bestimmter Produktionsort einer Waare Ruf erlangt hat, so kommt es häufig vor, daß Produzenten der Waare, welche anderswo wohnen, ihre Waare auch mit dem Namen jenes Ortes versehen. Wird dieser anfängliche Mißbrauch eine lange Zeit frei und ungehindert fortgesetzt, so verliert jener Zusatz allmählich in den Augen der Abnehmer seine ursprüngliche Bedeutung. Er deutet für sie nicht mehr die Herkunft der Waaren an, sondern eine gewisse Qualität derselben. So denken heutzutage die Käufer und die Konsumenten bei Bezeichnungen, wie z. B. Berliner Blau, Schweinfurter Grün, Thorner Pfefferkuchen, Schweizer Käse, Frankfurter Würste, Teltower Rüben, eau de Cologne, Panamahüte u. s. w. nicht daran, daß die betreffenden Artikel gerade in Berlin, Schweinfurt u. s. w. hergestellt worden sind. Diese Bezeichnungen sind zu Gattungsnamen (noms génériques) geworden. Auch das Wort „Cognac" wird hierher zu zählen sein.

Wer mit einer derartigen Bezeichnung seine Waare versieht, verstößt nicht gegen §. 16 Abs. 1, denn erstens sind diese Bezeichnungen nicht fälschlich (N. 4), zweitens erscheint bei ihnen die Absicht, über Beschaffenheit und Werth der Waare zu täuschen (N. 5), ausgeschlossen. Um aber jeden Zweifel darüber zu zerstreuen, daß die Verwendung dieser zu Gattungsnamen gewordenen Ortsbezeichnungen nicht unter die Vorschrift des Abs. 1 fällt, wurde in den II. Entwurf der Abs. 2 eingefügt. Dieser Absatz will, wie ein Regierungskommissar bei der Reichstagsberathung betonte, „keineswegs irgend ein Novum gegenüber den Bestimmungen des Abs. 1 einfügen; er will nur zur Orientirung des Publikums und zur Verhütung von Fehlgriffen bei der Rechtsprechung in anderer Fassung dasselbe sagen, was bereits aus dem Abs. 1 zu entnehmen ist" (Stenogr. Berichte S. 2166).

Ob ein Name noch die Herkunft der Waare bezeichnet oder nicht, dafür ist der Handelsgebrauch maßgebend. Dieses Wort ist hier identisch mit Verkehrssitte (Art. 278 des Handelsgesetzbuchs) und zwar mit den Gepflogenheiten eines redlichen und ehrbaren Verkehrs. Es genügt zur Annahme eines Handelsgebrauchs nicht, daß einzelne oder viele Produzenteu oder Großhändler für anderswo erzeugte Waaren die Ortsbezeichnung usurpirt haben, sondern es kommt auch hier wieder vor allem auf die Anschauungen der Abnehmer und Konsumenten an, insbesondere darauf, ob in deren Augen die Ortsbezeichnung ihre ursprüngliche Bedeutung sich bewahrt hat oder nicht (vergl. N. 5 zu §. 4, N. 3 zu §. 14). Das Gericht wird regelmäßig Sachverständige hören, das Patentamt erstattet kein Gutachten, da es sich nicht um eingetragene Waarenzeichen handelt (§. 11). Die Auswahl und Befragung der Sachverständigen wird mit Umsicht zu erfolgen haben: bestehen dieselben lediglich aus Großhändlern, so liegt die Gefahr nahe, daß sie nur ihren Standpunkt vertreten.

Die Straflosigkeit des Abs. 2 tritt nicht ein, wenn der Produzent dem Gattungsnamen einen Zusatz giebt, durch welchen er den Gattungscharakter paralysirt und die ursprüngliche Bedeutung wieder herstellt, z. B. wenn ein Berliner Fabrikant sein Fabrikat als echtes Kölnisches Wasser, als echten Cognac, natürliches Selterswasser verkauft (Kohler S. 116).

9. Die Gattungsnamen kommen im Handel mit ausländischen und einheimischen Weinen vielfach vor. Der Ausdruck Bordeaux ist auf die Eigenschaft der Stadt Bordeaux als Hauptstapelplatz für die Ausfuhr französischer oder wenigstens in Frankreich durch Verschneiden hergestellter Rothweine zurückzuführen. Unter Médoc, St. Julien und dergleichen versteht man bei uns in den breiten Schichten der Bevölkerung Weine einer gewissen Beschaffenheit und Preislage. Aehnlich ist es mit Bezeichnungen wie Madeira, Malaga, Porto und anderen für die sog. Dessertweine. Die deutschen Weine kamen ursprünglich ausschließlich unter dem Namen größerer Produktionsgebiete als rheinische, fränkische, elsässische u. s. w. Weine in den Handel. Diese Bezeichnungsart hatte den Uebelstand, daß sie Erzeugnisse von sehr verschiedener Beschaffenheit umfaßte, sie wurde daher allmählich durch die Unterscheidung nach Gemarkungen ersetzt. Bei der großen Anzahl derselben konnte es jedoch nicht gelingen, die Namen aller Produktionsorte dem Verkehr geläufig zu machen; man beschränkte sich auf einzelne Namen, welche meist solchen Orten entlehnt wurden, an denen größere Weinmärkte stattzufinden pflegten. Das Bedürfniß fester Qualitätsbezeichnungen einerseits und die Ungleichmäßigkeit in der Beschaffenheit der einzelnen Jahrgänge andererseits führten allmählich dahin, bei der Wahl der Bezeichnung den Schwerpunkt weniger auf den Ort der Erzeugung als auf den Charakter des Erzeugnisses zu legen. Dieser Gebrauch in Verbindung mit der Gepflogenheit des Verschneidens ermöglicht es, demselben Abnehmer dauernd Wein von gleicher Beschaffenheit unter gleichem Namen zu liefern. Dem entsprechend wird im Sprachgebrauche des großen Verkehrs unter „Rüdesheimer“, „Niersteiner“, „Trabener“ und dergl. nicht schlechthin ein Wein verstanden, welcher in der bestimmten Gemarkung gewachsen ist, vielmehr deutet die Bezeichnung auf eine Sorte von gewisser Beschaffenheit und Preislage (Motive S. 18). Im Anschluß an diese Ausführungen fahren die Motive fort: „Der Entwurf (das jetzige Gesetz) betrachtet es nicht als seine Aufgabe, in Verkehrsgewohnheiten einzugreifen, welche in langjähriger Entwickelung sich herausgebildet und schon um deswillen innere Berechtigung erworben haben. Auch vom Standpunkte des Konsumenten aus liegt kein Bedürfniß vor, Gattungsnamen, deren Bedeutung ihm bekannt ist oder bekannt sein müßte, der bisher üblichen Verwendung zu entziehen.“

Diesem Standpunkt der Motive kann nicht völlig beigetreten werden. Er trägt mehr den Anschauungen „des großen Verkehrs“, als denen der Konsumenten Rechnung, während umgekehrt von den Anschauungen der Letzteren auszugehen ist. Es kommt allein darauf an, ob und was der Durchschnitt der Abnehmer und Konsumenten von einem mit den Worten Bordeaux, St. Julien, Malaga, Niersteiner, Rüdesheimer u. s. w. bezeichneten Weine erwartet. Jedenfalls setzt er bei den Worten Bordeaux, St. Julien, Médoc, Estèphe u. dergl. voraus, daß er einen französischen Rothwein erhält, die Erwartung, daß der Wein aus der angegebenen Gemarkung herrührt, hat er wohl erst bei den theureren Sorten. Auch bei den deutschen Weinen kann nur für jeden einzeln die Frage gelöst werden, wo die Herkunftsbezeichnung aufhört und der Gattungsname anfängt. Wenn die Motive und mit ihnen der Kommissionsbericht (S. 7) z. B. Rüdesheimer als eine Bezeichnung anführen, welche nicht auf die Herkunft, sondern auf eine bestimmte Beschaffenheit und Preislage hinweist, so steht dem entgegen, daß es Rüdesheimer zu den verschiedensten Preisen giebt, so daß man also der Bezeichnung nicht anmerken kann, ob die Flasche Wein zwei oder zehn Mark kostet. Bei dem Worte Rüdesheimer denkt vielmehr wohl der größere Theil der Konsumenten daran, daß der Wein ganz oder — im Falle des Verschnitts — zum größeren Theil in der dortigen Gemarkung gewachsen ist. Und ebenso ist es bei den Bezeichnungen Markobrunner, Johannisberger, Rauenthaler u. s. w.

Die Rechtsprechung müßte es sich angelegen sein lassen, der leidigen Unsitte, Weine von unbekanntem Ursprunge mit tönenden Namen zu versehen, ebenso energisch entgegenzutreten, wie dies in anderen Ländern der Fall ist. So heißt es in art. 4 des Abkommens, welches 1890 in Madrid zwischen mehreren Unionsstaaten zur Unterdrückung der falschen Herkunftsbezeichnung geschlossen ist (S. 21):

> Les tribunaux de chaque pays auront à décider quelles sont les appellations qui, à raison de leur caractère générique, échappent aux dispositions du présent Arrangement, les appellations régionales de provenance des produits vinicoles n'étant cependant pas comprises dans la réserve statuée par cet article.

Unter keinen Umständen darf Kunstwein mit dem Orts- oder Lagenamen von Naturwein bezeichnet werden. Die Bezeichnung von Kunstwein oder des Verschnitts von Natur- und Kunstwein mit Namen, wie Rüdesheimer, Brauneberger u. s. w. fällt demnach nie unter den Abs. 2 (Kommissionsbericht S. 7). Dies gilt natürlich auch dann, wenn sich die Fabrik in Rüdesheim oder Brauneberg befindet.

10. In Betreff der moussirenden Weine schreibt der Kommissionsbericht (S. 7):

„Es sei das bisherige Verfahren französischer Geschäftshäuser, ihre in Deutschland hergestellten moussirenden Weine mit der französischen Firma und Wohnort zu bezeichnen, nicht mehr zulässig. Es kommt bei moussirenden Weinen nicht darauf an, von woher die Trauben oder der Wein stammen, die dazu verwendet wurden, sondern nur darauf, wo der Moussirende hergestellt wurde. Aus französischen Trauben oder Wein in Deutschland hergestellter Champagner darf nicht mit französischer Ortsbezeichnung versehen werden oder ein Etikett tragen, welches auf französischen Ursprung deutet."

Diese Ansicht ist durchaus nicht zu billigen. Der Ort, wo der Schaumwein fabrizirt wird, hängt von der Willkür des Fabrikanten ab: er kann Trauben, welche bei Grüneberg gewachsen sind, in Reims verarbeiten und umgekehrt. Demnach giebt der Fabrikationsort nicht den geringsten Anhalt für die Beschaffenheit des Weins, dagegen hängt dieselbe wesentlich von der Güte der Trauben ab. Folglich kann, wenn man die Wahl zu treffen hat, ob die Heimath der Traube oder der Fabrikationsort dem Schaumweine den Namen geben soll, die Entscheidung nicht zweifelhaft sein. Trotz seiner Bearbeitung ist es nicht richtig, den Schaumwein als ein reines Industrieprodukt aufzufassen, für welches der Herstellungsort stets als Produktionsort zu gelten hat (so: die Zeitschriften „Weinbau und Weinhandel" und die „Weinlaube" 1894 S. 259); vielmehr kann er bei seiner Zwitterstellung zwischen den Natur- und Industrieprodukten nur durch den Ort, wo die Traube gewachsen ist, mit einer gewissen Zuverlässigkeit charakterisirt werden (Kohler S. 114; vergl. Pouillet n° 399, 400). Die in der angezogenen Stelle des Kommissionsberichts betonte Nationalität der Gewerbetreibenden darf die Entscheidung nicht beeinflussen. Stellt man sich auf den Standpunkt dieses Berichts, so liegt die Gefahr nahe, daß minderwerthige deutsche Trauben in der Champagne verarbeitet werden, um dann als französischer Champagner zu uns zurückzukehren — und dies wäre für die Konsumenten noch schlimmer als das gerügte Verfahren der französischen Geschäftshäuser.

11. Unter der Schutzlosigkeit der geographischen Benennungen hatten bisher die Kurorte und Mineralquellen sehr zu leiden. Während in anderen Ländern, z. B. in Oesterreich, strenge Verordnungen zur Verhütung des Mißbrauchs mit Kurort- und Quellennamen bestanden, konnte in Deutschland jeder Fabrikant das erste beste Wasser mit der Benennung eines berühmten Kurortes oder Kurbrunnens versehen und so dessen Ruf für sich ausnützen (Zeitschrift für gewerbl. Rechtsschutz 1893 S. 92). Dies würde jetzt regelmäßig unter den Abs. 1 des §. 16 fallen, denn auch die Brunnen und Quellen gehören zu den Orten, deren Namen er schützt (N. 3). Es sind also nicht bloß Bezeichnungen, wie Karlsbader Salz, Emser Pastillen, sondern auch Apollinarisbrunnen, Marienbader Kreuzbrunnen, Rakoczyquelle (in Kissingen) geschützt.

Indessen darf dies nicht zu weit ausgedehnt werden. In neuerer Zeit ahmt man bekanntlich die Mineralwasser nach, indem man sie künstlich aus ihren wichtigsten Bestandtheilen zusammensetzt, und oft erreicht man mit diesem künstlichen Wasser denselben Erfolg, wie mit dem natürlichen. Der Fabrikant eines solchen künstlichen Wassers darf nicht verhindert werden, zur Charakterisirung seines Fabrikats den Namen des Originalwassers zu verwenden, wenn er es nur in einer Weise thut, welche jede Verwechselung ausschließt, z. B. künstlicher Rakoczy, künstliches Karlsbader Salz u. s. w. (Kohler S. 117, Pouillet n° 408). Ist allerdings eine Bezeichnung Gattungsname geworden, wie es wohl z. B. bei Selterswasser der Fall ist, so steht ihre zusatzlose Anwendung Jedem frei; erst Zusätze, wie „natürliches Selterswasser" sind geeignet, eine Täuschung über den Herkunftsort zu erzeugen (N. 8 a. E.).

12. Gattungsnamen finden sich vielfach im Tabakhandel. Die Motive führen aus (S. 18):

> „Im Verkehr mit Tabak ist von Alters her der Gebrauch eingebürgert, Erzeugnisse, welche in der Form, in der Packung, in der Beschaffenheit, in der Herstellungsweise gewisse Eigenthümlichkeiten aufweisen, mit dem Namen desjenigen Ortes oder Landes zu kennzeichnen, dessen Produkte zuerst jene Eigenthümlichkeiten zeigten und hierdurch im Verkehr bekannt geworden sind. Die Bezeichnung „Pariser" soll nicht darauf hindeuten, daß der Schnupftabak in Paris hergestellt sei, sie ist der Name einer gewissen Sorte, die ursprünglich durch eine charakteristische Packungsform nach außen kenntlich war. In gleicher Weise haben für die Zigarrenfabrikation Bezeichnungen, wie „Havana", „Amsterdam" und andere, spanischen, niederländischen und amerikanischen Orten entlehnte Namen ihre geographische Bedeutung längst verloren."

Diesen Ausführungen stehen zum Theil dieselben Bedenken entgegen, wie den entsprechenden Bemerkungen der Motive über die Gattungsnamen im Weinhandel (N. 9). Beide Ausführungen fehlten in der Begründung des I. Entwurfs, sie sind erst in Folge der lebhaften Agitation der Wein- und Tabakhändler in die Motive des II. Entwurfs gekommen. Beide nehmen zu wenig Rücksicht auf den Standpunkt des konsumirenden Publikums, zu dessen Schutze die Strafvorschrift des §. 16 gegeben ist. Insbesondere erscheint der letzte Satz der obigen Ausführungen irreführend. Es mag ja richtig sein, daß man in der Verkehrssprache bei dem Worte Havanacigarre nicht voraussetzt, daß dieselbe gerade in Havana, der Hauptstadt der Insel Cuba, fabrizirt worden ist. Aber zum mindesten denkt der Konsument doch daran, daß der zu ihr verarbeitete Tabak auf der Insel Cuba und nicht etwa in der Pfalz gewachsen ist. Es ist damit etwa analog, wie mit der Bezeichnung Bordeaux für Weine (N. 9). Auch hier kann als Prinzip immer nur betont werden, daß die Anschauungen der Abnehmer und Konsumenten maßgebend sein müssen.

§. 17.

Ausländische Waaren, welche mit einer deutschen Firma und Ortsbezeichnung, oder mit einem in die Zeichenrolle eingetragenen Waarenzeichen widerrechtlich versehen sind, unterliegen bei ihrem Eingang nach Deutschland zur Einfuhr oder Durchfuhr auf Antrag des Verletzten und gegen Sicherheitsleistung der Beschlagnahme und Einziehung. Die Beschlagnahme erfolgt durch die Zoll- und Steuerbehörden, die Festsetzung der Einziehung durch Strafbescheid der Verwaltungsbehörden (§. 459 der Strafprozeßordnung).

1. Bedeutung der Bestimmung.
2—4. Materielle Voraussetzungen.
 2. Ausländische Waaren.
 3. Widerrechtliche Bezeichnung.
 4. Eingang nach Deutschland.
5—6. Formelle Voraussetzungen.
 5. Antrag des Verletzten.
 6. Sicherheitsleistung.
7. Beschlagnahme.
8. Einziehung.

1. Bedeutung der Bestimmung. Die Vorschrift fehlte im I. und II. Entwurf, sie verdankt ihre Entstehung der Kommission des Reichstags. In dem Berichte derselben S. 8 heißt es zu §. 15a (jetzt §. 17):

> „Der §. 15a wurde neu eingeführt, derselbe bezweckt die Verhinderung rechtswidriger Waarenbezeichnungen durch Ausländer. Wenn der Verletzte nachweist, daß eine widerrechtliche Anwendung seiner Firma, seines Namens oder seines Waarenzeichens vorliegt, sollen derartig bezeichnete Waaren nicht zur Einfuhr oder Durchfuhr zugelassen werden. Gegenüber dem Inländer, der etwa im Auslande den durch dieses Gesetz gewährten Schutz verletzt, kommen, gleichgültig ob er die widerrechtlich gezeichneten Waaren einzuführen versucht oder nicht, die Strafbestimmungen der §§. 13 ff. (jetzt: 14 ff.) zur Anwendung, darüber besteht kein Zweifel. Diese Strafparagraphen werden aber gegen den Ausländer, der widerrechtlich bezeichnete Waaren einführt, thatsächlich nicht angewendet werden können und dem inländischen Gewerbetreibenden muß deshalb dem Ausländer gegenüber der Schutz des neuen §. 15a gewährt werden."

Mit dieser Begründung deckt sich die Vorschrift nicht. Erstere wendet sich gegen die falsche Waarenbezeichnung durch Ausländer, letztere wendet sich gegen die falsch bezeichneten ausländischen Waaren. Die Entscheidung, was wesentlich ist, der Fabrikationsort der Waare oder die Nationalität desjenigen, welcher sie in Verkehr bringt, muß zu Gunsten der ersten Alternative beantwortet werden. Dafür sprechen: der Wortlaut des §. 17 („ausländische Waaren", „bei ihrem Eingang nach Deutschland"), das Vorbild der anderen Gesetzgebungen (z. B. art. 19 des französischen Markenschutzgesetzes: tous les produits étrangers) und die Analogie des §. 22. Letzterer Paragraph und §. 17 stehen in einem engen Zusammenhang: beide wollen verhüten, daß

Waaren, welche im Auslande hergestellt sind, als deutsche Waaren in den inländischen Verkehr kommen. Der §. 17 will dies negativ erreichen, indem er sie hindert, eine deutsche Bezeichnung zu usurpiren, der §. 22 positiv, indem er sie zwingt, ihre ausländische Herkunft zu bekennen. Der §. 17 ordnet direkt an, der §. 22 giebt dem Bundesrathe die Befugniß, eine Anordnung zu treffen. Der §. 17 schützt privatrechtliche Interessen, gestattet deshalb ein Vorgehen nur auf Antrag und gegen Sicherheitsleistung des Verletzten, der §. 22 dient öffentlichen Interessen und gestattet deshalb ein Vorgehen von Amtswegen. Die Folgen des Zuwiderhandelns sind bei beiden dieselben: Beschlagnahme und Einziehung der Waaren.

Der §. 17 setzt kein Delikt voraus. Er verlangt nur eine objektive Widerrechtlichkeit. Daß der Einführende wissentlich oder grob fahrlässig in das Recht des Anderen eingreift (§. 14), ist nicht nothwendig. Er giebt dem Berechtigten die Möglichkeit, die Behörden zu einer Präventivmaßregel zu veranlassen, um einer Verletzung seines Rechts vorzubeugen.

2. Ausländische Waaren sind solche, welche außerhalb Deutschlands hergestellt worden sind (N. 1); ob sie einem Deutschen oder Nichtdeutschen gehören, ist unerheblich. Ausländisch sind auch Waaren, welche in den Ländern hergestellt sind, mit denen wir die unter Nr. 3—6 der Anlagen abgedruckten Verträge geschlossen haben. Geschah die Herstellung theils in Deutschland, theils im Auslande, so ist die Waare keine ausländische, es sei denn, daß die an ihr in Deutschland vorgenommene Thätigkeit eine verhältnißmäßig geringfügige ist. Deutsche Waaren, die zur Appretur in das Ausland geschickt worden sind, werden dadurch nicht zu ausländischen.

3. Widerrechtliche Bezeichnung. Die Bestimmung schützt das Namens-, Firmen- und Zeichenrecht, bezieht sich also nicht auf den Fall, wenn die Waare mit einer fremden Ausstattung (§. 15) oder nur mit einer unrichtigen Herkunftsangabe (§. 16) versehen ist. Der Name wird allerdings in §. 17 (anders in §§. 13, 14) nicht erwähnt, indeß dies beruht wohl nur auf einem — vielleicht durch die Hast, in welcher die Kommissionsberathung zu Ende geführt wurde (vergl. Kommissionsbericht S. 10, Stenogr. Berichte S. 2173), erklärlichen — Versehen. Es fehlt an jedem vernünftigen Grunde, weshalb gerade hier im Gegensatz zu der allgemeinen Tendenz des Gesetzes nur die firmenführenden Kaufleute und nicht die anderen Gewerbetreibenden Schutz finden sollen; auch ist in dem Passus des Kommissionsberichts, welcher die Einschaltung des §. 17 begründet (N. 1), ausdrücklich der Name neben Firma und Waarenzeichen als zu schützendes Objekt genannt. Man muß deshalb das Wort „Firma" extensiv auslegen, so daß es die Namen aller Gewerbetreibenden einschließt.

Das Zeichen ist nur geschützt, wenn es in die Zeichenrolle eingetragen ist, also nicht, wenn es bloß in den gerichtlichen Zeichenregistern steht.

Der §. 17 findet nicht Anwendung, wenn die Waaren bloß mit einer deutschen Firma oder einem deutschen Namen versehen sind, sollte es auch unzweifelhaft sein, wessen Firma oder wessen Name usurpirt ist. Es muß außer dem Namen oder der Firma sich noch eine Ortsbezeichnung und und zwar eine deutsche auf der Waare befinden. Wegen des Begriffes „Ort" siehe N. 3 zu §. 16, nur umfaßt er hier außer Gemeinde- und weiteren Kommunalverbänden auch Länder.

Orte, deren Namen in und außer Deutschland vorkommen, gelten als deutsche, wofern dies nicht durch einen Zusatz auf der Waare ausgeschlossen ist. Dasselbe gilt für Namen, Firmen, Zeichen, welche sowohl innerhalb Deutschlands als im Auslande geführt oder geschützt werden.

Daß der deutsche Gewerbetreibende in dem angegebenen Orte wohnt oder seine Niederlassung hat, ist nicht erfordert. Nothwendig ist allerdings dann, daß aus den sonstigen Umständen erhellt, daß der Gewerbetreibende, welcher den Antrag stellt, der Verletzte (N. 5) ist. Phantasienamen oder -firmen kann man ungehindert auf die Waare setzen, es fehlt dann an einem Verletzten.

Eine Firma oder ein Name ist deutsch, wenn deren Träger in Deutschland wohnt oder eine Niederlassung hat, sollte er auch einer anderen Nationalität angehören. Dies ergiebt sich aus der Gleichstellung mit dem in die Zeichenrolle eingetragenen Waarenzeichen, bei welchem auch nur der Ort der Niederlassung, nicht die Staatsangehörigkeit des Anmelders in Betracht kommt (vergl. §. 23). Korrekter spricht die entsprechende Bestimmung des französischen Gesetzes von dem nom d'un fabricant résidant en France.

Den Deutschen stehen die Angehörigen der Vertragsstaaten gleich (Art. 1 und 2 der unter Nr. 3—6 der Anlagen abgedruckten Verträge).

Ob die Bezeichnung auf der Waare oder ihrer Umhüllung (N. 6 zu §. 12) angebracht ist, ist unerheblich.

Die Bezeichnung muß widerrechtlich sein (N. 5 zu §. 14).

Im Uebrigen vergl. wegen der Verletzung des Zeichen-, Namens- und Firmenrechts noch N. 2—4 zu §. 14.

4. Die Waaren unterliegen bei ihrem Eingang nach Deutschland der Beschlagnahme, letztere ist deshalb zweckmäßig in die Hände der Zoll- und Steuerbehörde gelegt. Ist die Waare nicht mehr im Machtbereich dieser Behörde, so kann sie die Beschlagnahme nicht mehr vornehmen. Dies schließt nicht aus, daß der Verletzte noch nachher durch den Civilrichter im Wege der einstweiligen Verfügung oder durch Strafrichter, Staatsanwalt, Polizei gemäß §§. 94 ff. der Strafprozeßordnung eine Beschlagnahme der Waare erwirkt.

Ob der Eingang zum Zweck der Einfuhr oder der Durchfuhr erfolgt, ist im Gesetze ausdrücklich für unerheblich erklärt.

5. Der Antrag ist kein Strafantrag im Sinne der §§ 61 ff. des Strafgesetzbuchs, denn es wird hier nicht die Strafpflicht des Staats überhaupt, sondern nur eine bestimmte polizeiliche Präventivmaßregel von dem Vorliegen eines Antrags abhängig gemacht. Der Verletzte kann, auch wenn er jene Präventivmaßregel nicht ergriffen wünscht, dennoch die strafrechtliche Verfolgung des Delikts gemäß §. 14 beantragen. Andrerseits kann der Verletzte, wenn überhaupt kein Delikt vorliegt z. B. wenn der Einführende weder wissentlich noch grob fahrlässig gehandelt hat, nur die Maßregeln des §. 17 in Antrag bringen, ohne einen Strafantrag zu stellen. Es finden deshalb die Vorschriften über den Strafantrag, z. B. über Frist und Form (N. 30 zu §. 14) hier keine Anwendung.

Eine bestimmte Form oder Frist ist hier nicht vorgeschrieben. Es bedarf nicht eines besonderen Antrages auf Beschlagnahme und eines anderen auf Einziehung. Wenn der Verletzte auch nur eine der beiden Maßregeln in seinem Antrage nennt, so haben doch beide zu erfolgen. Häufig wird wegen der Dringlichkeit der Sache der Antrag telegraphisch gestellt werden; die Frist ergiebt sich daraus, daß die Waare noch im Machtbereich der Zoll- und Steuerbehörde sein muß (N. 4).

Wenn die Beschlagnahme auch nur auf Antrag erfolgen darf, so wird man es doch für eine Amtspflicht der Zoll- und Steuerbehörden erachten müssen, wenn sie bei Waaren, welche nach Deutschland eingehen, prima facie der Ansicht sind, daß die materiellen Voraussetzungen des §. 17 vorliegen, die Waaren einstweilen anzuhalten und dem nach ihrer Ansicht Verletzten Mittheilung zu machen, um ihm Gelegenheit zur Antragstellung zu geben. Geht auf ihre — möglichst telegraphische — Mittheilung nicht ohne Verzug der Antrag ein, so haben sie die Waaren passiren zu lassen.

Wegen der Person des Verletzten siehe N. 10, 30 zu §. 14.

Der vom Verletzten gestellte Antrag kann von ihm im Laufe des Verfahrens zu jeder Zeit zurückgenommen werden. Da es sich hier um den Schutz eines Privatrechts handelt, so muß der Schlußsatz der §§. 14, 15 analog angewendet werden.

6. Die Sicherheitsleistung ist obligatorisch. Die Zoll- und Steuerbehörde kann entweder vorgängige Sicherheitsleistung verlangen, bevor sie die Beschlagnahme ausspricht (inzwischen hält sie die Waare an), sie stellt dann dem Verletzten zur Sicherheitsbestellung eine bestimmte Frist, nach deren fruchtlosem Verlaufe sie die Waare passiren läßt. Oder sie nimmt die Waare sofort in Beschlag, indem sie dem Verletzten gleichzeitig eine Frist zur Sicherheitsleistung setzt; nach fruchtlosem Ablauf hebt sie die Beschlagnahme auf. Ob der Verletzte oder ein Dritter die Sicherheit bestellt, ist unerheblich.

Die Zoll- und Steuerbehörde bestimmt nach freiem Ermessen die Höhe der Sicherheitsleistung. Sie wird im einzelnen Falle den Werth der Waaren, die größere oder geringere Zweifelhaftigkeit des Rechts des Verletzten, dessen Vermögenslage u. s. w. berücksichtigen. Die Bestellung der Sicherheit wird regelmäßig durch Hinterlegung in baarem Gelde oder Werthpapieren erfolgen (§. 101 C.P.O.), ausnahmsweise kann die Behörde auch andere Kautionsmittel, z. B. Verbürgung eines zahlungsfähigen Dritten, zulassen.

Die Sicherheit haftet dem Eigenthümer oder Einführer der Waare für die Nachtheile, welche ihm durch eine ungerechtfertigte Beschlagnahme und Einziehung entstehen; ob sein Schadensersatzanspruch von einem Verschulden des Antragstellers abhängig ist, hängt von den Landesgesetzen ab.

7. Die Beschlagnahme besteht in der ausdrücklichen Anordnung, daß die Waare in amtliche Verwahrung zu nehmen oder in anderer Weise sicher zu stellen ist (vergl. Motive zur Strafprozeßordnung S. 153). Die

Beschlagnahme ist nur Mittel zum Zweck; sie soll die Einziehung der Waare sichern, vergl. §. 94 Str.P.O.

Die Behörde ist nicht verpflichtet, auf jeden Antrag ohne Weiteres die Beschlagnahme auszusprechen. Vielmehr hat sie zunächst zu prüfen, ob die Voraussetzungen derselben vorliegen; natürlich wird diese Prüfung wegen der durch die Natur der Sache bedingten Eile nur eine summarische sein dürfen (Kommissionsbericht S. 8).

8. Die Einziehung des §. 17 ist keine Strafe, sondern eine polizeiliche Maßregel, denn sie setzt weder ein kriminelles Verschulden einer Person voraus noch ist sie davon abhängig, daß die Waare „dem Thäter oder einem Theilnehmer" (§. 40 Str.G.B.; vergl. N. 4 zu §. 19) gehört. Sie richtet sich überhaupt nicht gegen eine Person, sondern nur gegen die Waare. Ueber die Einziehung im Allgemeinen vergl. Nissen Die Einziehung 1887, Köbner Die Maßregel der Einziehung 1892, sowie Olshausen Kommentar zum Strafgesetzbuch §§. 40—42.

Die Einziehung muß der Beschlagnahme nicht immer nachfolgen, sondern die Verwaltungsbehörde, an welche die Zoll- oder Steuerbehörde sofort nach vollzogener Beschlagnahme zu berichten hat, hat selbstständig zu erwägen, ob sie die Beschlagnahme aufheben oder die Einziehung festsetzen will. Entschließt sie sich für das Letztere, so richtet sich das Verfahren nach dem dritten Abschnitt des sechsten Buches der Strafprozeßordnung „Verfahren bei Zuwiderhandlung gegen die Vorschriften über die Erhebung öffentlicher Abgabe und Gefälle". Danach tritt zuerst das administrative Strafverfahren ein, indem die Verwaltungsbehörde einen Strafbescheid erläßt. Der Absender der Waare, welchem der Bescheid zuzustellen ist, kann gegen denselben auf gerichtliche Entscheidung antragen. Dem gerichtlichen Strafverfahren ist eigenthümlich, daß die Verwaltungsbehörde sich der Verfolgung anschließen kann.

Der §. 17 erklärt allerdings ausdrücklich nur den §. 459 für anwendbar. Da dieser Paragraph aber in Abs. 2 vorschreibt, der Strafbescheid müsse die Eröffnung enthalten, daß gegen ihn der Antrag auf gerichtliche Entscheidung zulässig sei, so folgt daraus, daß auch die anderen Bestimmungen des Abschnitts Anwendung finden. Auch die Motive zu §. 22, dessen Schlußsatz ebenso lautet, wie der des §. 17, nehmen ganz allgemein auf den dritten Abschnitt des sechsten Buches Bezug (Motive S. 19).

Die Bestimmungen desselben, so weit sie hier interessiren, lauten:

> §. 459. Strafbescheide der Verwaltungsbehörden wegen Zuwiderhandlungen gegen die Vorschriften über die Erhebung öffentlicher Abgaben und Gefälle dürfen nur Geldstrafen sowie eine etwa verwirkte Einziehung festsetzen.
>
> Der Strafbescheid muss ausserdem die strafbare Handlung, das angewendete Strafgesetz und die Beweismittel bezeichnen, auch die Eröffnung enthalten, dass der Beschuldigte, sofern er nicht eine nach den Gesetzen zugelassene Beschwerde an die höhere Verwaltungsbehörde ergreife, gegen den Strafbescheid binnen einer Woche nach

der Bekanntmachung bei der Verwaltungsbehörde, welche denselben erlassen, oder bei derjenigen, welche ihn bekannt gemacht hat, auf gerichtliche Entscheidung antragen könne.

Der Strafbescheid wirkt in Betreff der Unterbrechung der Verjährung wie eine richterliche Handlung.

§. 460. Wird auf gerichtliche Entscheidung angetragen, so übersendet die Verwaltungsbehörde, falls sie nicht den Strafbescheid zurücknimmt, die Akten an die zuständige Staatsanwaltschaft, welche sie dem Gerichte vorlegt.

§. 461. In Betreff der Wiedereinsetzung in den vorigen Stand finden die Bestimmungen des §. 455 entsprechende Anwendung.

§. 462. Ist der Antrag rechtzeitig angebracht, so wird zur Hauptverhandlung vor dem zuständigen Gerichte geschritten, ohne dass es der Einreichung einer Anklageschrift oder einer Entscheidung über die Eröffnung des Hauptverfahrens bedarf.

Bis zum Beginn der Hauptverhandlung kann der Antrag zurückgenommen werden.

§. 467. Hat der Beschuldigte gegen einen Strafbescheid auf gerichtliche Untersuchung angetragen, oder hat die Staatsanwaltschaft die Anklage erhoben, so kann die Verwaltungsbehörde sich der Verfolgung anschliessen, und sie hat alsdann gleichwie bei einer von ihr erhobenen Anklage einen Vertreter zu bestellen.

In diesem Falle kommen die für den Anschluss des Verletzten als Nebenkläger gegebenen Bestimmungen zur Anwendung.

§. 468. Wenn die Verwaltungsbehörde die Anklage erhoben oder sich der Verfolgung angeschlossen hat, so sind ihr das Urtheil und alle sonstigen Entscheidungen zuzustellen, auch wenn sie bei deren Verkündung vertreten gewesen ist.

§. 469. Die Fristen zur Einlegung von Rechtsmitteln beginnen für die Verwaltungsbehörde erst mit der Zustellung.

Zur Anbringung von Revisionsanträgen und zur Gegenerklärung auf solche steht der Verwaltungsbehörde eine Frist von einem Monate zu.

Die Einziehung geschieht nicht zu Gunsten des Reichs, sondern des Landesfiskus und zwar desjenigen, dessen Beamte die Beschlagnahme und Einziehung vornehmen (Laband Staatsrecht 2. Aufl. Bd. II S. 932). Das Eigenthum geht mit der Rechtskraft des die Einziehung festsetzenden Strafbescheides über (Olshausen Kommentar zum Strafgesetzbuch §. 40 N. 4); einer nachfolgenden Besitzergreifung des Fiskus zum Zwecke des

Eigenthumserwerbs (R.G. Straff. 21, 54) bedarf es nicht, da der Fiskus schon durch die Beschlagnahme in den Besitz der Sache gelangt war. Die Vorschrift des §. 156 des Vereinszollgesetzes vom 1. Juli 1869

> Das Eigenthum der Gegenstände, die der Konfiskation unterliegen, geht in dem Augenblick, wo dieselben in Beschlag genommen worden sind, auf den Staat über

findet als Spezialbestimmung hier keine Anwendung, zumal es im Augenblick der Beschlagnahme noch gar nicht feststeht, ob die Einziehung nachfolgen wird.

§. 18.

Statt jeder aus diesem Gesetze entspringenden Entschädigung kann auf Verlangen des Beschädigten neben der Strafe auf eine an ihn zu erlegende Buße bis zum Betrage von zehntausend Mark erkannt werden. Für diese Buße haften die zu derselben Verurtheilten als Gesammtschuldner.

Eine erkannte Buße schließt die Geltendmachung eines weiteren Entschädigungsanspruchs aus.

Abs. 1.

1. Bezüglich der Natur der Buße hat das Reichsgericht in ständiger Praxis (R.G. Straff. 12, 223; 15, 352, 439) daran festgehalten, daß dieselbe nicht eine Strafe, sondern eine Entschädigung ist (vergl. über diese Frage, sowie über Buße überhaupt: Kohler S. 639, v. Wächter Die Buße bei Beleidigungen und Körperverletzungen 1874, Dochow Die Buße im Strafrecht und Strafprozeß 1875 und die bei Olshausen Kommentar zum Str.G.B. in N. 2 zu §. 188 Angeführten).

Diese Entschädigung, auf welche in den Fällen des §. 14 und §. 15 erkannt werden kann, umfaßt den vermögensrechtlichen Schaden (N. 12 zu §. 14, N. 6 zu §. 15), ist aber nicht auf denselben zu beschränken (Straff. 15, 352); in Folge dessen hat das Gericht dem Beschädigten in der Buße u. a. auch eine Entschädigung für den Verdruß und die Mühewaltung, welche ihm die Verletzung und deren Verfolgung verursachte, und insbesondere auch für die durch die Verletzung häufig herbeigeführte Beeinträchtigung seines kaufmännischen Rufes zu gewähren.

Die Begnadigung bezüglich der Strafe hat auf die Buße keinen Einfluß, weil dieselbe keine Strafe ist. Deshalb ist auch die nachträgliche Zusprechung einer Buße nie eine reformatio in pejus (R.G. Straff. 15, 439).

2. Trotz des Alternativverhältnisses, welches zwischen der civilrechtlichen Entschädigung aus §§. 14, 15 und der Buße besteht (N. 9), decken sich beide weder in ihren Voraussetzungen, noch in ihrem Inhalte (R.G. 16, 6). Buße kann der Beschädigte nur verlangen, wenn der Angeklagte auf Grund des §. 14 oder §. 15 bestraft wird, also dolos gehandelt hat, der Civilanspruch entsteht im Falle des §. 14 schon bei grober Fahrlässigkeit des Verletzers. Die Entschädigung erstreckt sich nur auf vermögensrechtliche Nachtheile, ist aber in der Höhe unbeschränkt, die Buße umfaßt auch anderen, als vermögensrechtlichen Schaden (N. 1), darf aber zehntausend Mark nicht übersteigen. Der Entschädigungsanspruch ist ein mit der verletzenden Handlung wohlerworbenes, unter Lebenden und von Todeswegen übertragbares, gegen den Verletzer und dessen Erben im Wege der Klage durchführbares Vermögensrecht, dagegen entsteht ein wohlerworbenes, übertragbares und gegen die Erben verfolgbares Vermögensrecht auf die Buße erst durch die Rechtskraft des zu einer solchen verurtheilenden Strafurtheils. Einen weiteren Unterschied siehe in N. 9.

3. Es hängt auch im Falle der Verurtheilung aus §. 14 oder §. 15 vom Ermessen des Strafrichters ab, ob er auf Buße erkennen will. Damit ist indessen die Entscheidung nicht in seine Willkür gelegt, vielmehr muß er in jedem Falle, wo Anhaltspunkte dafür vorhanden sind, daß ein Schaden entstanden ist, nöthigenfalls unter Zuziehung von Sachverständigen, die Buße normiren. Nur für den sehr seltenen Fall, daß die Verhandlung gar keine Anhaltspunkte für einen Schaden gewährt hat und der Beschädigte solche nicht zu geben vermag, darf er die Zuerkennung einer Buße ablehnen (R.G. Straff. 1, 328; 6, 398; 17, 190).

4. Der „Beschädigte“ ist identisch mit dem „Verletzten“ der §§. 14, 15; vergl. daher die Erörterungen in N. 10 zu §. 14, welche auch hier zutreffen.

Bei mehreren Beschädigten kann nur demjenigen von ihnen, der das Verlangen stellt, eine Buße zugesprochen werden. Da der Angeklagte nie mehr als zehntausend Mark als Buße für eine Verletzung zu zahlen hat, so darf, wenn nur einer der Berechtigten den Antrag stellt, nie auf das Maximum erkannt werden, denn der Richter muß an die, allerdings seltene, Möglichkeit denken, daß noch ein anderer der Berechtigten mit einem Antrage auf Buße auftritt.

5. Mitthäter können zusammen höchstens zu dem Maximum von zehntausend Mark verurtheilt werden (R.G. in Jurist. Wochenschrift 1892 S. 420), sie haften auch für die Buße solidarisch; ob Demjenigen von ihnen, welcher sie zahlt, Regreß gegen die übrigen zusteht, hängt von dem betreffenden Landesrechte ab. Eine Gesammthaftung für die Buße tritt aber nur dann ein, wenn mehrere Theilnehmer an ein und derselben Handlung wegen dieser gemeinschaftlich begangenen Handlung zu einer Gesammtbuße verurtheilt sind; dagegen dann nicht, wenn zwei Straffachen wegen Gleichartigkeit verbunden werden und nur deshalb beide Angeklagten zusammen zu einer Buße verurtheilt werden (Rechtsprechung des Reichsgerichts in Straff. 3, 718, R.G. Straff. 5, 251).

6. Hat Jemand mehrere Verletzungen begangen, so ist zu unterscheiden: Sind mehrere Zeichen, Namen, Firmen, Ausstattungen oder ist eins von diesen Rechten in Verbindung mit einem anderen verletzt, so ist für jedes gesondert auf Buße zu erkennen; ist dagegen dasselbe Recht mehrfach verletzt, so ist im Falle einer Realkonkurrenz ebenso zu entscheiden, dagegen ist, wenn ein einheitliches Delikt angenommen wird, nur einmal die Buße auszusprechen.

7. Wegen des Verfahrens sind zu beachten nachfolgende Vorschriften der Str.P.O.:

§. 443. Die Befugniss, sich einer öffentlichen Klage nach den Bestimmungen der §§. 435—442 als Nebenkläger anzuschliessen, steht auch demjenigen zu, welcher berechtigt ist, die Zuerkennung einer Busse zu verlangen.

Wer die Zuerkennung einer Busse in einem auf erhobene öffentliche Klage anhängigen Verfahren beantragen will, muss sich zu diesem Zwecke der Klage als Nebenkläger anschliessen.

§. 444. Der Antrag auf Zuerkennung einer Busse kann bis zur Verkündung des Urtheils erster Instanz gestellt werden.

Der Antrag kann bis zur Verkündung des Urtheils zurückgenommen, ein zurückgenommener Antrag nicht erneuert werden.

Wird der Angeklagte freigesprochen oder das Verfahren eingestellt, oder die Sache ohne Urtheil erledigt, so gilt auch der Antrag ohne weitere Entscheidung für erledigt.

Der Anspruch auf Busse kann von den Erben des Verletzten nicht erhoben oder fortgesetzt werden.

§. 445. Der Nebenkläger hat den Betrag, welchen er als Busse verlangt, anzugeben.

Auf einen höheren Betrag der Busse als den beantragten darf nicht erkannt werden.

§. 495. Die Vollstreckung der über eine Vermögensstrafe oder eine Busse ergangenen Entscheidung erfolgt nach den Vorschriften über die Vollstreckung der Urtheile der Civilgerichte.

Ueber das Verfahren vergl. Ortloff in Goltdammer Arch. 22, 240 und speziell über die Frage, wer die dem Nebenkläger erwachsenen Kosten zu tragen hat, R.G. Straff. 15, 190.

Abs. 2.

8. Da erst die erkannte Buße die Geltendmachung eines weiteren Entschädigungsanspruchs ausschließt, so ist der Verletzte an sich befugt, jeder Zeit, bis auf Buße rechtskräftig erkannt ist, den Antrag zurückzunehmen und im Civilprozeß seine Ansprüche geltend zu machen. Da aber nach §. 444 Abs. 2 Str.P.O. nur bis zur Verkündung des Urtheils der Antrag auf Zuerkennung der Buße zurückgenommen werden kann, so kann der die Buße beanspruchende Nebenkläger, wenn er nach Verkündung des Urtheils erster Instanz den Antrag zurücknehmen will, dies nur thun, wenn die Sache in die Revisionsinstanz gelangt.

9. Aus dem Alternativ-Verhältniß zwischen Entschädigung und Buße, welches in den Eingangsworten und im Schlußsatze des §. 18 gekennzeichnet ist, folgt, daß eine Buße nicht gefordert werden kann, wenn der Entschädigungsanspruch verjährt oder rechtskräftig abgewiesen ist (a. M. Olshausen N. 10 zu §. 188). Dagegen hindert den Verletzten nichts, wenn die Strafkammer seinem Antrage auf Buße nicht entsprochen hat, seine Entschädigung im Civilwege einzuklagen, denn das strafgerichtliche Urtheil hat für den Civilrichter keine bindende Kraft (§. 14 Nr. 1 des Einführungsgesetzes zur C.P.O.); außerdem ist im Falle des §. 14 die Freisprechung vielleicht erfolgt, weil dem Angeklagten der dolus nicht nachgewiesen werden konnte, während die Entschädigung auch bei grober Fahrlässigkeit gefordert werden kann.

Wenn derjenige, welcher die Waare mit dem Zeichen, dem Namen, der Firma, der Ausstattung widerrechtlich versehen hat, angeklagt und zu einer Buße verurtheilt worden ist, kann dann der Verletzte noch gegen denjenigen, welcher die Waare in Verkehr bringt, Entschädigungsansprüche erheben? Oder umgekehrt? Man muß unterscheiden. Sind die Beiden als Theilnehmer an demselben Delikt anzusehen, weil sie gemeinschaftlich gehandelt haben, so ist durch die gegen A erkannte Buße der Anspruch gegen B konsumirt, soweit nicht durch die Thätigkeit des B noch ein besonderer Schaden dem Berechtigten verursacht worden ist. Hatten A und B dagegen jeder für sich gehandelt, so berührt die gegen A erkannte Buße den Anspruch gegen B gar nicht. Diese Grundsätze gelten für alle Fälle, in denen Mehrere zu einer Entschädigung verpflichtet sind.

§. 19.

Erfolgt eine Verurtheilung auf Grund der §§. 14 bis 16, 18, so ist bezüglich der im Besitz des Verurtheilten befindlichen Gegenstände auf Beseitigung der widerrechtlichen Kennzeichnung, oder, wenn die Beseitigung in anderer Weise nicht möglich ist, auf Vernichtung der damit versehenen Gegenstände zu erkennen.

Erfolgt die Verurtheilung im Strafverfahren, so ist in den Fällen der §§. 14 und 15 dem Verletzten die Befugniß zuzusprechen, die Verurtheilung auf Kosten des Verurtheilten öffentlich bekannt zu machen. Die Art der Bekanntmachung sowie die Frist zu derselben ist in dem Urtheil zu bestimmen.

Abs. 1 (N. 1—4).

1. Voraussetzung.
2. Urtheil.
3. Vollstreckung.
4. Einziehung des §. 40 Str.G.B.

Abs. 2 (N. 5).

Abs. 1.

1. Die Beseitigung der rechtswidrigen Kennzeichnung (Zeichen, Name, Firma, Ausstattung, Wappen, Herkunftsangabe) und die Vernichtung der mit ihnen versehenen Gegenstände sind polizeiliche Vorbeugungsmaßregeln, die eine fernere Rechtsverletzung verhüten sollen. Sie dürfen nur auf Grund eines Richterspruchs stattfinden. Voraussetzung für denselben ist eine Verurtheilung auf Grund der §§. 14—16, 18. Der §. 18 hätte nicht besonders angezogen zu werden brauchen, denn er kommt nur zur Anwendung, wenn eine Verurtheilung auf Grund der §§. 14, 15 erfolgt. Neben dem objektiven Strafverfahren des §. 42 Str.G.B. kann §. 19 nicht zur Anwendung kommen, weil in diesem Verfahren keine Verurtheilung erfolgt.

Ob die Verurtheilung im Strafprozeß oder — im Falle der §§. 14, 15 — im Civilprozeß erfolgt, ist nach dem unzweideutigen Wortlaut des Gesetzes, insbesondere nach der Verschiedenheit der Anfangsworte in Abs. 1 und Abs. 2 des §. 19, unerheblich (so mit O.H.G. 24, 228 die gemeine Meinung; a. M. Meves S. 74). Auf Civilklagen, welche in den §§. 14, 15 nicht erwähnt sind, ist §. 19 nicht auszudehnen, er findet also insbesondere bei der negatorischen Klage keine Anwendung (N. 14 zu §. 12). Das Strafurtheil kann die Maßregeln nur aussprechen, wenn der Thäter noch lebt, das Civilurtheil, welches auch gegen Erben ergehen kann, ist an diese Voraussetzung nicht gebunden.

Der §. 17 des Markenschutzgesetzes, welcher unserem §. 19 entsprach, bestimmte, daß „auf Antrag des Verletzten" auf die Maßregel des Abs. 1 zu erkennen sei. Diese vier Worte sind jetzt weggefallen. Daraus folgt, daß im Strafverfahren das Gericht stets von Amtswegen die Beseitigung bezw. Vernichtung auszusprechen hat. Für den Civilprozeß allerdings ist dies nach dem dort geltenden Dispositionsprinzip (ne judex eat ultra petita partium) ohne einen bezüglichen Antrag des Klägers nicht zulässig; der Kläger kann diesen Antrag aber noch in der Berufungsinstanz stellen (§. 240 Nr. 2, §. 491 Abs. 2 C.P.O.).

2. Der Richter muß, wenn die Voraussetzungen der N. 1 vorliegen, auf Beseitigung oder Vernichtung erkennen. Der Ausspruch ist nicht in sein Belieben gestellt und kann nur in dem Erkenntnisse, welches den Beklagten oder Angeklagten verurtheilt, erfolgen. Der Richter hat nicht erst zu prüfen, ob sich widerrechtlich gekennzeichnete Gegenstände im Besitze des Verurtheilten befinden, denn die Maßregel bezieht sich nicht bloß auf die Gegenstände, welche zur Zeit der That (Landgraf S. 107, Finger S. 99) oder des Urtheils im Besitze des Verurtheilten befinden, sondern nach ihrem Charakter und Zwecke (N. 1 am Anfang) auch auf alle die, welche zur Zeit der Zwangsvollstreckung dort angetroffen werden. Durch Sicherungsmaßnahmen (einstweilige Verfügung, Beschlagnahme) kann ein vorheriges Beiseiteschaffen verhindert werden.

Der Richter muß sich schlüssig machen, ob Beseitigung der widerrechtlichen Kennzeichnung oder Vernichtung der Gegenstände stattfinden soll. Er muß auf eine dieser Maßregeln erkennen und darf die Entscheidung, welche von ihnen stattfinden soll, nicht dem Vollstreckungsbeamten überlassen.

Regelmäßig hat er die Beseitigung der Kennzeichnung auszusprechen und nur in dem Falle, wenn diese nicht anders möglich ist, auf Vernichtung der Gegenstände zu erkennen. Er darf letzteres also nur, wenn die Kennzeichnung nicht durch Ueberstreichen, Uebermalen, Lösung des körperlichen Zusammenhangs oder auf irgend eine andere Weise beseitigt werden kann. Der Vernichtung unterliegt nur der mit der Kennzeichnung versehene Gegenstand. Ist also bloß die Verpackung gekennzeichnet, so darf die Waare nicht vernichtet werden, und umgekehrt. Ist nur ein Theil des Gegenstandes gekennzeichnet und hat der übrige Theil noch einen selbstständigen Werth, so muß die Vernichtung auf den gekennzeichneten Theil beschränkt werden. Auch die Anordnung der im einzelnen Falle vorzunehmenden Manipulation ist Sache des erkennenden Richters.

Die Ansicht von Kohler S. 349, daß der Verletzte vom Richter statt der Vernichtung die Uebergabe der Waare bezw. der Verpackung an sich selbst gegen Zahlung der Herstellungs- oder Erwerbskosten verlangen kann, ist im Gesetze nicht begründet.

3. Die Vollstreckung der erkannten Maßregel steht, wenn auf sie im Strafverfahren erkannt ist, nach §. 483 Str.P.O. der Staatsanwaltschaft zu; die Kosten der Vollstreckung hat nach §. 497 Str.P.O. der verurtheilte Angeklagte zu tragen.

Hat der Civilrichter auf die Maßregel erkannt, so sind für ihre Vollstreckung Abs. 1 und Abs. 2 des §. 773 C.P.O. maßgebend:

> Erfüllt der Schuldner die Verpflichtung nicht, eine Handlung vorzunehmen, deren Vornahme durch einen Dritten erfolgen kann, so ist der Gläubiger von dem Prozessgericht erster Instanz auf Antrag zu ermächtigen, auf Kosten des Schuldners die Handlung vornehmen zu lassen.
>
> Der Gläubiger kann zugleich beantragen, den Schuldner zur Vorauszahlung der Kosten zu verurtheilen, welche durch die Vornahme der Handlung entstehen werden, unbeschadet des Rechts auf eine Nachforderung, wenn die Vornahme der Handlung einen grösseren Kostenaufwand verursacht.

Die Vollstreckung erstreckt sich auf alle Gegenstände, welche im Besitz d. h. im Gewahrsam des Verurtheilten vorgefunden werden. Ob sie ihm gehören, ist unerheblich, auf dingliche oder obligatorische Rechte Dritter wird keine Rücksicht genommen. Dagegen findet sie nicht in solche dem Verurtheilten gehörigen Gegenstände statt, welche im Gewahrsam Dritter sind. Wenn die angeordnete Maßregel ausgeführt ist, so muß der Gegenstand, wofern er nicht ganz vernichtet ist, dem Verurtheilten zurückgegeben werden.

Die Vollstreckung der Maßregel wird, auch wenn letztere in einem Strafurtheil ausgesprochen ist, durch den nachträglichen Tod des Verurtheilten nicht beeinträchtigt.

4. Unabhängig von der in §. 19 zugelassenen Beseitigung und Vernichtung besteht für die Vergehen der §§. 14—16 die Einziehung. Diese läßt der §. 40 des Strafgesetzbuchs für Gegenstände zu, welche durch ein vorsätzliches Delikt hervorgebracht oder welche zur Begehung eines solchen gebraucht oder bestimmt sind, wofern sie dem Thäter oder einem Theilnehmer gehören (Literatur in N. 8 zu §. 17). Ihr unterliegen als instrumenta sceleris nicht bloß die Siegel, Formen, Clichés, Platten, Stempel, Steine u. s. w., welche zur Herstellung jener Kennzeichnung gedient haben oder dienen sollen, sondern auch die Kennzeichen selbst, also die Etiketts, die Ausstattung, die nachgeahmten Zeichen u. s. w. Dagegen kann man von besonderen producta sceleris hier nicht sprechen, denn die einzigen Produkte, welche in Betracht kommen könnten, wären die mit der Kennzeichnung rechtswidrig versehenen Waaren, Hüllen, Ankündigungen, Preislisten u. s. w., von diesen kann man aber unmöglich sagen, daß sie durch das Vergehen hervorgebracht worden sind. Diese Lücke wird durch §. 19 ausgefüllt; insofern ergänzen sich beide Bestimmungen (ähnlich Stenglein-Appelius S. 82; abweichende Meinungen siehe bei Meves S. 74 und Kohler S. 398 ff).

Zwischen der Einziehung des §. 40 Str.G.B. und den Maßregeln des §. 19 Abs. 1 giebt es mannigfache Verschiedenheiten:

a) Die Einziehung findet nur im Strafprozeß statt, die Beseitigung bezw. Vernichtung auch im Civilverfahren.

b) Auf Beseitigung oder Vernichtung muß der Richter erkennen, die Einziehung ist fakultativ. Der Richter wird bei der letzteren seinen Entschluß davon abhängig machen, ob die instrumenta eigens für das Delikt bestimmt sind oder nur gelegentlich zu demselben benutzt worden sind. Er wird also z. B. die Lettern, mittels deren das Zeichen den Briefen aufgedruckt wurde, oder die Wagen, auf welchen die Waare in den Verkehr gebracht wurde, schwerlich einziehen, wohl aber das zur Reproduktion des Zeichens bestimmte Cliché.

c) Die Einziehung ist nur bezüglich der Gegenstände zulässig, welche dem Thäter oder einem Theilnehmer gehören; bei der Beseitigung oder Vernichtung kommt es nicht auf das Eigenthum, sondern nur auf den Gewahrsam an.

d) Die Einziehung überträgt dem Fiskus das Eigenthum, die Beseitigung und die theilweise Vernichtung belassen es dem bisherigen Eigenthümer.

Vergl. über die Einziehung des §. 17 die N. 8 zu §. 17.

Abs. 2.

5. Der Abs. 2 hat ein beschränkteres Anwendungsgebiet als Abs. 1, weil er weder bei einer Verurtheilung im Civilprozeß, noch bei einer Verurtheilung aus §. 16 Platz greift. Sein Inhalt stimmt im Allgemeinen mit dem Wortlaute der §§. 165, 200 des Strafgesetzbuchs überein; vergl. deshalb Olshausen Kommentar zu diesem Paragraphen.

Im Einzelnen ist zu bemerken: Die Publikationsbefugniß ist eine Strafe, nicht eine Privatgenugthung (R.G. — vereinigte Straffenate — Straff. 6, 180; a. M. Olshausen N. 4 zu §. 200, wo die Literatur angegeben ist); dafür läßt sich hier noch anführen, daß sie nur in Abs. 2, nicht auch in Abs. 1 angedroht ist, vergl. R.G. Straff. 14, 3. Daraus folgt, daß auf sie gemäß §. 73 Str.G.B. nicht erkannt werden darf, wenn das Vergehen in idealer Konkurrenz mit einem Delikte verübt ist, welches mit schwererer Strafe bedroht ist, z. B. mit Betrug (R.G. Straff. 6, 180; 14, 3; a. M. Olshausen N. 2 zu §. 200).

Der Richter muß zwar auf die Befugniß erkennen, wenn er auf Strafe erkennt; der Verletzte ist aber nicht verpflichtet, von der Befugniß Gebrauch zu machen. Will er sie ausüben, so hat er selbst die Bekanntmachung in der bestimmten Art und Frist herbeizuführen. Gelingt ihm dieses nicht, so muß die Strafvollstreckungsbehörde auf seinen fristgemäßen Antrag interveniren, insbesondere gemäß §. 10 des Preßgesetzes die Aufnahme der Bekanntmachung in öffentlichen Blättern erzwingen. Die Kosten der Veröffentlichung kann der Verletzte nur im Civilprozeßwege vom Schuldigen beitreiben.

Die Frage, ob die Befugniß nur dem Verletzten oder nach seinem Tode auch seinem Rechtsnachfolger zuzusprechen ist, hängt im Allgemeinen davon ab, ob ein vererbliches Vermögensrecht verletzt worden ist oder nicht (Stenglein-Appelius S. 160; R.G. Straff. 16, 73). In Folge dessen wird sie hier regelmäßig, falls nicht ein Namensrecht in Frage steht, dem Erben oder dem Singularsukzessor in das betreffende verletzte Recht gewährt werden müssen. Ist der Verletzte erst nach zugesprochener Befugniß verstorben, so geht dieselbe auf seinen Nachfolger in das verletzte Recht über. Ist der Verurtheilte nach der Rechtskraft des Urtheils gestorben oder in Wahnsinn verfallen, so wird dadurch die Veröffentlichung nicht gehindert; denn der Zweck dieser Strafe und die Art ihrer Vollstreckung verbieten die analoge Anwendung der §§. 485 Abs. 2, 487 Abs. 1 Str.P.O. und rechtfertigen eher eine dem §. 30 Str.G.B. entsprechende Entscheidung.

§. 20.

Die Anwendung der Bestimmungen dieses Gesetzes wird durch Abweichungen nicht ausgeschlossen, mit denen fremde Namen, Firmen, Zeichen, Wappen und sonstige Kennzeichnungen von Waaren wiedergegeben werden, sofern ungeachtet dieser Abweichungen die Gefahr einer Verwechselung im Verkehr vorliegt.

1. Dieser Paragraph ist für die praktische Anwendung des Gesetzes einer der wichtigsten. Es ist ein alter, leicht erklärlicher Erfahrungssatz, daß fast Niemand, welcher einen Gegenstand des geistigen oder gewerblichen

Autorrechts oder ein auf eine bestimmte Persönlichkeit hinweisendes Kennzeichen nachahmt, sklavisch kopirt, sondern daß jeder Nachahmer es sich angelegen sein läßt, durch irgend welche Abweichungen vom Original, seien diese auch noch so geringfügiger Art, den Eingriff in das fremde Recht zu verdunkeln. Eine Jurisprudenz, welche sich durch derartige Manipulationen täuschen ließe, welche über die nebensächlichen Weglassungen und Zuthaten den Kern übersehen würde, entspräche nicht den Anforderungen des loyalen Verkehrs, sie wäre namentlich dem raffinirten Nachahmer gegenüber ohnmächtig. Um jeden Zweifel nach dieser Richtung abzuschneiden, hat der deutsche Gesetzgeber für zweckmäßig erachtet, es ausdrücklich auszusprechen daß der von ihm gewährte Schutz durch Abweichungen, welche nicht in das Auge fallen, nicht beeinträchtigt werden soll.

Der §. 18 des Markenschutzgesetzes bestimmte:

> Der dem Inhaber eines Waarenzeichens, eines Namens oder einer Firma nach Inhalt dieses Gesetzes gewährte Schutz wird dadurch nicht ausgeschlossen, dass das Waarenzeichen, der Namen oder die Firma mit Abänderungen wiedergegeben sind, welche nur darch Anwendung besonderer Aufmerksamkeit wahrgenommen werden können.

Die höchsten Gerichte hatten diese Bestimmung zutreffend dahin ausgelegt, daß es nicht darauf ankomme, ob zwei Zeichen, wenn sie neben einander liegend verglichen werden, Unterscheidungsmerkmale zeigen, auch nicht ob eine Täuschung geschäftskundiger Kaufleute möglich sei, sondern nur, ob die Konsumenten, für welche die Waarenzeichen vorzugsweise bestimmt sind, irregeführt, d. h. veranlaßt werden können, indem sie mit Rücksicht auf ein ihnen bekanntes Waarenzeichen eine Waare suchen, statt der Waare des einen Gewerbetreibenden die Waare eines anderen zu kaufen (vergl. O.H.G. 22, 376, R.G. 3, 69). Aber die Instanzgerichte und die Staatsanwälte vermochten es zum großen Theile nicht, diesen Standpunkt in der Praxis festzuhalten. Sie gingen bei der Vergleichung des Falsifikats mit dem Original sehr peinlich vor, verglichen dieselben Zug für Zug mit einander, lösten das Gesammtbild in lauter Einzelheiten auf, hoben eingehend jede Abweichung in den Details hervor — kurzum sie konnten sich nicht in die Lage des geschäftsunkundigen Käufers, welcher nur das Gesammtbild des Zeichens auf sich einwirken läßt, hineinversetzen (Zeitschrift für gewerblichen Rechtsschutz 1893 S. 15, 19).

Da an dieser unsachgemäßen Auslegung des Gesetzes die nicht ganz glückliche Fassung desselben („nur durch Anwendung besonderer Aufmerksamkeit") zum Theil Schuld war und zugleich, um in den betheiligten Verkehrskreisen die Tragweite des Gesetzes schärfer erkennbar zu machen, formulirte der Entwurf unseres Gesetzes den §. 18, wie folgt:

> „Der nach Inhalt dieses Gesetzes gewährte Schutz wird durch Abänderungen nicht ausgeschlossen, mit denen fremde Namen, Firmen, Zeichen, Wappen und sonstige Kennzeichnungen von Waaren wiedergegeben werden, sofern ungeachtet dieser Abänderungen die Gefahr einer Verwechselung im Verkehr vorliegt."

Die Reichstagskommission änderte die Eingangsworte, um unzweifelhaft festzustellen, daß sich die Vorschrift auf alle Bestimmungen des Gesetzes bezieht, und ersetzte das Wort „Abänderungen" durch „Abweichungen" (Kommissionsbericht S. 8).

2. Während der §. 18 des Markenschutzgesetzes sich nur auf Zeichen, Namen und Firmen bezog (N. 1), nennt unser §. 20 außer diesen noch Wappen und sonstige Kennzeichnungen von Waaren. Er bezieht sich also auch auf die Ausstattung des §. 15, sowie auf die Herkunftsbezeichnung des §. 16. Seine Vorschrift umfaßt nicht bloß die Kennzeichnungen auf Waaren und Hüllen, sondern auch auf Ankündigungen, Preislisten, Geschäftsbriefen, Empfehlungen, Rechnungen oder dergleichen (N. 7 zu §. 12).

Auf Freizeichen bezieht sich der §. 20 nach seinem Wortlaute nicht, denn erstens dienen diese nicht zur Kennzeichnung einer Waare d. h. zu ihrer Unterscheidung von gleichen Waaren (N. 3 zu §. 4), zweitens sind sie nicht fremde d. h. einem Anderen gehörige Zeichen. Trotzdem erscheint es angemessen, das der Bestimmung zu Grunde liegende Prinzip auch auf Freizeichen auszudehnen. Dabei wird man sich nicht bloß darauf stützen können, daß die Kommission die Eingangsworte geändert hat, um unzweifelhaft festzustellen, daß sich die Bestimmung auf alle Vorschriften des Gesetzes bezieht (N. 1), sondern vor Allem auf die gleiche ratio legis, welche eine ausdehnende Interpretation rechtfertigt. Das Gesetz will durch §. 20 eine Verkümmerung des Individualrechts durch unwesentliche Abweichungen verhindern. Das Freizeichen steht im Allgemeingebrauch einer bestimmten Kategorie von Gewerbetreibenden, und seine Verwendung soll diesen nicht dadurch unmöglich gemacht werden, daß ein Einzelner es sich eintragen läßt. Dieses Recht der Allgemeinheit würde aber sehr beeinträchtigt werden, wenn Jeder es in seiner Macht hätte, durch geringfügige Abweichungen das Patentamt zur Eintragung zu zwingen. Den Maßstab, wo die Geringfügigkeit aufhört, liefert aber am zutreffendsten der §. 20, folglich wird das Patentamt diesen anwenden, wenn bei ihm die Eintragung eines abgeänderten Freizeichens beantragt wird (N. 7 zu §. 4).

Dieselben Erwägungen führen auch dahin, den §. 20 auf die von der Eintragung ausgeschlossenen Waarenzeichen des §. 4 Abs. 1 auszudehnen, trotzdem es sich bei ihnen nicht um Wiedergabe eines „fremden" Zeichens handelt (N. 16 zu §. 4).

3. Wiedergabe mit Abweichungen. Letztere können in Zusätzen, Weglassungen, Abänderungen bestehen.

4. Die Frage der Erheblichkeit einer Abweichung hängt davon ab, ob ungeachtet derselben die Gefahr einer Verwechselung im Verkehr vorliegt. Die Verkehrskreise, auf deren Anschauung es bei der Waarenbezeichnung vor allem ankommt, sind die Konsumenten; ob diese dem In- oder Auslande angehören, ist gleichgültig (N. 5 zu §. 4, N. 2 zu §. 15). Folglich ist zu untersuchen, ob für die Konsumenten der betreffenden Waare die Gefahr einer Verwechselung besteht. Zu dem Zwecke wird man zunächst feststellen müssen, wer die Konsumenten der in Betracht kommenden Waaren sind, welchen sozialen Kreisen dieselben angehören, auf welcher Bildungsstufe sie stehen u. s. w. Denn es ist klar, daß z. B. bei Waaren, welche in uncivilisirte Länder exportirt werden, Abweichungen, welche ganz oder vorzugsweise in Buchstaben, Worten, Zahlen bestehen, nicht ins Gewicht fallen, während diese Abweichungen bei civilisirten Konsumenten erheblich sein können. Bei Massenartikeln, welche für breite Schichten der Bevölkerung bestimmt sind (Zwirn, Nadeln, Tabak u. s. w.), wird man mit Recht größere Unterschiede in der Kennzeichnung verlangen, als etwa bei Schiffskesseln oder Torpedos. Wenn das Waarenzeichen in einem Soldaten einer bestimmten Waffengattung besteht, so kann eine Abweichung in der Waffengattung eher für erheblich gelten, wenn die betreffenden Waaren für Offiziere bestimmt sind, als wenn sie von anderen Ständen konsumirt werden. Dem entsprechend hat das Reichsgericht bei der Vergleichung zweier Waarenzeichen, von denen das eine einen Anker, das andere einen preußischen Adler als Hauptheil enthielt, die Aehnlichkeit verneint, weil man in Preußen, dem Absatzgebiete der in Frage stehenden Waare, den preußischen Adler genügend kennt, um ihn von einem Anker unterscheiden zu können (Bolze 8, 152). In einem anderen Falle, wo die in Rede stehende Waare Messer und Scheeren waren und wo das eine Zeichen aus Pique Aß und einem Bäumchen, das andere aus einem Dachdeckermesser in Verbindung mit einem Dreizack bestand, hat es die Aehnlichkeit mit Rücksicht auf die kleinen, wenig intelligenten Abnehmer der Waare bejaht (Bolze 5, 195). Vergl. auch O.H.G. 22, 376; 23, 135 (insbesondere die Note auf S. 136).

In den Worten „Gefahr einer Verwechselung im Verkehr" liegt noch etwas Anderes. Die Bezeichnung der Waare dient dazu, daß das Publikum eine Waare, welche es früher schon bezogen hat oder die ihm von Anderen empfohlen ist, leicht und schnell als die gewünschte wiedererkennt. Es geht gegen die Gepflogenheiten des üblichen Geschäftsverkehrs, daß der Käufer, welchem die gewünschte Waare vorgelegt wird, die Bezeichnung derselben einer skrupulösen Untersuchung unterzieht. Dazu fehlt es ihm regelmäßig an Zeit und Platz, außerdem wird er fast nie die Originalbezeichnung bei sich führen, um sie mit der vorgelegten zu vergleichen, endlich würde er mit einer derartigen mißtrauischen Handlungsweise bei dem Verkäufer oft Anstoß erregen. Deshalb wird bei einem nur einigermaßen ähnlichen Bilde des Gewünschten und des Dargebotenen eine Täuschung des Käufers leicht möglich sein (R.G. Straff. 19, 316). Alle diese Momente treffen gerade bei dem Konsumenten zu, der Zwischenhändler ist eher in der Lage, eine eingehende Untersuchung vorzunehmen, auch ist er durch seine Kenntniß der verschiedenen Bezugsquellen und ihrer Kennzeichnungen einer Täuschung nicht so leicht ausgesetzt. Noch geringer ist natürlich die Verwechselungsgefahr für die prüfende Behörde. Das Gericht oder das Patentamt ist mit gebildeten Männern besetzt, deren Aufmerksamkeit durch die von ihnen geforderte Vergleichung, durch das Nebeneinanderliegen der beiden Kennzeichnungen, durch die Anführungen der Parteien ganz besonders geschärft ist. In Folge dessen ist für sie jene Gefahr eine verschwindend kleine. Desto mehr müssen sie es sich angelegen sein lassen, sich in die Seele eines ahnungslosen Käufers zu versetzen, welcher mit der durch den Verkehr bedingten Eile eine Waare kauft, deren Kennzeichnung ihm aus der Erinnerung oder aus Berichten Anderer in allgemeinen Umrissen bekannt ist (O.H.G. 22, 1).

Wesentlich ist nur der Gesammteindruck, welchen die Kennzeichnung auf den flüchtigen Beschauer macht. Erinnert das Totalbild der Nachahmung sehr an das Original, so liegt die Verwechselungsgefahr vor, mögen auch in noch so vielen Einzelheiten sich Abweichungen vorfinden. So hat das Reichsgericht z. B. in einem Falle, wo das Waarenzeichen einen auf den Wellen schwimmenden weißen Schwan enthielt, während auf dem Falsifikat eine Gans stand, welche den Hals und die Flügel in die Höhe streckte, zutreffend ausgeführt, daß es nicht darauf ankomme, daß der eine Vogel einen gebogenen, der andere einen gestreckten Hals habe, daß der eine auf den Wellen schwimme, der andere stehe, sondern daß vor Allem das gemeinsame Bild zu betonen sei: ein weißer Vogel mit langem Halse, gehobenen Flügeln u. s. w. (R.G. Straff. 19, 316). Vergl. auch O.H.G. 22, 1; 22, 376; R.G. Straff. 7, 214; R.G. 19, 170.

Der Gesammteindruck der geschützten Kennzeichnung wird durch Momente mit beeinflußt, welche außerhalb derselben liegen. So ergiebt sich das Totalbild eines Waarenzeichens nicht bloß aus dem Zeichen selbst, sondern es wirken noch andere Faktoren mit. In Betracht kommen z. B. die Form und Farbe der Waare, Umhüllung, Faktura u. s. w., der Ort oder die Art, wie das Zeichen angebracht wird, die Gebrauchsanweisungen, Medaillen, Anpreisungen, Verzierungen, welche das Zeichen umgeben, u. s. w. (Feigl S. 33). Diese Ausstattung genießt vielleicht im Einzelfalle den Schutz des §. 15 nicht, weil sie sich noch nicht in den betheiligten Kreisen als Kennzeichen eines bestimmten Gewerbetreibenden eingebürgert hat (N. 2 zu §. 15), trotzdem kann sie als bedeutsamer Faktor für den Gesammteindruck des Waarenzeichens von dem dem letzteren gewährten Schutze mitergriffen werden.

Daraus, daß das Gesammtbild das Entscheidende ist, ergiebt sich, daß man nicht die Kennzeichnung in Haupt- und Nebenbestandtheile zerlegen darf, so daß prinzipiell eine Abweichung in den ersteren wesentlich, in den letzteren unwesentlich wäre. Für die Anwendung des §. 20 ist es nicht ausschlaggebend, welche Bedeutung den einzelnen Bestandtheilen im Verhältniß zur gesammten Kennzeichnung zukommt, ob also z. B. bei einem kombinirten Zeichen die Figur oder die Worte als die Hauptsache anzusehen sind. Maßgebend ist nur der Gesammteindruck. Derselbe kann übereinstimmen, wenn auch einzelne Theile verschieden sind, ja selbst wenn kein Theil des Falsifikats mit dem Original identisch ist; umgekehrt kann er verschieden sein, selbst wenn die Theile vielfach übereinstimmen.

Wenn der Nachahmer an der Stelle, wo in dem Waarenzeichen oder in der Ausstattung der Name oder die Firma des Berechtigten steht, seinen Namen oder seine Firma anbringt, so wird dadurch das Gesammtbild fast nie ein anderes; außerdem ist noch zu berücksichtigen, daß Name oder Firma von vielen Beschauern nicht als integrirender Bestandtheil des Kennzeichens, sondern als eine zu demselben äußerlich hinzutretende Beifügung angesehen wird, so daß, selbst wenn sie die Namensänderung wahrnehmen, sie dasselbe

Kennzeichen vor sich zu haben glauben (R.G. Straff. 1, 130, R.G. in Jurist. Wochenschrift 1882 S. 225, Kohler S. 281; vergl. O.H.G. 20, 353).

So weit darf man das Prinzip nicht ausdehnen, daß man Jemandem gestattet, das Kennzeichen eines Anderen vollständig in sein Zeichenbild zu übernehmen, wofern es in diesem eine so untergeordnete Rolle spielt, daß es das Totalbild nicht beeinflußt. Denn wer das gesammte Zeichen in seiner ganzen Individualität übernimmt und demselben dann irgend etwas, z. B. seinen Namen, seine Firma, eine Verzierung, ein anderes Waarenzeichen, einen Stempelabdruck oder irgend eine bedeutsame figürliche Darstellung oder Kombination beifügt, von dem kann man überhaupt nicht sagen, daß er jenes Zeichen „mit Abweichungen" wiedergiebt (Kohler S. 279, R.G. 6, 75, R.G. Straff. 14, 415; a. M. Finger S. 107, Feigl S. 32, O.H.G. 21, 410, R.G. 1, 74). Nur dann wäre es anders, wenn das entlehnte Zeichen jeder charakteristischen Individualität entbehrte, also etwa in einem einfachen Kreise oder Quadrat bestände.

Vorstehende Grundsätze gelten im Allgemeinen auch, wenn die Abweichung ein als Ruflaut geschütztes Wort, insbesondere einen Namen oder eine Firma betrifft (R.G. in Jurist. Wochenschrift 1886 S. 91). Dem Gedächtniß des Abnehmers prägt sich aber hier regelmäßig nicht so sehr das Bild, welches die Schriftzeichen gewähren, als der Ruflaut ein, folglich kommt es nicht so sehr auf den Eindruck an, welchen das Wort auf das Auge, als auf den, welchen es auf das Ohr macht. Es kommen also die Bestimmungen dieses Gesetzes bei verschiedener Schreibweise von Worten nicht bloß dann zur Anwendung, wenn ihre Aussprache identisch ist, sondern auch wenn sie einander so ähnlich ist, daß die Gefahr einer Verwechselung im Verkehr vorliegt (N. 3 zu § 14). Wenn z. B. auf Waaren, welche nach England exportirt werden, statt des Namens „Löwenthal" der Name Lowendall gesetzt wird, so liegt der Fall des §. 20 vor, weil Lowendall in der englischen Aussprache leicht mit dem deutschen Worte „Löwenthal" verwechselt werden kann (a. M. — unter der Herrschaft des früheren Gesetzes — R.G. 25, 114). — Es darf nicht übersehen werden, daß der §. 20 sich nur auf den Gebrauch von Namen und Firmen zur Kennzeichnung von Waaren bezieht, also nicht auf ihren sonstigen Gebrauch (vergl. Art. 20 des Handelsgesetzbuchs; R.G. 20, 71).

4a. Bezüglich der Farbe der Kennzeichnung giebt das Gesetz keine Bestimmungen. Man muß hier zwischen dem Waarenzeichen und der Ausstattung unterscheiden (vergl. zu dem Folgenden namentlich Schima in den Jurist. Blättern 1893 S. 421).

Wenn ein Zeichen unkolorirt angemeldet wird, so ist auch eine kolorirte Wiedergabe desselben Anderen nicht gestattet, denn das Zeichen bleibt dasselbe, auch wenn es in einer bestimmten Färbung wiedergegeben wird. Die Farbe verändert nicht das Gesammtbild des Zeichens so sehr, daß der Käufer wegen derselben ein anderes Zeichen vor sich zu haben glaubt. Sie ist meistens nicht willkürlich gewählt und ohne individualisirende Bedeutung. In den Fällen, wo das Zeichen in die Waare (Hülle, Geschäftspapier) selbst eingedrückt (eingepreßt, eingeschlagen, eingeätzt u. s. w.) wird, hängt sie regelmäßig von der Farbe des Materials ab. Und auch, wo eine unmittelbare Einprägung des Zeichens nicht stattfindet, muß seine Farbe sich häufig nach dem Untergrunde, auf dem das Zeichen angebracht ist, richten, damit es sich von letzterem deutlich abhebt. In Folge dessen wird der Zeicheninhaber dasselbe Zeichen oft in verschiedenen Färbungen verwenden müssen; dies thut er bisweilen auch, um die verschiedenen Qualitäten derselben Waare auseinander zu halten. Ihn zwingen, alle Farbenvarianten als besondere Zeichen anzumelden, wäre unpraktisch, da dadurch die Zeichenrolle überlastet und den Gewerbetreibenden eine zu große Kostenlast aufgebürdet würde. Diese den Käufern im Allgemeinen nicht unbekannten Verhältnisse führen dahin, daß dieselben in der Färbung des Zeichens, wenn letzteres sonst mit der von ihnen gesuchten Marke übereinstimmt, kein unterscheidendes Merkmal erblicken. Dazu kommt, daß gewisse Farben, besonders bei künstlicher Beleuchtung, nicht leicht von einander unterscheidbar sind (z. B. blau und grün), daß Farben mit der Zeit verblassen, sowie endlich, daß eine nicht geringe Zahl von Menschen an Farbenblindheit leidet. Aus allen diesen Gründen deckt ein nicht kolorirt angemeldetes Zeichen auch alle Widergaben in irgend einer Farbe (vergl. R.G. Straff. 7, 214, R.G. in Jurist. Wochenschrift 1888 S. 24).

Nach dem Vorstehenden könnte es zwecklos erscheinen, ein kolorirtes Zeichen anzumelden, dies ist indessen nicht der Fall. Zunächst ist es klar, daß der Anmelder die Tragweite seines Schutzes durch eine derartige Anmeldung nicht verengern will; bei der oben ausgeführten Unerheblichkeit der Farbe ist dies auch nicht der Fall, vielmehr ist durch die Eintragung des kolorirten Zeichens Jeder gehindert, das Zeichen in einer anderen Farbe oder farblos zu gebrauchen. Dies schreibt das englische Gesetz von 1883 in sect. 67 ausdrücklich vor. Aber die Eintragung des Zeichens in einer bestimmten Farbe hat noch eine weiter gehende Bedeutung, sie macht diese Farbe zu einem Bestandtheile des Waarenzeichens (Bolze 5, 61). In Folge dessen muß bei der Untersuchung, ob eine Uebereinstimmung oder täuschende Aehnlichkeit zweier Zeichen vorliegt, zu Gunsten des Berechtigten die Farbe mitberücksichtigt werden. Und dies ist wesentlich, denn wenn auch die Markenbilder an sich einander nicht ähnlich sehen, so kann doch durch die gleiche Kolorirung die Gefahr einer Verwechselung herbeigeführt werden (Kohler S. 318).

Bezüglich der Ausstattung können obige Grundsätze nicht ohne Weiteres zur Anwendung kommen, denn bei ihr ist weder der durch die Anmeldung zu Tage tretende Wille des Berechtigten noch die Eintragung maßgebend, sondern nur die Anschauung der betheiligten Verkehrskreise. Folglich wird es einzig darauf ankommen, ob innerhalb der letzteren die Farblosigkeit oder eine bestimmte Farbe der Ausstattung so sehr als das charakteristische Kennzeichen gilt, daß bei einer gleichen oder ähnlichen Ausstattung in einer Farbe oder einer anderen Farbe das Publikum die Herkunft der Waare nicht mehr auf den Berechtigten zurückführt. Nach den obigen Ausführungen, welche im Allgemeinen auch hier zutreffen, ist dies fast durchweg zu verneinen: das Publikum legt der Farbe einer Ausstattung regelmäßig gar keine oder doch keine große Bedeutung bei. Anders könnte es vielleicht sein, wenn einmal die Eigenthümlichkeit der Ausstattung nur in einer frappirenden Farbenzusammenstellung bestehen sollte. Und auch hier wäre zuzusehen, ob nicht die Kombination in anderen Farben unter §. 20 fällt; bei der Wahl anderer Nuancen derselben Farbe wäre dies sicherlich stets der Fall.

5. Von mehreren Seiten wurde bei Schaffung des Gesetzes der Wunsch ausgesprochen, daß der §. 20 schon dann anwendbar sein solle, wenn aus der Nachahmung die Absicht zu täuschen erkennbar ist, daß also beim Vorliegen des subjektiven Moments des Täuschenwollens es auf das objektive der Aehnlichkeit nicht mehr ankommen solle (Hahn das deutsche Markenschutzgesetz 1887 S. 21, Seligsohn in der Zeitschrift für gewerbl. Rechtsschutz 1893 S. 19; dagegen Landgraf Zur Reform des Deutschen Markenschutzgesetzes 1889 S. 39). Das Gesetz hat diesen Anregungen keine Folge gegeben. Es hat ausschließlich die objektive Gefahr der Verwechselung für das Entscheidende erachtet, so daß es neben oder anstatt derselben nicht die Feststellung eines Dolus für nothwendig bezw. genügend hält.

Trotzdem wird es bei der praktischen Anwendung des §. 20 nicht unerheblich sein, wenn die anwendende Behörde zu der Ansicht kommt, daß der Autor der zweiten Kennzeichnung eine Nachahmung der ersten originalen bezweckte. Sie muß sich sagen: Wer eine Nachahmung beabsichtigt, will mittels derselben das Publikum irre führen, da Niemand, der loyal handeln will, in die Lage kommt, nachahmen zu müssen; wenn Jemand nachahmt, giebt er also damit zu erkennen, daß er das Mittel für geeignet hält, das Publikum oder wenigstens einen Theil desselben, zu täuschen; diese Ansicht des Nachahmers über die Zweckmäßigkeit des Mittels ist sehr beachtenswerth, da er in der Regel die Abnehmerkreise und ihr Unterscheidungsvermögen zu beurtheilen wissen wird. Folglich wird sie aus der Nachahmungsabsicht mit größter Wahrscheinlichkeit auf die Gefahr der Verwechselung schließen dürfen und müssen (R.G. 6, 75; Hahn a. a. O.).

Ob eine Nachahmung bezweckt war, wird leicht zu entscheiden sein. Wenn ein Gewerbetreibender bei der unerschöpflichen Zahl möglicher Kennzeichnungen (abgesehen von Namen und Firmen) eine Kennzeichnung wählt, die ein Konkurrent bereits führt, so geschieht dies fast ausnahmslos nicht aus Zufall, sondern aus Absicht. Deswegen muß der Richter oder das Patentamt im Zweifel stets gegen ihn entscheiden, eingedenk des Grundsatzes, daß die Zeichen dazu da sind, um die Waaren verschiedener Gewerbetreibender von einander zu unterscheiden, nicht aber um durch geschickte Nachahmung oder Nachempfindung diese Unterscheidung womöglich auszuschließen (Schima a. a. O. S. 435). Die kleinen Abweichungen, welche die neue Marke oder Ausstattung zeigt, und durch die ihr Urheber seine Absicht zu maskiren trachtet, gerade sie verrathen den Dolus am deutlichsten. Auch dadurch wird die Nachahmung sich häufig offenbaren, daß ihr Autor dem Vorbilde Momente entlehnt hat, welche zwar außerhalb der geschützten Kennzeichnung liegen, trotzdem aber ihren Gesammteindruck wesentlich beeinflussen (N. 2).

6. Anwendungsgebiet. Die Bestimmungen des Gesetzes, für welche der §. 20 in Betracht kommt, sind zunächst: §. 4 Abs. 2 (Wiedereintragung gelöschter Zeichen), §§. 5, 6 (Uebereinstimmung zweier Zeichen), §. 8 Abs. 2 Nr. 2 (Löschung eines Zeichens, welches eingetragen wurde, trotzdem der Fall des §. 4 Abs. 2 vorlag), §. 9 Abs. 1 Nr. 1 (Löschung eines Zeichens, welches bereits für einen Anderen eingetragen ist), §. 9 Abs. 2 (Löschung eines Zeichens, welches früher als Kennzeichen eines Anderen galt), §. 12 (Inhalt des Zeichenrechts), §. 14 (Verletzung des Zeichen-, Namen- oder Firmenrechts), §. 15 (Ausstattung), §. 16 (Herkunftsbezeichnung), §. 17 (Eingang ausländischer Waaren), §. 19 Abs. 1 (Beseitigung der widerrechtlichen Kennzeichnung), §. 24 (Eintragung älterer Zeichen). Außerdem ist die Vorschrift des §. 20 auf §. 4 Abs. 1 (Nichteintragung der Freizeichen, sowie bestimmter Kategorien von Waarenzeichen) analog anzuwenden (N. 2).

Die Gutachten, zu denen §. 11 das Patentamt verpflichtet, werden sich vorzugsweise mit dem §. 20 zu befassen haben (N. 16 zu §. 14).

7. Wenn der auf Grund der §§. 14—16 Angeklagte zur Entkräftung der Wissentlichkeit vorbringt, er habe die Bestimmung des §. 20 nicht gekannt und deshalb geglaubt, eine Nachahmung sei gestattet, wenn man nur irgendwie vom Originale abweiche, so ist dieses Vorbringen nicht zu beachten. Denn diese Ansicht des Angeklagten beruht nur auf einem Rechtsirrthum, durch einen solchen wird aber die Strafbarkeit nicht ausgeschlossen (R.G. Straff. 15, 349); vergl. N. 9 zu §. 14.

§. 21.

In bürgerlichen Rechtsstreitigkeiten, in welchen durch Klage oder Widerklage ein Anspruch auf Grund dieses Gesetzes geltend gemacht ist, wird die Verhandlung und Entscheidung letzter Instanz im Sinne des §. 8 des Einführungsgesetzes zum Gerichtsverfassungsgesetze dem Reichsgericht zugewiesen.

1. Reichsgericht.
2. Anspruch auf Grund dieses Gesetzes.

1. Diese Bestimmung findet sich mit einer unerheblichen redaktionellen Aenderung in verschiedenen Reichsgesetzen (§. 146 des Genossenschaftsgesetzes vom 1. Mai 1889, §. 38 des Patentgesetzes, §. 12 des Gebrauchsmustergesetzes).

Der in Bezug genommene §. 8 des Einführungsgesetzes zum Gerichtsverfassungsgesetz bestimmt:

> Durch die Gesetzgebung eines Bundesstaates, in welchem mehrere Oberlandesgerichte errichtet werden, kann die Verhandlung und Entscheidung der zur Zuständigkeit des Reichsgerichts gehörenden Revisionen und Beschwerden in bürgerlichen Rechtsstreitigkeiten einem obersten Landesgerichte zugewiesen werden.
>
> Diese Vorschrift findet jedoch auf bürgerliche Rechtsstreitigkeiten, welche zur Zuständigkeit des Reichs-

Oberhandelsgerichts gehören oder durch besondere Reichsgesetze dem Reichsgerichte zugewiesen werden, keine Anwendung.

Da nur Bayern ein Oberstes Landesgericht besitzt, so besteht die Bedeutung des §. 38 darin, daß in denjenigen bürgerlichen Rechtsstreitigkeiten, in welchen ein Anspruch auf Grund dieses Gesetzes geltend gemacht wird, die Revision gegen die Urtheile der bayerischen Oberlandesgerichte und die Beschwerde gegen die Entscheidungen derselben nicht an das Oberste Landesgericht, sondern an das Reichsgericht gehen.

Dies gilt bei einer Klagenverbindung oder bei Erhebung einer Widerklage, auch wenn nur einer der Ansprüche auf Grund dieses Gesetzes erhoben wird.

Unrichtig ist die Ansicht der Motive (S. 19), daß durch diese Vorschrift die Entscheidung letzter Instanz in bürgerlichen Rechtsstreitigkeiten unter allen Umständen dem Reichsgericht zusteht. Wenn die Klage beim Amtsgericht erhoben wird, ist das Landgericht die letzte Instanz, und auch in den Sachen, in welchen das Landgericht in erster und das Oberlandesgericht in zweiter Instanz entschieden hat, ist eine Revision nur zulässig, wenn der Werth des Beschwerdegegenstandes 1500 Mark übersteigt (§. 508 der Civilprozeßordnung). Für Beschwerden aber hindert §. 531 Abs. 2 C.P.O., daß dieselben stets bis an das Reichsgericht gebracht werden können. Wahrscheinlich durch den Ausspruch der Motive verleitet, erläutert Landgraf S. 113 den §. 21 in folgender unrichtigen Weise: „Z. B. eine vor dem Landgericht Mannheim abgehandelte Sache gehörte in letzter Instanz vor das Oberlandesgericht Karlsruhe, nach Maßgabe dieses Gesetzes aber ist die letzte Instanz gleich das Reichsgericht."

2. Die Vorschrift bezieht sich auf diejenigen Rechtsstreitigkeiten, in welchen ein Anspruch auf Grund dieses Gesetzes geltend gemacht ist. Diese Ansprüche decken sich weder mit dem Anspruch auf Eintragung (N. 1 zu §. 7), noch mit den Rechten aus der Eintragung (N. 2 zu §. 7), noch mit den das Zeichen betreffenden bürgerlichen Rechtsstreitigkeiten (N. 13 zu §. 23). Vielmehr gehören hierher: die negatorische Klage, die positive und negative Feststellungsklage (N. 13—16 zu §. 12), die Entschädigungsklagen (§§. 14, 15), die Löschungsklage (§. 9), die Klage bei Zeichenkollision (N. 2, 3 zu §. 6). Klagen auf Grund von Vererbungen oder Uebertragungen aus §. 7 gehören nicht hierher.

§. 22.

Wenn deutsche Waaren im Auslande bei der Einfuhr oder Durchfuhr der Verpflichtung unterliegen, eine Bezeichnung zu tragen, welche ihre deutsche Herkunft erkennen läßt, oder wenn dieselben bei der Zollabfertigung in Beziehung auf die Waarenbezeichnungen ungünstiger als die Waaren anderer Länder behandelt werden, so ist der

Bundesrath ermächtigt, den fremden Waaren bei ihrem Eingang nach Deutschland zur Einfuhr oder Durchfuhr eine entsprechende Auflage zu machen, und anzuordnen, daß für den Fall der Zuwiderhandlung die Beschlagnahme und Einziehung der Waaren erfolge. Die Beschlagnahme erfolgt durch die Zoll- und Steuerbehörden, die Festsetzung der Einziehung durch Strafbescheid der Verwaltungsbehörden (§. 459 der Strafprozeßordnung).

1. Grund der Bestimmung.
2—3. Voraussetzungen.
2. Herkunftsbezeichnung.
3. Zollabfertigung.
4. Anordnung des Bundesraths.
5. Beschlagnahme. Einziehung.

1. Der §. 22 verleiht dem Bundesrathe in zwei Fällen eine Ermächtigung. Diese beiden Fälle stehen nicht auf gleicher Stufe. Der eine setzt voraus, daß deutsche Waaren ungünstiger als die anderer Staaten behandelt werden, der andere dagegen liegt auch vor, wenn die deutschen Waaren genau denselben Bestimmungen, wie die anderer Staaten unterliegen. Folglich kann man nur in jenem Falle von einer Retorsion sprechen.

Die Bestimmung über die Herkunftsbezeichnung steht in engem Zusammenhange mit der Vorschrift des §. 17, indem beide verhüten wollen, daß Waaren, welche im Auslande hergestellt sind, als deutsche Waaren in den Verkehr kommen. Ueber ihr Verhältniß zu einander vergl. N. 1 zu §. 17.

In dem Entwurfe der Regierung war nur des Falles der Herkunftsbezeichnung gedacht. Die bezügliche Bestimmung wird in den Motiven (S. 19) besonders im Hinblick auf die englische Gesetzgebung gerechtfertigt. Bekanntlich schreibt die englische Merchandise Marks Act von 1887 für fremde Waaren, welche mit einem englischen Namen oder einer englischen Marke bezeichnet sind, vor, daß sie die Angabe ihres Ursprungslandes enthalten müssen, und droht für den Fall der Zuwiderhandlung ihre Konfiskation an (vergl. N. 1 zu §. 16). So lobenswerth dieses Prinzip an sich ist, so ist es doch möglich, daß die Durchführung desselben unsere Handelsinteressen schädigen kann. „Wenn die fremden Einrichtungen z. B. unbedingt jede Durchfuhr treffen und zu einer lästigen und schädigenden Revision der zur Durchfuhr bestimmten, einen Aufenthalt und eine Durchsuchung nicht wohl vertragenden Waarensendungen führen sollten, wenn sie auch solche Bezeichnungen treffen würden, welche nicht nur der Sprache des einen fremden Landes angehören, sondern in anderen Ländern dem Sprachschatze ebenfalls eigen geworden sind, wenn dadurch Handelsbeziehungen, welche früher gerade durch die Vermittelung der Handelsplätze des fremden Staates allmählich großgezogen wurden, plötzlich und zum empfindlichen Nachtheil der inländischen Arbeit unterbunden werden könnten, oder wenn ein Fehler in der Erfüllung der ausländischen Vorschriften, selbst in Fällen geringer Fahrlässigkeit, zu der Einziehung werthvoller Waarenvorräthe führen und damit eine, zu der Art des Vergehens außer Verhältniß stehende Ahndung mit sich bringen würde, so müßte darin eine Verletzung wichtiger Verkehrsinteressen erblickt werden, gegen welche das betroffene Land nicht unempfindlich bleiben kann. Aus Vorsorge gegen solche Möglichkeiten will der Entwurf die Mittel gewähren, um derartigen, billige Rücksichten in den internationalen Handelsbeziehungen außer Betracht lassenden Versuchen, welche in Wirklichkeit mehr gegen die Macht, als gegen die Unredlichkeit fremder Konkurrenz sich richten, entgegentreten zu können" (Motive S. 19). Aus der Mitte des Reichstags wurde sowohl bei der ersten Lesung des Entwurfs (Stenogr. Berichte S. 882) als in der Kommission (Kommissionsbericht S. 9) durch Angabe von Einzelfällen dargethan, daß die in den Motiven ausgesprochenen Befürchtungen nicht bloß eingetreten, sondern durch die chikanöse Praxis der englischen Zollbehörden noch übertroffen sind. So führte ein Mitglied der Kommission aus: Die bezügliche Vorschrift des englischen Gesetzes von 1887 wird von den englischen Zollbehörden auf alle in England ein- oder durchgeführten Waaren ausgedehnt, wenn sie überhaupt irgend eine Marke oder ein Zeichen tragen. Die englischen Zollbehörden fordern die Bezeichnung des Herkunftsortes nicht nur auf der Verpackung, sondern, wenn die Waaren ein Zeichen tragen, auch dann auf diesen Waaren, selbst wenn es unmöglich ist, dieselben damit zu versehen. Dadurch entsteht vielfach ein Einfuhrverbot, es wird dadurch insbesondere die Stahlwaaren-Industrie Deutschlands geschädigt und die von den Engländern in großen Mengen gekauften deutschen Stahlwaaren werden ohne jede Bezeichnung nach England geschickt, von wo dieselben oft genug mit englischen Etiketten als englische Waare in die Welt hinausgehen. Das ist eine vollständige Umgehung des englischen Waarenbezeichnungsgesetzes und die Absicht, die deutsche Industrie durch solche Maßregeln zu schädigen, wird noch dadurch illustrirt, daß man fälschlich und böswillig in den offiziellen Preislisten in Sheffield die besseren Waaren als aus englischem Stahl, die geringeren, billigeren Waaren als aus deutschem Stahl gefertigt bezeichnet (Kommissionsbericht S. 9). Mit Rücksicht auf diese Vorkommnisse wurde von der Reichstagskommission noch der Fall der ungünstigeren Behandlung bei der Zollabfertigung hinzugefügt.

2. Die Verpflichtung, eine Bezeichnung zu tragen, welche die deutsche Herkunft erkennen läßt, liegt nicht bloß vor, wenn sie durch Gesetz oder Reglements ausgesprochen ist, sondern es genügt, wenn die Praxis der ausländischen Zollbehörden eine derartige Bezeichnung verlangt. Das Prototyp für diese Bezeichnungen ist das englische made in Germany oder manufactured in Germany.

Es ist nicht nothwendig, daß die Bezeichnung sowohl für die Einfuhr als für die Durchfuhr verlangt wird. Es reicht aus, wenn dies bei einer von beiden der Fall ist.

3. Nicht jede ungünstigere Behandlung bei der Zollabfertigung reicht hin, sondern nur eine solche in Beziehung auf die Waarenbezeichnungen. Werden deutsche Waaren in anderer Hinsicht, also etwa in Bezug auf die Schnelligkeit der Abfertigung, den Inhalt der Deklaration, die Höhe der Zollsätze, schlechter behandelt, als diejenigen anderer Staaten, so kommt §. 6 des Zolltarifgesetzes vom $\frac{\text{15. Juli 1879}}{\text{24. Mai 1885}}$ (R.G.Bl. 1885 S. 112) in Betracht:

Waaren, welche aus Staaten kommen, welche deutsche Schiffe oder Waaren deutscher Herkunft ungünstiger behandeln, als diejenigen anderer Staaten, können, soweit nicht Vertragsbestimmungen entgegenstehen, mit einem Zuschlage bis zu 50 Prozent des Betrages der tarifmässigen Eingangsabgabe belegt werden.

Die Erhebung eines solchen Zuschlages wird nach erfolgter Zustimmung des Bundesraths durch Kaiserliche Verordnung angeordnet.

Diese Anordnung ist dem Reichstag sofort, oder, wenn derselbe nicht versammelt ist, bei seinem nächsten Zusammentritte mitzutheilen. Dieselbe ist ausser Kraft zu setzen, wenn der Reichstag die Zustimmung nicht ertheilt.

Diese Bestimmung ist bei ihrer allgemeinen Fassung auch anwendbar, wenn die ungünstigere Behandlung in Bezug auf Waarenbezeichnungen geschieht. Dies gilt auch heute noch ungeachtet der Bestimmung unseres §. 22.

Andrerseits ist Voraussetzung, daß die ungünstigere Behandlung in Beziehung auf Waarenbezeichnungen gerade bei der Zollabfertigung geschieht. Geschieht sie bei der Registrirung der Zeichen oder bei der Rechtsverfolgung, so kommt nicht §. 22, sondern zutreffenden Falls §. 23 Abs. 1 zur Anwendung.

Deutschland braucht, damit der Fall des §. 22 vorliege, nicht gerade das am schlechtesten behandelte Land zu sein. Es reicht hin, wenn nur irgend ein Land besser behandelt wird, sollte auch dieses Land zu dem betreffenden Staate in einem besonderen Verhältnisse (Union, Konvention) stehen.

Fälle einer ungünstigeren Behandlung sind z. B., wenn nach der englischen Praxis bei französischen Waaren die Bezeichnung mode de Paris genügt oder bei amerikanischen die drei Buchstaben U. S. A. (d. h. United States of America) ausreichen, während man bei deutschen Waaren immer die 21 Buchstaben manufactured in Germany verlangt, auch wenn sie auf der Waare wegen Mangels an Platz nicht angebracht werden können (Stenogr. Berichte S. 884).

4. Der Bundesrath ist ermächtigt, aber nicht verpflichtet, wenn eine der beiden Voraussetzungen vorliegt, Anordnungen zu treffen. Zunächst wird er eine Verständigung mit dem ausländischen Staate herbeizuführen suchen und erst, wenn dies nicht gelingt, erwägen, ob er zu Gegenmaßregeln schreiten soll. Er wird sich bei seinem Entschluß hauptsächlich von verkehrspolitischen Gründen leiten lassen, wird aber auch Momente allgemeiner Politik zu berücksichtigen haben.

Die Verordnung muß im Reichs-Gesetzblatt verkündigt werden (Laband Deutsches Staatsrecht. 2. Aufl. 1, 612). Sofern sie nicht einen anderen Anfangstermin bestimmt, tritt sie mit dem vierzehnten Tage nach dem Ablauf desjenigen Tages in Kraft, an welchem das betreffende Stück des Reichs-Gesetzblatts in Berlin ausgegeben ist (Art. 2 der Reichsverfassung).

Die Verordnung des Bundesraths wird sich gegen die Waaren desjenigen Landes richten, bei welchem die Voraussetzungen des §. 22 vorliegen.

Sie kann die Waaren treffen, welche in dem betreffenden Lande erzeugt sind, und diejenigen, welche aus diesem Lande nach Deutschland eingehen. Der Inhalt der Auflage hängt vom Ermessen des Bundesraths ab; er braucht nicht dieselbe Auflage, wie der fremde Staat anzuordnen, sondern nur eine entsprechende. Ebenso ist es in seine Willkür gestellt, ob er für den Fall der Zuwiderhandlung Beschlagnahme und Einziehung vorschreiben will oder nicht. Er wird dies aber wohl stets thun, da die Anordnung sonst ihren Zweck verfehlen würde. Es bedarf, wie die Motive S. 19 sagen, eines schleunigen, unmittelbar gegen die vor dem Uebergang in den Inlandsverkehr festgehaltene Waare sich richtenden Verfahrens, um mit solchen Anordnungen wirken zu können.

5. Ueber Beschlagnahme und Einziehung siehe N. 7, 8 zu §. 17.

§. 23.

Wer im Inlande eine Niederlassung nicht besitzt, hat auf den Schutz dieses Gesetzes nur Anspruch, wenn in dem Staate, in welchem seine Niederlassung sich befindet, nach einer im Reichs-Gesetzblatt enthaltenen Bekanntmachung deutsche Waarenbezeichnungen in gleichem Umfange wie inländische Waarenbezeichnungen zum gesetzlichen Schutz zugelassen werden.

Der Anspruch auf Schutz eines Waarenzeichens und das durch die Eintragung begründete Recht können nur durch einen im Inlande bestellten Vertreter geltend gemacht werden. Der letztere ist zur Vertretung in dem nach Maßgabe dieses Gesetzes vor dem Patentamt stattfindenden Verfahren, sowie in den das Zeichen betreffenden bürgerlichen Rechtsstreitigkeiten und zur Stellung von Strafanträgen befugt. Für die das Zeichen betreffenden Klagen gegen den eingetragenen Inhaber ist das Gericht zuständig, in dessen Bezirk der Vertreter seinen Wohnsitz hat, in dessen Ermangelung das Gericht, in dessen Bezirk das Patentamt seinen Sitz hat.

Wer ein ausländisches Waarenzeichen zur Anmeldung bringt, hat damit den Nachweis zu verbinden, daß er in dem Staate, in welchem seine Niederlassung sich befindet, für dieses Zeichen den Markenschutz nachgesucht und erhalten hat. Die Eintragung ist, soweit nicht Staatsverträge ein Anderes bestimmen, nur dann zulässig, wenn das Zeichen den Anforderungen dieses Gesetzes entspricht.

1. Internationales Markenrecht.
Abs. 1 (N. 2—8).
2. Inland.
3. Niederlassung.
4. Mehrere Berechtigte.
5. Veränderung des Orts.
6. Schutz dieses Gesetzes.
7. Gegenseitigkeit.
8. Bekanntmachung.
Abs. 2 (N. 9—16).
9. Vertreterzwang.
10. Folgen der Nichtbestellung eines Vertreters.
11. Vertreter.
12. Vollmacht. Rolle.
13. Befugnisse des Vertreters.
14. Patentanwälte.
15. Gerichtsstand.
16. Vertreter eines im Inlande Wohnenden.
Abs. 3 (N. 17, 18).
17. Akzessorischer Schutz.
18. Beschaffenheit des Zeichens.

1. Internationales Zeichenrecht. Charakteristisch für die heutige Zeit ist die Verschärfung der Voraussetzungen, unter welchen Ausländern, mit denen man nicht in Vertragsbeziehungen steht, gewerbliche Rechte eingeräumt werden. Diese Neigung, die nicht bloß Deutschland eigenthümlich ist, kann man auch bei diesem Paragraphen, wenn man ihn mit §. 20 des Markenschutzgesetzes vergleicht, wahrnehmen (vergl. Kommissionsbericht S. 9). Für den Begriff des Ausländers ist dabei nicht die Staatsangehörigkeit, sondern der gewerbliche Wohnsitz, die Niederlassung maßgebend.

Der Abs. 1 bezieht sich auf alle Waarenbezeichnungen, also außer auf Waarenzeichen auch auf Namen, Firma und Ausstattung, während Abs. 2 und 3 nur von Waarenzeichen handeln. Bei allen Waarenbezeichnungen ist demnach Voraussetzung die Gegenseitigkeit, während bei Waarenzeichen außerdem noch verlangt wird, daß ein Vertreter im Inlande bestellt wird (Abs. 2), daß der Anmelder im Heimathsstaate Markenschutz für das Zeichen erhalten hatte und daß dasselbe den Anforderungen unseres Gesetzes entspricht (Abs. 3).

Nicht uninteressant im Hinblick auf das Eingangs Gesagte ist, wie diese Anforderungen während der Berathung des Gesetzes allmählich entstanden und gewachsen sind. Der Begriff der Gegenseitigkeit wurde in der Reichstagskommission schärfer gefaßt (N. 5), der Vertreterzwang fehlte in dem nicht veröffentlichten Entwurfe, welchen die Reichsregierung der Sachverständigen-Kommission (Einl. S. 14) vorlegte (Landgraf S. 118), die Forderung der akzessorischen Eigenschaft des Schutzes wurde in der Reichstagskommission verschärft (N. 17), die Bestimmung, daß das Zeichen dem deutschen Gesetze entsprechen muß, fehlte in dem veröffentlichten I. Entwurf (N. 18).

Durch die Verträge, welche das Deutsche Reich mit Oesterreich-Ungarn, Italien, Serbien und der Schweiz abgeschlossen hat (Nr. 3—6 der Anlagen), sind der Vertreterzwang und die akzessorische Natur des Schutzes nicht berührt.

Abs. 1.

2. Inland ist das Deutsche Reich, einschließlich der Insel Helgoland. Streitig ist, ob die Schutzgebiete und diejenigen auswärtigen Bezirke, in denen das Reich die Konsulargerichtsbarkeit ausübt, als Inland im Sinne dieses Gesetzes anzusehen sind. Die Motive bejahen es, für die Konsularländer allerdings nur bezüglich der Niederlassungen von Reichsangehörigen oder Schutzgenossen, und wollen deshalb den §. 23 auf jene Gebiete keine Anwendung finden lassen (S. 20). Dieser Ansicht kann nur beschränkt beigetreten werden. Zunächst ist es zweifellos, daß, soweit es sich um Anwendung und Geltung der Reichsgesetze handelt, unter Inland nicht alles unserer Staatsgewalt unterworfene Gebiet, sondern nur das durch die Reichsverfassung zu einer rechtlichen Einheit zusammengefaßte Gebiet zu verstehen ist (Laband Deutsches Staatsrecht 1, 790). Dazu gehören aber weder die Schutzgebiete noch natürlich die Konsularländer. Daß dies auch der Standpunkt der Reichsgesetzgebung ist, ersieht man aus §. 6 Abs. 3 des Gesetzes, betreffend die Rechtsverhältnisse der deutschen Schutzgebiete, vom 19. März 1888 (R.G.Bl. S. 75), wo man es für nöthig erachtet hat, ausdrücklich vorzuschreiben, daß für zwei bestimmte Gesetze die Schutzgebiete als Inland zu gelten haben. Sodann ist die Ansicht der Motive nicht einmal zweckmäßig. Nach ihrer eigenen Ausführung ist der Vertreterzwang eingeführt worden, um sowohl den betheiligten Kreisen, als auch dem Patentamt den geschäftlichen Verkehr mit den im Auslande wohnhaften Berechtigten zu erleichtern (S. 19). Diese wohlthätige Absicht des Gesetzgebers würde aber nur unvollkommen erreicht werden, wenn zwar Leute, die in Frankreich oder England wohnen, aber nicht solche, die in Witu oder Kamerun, in China, Persien oder Korea wohnen, Vertreter bestellen müssen (Seligsohn in der Zeitschrift für gewerbl. Rechtsschutz 1893 S. 20). Insoweit wird man allerdings den Motiven zustimmen können, daß Inhaber von Niederlassungen in den Schutzgebieten, sowie Reichsangehörige und Schutzgenossen in den Konsularländern weder der Voraussetzung der Gegenseitigkeit unterliegen, noch nachzuweisen brauchen, daß sie in dem Staate ihrer Niederlassung den Markenschutz erhalten haben. Dagegen muß der Abs. 2 auch für sie voll gelten. Daß ihre Zeichen dem deutschen Gesetze entsprechen müssen, ist selbstverständlich.

3. Das Gesetz legt weder auf die Staatsangehörigkeit noch auf den Wohnsitz, sondern nur auf den Ort der Niederlassung Werth. Es würde demnach ein Deutscher, welcher in Mexiko seine Niederlassung hat (mit diesem Staat besteht keine Gegenseitigkeit), auf den Schutz dieses Gesetzes keinen Anspruch haben. Hat ein Mexikaner in Deutschland seine Niederlassung, so gilt er als Inländer und unterliegt nicht den Bestimmungen des §. 23. Hat er sie in England oder in einem anderen Staate, mit welchem Gegenseitigkeit besteht, so finden Abs. 2 und 3 des §. 23 Anwendung.

Daß die Niederlassung in irgend einer Beziehung zu dem Geschäftsbetriebe steht, in welchem die Waarenbezeichnung verwendet wird oder verwendet werden soll, ist im Gesetze nicht bestimmt.

Zu dem Begriffe der Niederlassung gehört, daß Jemand ein zu dauerndem Gebrauche eingerichtetes, beständig oder doch in regelmäßiger Wiederkehr von ihm benutztes Lokal für den Betrieb seines Gewerbes besitzt (§. 42 Abs. 2 der Gewerbeordnung) und daß dieses Lokal zur unmittelbaren Abschließung von Geschäften dient (§. 22 der Civilprozeßordnung). Es genügt also z. B. nicht, wenn er im Inlande nur eine Fabrik hat oder nur eine Agentur, welche die Geschäfte nicht abschließt, sondern den Abschluß von Geschäften durch Entgegennahme und Uebermittelung von Aufträgen und dergleichen vorbereitet. Ebenso wenig ist es ausreichend, wenn von der Niederlassung aus nur gelegentlich ein Geschäft abgeschlossen wird, sondern die Niederlassung muß bestimmungsgemäß der Mittelpunkt eines den Abschluß von Geschäften bezweckenden Betriebes sein.

Unter der Herrschaft des Markenschutzgesetzes, welches in seinem §. 20 die gleiche Vorschrift hatte, nur daß es statt „Niederlassung" dort „Handelsniederlassung" hieß, war es streitig, ob letzteres Wort sich nur auf Hauptniederlassungen oder auf Zweigniederlassungen bezog. Es handelte sich insbesondere um die Frage, ob Kaufleute, welche im Auslande ihre Hauptniederlassung und im Inlande eine Zweigniederlassung hatten, als In- oder als Ausländer gelten sollten. Das Preußische Obertribunal (Urtheil vom 1. März 1877 in Oppenhoff Rechtsprechung Bd. 18 S. 172) und Kohler (S. 422) vertraten die Ansicht, daß auch eine Zweigniederlassung unter den Begriff „Handelsniederlassung" falle und daß sonach jene Firmen als Inländer anzusehen seien (ebenso: die französische Doktrin; vergl. Pouillet n° 327). Das Reichsgericht (R.G. 21, 1) nahm den entgegengesetzten Standpunkt ein. Es begründete denselben damit, daß nach dem Sprachgebrauch des Handelsgesetzbuchs (Art. 19, 21) das Wort „Handelsniederlassung" nur die Haupt-, nicht die Zweigniederlassung bedeute, daß nach §. 1 des Markenschutzgesetzes der Markenschutz von der Eintragung der Firma bedingt sei und daß nach derselben Vorschrift die Anmeldung des Zeichens zum Handelsregister der Hauptniederlassung zu erfolgen habe.

Es kann dahingestellt bleiben, ob diese Begründung des Reichsgerichts zutreffend war, denn sie ermangelt für den §. 23 des neuen Gesetzes jeder Bedeutung. In diesem §. 23 ist, wie gesagt, das Wort „Handelsniederlassung" durch „Niederlassung" ersetzt. Der Grund der Aenderung lag darin, daß jetzt nicht mehr bloß Kaufleute, deren Firma im Handelsregister eingetragen ist, sondern alle Gewerbetreibende den Markenschutz erlangen können (N. 1 zu §. 1). Für die Einschränkung des Wortes „Niederlassung" auf Hauptniederlassung spricht aber keiner der drei reichsgerichtlichen Gründe: der Sinn, welchen das Handelsgesetzbuch mit „Handelsniederlassung" verbindet, kann nicht ins Gewicht fallen und die in Bezug genommenen Bestimmungen des Markenschutzgesetzes gelten heute nicht mehr. Es kommt somit jetzt nur darauf an, ob eine Zweigniederlassung die Kriterien besitzt, welche oben für eine Niederlassung entwickelt sind. Und dies ist der Fall. Denn eine Zweigniederlassung ist nur dann vorhanden, „wenn an einem vom Sitze des Hauptgeschäfts verschiedenen Orte gleichartige Geschäfte des Prinzipals abgeschlossen werden, dieser abgezweigte Betrieb nach seiner Organisation auf die Dauer berechnet ist und der damit Beauftragte eine selbstständige Thätigkeit entwickelt" (Staub Kommentar zum Handelsgesetzbuch Art. 21, Kammergericht bei Johow und Küntzel 5, 22). Unterstützend sei noch auf den Wortlaut hingewiesen: „Wer im Inlande eine Niederlassung nicht besitzt" (ebenso: Allfeld S. 117; a. M. Landgraf S. 119).

4. Bei mehreren Berechtigten liegt der Fall des §. 23 schon vor, wenn nur einer im Inlande keine Niederlassung hat.

5. Wenn der Berechtigte seine inländische Niederlassung aufgiebt oder wenn das Recht auf einen übergeht, welcher hier keine Niederlassung hat, so wird der §. 23 anwendbar. Im umgekehrten Falle hört seine Anwendbarkeit, insbesondere die des Abs. 2, auf.

Im ersten Falle wird der Uebergang in der Rolle nur vermerkt, wenn die Voraussetzungen des Abs. 1 und 2 erfüllt sind.

6. Schutz dieses Gesetzes. Der Abs. 1 bezieht sich, wie der Wortlaut ergiebt, im Gegensatze zu Abs. 2 und 3 nicht bloß auf die Waarenzeichen, sondern auf alle Waarenbezeichnungen; also auch auf den Schutz des Namens, der Firma und der Ausstattung. Er erstreckt sich bei Waarenzeichen sowohl auf den Anspruch auf Eintragung (N. 1 zu §. 7), als auf die Rechte aus der Eintragung (N. 2 zu §. 7).

Der Grundsatz des Abs. 3, daß ausländische Waarenzeichen in Deutschland nur akzessorischen Schutz erlangen können (N. 17), muß aus inneren Gründen auch für die anderen Waarenbezeichnungen gelten. Ein Ausländer darf hier Namens-, Firmen- und Ausstattungsrecht nur dann genießen, wenn er in seiner Heimath in Bezug auf diese Güter sich in einer geschützten Rechtsstellung befindet. Unser Gesetz schafft ihm kein Namens-, Firmenrecht u. s. w., sondern verbietet nur Verletzungen des nach dem ausländischen Gesetze bestehenden Rechts. Es will nicht, daß diese Rechte, welche als Rechte der Persönlichkeit ihrem Wesen nach an keine lokalen Schranken gebunden sind, an unserer Grenze endigen sollen (R.G. in Jurist. Wochenschrift 1889 S. 349).

7. Gegenseitigkeit. Nach dem Entwurfe sollte es in Anlehnung an §. 20 des Markenschutzgesetzes für diesen Begriff genügen, wenn deutsche Waarenbezeichnungen im Auslande „einen Schutz" genießen (vergl. auch §. 13 des Gesetzes, betreffend den Schutz von Gebrauchsmustern). Durch die jetzige Fassung, welche von der Reichstagskommission herrührt, ist scharf zum Ausdruck gebracht, daß nicht bloß zu prüfen ist, ob der fremde Staat einen Schutz gewährt, welcher sich als wirklicher und genügender Schutz erweist, sondern auch ob die deutschen Waarenbezeichnungen in Bezug auf den Umfang dieses Schutzes nicht schlechter behandelt werden als die des betreffenden Staates. Ob der Schutz ein dem Schutze unseres Gesetzes gleichwerthiger ist, ist unerheblich.

Hat der, welcher ohne inländische Niederlassung auf den Schutz dieses Gesetzes Anspruch macht, in verschiedenen Staaten Niederlassungen, so ist derjenige Staat maßgebend, in welchem er seine Hauptniederlassung hat. Dafür spricht nicht bloß der Wortlaut „seine Niederlassung" (Kohler S. 430), sondern auch die Analogie der Verträge mit Oesterreich-Ungarn, Italien, Serbien und der Schweiz (§. 2 derselben, ebenso Art. I des vierten Protokolls der Madrider Konferenz der Unionsstaaten). Sind die mehreren Niederlassungen ganz unabhängig von einander, so daß keine von ihnen Haupt- oder Zweigniederlassung ist, so genügt es, wenn in einem der Staaten Gegenseitigkeit gilt.

8. Die Prüfung der Gegenseitigkeit steht nicht den Gerichten oder dem Patentamt, sondern dem Reichskanzler zu. Das Resultat seiner Prüfung, wie es sich in der Bekanntmachung bezw. Nichtbekanntmachung im Reichs-Gesetzblatt kund giebt, ist für sämmtliche Behörden maßgebend. Diese dürfen ohne die Bekanntmachung Gegenseitigkeit nicht annehmen, nach der Bekanntmachung sie nicht in Abrede stellen (R.G. in Jurist. Wochenschrift 1889 S. 349). Insbesondere darf das Patentamt hier — im Gegensatz zu seiner Praxis in Gebrauchsmustersachen (S. 12 der Denkschrift, Nr. 118 der Drucksachen des Reichstags 1893/94) — ein Zeichen nicht eintragen, bevor es nicht festgestellt hat, daß die betreffende Bekanntmachung ergangen ist. Ist keine ergangen, so muß ein Vorbescheid gemäß §. 21 Abs. 3 des Patentgesetzes erlassen werden (N. 1 zu §. 10).

Gegenseitigkeit besteht nach der Bekanntmachung des Reichskanzlers vom 22. September 1894 (R.G.Bl. S. 521) mit folgenden Staaten: Belgien, Brasilien, Bulgarien, Dänemark, Frankreich, Griechenland, Großbritannien, Italien, Luxemburg, Niederlande, Oesterreich-Ungarn, Rumänien, Rußland, Schweden und Norwegen, Schweiz, Serbien, Venezuela und Vereinigte Staaten von Amerika.

Der Reichskanzler kann seine Bekanntmachung jeder Zeit durch eine andere widerrufen, doch ist auch deren bindende Kraft davon abhängig, daß sie im Reichsgesetz-Blatt verkündigt ist.

Abs. 2.

9. Nach dem Vorbilde des Patentgesetzes (§. 12) und des Gesetzes, betr. den Schutz der Gebrauchsmuster (§. 13) ist für ausländische Zeicheninhaber der Vertreterzwang eingeführt worden, um sowohl den betheiligten Kreisen, als auch dem Patentamt den geschäftlichen Verkehr mit den im Auslande wohnhaften Berechtigten zu erleichtern (Motive S. 19).

Der Wortlaut des Abs. 2 weicht von den vorbildlichen Bestimmungen, insbesondere von §. 12 des Patentgesetzes, an den er sich sonst ganz anlehnt, in einem erheblichen Punkte ab. Jener §. 12 bestimmt, daß der nicht im Inlande Wohnende den Anspruch auf Ertheilung des Patents und die Rechte aus dem Patent nur geltend machen kann, wenn er im Inlande einen Vertreter bestellt hat. Unser §. 23 Abs. 2 schreibt dagegen vor, daß die Geltendmachung nur durch einen im Inlande bestellten Vertreter erfolgen kann. Der Unterschied zwischen den beiden Bestimmungen springt um so mehr in die Augen, wenn man erwägt, daß das Reichsgericht den ausländischen Patentinhaber, welcher vorschriftsmäßig einen Vertreter bestellt hat, für befugt erklärt, auch persönlich oder durch einen anderen Bevollmächtigten seine Rechte geltend zu machen, insbesondere den Strafantrag zu stellen (R.G. Straff. 6, 10).

Irgend ein Grund für die Abweichung ist nicht ersichtlich, weder die Motive noch die Reichstags- oder die Kommissionsverhandlungen enthalten den geringsten Hinweis darauf, daß eine Abweichung beabsichtigt war. Zu der nothwendigen Vertretung paßt auch nicht der Satz, welcher die Befugnisse des Vertreters aufzählt; denn wenn die Geltendmachung des Zeichenrechts nur durch den Vertreter erfolgen kann, wozu bedarf es dann noch der ausdrücklichen Bestimmung, daß derselbe z. B. zur Stellung von Strafanträgen befugt ist? Die Vorschrift trägt auch sehr unzweckmäßig einen Dualismus in das Gesetz, indem der Berechtigte die Funktionen, welche eine Geltendmachung seines Rechts enthalten, nur durch den Vertreter vornehmen kann, während zu den anderen der Vertreter zwar kraft Gesetzes befugt, aber nicht ausschließlich befugt ist. Der Berechtigte ist also im Allgemeinen prozeßfähig, seine Prozeßfähigkeit hört aber auf, wenn es sich um Geltendmachung seines Rechts handelt, hierfür muß er einen gesetzlichen Vertreter haben (§. 50 der Civilprozeßordnung). Man male sich die Konsequenzen dieses Zustandes aus. Wenn der eingetragene Inhaber Jemanden wegen Verletzung des Zeichenrechts belangt und wenn darauf Widerklage auf Löschung erhoben wird, so würde der Eingetragene nicht für die Klage, wohl aber für die Widerklage prozeßfähig sein, Eide, welche die Klage betreffen, wären vom Vertreter (§. 435 C.P.O.), solche, welche die Widerklage betreffen, vom Inhaber zu leisten!

Aus diesen Gründen muß man trotz des unzweideutigen Wortlauts des ersten Satzes denselben dahin auslegen, daß der Inhaber Anspruch und Recht nur geltend machen kann, wenn er einen Vertreter bestellt hat, daß er beide aber auch selbst oder durch einen Anderen geltend machen darf.

10. Ueber den Anspruch auf Schutz des Zeichens siehe N. 1 zu §. 7, über das durch die Eintragung begründete Recht N. 2 zu §. 7.

An die Nichtbestellung des Vertreters knüpft das Gesetz nicht den Rechtsnachtheil des Verlustes des Anspruchs bezw. des Rechts, sondern nur den, daß man beide nicht geltend machen kann. Vergl. deshalb die Erörterungen in N. 14 zu §. 7. Zu beachten ist, daß hier aber auch die Geltendmachung des Anspruchs auf Eintragung in Frage steht. Diese Geltendmachung hat nicht mit der Anmeldung ihr Ende erreicht, setzt sich vielmehr in dem ganzen Vorprüfungsverfahren bis zur Eintragung fort. Meldet Jemand, der im Inlande keine Niederlassung hat, ein Zeichen an, ohne gleichzeitig einen Vertreter zu bestellen, so erläßt der Vorprüfer gemäß §. 21 Abs. 2 des Patentgesetzes einen Vorbescheid (N. 1 zu §. 10). Fällt der bestellte Vertreter vor der Eintragung weg, so setzt das Patentamt dem Anmelder eine Frist zur Bestellung eines neuen und versagt die Eintragung, wenn die Frist unbenutzt abläuft.

11. Der Vertreter muß im Inlande wohnen, kann aber Ausländer sein. Nach §. 8 der Verordnung vom 30. Juni 1894 findet hier §. 28 der Verordnung vom 11. Juli 1891 entsprechende Anwendung:

> Vertreter in Patentangelegenheiten und in Angelegenheiten des Gebrauchsmusterschutzes haben dem Patentamt gegenüber ihre Bevollmächtigung durch eine Vollmacht nachzuweisen.
>
> Die Vollmachten müssen auf prozessfähige, mit ihrem bürgerlichen Namen bezeichnete Personen lauten.
>
> Sind mehrere Personen bevollmächtigt, so gelten dieselben für befugt, sowohl gemeinschaftlich als auch einzeln die Vertretung wahrzunehmen. Eine abweichende Bestimmung dürfen die Vollmachten nicht enthalten.

12. Die Vollmacht (vergl. N. 11) muß schriftlich ertheilt sein und bedarf keiner beweisenden Form. Sie zählt nicht zu den Eingaben im Sinne des §. 34 des Patentgesetzes (N. 3 zu §. 2) und kann deshalb auch in fremder Sprache abgefaßt sein.

Die Stempelpflichtigkeit der Vollmacht ist nach dem Orte der Ausstellung zu beurtheilen. Wird sie im Auslande ausgestellt, so unterwirft der Umstand, daß sie vom Vertreter dem Patentamt überreicht wird, sie nicht dem preußischen Landesstempel.

Der Name und Wohnort des Vertreters, Aenderungen in der Person, im Namen oder im Wohnorte des Vertreters werden in die Rolle eingetragen (§. 3 Abs. 1 Nr. 3); ebenso wird das Erlöschen der Vollmacht eingetragen, wenn das Zeichen auf Jemanden übergeht, der eine inländische Niederlassung hat oder wenn der Zeicheninhaber im Inlande eine Niederlassung errichtet (N. 5). Die Eintragung ist für die Entstehung oder Beendigung der Vollmacht zwischen den Parteien unerheblich. Den Dritten, insbesondere dem Patentamt und den Gerichten gegenüber, gilt aber nur der in die Rolle Eingetragene als Vertreter.

13. Der Vertreter ist kraft Gesetzes zur Vertretung des Zeicheninhabers legitimirt

a) in dem nach Maßgabe dieses Gesetzes vor dem Patentamt stattfindenden Verfahren. Das Patentamt tritt, wenn ein Vertreter bestellt ist, mit diesem in Verkehr und stellt ihm alle Verfügungen und Beschlüsse zu;

b) in allen bürgerlichen Rechtsstreitigkeiten, welche das Zeichen betreffen.

α) Es muß eine bürgerliche Rechtsstreitigkeit vorliegen. Selbstverständlich werden hierdurch die Vorschriften der Civilprozeßordnung über Anwaltszwang nicht berührt. Zur außerprozessualen Vertretung ist der Vertreter nicht befugt: er kann weder Licenzen ertheilen, noch den Geschäftsbetrieb mit Zeichen auf Andere übertragen.

β) Die Rechtsstreitigkeit muß ein Zeichen betreffen. Dieser Ausdruck begreift nicht bloß „die Rechtsstreitigkeiten, in welchen ein Anspruch auf Grund dieses Gesetzes geltend gemacht ist" (N. 2 zu §. 21), sondern u. a. auch Streitigkeiten, welche aus Uebertragung des Zeichens oder wegen Licenzgebühren entstehen;

c) zur Stellung von Strafanträgen wegen Verletzung des Zeichenrechts. Darin liegt auch ausgesprochen, daß der Vertreter ohne weitere Vollmacht für den Inhaber als Nebenkläger auftreten und Buße verlangen kann. Es fehlt an jedem Grunde, ihm die Beitreibung der Entschädigung nur im Civil- und nicht auch im Strafprozeß zu gestatten (Seligsohn Patentgesetz S. 312).

Eine Beschränkung der Vollmacht ist Dritten gegenüber bedeutungslos. Der Vertreter ist aber dem Inhaber schadensersatzpflichtig, wenn er die Beschränkungen nicht beachtet.

Der Vertreter kann sich für alle seine Befugnisse oder für einzelne derselben Andere substituiren, wenn der Besteller es in der Vollmacht nicht verboten hat.

Ob der Tod des Inhabers die Vollmacht aufhebt, ist nach Landesrecht zu beurtheilen, jedenfalls ist für das Patentamt und für Dritte der Vertreter, so lange er in der Rolle eingetragen ist, zur Vertretung legitimirt.

14. Zu Vertretern werden vorzugsweise Patentanwälte bestellt, d. h. Personen, welche sich gewerbsmäßig mit der Vertretung vor dem Patentamt befassen. An einer Regelung des Patentanwaltswesens fehlt es noch immer. Ueber die gesetzliche Stellung der Patentanwälte siehe Seligsohn a. a. O. S. 114.

15. Nach dem Vorbilde des §. 12 des Patentgesetzes ist hier ein besonderer — nicht ausschließlicher — Gerichtsstand an dem Orte geschaffen, wo der Vertreter wohnt. Ist der Vertreter weggefallen oder hat er seinen Wohnsitz in Deutschland aufgegeben, so ist das Königl. Amts- oder Landgericht I in Berlin zuständig.

Das Gericht ist nur zuständig für Klagen, also nicht für Strafverfolgungen. Bei den Klagen müssen folgende drei Voraussetzungen vorliegen:

a) Sie müssen das Zeichen betreffen (N. 13).

b) Der Inhaber muß Beklagter sein.

c) Das Zeichen muß noch eingetragen sein.

Der §. 12 des Patentgesetzes geht dagegen weiter, indem er jenes Gericht — als Gerichtsstand des Vermögens (§. 24 der Civilprozeßordnung) — für alle vermögensrechtlichen Streitigkeiten, die gegen den Patentinhaber aus irgend einem Rechtsgrunde erhoben werden, zuständig sein läßt (Seligsohn Patentgesetz S. 115 f.). Der Grund für die Abweichung ist, daß zwar das Patent, aber nicht das Waarenzeichen ein selbstständiges Vermögensobjekt bildet (Landgraf S. 124).

16. Auch der Inhaber einer inländischen Niederlassung kann einen Vertreter bestellen. Auf diesen finden aber die Bestimmungen des §. 23 keine Anwendung. Seine Befugnisse insbesondere richten sich nach dem Inhalte seiner Vollmacht. In die Rolle wird er nicht eingetragen.

Abs. 3.

17. Wer im Inlande keine Niederlassung hat, kann sowohl nach früherem (§. 20 Nr. 2 des Markenschutzgesetzes), als nach jetzigem Rechte für ein Zeichen nur akzessorischen Schutz erhalten (N. 6). Ueber den Grund siehe Kohler S. 412 ff.

In zwei Richtungen weichen die jetzigen Bestimmungen von den früheren ab:

a) Früher genügte der Nachweis, „daß in dem fremden Staate die Voraussetzungen erfüllt sind, unter welchen der Anmeldende dort einen Schutz für das Zeichen beanspruchen kann". So lautete auch der Entwurf unseres Gesetzes. In der Reichstagskommission erhielt es aber die jetzige Fassung. Ein Mitglied der Kommission wies nämlich darauf hin, daß man bisher Ausländern die Eintragung von Zeichen gestattet habe, ohne den Nachweis, daß diese Zeichen nach dem englischen Markenrecht in England eingetragen waren, und nur auf die Bemerkung hin, daß der Antragsteller in England durch das gemeine Recht (Common Law) gegen Nachahmung dieser Zeichen geschützt sei, daß er also dort einen Schutz genieße. Diese Auffassung wollte man für die Zukunft verhindern (Kommissionsbericht S. 9).

Es genügt also jetzt nicht, daß das Zeichen im Heimathsstaate nach dem gemeinen Recht geschützt ist, sondern es muß dort einen markenrechtlichen Spezialschutz genießen. Hat der Anmelder in verschiedenen fremden Staaten Niederlassungen, so gilt das in N. 7 Gesagte.

Ob das Zeichen den ausländischen Schutz zu Recht genießt, geht das Patentamt nichts an. Dieses prüft nur, ob der Anmelder in dem fremden Staate für das Zeichen den Markenschutz hat. Trotz des Wortlautes kommt es nicht darauf an, ob der Anmelder jenen Schutz nachgesucht hat: er kann das Zeichen derivativ erworben haben. Andererseits reicht es auch nicht hin, daß der Anmelder den Schutz nachgesucht und erhalten hat: er muß ihn auch noch zur Zeit der Anmeldung haben.

Diesen Nachweis wird er durch ein Attest der Zeichenbehörde des Auslandsstaates, dem der beglaubigte Abdruck bezw. die beglaubigte Abschrift des Zeichens beigefügt ist, führen. Die Frist zwischen dem Datum des Attestes und der Anmeldung darf nicht zu lang sein; darüber entscheidet das freie Ermessen des Patentamts. Letztere Behörde hat aber weder im Ertheilungsverfahren noch später (§. 8 Abs. 2 Nr. 2) zu prüfen, ob die Ertheilung des Markenschutzes im Auslande zu Recht erfolgt ist: es genügt die objektive Thatsache, daß der Schutz ertheilt ist (vergl. für das frühere Recht: R.G. 13, 1).

Genügt die Anmeldung nicht den vorstehenden Bestimmungen, so erläßt der Vorprüfer einen Vorbescheid gemäß Abs. 2 oder Abs. 3 des §. 21 des Patentgesetzes; vergl. N. 1 zu §. 10.

b) Während nach §. 20 Nr. 3 des Markenschutzgesetzes das Zeichenrecht nur insofern und auf so lange bestehen blieb, als in den fremden Staaten der Anmelder in der Benutzung des Zeichens geschützt war, ist diese Bestimmung jetzt weggefallen. Ist bei uns das Zeichenrecht einmal erworben, so besteht es fort, auch wenn der Schutz im Heimathsstaate erloschen ist (Motive S. 19).

18. Unter der Herrschaft des Markenschutzgesetzes war es streitig, ob das ausländische Zeichen den Anforderungen des deutschen Gesetzes entsprechen mußte. Die Frage wurde insbesondere in dem Falle praktisch, wenn Ausländer, in deren Heimathsstaate Wortzeichen geschützt wurden, für solche in Deutschland, wo nach §. 3 Abs. 2 des Markenschutzgesetzes bloße Wörter nicht zeichenfähig waren, Schutz beanspruchten. Die Praxis des Reichsgerichts war zwar nicht ganz einheitlich (R.G. 3, 74; 18, 85; 22, 93; R.G. Straff. 14, 234; 22, 178), hat aber meistens die Grundsätze des ausländischen Rechts für maßgebend erachtet. Ebenso Kohler S. 436, Kohler Aus dem Patent- und Industrierecht II S. 17; a. M. v. Bar Internationales Privatrecht 2. Aufl. II S. 275. Die beiden im Reichs-Anzeiger veröffentlichten Entwürfe ließen die Frage offen, der Bundesrath fügte die jetzige Bestimmung, daß das Zeichen den Anforderungen unseres Gesetzes entsprechen muß, ein, damit der Ausländer nicht günstiger gestellt sei, als der Inländer (Motive S. 20). Die Frage hat allerdings jetzt, nachdem das deutsche Gesetz Wortmarken in weitem Umfange zuläßt (N. 12 ff. zu §. 4), ihre frühere Bedeutung verloren. Entspricht das Zeichen nicht den Anforderungen, so ist ein Vorbescheid gemäß §. 21 Abs. 3 des Patentgesetzes zu erlassen (N. 1 zu §. 10).

Ausnahmen von dieser Vorschrift können durch Staatsverträge getroffen werden. Dies ist bisher durch die Verträge mit Oesterreich-Ungarn, Italien, Serbien und der Schweiz geschehen, deren Text unter Nr. 3—6 der Anlagen abgedruckt ist.

§. 24.

Auf die in Gemäßheit des Gesetzes über Markenschutz vom 30. November 1874 in die Zeichenregister eingetragenen Waarenzeichen finden bis zum 1. Oktober 1898 die Bestimmungen jenes Gesetzes noch ferner Anwendung. Die Zeichen können bis zum 1. Oktober 1898 jederzeit zur Eintragung in die Zeichenrolle nach Maßgabe des gegenwärtigen Gesetzes angemeldet werden und unterliegen alsdann dessen Bestimmungen. Die Eintragung darf nicht versagt werden hinsichtlich derjenigen Zeichen, welche auf Grund eines älteren landesgesetzlichen Schutzes in die Zeichenregister eingetragen worden sind. Die Eintragung geschieht unentgeltlich und unter dem Zeitpunkte der ersten Anmeldung. Ueber den Inhalt der ersten Eintragung ist ein Zeugniß der bisherigen Registerbehörde beizubringen.

Mit der Eintragung in die Zeichenrolle oder, sofern eine solche nicht erfolgt ist, mit dem 1. Oktober 1898 erlischt der den Waarenzeichen bis dahin gewährte Schutz.

1. Uebergangsbestimmungen. Das Gesetz will die gerichtlichen Zeichenregister im Interesse der Uebersichtlichkeit und Klarheit des ganzen Zeichenwesens beseitigen (N. 18 zu §. 1). Die dort eingetragenen Zeichen, an Zahl etwa 20 000, können daher bis zum 1. Oktober 1898 zu der patentamtlichen Zeichenrolle angemeldet werden. Die Uebertragung geschieht unentgeltlich und unter Wahrung der alten Priorität. Es werden aber, mit einer Ausnahme, nur solche Zeichen übertragen, welche den Erfordernissen des neuen Gesetzes entsprechen. Auf die in die Zeichenregister eingetragenen Zeichen finden die Bestimmungen des Markenschutzgesetzes bis zum 1. Oktober 1898 Anwendung; der Schutz dieses Gesetzes erlischt mit der Uebertragung in die Zeichenrolle oder, wenn eine solche nicht erfolgt ist, am 1. Oktober 1898.

Abs. 1.

2. Die Anmeldung der Zeichen, auf welche das Markenschutzgesetz ferner Anwendung finden soll, zu den Zeichenregistern muß nach §. 26 Abs. 2 spätestens am 30. September 1894 erfolgt sein. Daraus, daß das Markenschutzgesetz auf diese Zeichen weiter Anwendung finden soll, folgt, daß die

Vorschriften des Gesetzes vom 12. Mai 1894 auf sie nicht anwendbar sind. Dies gilt durchweg bis auf die in N. 31 zu §. 14 erwähnte Ausnahme (Zurücknahme des Strafantrags).

Die Ausdrucksweise „bis zum 1. Oktober 1898" kann es zweifelhaft erscheinen lassen, ob das Gesetz auch noch am 1. Oktober 1898 anzuwenden ist. Der Abs. 2 zeigt, daß dies nicht der Fall sein soll, so daß also der 30. September 1898 der letzte Tag ist. Natürlich muß das Gesetz auch nach diesem Tage noch angewendet werden, wenn es sich um Beurtheilung von Thatbeständen handelt, welche an diesem Tage abgeschlossen waren. Hatte z. B. Jemand am 30. September 1898 ein in die Register eingetragenes Zeichen verletzt, so ist die Frage der Strafbarkeit und der Entschädigung nach dem Markenschutzgesetz zu entscheiden. Wollte man in diesem Falle den Richter hindern, bei seiner — jedenfalls nach dem 30. September 1898 ergehenden — Entscheidung das Markenschutzgesetz zu berücksichtigen, so würden die Zeichen, entgegen der Vorschrift des Abs. 2, schon vor dem 1. Oktober 1898 schutzlos werden.

Der Text des Markenschutzgesetzes ist unter Nr. 7 der Anlagen abgedruckt.

3. Der Inhaber des Zeichens (wer dies ist, ist nach dem Markenschutzgesetz zu beurtheilen) kann vor dem 1. Oktober 1898 (vergl. N. 2) das Zeichen zur Eintragung in die Zeichenrolle anmelden. Die Anmeldung muß den Vorschriften des §. 2 entsprechen, mit ihr ist nach §. 6 der patentamtlichen Bekanntmachung vom 21. Juli 1894 (N. 2 zu §. 2) eine beglaubigte Abschrift der in dem bisherigen Register enthaltenen Eintragungen vorzulegen. Vergleiche die Erörterungen zu §. 2, namentlich N. 7.

Das Patentamt prüft das Gesuch nach ganz denselben Grundsätzen, wie die Anmeldung eines neuen Zeichens, also sowohl auf die materiellen als formellen Erfordernisse, auch das weitere Verfahren hat nichts Besonderes. Eigenthümlich ist nur, daß die Eintragung unentgeltlich geschieht (N. 14 zu §. 2) und daß der Zeitpunkt der Anmeldung zum Zeichenregister in die Rolle eingetragen wird (N. 2 zu §. 3). Letzteres geschieht, weil das Zeichen seine ursprüngliche Priorität behält.

Ist das Zeichen in die Rolle eingetragen, so erlischt nach Abs. 2 der ihm bis dahin auf Grund des Markenschutzgesetzes gewährte Schutz. Der Inhaber des Zeichens kann es im Register löschen lassen, muß es aber nicht. Der Registerrichter, welcher übrigens von der Eintragung in die Rolle nichts zu erfahren braucht, löscht es von Amtswegen nicht, es sei denn, daß die zehnjährige Frist vor dem 30. September 1898 abläuft, ohne daß die Beibehaltung des Zeichens angemeldet wird (§. 5 des Markenschutzgesetzes). Eine rechtliche Bedeutung hat es nicht, ob das Zeichen im Register gelöscht wird oder nicht, denn es untersteht in jedem Falle nur den Bestimmungen des Gesetzes vom 12. Mai 1894.

Dies gilt insbesondere auch für die Frage, von wann ab die zehnjährige Schutzfrist (§. 8 Abs. 2 Nr. 1) läuft. Beginnt diese gemäß §. 5 Abs. 2 Nr. 3 des alten Gesetzes mit der Eintragung des Zeichens in das Register bezw. bei Erneuerungen mit der Anmeldung der Beibehaltung, oder beginnt sie nach §. 8 Abs. 2 Nr. 1 des neuen Gesetzes mit der Anmeldung des Zeichens zur Zeichenrolle? Das Letztere ist richtig. Wenn also ein am 3. August 1890 in das Zeichenregister eingetragenes Zeichen am 5. Januar 1895 zur Zeichenrolle angemeldet wird, so endigt die Frist nicht am 3. August 1900, sondern erst am 5. Januar 1905. Landgraf S. 128 beruft sich für die gegentheilige Ansicht darauf, daß die Eintragung in die Rolle unter dem Zeitpunkt der ersten Anmeldung geschieht. Der Grund ist nicht stichhaltig, denn nach §. 5 Abs. 2 Nr. 3 des Markenschutzgesetzes lief die erste zehnjährige Frist nicht von der Anmeldung, sondern von der Eintragung des Zeichens. Folglich kann der Vermerk des Zeitpunktes der ersten Anmeldung nicht geschehen, um die Dauer der Schutzfrist zu fixiren, er bezweckt vielmehr nur, den Zeichen ihre ursprüngliche Priorität zu sichern (Motive S. 20). Das Landgraf'sche Argument ist vielmehr gegen ihn zu verwerthen. Da nämlich in der Zeichenrolle nur der Zeitpunkt der ersten Anmeldung, nicht der der Eintragung in das Register vermerkt wird, so würde bei Adoptirung seiner Ansicht die Rolle darüber keine Auskunft geben, wann der Schutz des Zeichens aufhört.

4. Das Gesetz macht von dem Grundsatze, daß die Zeichen nur eingetragen werden dürfen, wenn sie den Erfordernissen des Waarenzeichengesetzes entsprechen, eine Ausnahme zu Gunsten der Zeichen, welche auf Grund eines älteren landesgesetzlichen Schutzes in die Zeichenregister eingetragen worden sind. Der I. Entwurf wollte auch die Zeichen von der Prüfung befreien, welche in die Register eingetragen worden waren, weil sie bis zum Beginn des Jahres 1875 im Verkehr allgemein als Kennzeichen der Waare eines bestimmten Gewerbetreibenden gegolten hatten. In Folge der Bedenken, welche gegen eine Ausnahmestellung dieser Kategorie laut wurden (vergl. Seligsohn in der Zeitschrift für gewerbl. Rechtsschutz 1893 S. 21), wurde in dem II. Entwurf die privilegirte Stellung dieser Zeichen fallen gelassen.

Die Ausnahme erstreckt sich nicht auf die formellen Erfordernisse der Anmeldung. Ebenso wenig ist die Stellung dieser Zeichen nach ihrer Eintragung verschieden von der der anderen aus den Registern übernommenen Zeichen. Auch bei ihnen wird der Tag der Anmeldung zum Zeichenregister und nicht etwa der Tag der Erlangung des landesherrlichen Schutzes in der Rolle vermerkt (Kommissionsbericht S. 9). Vergl. daher die Ausführungen in N. 3, nur muß hier bei der Anmeldung noch eine Bescheinigung der Registerbehörde darüber beigefügt werden, daß das Zeichen auf Grund eines älteren landesgesetzlichen Schutzes eingetragen worden war (§. 6 der patentamtlichen Bekanntmachung vom 21. Juli 1894 in N. 2 zu §. 2).

Ein landesgesetzlicher Schutz, welcher sich an die Eintragung der Zeichen knüpfte, bestand nur

1. in den preußischen Provinzen Rheinland und Westphalen nach der Verordnung vom 18. August 1847 und dem Gesetz vom 24. Mai 1854 (nur für Eisen- und Stahlwaaren);

2. in Elsaß-Lothringen nach dem französischen Gesetz vom 23. Juni 1857 (R.G. Straff. 6, 272);

3. in Bayern nach der Verordnung vom 9. Mai 1840, ersetzt durch die Verordnung vom 21. Dezember 1862. Die Kontroverse, ob der durch

letztere Verordnung gewährte Zeichenschutz durch das Reichsstrafgesetzbuch völlig beseitigt worden ist oder ob nur die Strafsanktion wegfiel, während der civilrechtliche Schutz bestehen blieb, ist zu Gunsten der zweiten Alternative zu entscheiden (Klostermann die Patentgesetzgebung aller Länder 2. Aufl. 1876 S. 441, Kohler S. 57, Schmid in der Zeitschrift für gewerblichen Rechtsschutz 1894 S. 283; a. M. Landgraf S. 128 in N. 6, Finger S. 29). Uebrigens braucht auf diese Kontroverse hier nicht näher eingegangen zu werden, denn das Gesetz verpflichtet das Patentamt, alle Zeichen anstandslos einzutragen, welche auf Grund eines älteren landesgesetzlichen Schutzes in die Zeichenregister eingetragen worden sind. Eine Nachprüfung, ob jene Eintragung des Registerrichters seiner Zeit mit Recht erfolgt ist, steht dem Patentamt nicht zu. Es ist durch die Thatsache der Eintragung und die darüber ausgestellte Bescheinigung des Registerrichters gebunden. Da nun in Bayern nach dem Inkrafttreten des Markenschutzgesetzes die durch die älteren Verordnungen geschützten Zeichen auf Grund des §. 3 Abs. 1 des Markenschutzgesetzes in die Register eingetragen worden sind, so müssen sie, soweit sie noch eingetragen stehen und zur Zeichenrolle angemeldet werden, vom Patentamt ohne Weiteres eingetragen werden.

Abs. 2.

5. Die Bestimmung ist in N. 1, 2 erläutert.

§. 25.

Die zur Ausführung dieses Gesetzes erforderlichen Bestimmungen über die Einrichtung und den Geschäftsgang des Patentamts, sowie über das Verfahren vor demselben werden durch Kaiserliche Verordnung unter Zustimmung des Bundesraths getroffen.

Die Verordnung ist am 30. Juni 1894 ergangen (R.G.Bl. S. 495). Sie ist unter Nr. 2 der Anlagen abgedruckt.

§. 26.

Dieses Gesetz tritt mit dem 1. Oktober 1894 in Kraft. Von dem gleichen Zeitpunkte ab werden Anmeldungen von Waarenzeichen auf Grund des Gesetzes über Markenschutz vom 30. November 1874 nicht mehr angenommen.

Urkundlich unter Unserer Höchsteigenhändigen Unterschrift und beigedrucktem Kaiserlichen Insiegel.

Gegeben Neues Palais, den 12. Mai 1894.

(L. S.) **Wilhelm.**

von Boetticher.

Anlagen.

1. Gesetz zum Schutz der Waarenbezeichnungen.

Vom 12. Mai 1894 (R.G.Bl. S. 441).

§. 1.

Wer in seinem Geschäftsbetriebe zur Unterscheidung seiner Waaren von den Waaren Anderer eines Waarenzeichens sich bedienen will, kann dieses Zeichen zur Eintragung in die Zeichenrolle anmelden.

§. 2.

Die Zeichenrolle wird bei dem Patentamt geführt. Die Anmeldung eines Waarenzeichens hat schriftlich bei dem Patentamt zu erfolgen. Jeder Anmeldung muß die Bezeichnung des Geschäftsbetriebes, in welchem das Zeichen verwendet werden soll, ein Verzeichniß der Waaren, für welche es bestimmt ist, sowie eine deutliche Darstellung und soweit erforderlich eine Beschreibung des Zeichens beigefügt sein.

Das Patentamt erläßt Bestimmungen über die sonstigen Erfordernisse der Anmeldung.

Für jedes Zeichen ist bei der Anmeldung eine Gebühr von dreißig Mark, bei jeder Erneuerung der Anmeldung eine Gebühr von zehn Mark zu entrichten. Führt die erste Anmeldung nicht zur Eintragung, so werden von der Gebühr zwanzig Mark erstattet.

§. 3.

Die Zeichenrolle soll enthalten:

1. den Zeitpunkt des Eingangs der Anmeldung;
2. die nach §. 2 Absatz 1 der Anmeldung beizufügenden Angaben;
3. Namen und Wohnort des Zeicheninhabers und seines etwaigen Vertreters, sowie Aenderungen in der Person, im Namen oder im Wohnorte des Inhabers oder des Vertreters;
4. den Zeitpunkt einer Erneuerung der Anmeldung;
5. den Zeitpunkt der Löschung des Zeichens.

Die Einsicht der Zeichenrolle steht jedermann frei.

Jede Eintragung und jede Löschung wird amtlich bekannt gemacht. Das Patentamt veröffentlicht in regelmäßiger Wiederholung Uebersichten über die in der Zwischenzeit eingetragenen und gelöschten Zeichen.

§. 4.

Die Eintragung in die Rolle ist zu versagen für Freizeichen, sowie für Waarenzeichen,

1. welche ausschließlich in Zahlen, Buchstaben oder solchen Wörtern bestehen, die Angaben über Art, Zeit und Ort der Herstellung, über die Beschaffenheit, über die Bestimmung, über Preis-, Mengen- oder Gewichtsverhältnisse der Waare enthalten;
2. welche in- oder ausländische Staatswappen oder Wappen eines inländischen Ortes, eines inländischen Gemeinde- oder weiteren Kommunalverbandes enthalten;
3. welche Aergerniß erregende Darstellungen oder solche Angaben enthalten, die ersichtlich den thatsächlichen Verhältnissen nicht entsprechen und die Gefahr einer Täuschung begründen.

Zeichen, welche gelöscht sind, dürfen für die Waaren, für welche sie eingetragen waren, oder für gleichartige Waaren zu Gunsten eines anderen, als des letzten Inhabers erst nach Ablauf von zwei Jahren seit dem Tage der Löschung von Neuem eingetragen werden.

§. 5.

Erachtet das Patentamt, daß ein zur Anmeldung gebrachtes Waarenzeichen mit einem anderen, für dieselben oder für gleichartige Waaren auf Grund des Gesetzes über Markenschutz vom 30. November 1874 (Reichs-Gesetzbl. S. 143) oder auf Grund des gegenwärtigen Gesetzes früher angemeldeten Zeichen übereinstimmt, so macht es dem Inhaber dieses Zeichens hiervon Mittheilung. Erhebt derselbe nicht innerhalb eines Monats nach der Zustellung Widerspruch gegen die Eintragung des neu angemeldeten Zeichens, so ist das Zeichen einzutragen. Im anderen Falle entscheidet das Patentamt durch Beschluß, ob die Zeichen übereinstimmen.

Aus dem Unterbleiben der im ersten Absatz vorgesehenen Mittheilung erwächst ein Ersatzanspruch nicht.

§. 6.

Wird durch den Beschluß (§. 5 Absatz 1) die Uebereinstimmung der Zeichen verneint, so ist das neuangemeldete Zeichen einzutragen.

Wird durch den Beschluß die Uebereinstimmung der Zeichen festgestellt, so ist die Eintragung zu versagen. Sofern der Anmelder geltend machen will, daß ihm ungeachtet der durch die Entscheidung des Patentamts festgestellten Uebereinstimmung ein Anspruch auf die Eintragung zustehe, hat er diesen Anspruch im Wege der Klage gegenüber dem Widersprechenden zur Anerkennung zu bringen. Die Eintragung auf Grund einer zu seinen Gunsten ergehenden Entscheidung wird unter dem Zeitpunkte der ursprünglichen Anmeldung bewirkt.

§. 7.

Das durch die Anmeldung oder Eintragung eines Waarenzeichens begründete Recht geht auf die Erben über und kann durch Vertrag oder durch Verfügung von Todeswegen auf Andere übertragen werden. Das Recht kann jedoch nur mit dem Geschäftsbetriebe, zu welchem das Waarenzeichen gehört, auf einen Anderen übergehen. Der Uebergang wird auf Antrag des Rechtsnachfolgers in der Zeichenrolle vermerkt, sofern die Einwilligung des Berechtigten in beweisender Form beigebracht wird. Ist der Berechtigte verstorben, so ist der Nachweis der Rechtsnachfolge zu führen.

Solange der Uebergang in der Zeichenrolle nicht vermerkt ist, kann der Rechtsnachfolger sein Recht aus der Eintragung des Waarenzeichens nicht geltend machen.

Verfügungen und Beschlüsse des Patentamts, welche einer Zustellung an den Inhaber des Zeichens bedürfen, sind stets an den eingetragenen Inhaber zu richten. Ergiebt sich, daß derselbe verstorben ist, so kann das Patentamt nach seinem Ermessen die Zustellung als bewirkt ansehen oder zum Zweck der Zustellung an die Erben deren Ermittelung veranlassen.

§. 8.

Auf Antrag des Inhabers wird das Zeichen jederzeit in der Rolle gelöscht.

Von Amtswegen erfolgt die Löschung:

1. wenn seit der Anmeldung des Zeichens oder seit ihrer Erneuerung zehn Jahre verflossen sind;
2. wenn die Eintragung des Zeichens hätte versagt werden müssen.

Soll die Löschung ohne Antrag des Inhabers erfolgen, so giebt das Patentamt diesem zuvor Nachricht. Widerspricht er innerhalb eines Monats nach der Zustellung nicht, so erfolgt die Löschung. Widerspricht er, so faßt das Patentamt Beschluß. Soll in Folge Ablaufs der zehnjährigen Frist die Löschung erfolgen, so ist von derselben abzusehen, wenn der Inhaber des Zeichens bis zum Ablauf eines Monats nach der Zustellung unter Zahlung einer Gebühr von zehn Mark neben der Erneuerungsgebühr die Erneuerung der Anmeldung nachholt; die Erneuerung gilt dann als an dem Tage des Ablaufs der früheren Frist geschehen.

§. 9.

Ein Dritter kann die Löschung eines Waarenzeichens beantragen:

1. wenn das Zeichen für ihn auf Grund einer früheren Anmeldung für dieselben oder für gleichartige Waaren in der Zeichenrolle oder in den nach Maßgabe des Gesetzes über den Markenschutz vom 30. November 1874 geführten Zeichenregistern eingetragen steht;
2. wenn der Geschäftsbetrieb, zu welchem das Waarenzeichen gehört, von dem eingetragenen Inhaber nicht mehr fortgesetzt wird;
3. wenn Umstände vorliegen, aus denen sich ergiebt, daß der Inhalt des Waarenzeichens den thatsächlichen Verhältnissen nicht entspricht und die Gefahr einer Täuschung begründet.

Hat ein nach dem Gesetze über Markenschutz vom 30. November 1874 von der Eintragung ausgeschlossenes Waarenzeichen bis zum Erlaß des gegenwärtigen Gesetzes innerhalb betheiligter Verkehrskreise als Kennzeichen der Waaren eines bestimmten Geschäftsbetriebes gegolten, so kann der Inhaber des letzteren, falls das Zeichen nach Maßgabe des gegenwärtigen Gesetzes für einen Anderen in die Zeichenrolle eingetragen wird, bis zum 1. Oktober 1895 die Löschung beantragen. Wird dem Antrage stattgegeben, so darf das Zeichen für den Antragsteller schon vor Ablauf der im §. 4 Absatz 2 bestimmten Frist in die Zeichenrolle eingetragen werden.

Der Antrag auf Löschung ist im Wege der Klage geltend zu machen und gegen den eingetragenen Inhaber oder, wenn dieser gestorben, gegen dessen Erben zu richten.

Hat vor oder nach Erhebung der Klage ein Uebergang des Waarenzeichens auf einen Anderen stattgefunden, so ist die Entscheidung in Ansehung der Sache auch gegen den Rechtsnachfolger wirksam und vollstreckbar. Auf die Befugniß des Rechtsnachfolgers, in den Rechtsstreit einzutreten, finden die Bestimmungen der §§. 63 bis 66 und 73 der Civilprozeßordnung entsprechende Anwendung.

In den Fällen des Absatz 1 Nr. 2 kann der Antrag auf Löschung zunächst bei dem Patentamt angebracht werden. Das Patentamt giebt dem als Inhaber des Waarenzeichens Eingetragenen davon Nachricht. Widerspricht derselbe innerhalb eines Monats nach der Zustellung nicht, so erfolgt die Löschung. Widerspricht er, so wird dem Antragsteller anheimgegeben, den Anspruch auf Löschung im Wege der Klage zu verfolgen.

§. 10.

Anmeldungen von Waarenzeichen, Anträge auf Uebertragung und Widersprüche gegen die Löschung derselben werden in dem für Patentangelegenheiten maßgebenden Verfahren durch Vorbescheid und Beschluß erledigt. In den Fällen des §. 5 Absatz 1 wird ein Vorbescheid nicht erlassen.

Gegen den Beschluß, durch welchen ein Antrag zurückgewiesen wird, kann der Antragsteller, und gegen den Beschluß, durch welchen Widerspruchs ungeachtet die Löschung angeordnet wird, der Inhaber des Zeichens innerhalb eines Monats nach der Zustellung bei dem Patentamt Beschwerde einlegen.

Zustellungen, welche die Eintragung, die Uebertragung oder die Löschung eines Waarenzeichens betreffen, erfolgen mittelst eingeschriebenen Briefes. Kann eine Zustellung im Inlande nicht erfolgen, so wird sie durch Aufgabe zur Post nach Maßgabe der §§. 161, 175 der Civilprozeßordnung bewirkt.

§. 11.

Das Patentamt ist verpflichtet, auf Ersuchen der Gerichte über Fragen, welche eingetragene Waarenzeichen betreffen, Gutachten abzugeben, sofern in dem gerichtlichen Verfahren von einander abweichende Gutachten mehrerer Sachverständigen vorliegen.

§. 12.

Die Eintragung eines Waarenzeichens hat die Wirkung, daß dem Eingetragenen ausschließlich das Recht zusteht, Waaren der angemeldeten Art oder deren Verpackung oder Umhüllung mit dem Waarenzeichen zu versehen, die so bezeichneten Waaren in Verkehr zu setzen, sowie auf Ankündigungen, Preislisten, Geschäftsbriefen, Empfehlungen, Rechnungen oder dergleichen das Zeichen anzubringen.

Im Falle der Löschung können für die Zeit, in welcher ein Rechtsgrund für die Löschung früher bereits vorgelegen hat, Rechte aus der Eintragung nicht mehr geltend gemacht werden.

§. 13.

Durch die Eintragung eines Waarenzeichens wird niemand gehindert, seinen Namen, seine Firma, seine Wohnung, sowie Angaben über Art, Zeit und Ort der Herstellung, über die Beschaffenheit, über die Bestimmung, über Preis-, Mengen- oder Gewichtsverhältnisse von

Waaren, sei es auch in abgekürzter Gestalt, auf Waaren, auf deren Verpackung oder Umhüllung anzubringen und derartige Angaben im Geschäftsverkehr zu gebrauchen.

§. 14.

Wer wissentlich oder aus grober Fahrlässigkeit Waaren oder deren Verpackung oder Umhüllung, oder Ankündigungen, Preislisten, Geschäftsbriefe, Empfehlungen, Rechnungen oder dergleichen mit dem Namen oder der Firma eines Anderen oder mit einem nach Maßgabe dieses Gesetzes geschützten Waarenzeichen widerrechtlich versieht oder dergleichen widerrechtlich gekennzeichnete Waaren in Verkehr bringt oder feilhält, ist dem Verletzten zur Entschädigung verpflichtet.

Hat er die Handlung wissentlich begangen, so wird er außerdem mit Geldstrafe von einhundertfünfzig bis fünftausend Mark oder mit Gefängniß bis zu sechs Monaten bestraft. Die Strafverfolgung tritt nur auf Antrag ein. Die Zurücknahme des Antrages ist zulässig.

§. 15.

Wer zum Zweck der Täuschung in Handel und Verkehr Waaren oder deren Verpackung oder Umhüllung, oder Ankündigungen, Preislisten, Geschäftsbriefe, Empfehlungen, Rechnungen oder dergleichen mit einer Ausstattung, welche innerhalb betheiligter Verkehrskreise als Kennzeichen gleichartiger Waaren eines Anderen gilt, ohne dessen Genehmigung versieht, oder wer zu dem gleichen Zweck derartig gekennzeichnete Waaren in Verkehr bringt oder feilhält, ist dem Verletzten zur Entschädigung verpflichtet und wird mit Geldstrafe von einhundert bis dreitausend Mark oder mit Gefängniß bis zu drei Monaten bestraft. Die Strafverfolgung tritt nur auf Antrag ein. Die Zurücknahme des Antrages ist zulässig.

§. 16.

Wer Waaren oder deren Verpackung oder Umhüllung oder Ankündigungen, Preislisten, Geschäftsbriefe, Empfehlungen, Rechnungen oder dergleichen fälschlich mit einem Staatswappen oder mit dem Namen oder Wappen eines Ortes, eines Gemeinde- oder weiteren Kommunalverbandes zu dem Zweck versieht, über Beschaffenheit und Werth der Waaren einen Irrthum zu erregen, oder wer zu dem gleichen Zweck derartig bezeichnete Waaren in Verkehr bringt oder feilhält, wird mit Geldstrafe von einhundertfünfzig bis fünftausend Mark oder mit Gefängniß bis zu sechs Monaten bestraft.

Die Verwendung von Namen, welche nach Handelsgebrauch zur Benennung gewisser Waaren dienen, ohne deren Herkunft bezeichnen zu sollen, fällt unter diese Bestimmung nicht.

§. 17.

Ausländische Waaren, welche mit einer deutschen Firma und Ortsbezeichnung, oder mit einem in die Zeichenrolle eingetragenen Waarenzeichen widerrechtlich versehen sind, unterliegen bei ihrem Eingang nach Deutschland zur Einfuhr oder Durchfuhr auf Antrag des Verletzten und gegen Sicherheitsleistung der Beschlagnahme und Einziehung. Die Beschlagnahme erfolgt durch die Zoll- und Steuerbehörden, die Festsetzung der Einziehung durch Strafbescheid der Verwaltungsbehörden (§. 459 der Strafprozeßordnung).

§. 18.

Statt jeder aus diesem Gesetze entspringenden Entschädigung kann auf Verlangen des Beschädigten neben der Strafe auf eine an ihn zu erlegende Buße bis zum Betrage von zehntausend Mark erkannt werden. Für diese Buße haften die zu derselben Verurtheilten als Gesammtschuldner.

Eine erkannte Buße schließt die Geltendmachung eines weiteren Entschädigungsanspruchs aus.

§. 19.

Erfolgt eine Verurtheilung auf Grund der §§. 14 bis 16, 18, so ist bezüglich der im Besitz des Verurtheilten befindlichen Gegenstände auf Beseitigung der widerrechtlichen Kennzeichnung, oder, wenn die Beseitigung in anderer Weise nicht möglich ist, auf Vernichtung der damit versehenen Gegenstände zu erkennen.

Erfolgt die Verurtheilung im Strafverfahren, so ist in den Fällen der §§. 14 und 15 dem Verletzten die Befugniß zuzusprechen, die Verurtheilung auf Kosten des Verurtheilten öffentlich bekannt zu machen. Die Art der Bekanntmachung sowie die Frist zu derselben ist in dem Urtheil zu bestimmen.

§. 20.

Die Anwendung der Bestimmungen dieses Gesetzes wird durch Abweichungen nicht ausgeschlossen, mit denen fremde Namen, Firmen, Zeichen, Wappen und sonstige Kennzeichnungen von Waaren wiedergegeben werden, sofern ungeachtet dieser Abweichungen die Gefahr einer Verwechselung im Verkehr vorliegt.

§. 21.

In bürgerlichen Rechtsstreitigkeiten, in welchen durch Klage oder Widerklage ein Anspruch auf Grund dieses Gesetzes geltend gemacht ist, wird die Verhandlung und Entscheidung letzter Instanz im Sinne des §. 8 des Einführungsgesetzes zum Gerichtsverfassungsgesetze dem Reichsgericht zugewiesen.

§. 22.

Wenn deutsche Waaren im Auslande bei der Einfuhr oder Durchfuhr der Verpflichtung unterliegen, eine Bezeichnung zu tragen, welche ihre deutsche Herkunft erkennen läßt, oder wenn dieselben bei der Zollabfertigung in Beziehung auf die Waarenbezeichnungen ungünstiger als die Waaren anderer Länder behandelt werden, so ist der Bundesrath ermächtigt, den fremden Waaren bei ihrem Eingang nach Deutschland zur Einfuhr oder Durchfuhr eine entsprechende Auflage zu machen, und anzuordnen, daß für den Fall der Zuwiderhandlung die Beschlagnahme und Einziehung der Waaren erfolge. Die Beschlagnahme erfolgt durch die Zoll- und Steuerbehörden, die Festsetzung der Einziehung durch Strafbescheid der Verwaltungsbehörden (§. 459 der Strafprozeßordnung).

§. 23.

Wer im Inlande eine Niederlassung nicht besitzt, hat auf den Schutz dieses Gesetzes nur Anspruch, wenn in dem Staate, in welchem seine Niederlassung sich befindet, nach einer im Reichs-Gesetzblatt enthaltenen Bekanntmachung deutsche Waarenbezeichnungen in gleichem Umfange wie inländische Waarenbezeichnungen zum gesetzlichen Schutz zugelassen werden.

Der Anspruch auf Schutz eines Waarenzeichens und das durch die Eintragung begründete Recht können nur durch einen im Inlande bestellten Vertreter geltend gemacht werden. Der letztere ist zur Vertretung in dem nach Maßgabe dieses Gesetzes vor dem Patentamt stattfindenden Verfahren, sowie in den das Zeichen betreffenden bürgerlichen Rechtsstreitigkeiten und zur Stellung von Strafanträgen befugt. Für die das Zeichen betreffenden Klagen gegen den eingetragenen Inhaber ist das Gericht zuständig, in dessen Bezirk der Vertreter seinen Wohnsitz hat, in dessen Ermangelung das Gericht, in dessen Bezirk das Patentamt seinen Sitz hat.

Wer ein ausländisches Waarenzeichen zur Anmeldung bringt, hat damit den Nachweis zu verbinden, daß er in dem Staate, in welchem seine Niederlassung sich befindet, für dieses Zeichen den Markenschutz nachgesucht und erhalten hat. Die Eintragung ist, soweit nicht Staatsverträge ein Anderes bestimmen, nur dann zulässig, wenn das Zeichen den Anforderungen dieses Gesetzes entspricht.

§. 24.

Auf die in Gemäßheit des Gesetzes über Markenschutz vom 30. November 1874 in die Zeichenregister eingetragenen Waarenzeichen finden bis zum 1. Oktober 1898 die Bestimmungen jenes Gesetzes noch ferner Anwendung. Die Zeichen können bis zum 1. Oktober 1898 jederzeit zur Eintragung in die Zeichenrolle nach Maßgabe des gegenwärtigen Gesetzes angemeldet werden und unterliegen alsdann dessen Bestimmungen. Die Eintragung darf nicht versagt werden hinsichtlich derjenigen Zeichen, welche auf Grund eines älteren landesgesetzlichen Schutzes in die Zeichenregister eingetragen worden sind. Die Eintragung geschieht unentgeltlich und unter dem Zeitpunkte der ersten Anmeldung. Ueber den Inhalt der ersten Eintragung ist ein Zeugniß der bisherigen Registerbehörde beizubringen.

Mit der Eintragung in die Zeichenrolle oder, sofern eine solche nicht erfolgt ist, mit dem 1. Oktober 1898 erlischt der den Waarenzeichen bis dahin gewährte Schutz.

§. 25.

Die zur Ausführung dieses Gesetzes erforderlichen Bestimmungen über die Einrichtung und den Geschäftsgang des Patentamts, sowie über das Verfahren vor demselben werden durch Kaiserliche Verordnung unter Zustimmung des Bundesraths getroffen.

§. 26.

Dieses Gesetz tritt mit dem 1. Oktober 1894 in Kraft.

Von dem gleichen Zeitpunkte ab werden Anmeldungen von Waarenzeichen auf Grund des Gesetzes über Markenschutz vom 30. November 1874 nicht mehr angenommen.

2. Verordnung zur Ausführung des Gesetzes zum Schutz der Waarenbezeichnungen vom 12. Mai 1894 (Reichs-Gesetzbl. S. 441) und des Gesetzes, betreffend den Schutz von Gebrauchsmustern, vom 1. Juni 1891 (Reichs-Gesetzbl. S. 290).

Vom 30. Juni 1894 (R.G.Bl. S. 495).

Wir **Wilhelm**, von Gottes Gnaden Deutscher Kaiser, König von Preußen ꝛc.

verordnen auf Grund der Bestimmung im §. 25 des Gesetzes zum Schutz der Waarenbezeichnungen vom 12. Mai 1894 (Reichs-Gesetzbl. S. 441) und auf Grund der Bestimmung im §. 14 des Gesetzes, betreffend den Schutz von Gebrauchsmustern, vom 1. Juni 1891 (Reichs-Gesetzbl. S. 290) im Namen des Reichs, nach erfolgter Zustimmung des Bundesraths, was folgt:

I. Waarenzeichen.

§. 1.

Für die auf Waarenzeichen bezüglichen Angelegenheiten wird in dem Patentamt eine besondere Abtheilung gebildet, welche die Bezeichnung:

Abtheilung für Waarenzeichen

führt.

Die Abtheilung besteht aus einem rechtskundigen Mitgliede als Vorsitzenden und aus Mitgliedern, welche rechtskundig oder in einem Zweige der Technik sachverständig sind. Die Zuweisung der Mitglieder an die Abtheilung erfolgt durch den Reichskanzler.

Im Falle der Verhinderung eines Mitgliedes kann der Präsident des Patentamts einem anderen Mitgliede der Behörde die Vertretung übertragen.

§. 2.

Für Beschwerden gegen die Beschlüsse der Abtheilung für Waarenzeichen, sowie für die Erstattung von Gutachten gemäß §. 11 des Gesetzes vom 12. Mai 1894 ist die Beschwerdeabtheilung I des Patentamts zuständig.

§. 3.

Die Beschlußfähigkeit der Abtheilung für Waarenzeichen ist durch die Anwesenheit von mindestens drei Mitgliedern bedingt.

Die Beschwerdeabtheilung I entscheidet über Beschwerden gegen die Beschlüsse der Abtheilung für Waarenzeichen in der Besetzung von fünf Mitgliedern, von denen mindestens zwei rechtskundig sein müssen. Soweit es sich um die Erstattung von Gutachten handelt, genügt die Anwesenheit von drei Mitgliedern.

Die Bestimmungen der Civilprozeßordnung über Ausschließung und Ablehnung der Gerichtspersonen finden entsprechende Anwendung.

Zu den Berathungen können Sachverständige, welche nicht Mitglieder sind, zugezogen werden; dieselben dürfen an den Abstimmungen nicht theilnehmen.

§. 4.

Der Berathung und Abstimmung in einer Sitzung bedarf es

a) in der Abtheilung für Waarenzeichen für die Beschlußfassung über die Versagung der Eintragung eines Waarenzeichens, sowie für Beschlüsse, welche die Uebereinstimmung von Waarenzeichen und in den Fällen des §. 8 des Gesetzes vom 12. Mai 1894 die Löschung von Waarenzeichen gegen den Widerspruch des Inhabers betreffen;

b) in der Beschwerdeabtheilung I für die Beschlußfassung auf Beschwerden gegen Beschlüsse der Abtheilung für Waarenzeichen.

§. 5.

Die Beschlüsse und Entscheidungen erfolgen im Namen des Patentamts; sie sind mit Gründen zu versehen, schriftlich auszufertigen und allen Betheiligten von Amtswegen zuzustellen.

§. 6.

Ueber die Eintragung eines Waarenzeichens in die Zeichenrolle erhält der Inhaber eine Bescheinigung.

§. 7.

Ueber Modelle, Probestücke und sonstige Unterlagen einer Anmeldung trifft, insoweit deren Aufbewahrung nicht mehr für erforderlich erachtet wird, der Präsident des Patentamts im Einvernehmen mit der Abtheilung für Waarenzeichen Verfügung.

§. 8.

Im Uebrigen finden auf die Einrichtung und den Geschäftsgang des Patentamts und das Verfahren vor demselben in Angelegenheiten des Schutzes der Waarenzeichen die Bestimmungen in den §§. 4, 6, 8 bis 11, 13, 14, 25 bis 30 der Kaiserlichen Verordnung vom 11. Juli 1891 (Reichs-Gesetzbl. S. 349) entsprechende Anwendung.

II. Gebrauchsmuster.

§. 9.

Insoweit in Angelegenheiten des Schutzes von Gebrauchsmustern das Patentamt zur Erstattung von Gutachten ermächtigt wird, sind hierfür die Beschwerdeabtheilungen, und zwar jede innerhalb derjenigen Zweige der Technik zuständig, welche ihr hinsichtlich der Patentangelegenheiten gemäß den §§. 1 und 2 der Kaiserlichen Verordnung vom 11. Juli 1891 zugewiesen sind.

Urkundlich unter Unserer Höchsteigenhändigen Unterschrift und beigedrucktem Kaiserlichen Insiegel.

Gegeben Kiel, den 30. Juni 1894,
an Bord Meiner Yacht „Hohenzollern".

(L. S.) **Wilhelm.**

von Boetticher.

Die in §. 8 in Bezug genommenen Bestimmungen der Verordnung vom 11. Juli 1891 lauten:

§. 4.

Die Geschäftsleitung in den Anmeldeabtheilungen steht dem zum Vorsitz berufenen rechtskundigen Mitgliede, die Geschäftsleitung in den Beschwerdeabtheilungen und in der Nichtigkeitsabtheilung dem Präsidenten zu. Ueber die Vertretung des Präsidenten im Vorsitz trifft der Reichskanzler Bestimmung.

§. 6.

In den Abtheilungen trifft der Vorsitzende die für den Fortgang der Sachen erforderlichen Verfügungen.

In den Anmeldeabtheilungen bezeichnet er für jede Klasse der Anmeldungen im Voraus das Mitglied, welchem die Vorprüfung (§. 21 des Patentgesetzes) obliegt, sowie einen weiteren Berichterstatter für das Verfahren nach Erlass des Vorbescheides.

In den Beschwerdeabtheilungen und in der Nichtigkeitsabtheilung bezeichnet der Präsident für jede Klasse im Voraus zwei Berichterstatter.

An Stelle der hiernach berufenen Mitglieder können für den einzelnen Fall andere Berichterstatter bezeichnet werden.

Die Berichterstatter halten den mündlichen Vortrag in der Sitzung und entwerfen alle Beschlüsse und Entscheidungen. Der Vorsitzende prüft die Entwürfe und stellt sie fest. Ueber sachliche Meinungsverschiedenheiten beschliesst die Abtheilung.

§. 8.

Bei den Abstimmungen entscheidet die absolute Mehrheit der Stimmen, bei Stimmengleichheit die Stimme des Vorsitzenden.

Ist eine Anhörung der Betheiligten (Patentgesetz §. 25, §. 26 Absatz 3, §. 30 Absatz 2) vorhergegangen, so kann ein Mitglied, welches hierbei nicht zugegen gewesen ist, an der Abstimmung nicht theilnehmen.

§. 9.

Dem Präsidenten liegt es ob, auf eine gleichmässige Behandlung der Geschäfte und auf die Beobachtung gleicher Grundsätze hinzuwirken. Zu diesem Behufe ist er befugt, den Berathungen aller Abtheilungen beizuwohnen, auch sämmtliche Mitglieder zu Plenarversammlungen zu vereinigen und die Berathung des Plenums über die von ihm vorgelegten Fragen herbeizuführen.

§. 10.

Die Sitzungen der Abtheilungen finden der Regel nach an bestimmten Tagen und zu bestimmten Stunden statt. Die Verfügung darüber steht dem Präsidenten zu.

§. 11.

Die Ausfertigungen der Beschlüsse und Entscheidungen der Abtheilungen erhalten die Unterschrift:

Kaiserliches Patentamt

und zusätzlich die vorschriftsmässige Bezeichnung der Abtheilung.

§. 13.

Zeugen und Sachverständige erhalten Gebühren nach Massgabe der Gebührenordnung vom 30. Juni 1878 (Reichs-Gesetzbl. S. 173).

§. 14.

Zu den Kosten des Verfahrens, über welche das Patentamt nach §. 26 Absatz 5 und §. 31 des Patentgesetzes zu bestimmen hat, gehören ausser den aus der Kasse des Patentamts bestrittenen Auslagen diejenigen den Betheiligten erwachsenen Kosten, welche nach freiem Ermessen des Patentamts zur zweckentsprechenden Wahrung der Ansprüche und Rechte nothwendig waren.

§. 25.

Die Einrichtung der Büreaus, die Verwaltung der Kasse, der Bibliothek und der Sammlungen werden durch den Präsidenten geordnet. Der Präsident erlässt die erforderlichen Geschäftsanweisungen.

§. 26.

Die Leitung und Beaufsichtigung des gesammten Geschäftsbetriebes steht dem Präsidenten zu. Er verfügt in allen Verwaltungsangelegenheiten.

§. 27.

Sämmtliche eingehende Geschäftssachen werden, ohne Rücksicht auf ihren verschiedenen Inhalt, nach der Zeit ihres Eingangs mit einer laufenden Nummer, als Geschäftsnummer, und mit dem Datum bezeichnet.

Geschäftssachen, welche während der Dienststunden eingehen, sind alsbald, andere Geschäftssachen bei dem Wiederbeginn der Dienststunden von dem dazu bestimmten Beamten hiernach zu bezeichnen. Wenn die Reihe des Eingangs nicht feststeht, so sind sie nach der Reihe, in welcher sie von dem Beamten übernommen werden, mit der Bezeichnung zu versehen.

Von zwei an demselben Tage an das Patentamt gelangten Geschäftssachen gilt diejenige als später eingegangen, welche die höhere Geschäftsnummer trägt.

§. 28.

Vertreter in Patentangelegenheiten und in Angelegenheiten des Gebrauchsmusterschutzes haben dem Patentamt gegenüber ihre Bevollmächtigung durch eine Vollmacht nachzuweisen.

Die Vollmachten müssen auf prozessfähige, mit ihrem bürgerlichen Namen bezeichnete Personen lauten.

Sind mehrere Personen bevollmächtigt, so gelten dieselben für befugt, sowohl gemeinschaftlich als auch einzeln die Vertretung wahrzunehmen. Eine abweichende Bestimmung dürfen die Vollmachten nicht enthalten.

§. 29.

Das Patentamt kann nach seinem Ermessen von den bei ihm beruhenden Eingaben und Verhandlungen, soweit die Einsicht in dieselben gesetzlich nicht beschränkt ist, an jedermannn Abschriften und Auszüge gegen Einzahlung der Kosten ertheilen.

§. 30.

Das Siegel des Patentamts enthält in der Mitte den Reichsadler und in der Umschrift die Worte „Kaiserliches Patentamt“.

3. Uebereinkommen zwischen dem Reich und Oesterreich-Ungarn über den gegenseitigen Patent-, Muster- und Markenschutz.

Vom 6. Dezember 1891 (R.G.Bl. 1892 S. 289).

Die Literatur über das Uebereinkommen ist zusammengestellt bei Schanze Die patentrechtlichen Bestimmungen des deutsch-österreichischen Uebereinkommens u. s. w. (Separat-Abdruck aus den „Annalen des Deutschen Reichs" 1894) S. 3.

Die nachstehenden Erläuterungen erörtern nur, inwieweit durch das Uebereinkommen die Bestimmungen des deutschen Gesetzes zum Schutz der Waarenbezeichnungen berührt werden. Sie lassen demnach einerseits das Markenschutzgesetz von 1874 unberücksichtigt und untersuchen andrerseits nicht, welche Rechte den Deutschen auf Grund dieses Uebereinkommens im Auslande zustehen.

Artikel 1.

Die Angehörigen des einen der vertragschließenden Theile sollen in den Gebieten des anderen in Bezug auf den Schutz von Erfindungen, von Mustern (einschließlich der Gebrauchsmuster) und Modellen, von Handels- und Fabrikmarken, von Firmen und Namen dieselben Rechte wie die eigenen Angehörigen genießen.

Uns interessirt hier die Gleichstellung in Bezug auf Marken, Firmen, Namen. Der Schutz der beiden letzteren ist nach keinem der in Betracht kommenden Rechte von der Eintragung abhängig.

Die Gleichstellung tritt nur ein, wenn die Angehörigen des fremden Staates die Bedingungen und Förmlichkeiten erfüllen, welche unser Gesetz den Deutschen auferlegt. Dieser Grundsatz ist als selbstverständlich nicht besonders ausgesprochen worden. Wir schützen also auch österreich-ungarische Marken nur, wenn sie bei uns eingetragen worden sind (S. 113). Auch die Bestimmung des §. 17 des deutschen Gesetzes kommt ihnen nur unter dieser Voraussetzung zu Gute, während sie zum Schutze von österreichischen oder ungarischen Namen und Firmen ohne Weiteres in Anspruch genommen werden kann. Oesterreichische oder ungarische Waaren nehmen keine Sonderstellung ein, demnach kann sowohl der §. 17 gegen sie angewendet werden, als auch kann der Bundesrath, falls die Voraussetzungen des §. 22 vorliegen sollten, bezüglich ihrer eine Auflage anordnen.

Maßgebend ist nach Art. 1 die Staatsangehörigkeit. Es darf sich also auch ein Oesterreicher oder Ungar, welcher in Frankreich oder Deutschland seinen Wohnsitz und seine Niederlassung hat, auf dieses Uebereinkommen berufen. Ueber Erwerb oder Verlust der österreichischen oder ungarischen Staatsangehörigkeit sind die bezüglichen Landesgesetze maßgebend. Wer für sich die Staatsangehörigkeit in Anspruch nimmt, muß dieselbe durch ein Attest seiner Heimathsbehörde darthun. Ist Jemand Angehöriger mehrerer Staaten, so genügt es, wenn nur einer von diesen Oesterreich oder Ungarn ist.

Sind mehrere Personen Inhaber des Anspruchs auf Eintragung oder des Zeichenrechts oder gehört eine Waare mehreren Personen, so kommt der Art. 1 nur zur Anwendung, wenn alle Personen einem der Vertragsstaaten angehören.

Der Art. 1 entspricht dem Art. 2 der Konvention vom 20. März 1883 (S. 19).

Artikel 2.

Den Angehörigen im Sinne dieser Vereinbarung sind gleichgestellt andere Personen, welche in den Gebieten des einen der vertragschließenden Theile ihren Wohnsitz oder ihre Hauptniederlassung haben.

Der Staatsangehörigkeit werden hier gleichgestellt der Wohnsitz und die Hauptniederlassung (wegen der letzteren siehe N. 3, 7 zu §. 23 des Gesetzes vom 12. Mai 1894). Es kann sich auch ein Franzose, welcher in Wien wohnt oder dort seine Hauptniederlassung hat, auf dieses Uebereinkommen berufen.

Die Bestimmung bezieht sich nicht bloß auf physische, sondern auch auf juristische Personen und gesellschaftliche Vereinigungen.

Wenn in den nachstehenden Erläuterungen von Oesterreichern oder Ungarn die Rede ist, so sind damit alle Personen gemeint, welche unter Art. 1 oder 2 fallen.

Der Art. 2 entspricht dem Art. 3 der Konvention.

Artikel 3.

Wird eine Erfindung, ein Muster oder Modell, eine Fabrik- oder Handelsmarke in den Gebieten des einen der vertragschließenden Theile behufs Erlangung des Schutzes angemeldet, und binnen einer Frist von drei Monaten die Anmeldung auch in den Gebieten des anderen vertragschließenden Theiles bewirkt, so soll

a) diese spätere Anmeldung allen Anmeldungen vorgehen, welche in den Gebieten des anderen Theiles nach dem Zeitpunkt der ersten Anmeldung eingereicht worden sind;

b) durch Umstände, welche nach dem Zeitpunkt der ersten Anmeldung eintreten, dem Gegenstande derselben die Neuheit in den Gebieten des anderen Theiles nicht entzogen werden.

Artikel 4.

Die im Artikel 3 vorgesehene Frist beginnt:

a) bei Mustern und Modellen, sowie Handels- uud Fabrikmarken mit dem Zeitpunkt, in welchem die erste Anmeldung erfolgt;

b) bei Erfindungen mit dem Zeitpunkt, in welchem auf die erste Anmeldung das Patent ertheilt wird;

c) bei Gegenständen, welche in Deutschland als Gebrauchsmuster, in Oesterreich-Ungarn als Erfindungen angemeldet werden, mit dem Zeitpunkt der ersten Anmeldung, falls diese in Deutschland erfolgt, und mit dem Zeitpunkt, in welchem das Patent auf die erste Anmeldung ertheilt wird, falls diese in Oesterreich-Ungarn erfolgt.

Der Tag der Anmeldung oder der Ertheilung wird in die Frist nicht eingerechnet.

Als Tag der Ertheilung gilt der Tag, an welchem der Beschluß über die endgültige Ertheilung des Patents zugestellt worden ist.

1. Recht der Priorität.
2—4. Voraussetzungen.
 2. Eintragung in Oesterreich-Ungarn.
 3. Identität.
 4. Frist.
5—6. Wirkungen.
 5. Bezüglich der Priorität.
 6. Andere Wirkungen?
7. Geltendmachung der Priorität.

1. Diese Bestimmungen, welche dem Art. 4 der Konvention entsprechen, sind die wichtigsten des Uebereinkommens. Dadurch, daß dem Zeichenanmelder mittels der Sperrfrist die Priorität im Auslande gewahrt wird, dehnt sich der Markenschutz in wirksamer Weise über die Grenze des Heimathlandes aus.

2. Das Zeichen muß in Oesterreich-Ungarn eingetragen sein. Die dortige Handels- und Gewerbekammer, welcher die Marke überreicht wird, registrirt die Marke nicht ohne Weiteres, sondern prüft erst, ob nicht gewisse Hindernisse, die etwa dem §. 4 Abs. 1 unseres Gesetzes entsprechen, der Eintragung entgegenstehen. Ist dieses der Fall, so wird die Registrirung verweigert. Es genügt nun trotz des Wortlauts des Art. 3 nicht, daß die Marke in Oesterreich-Ungarn angemeldet worden ist, sondern die Anmeldung muß auch zur Eintragung geführt haben (vergl. Art. 6 der Uebereinkommens).

Der Anmelder der Marke erhält, wenn dieselbe eingetragen ist, von dem registrirenden Beamten ein Exemplar der Marke zurück, auf welchem die fortlaufende Nummer des Registers, der Tag und die Stunde der Einreichung, der Name oder die Firma des Markeninhabers, sowie die Bezeichnung des Unternehmens und der Waaren, für welche die Marke bestimmt ist, vermerkt sind. Dieses Exemplar kann der Berechtigte, wenn er die Marke beim Patentamt anmeldet oder sich sonst auf die ausländische Eintragung berufen will, zum Nachweis derselben benutzen. Befinden sich auf ihm Vermerke in nichtdeutscher Sprache, so wird das Patentamt in entsprechender Anwendung seiner Bekanntmachung vom 8. März 1892 die Beifügung einer beglaubigten Uebersetzung verlangen.

3. Es muß Identität in vierfacher Hinsicht vorliegen:

a) Der in Oesterreich-Ungarn Eingetragene muß hier anmelden.

b) Er muß genau dieselbe Marke anmelden, welche dort registrirt ist. Der §. 20 des deutschen Gesetzes findet hier keine Anwendung.

c) Er muß sie für denselben Geschäftsbetrieb anmelden.

d) Er muß sie für dieselben Waaren anmelden.

4. Die Anmeldung zur Zeichenrolle muß binnen einer bestimmten Frist erfolgen. Der Anfangspunkt der Frist ist dadurch bestimmt, daß die deutsche Anmeldung, da nur akzessorischer Schutz gewährt wird, der ausländischen Eintragung nachfolgen und daß der hiesige Anmelder diese Eintragung nachweisen muß (N. 17 zu §. 23 des Gesetzes). Den Endpunkt fixirt das Uebereinkommen auf drei Monate nach der Anmeldung in Oesterreich-Ungarn, wobei der Tag der Anmeldung in die Frist nicht eingerechnet werden soll. Dies entspricht der im deutschen Recht üblichen Fristberechnung. Hatte die Anmeldung am 11. Mai 1898 stattgefunden, so läuft die Frist nicht am 12., sondern am 11. August 1898 ab (a. M. Schmid in der Zeitschrift für gewerbl. Rechtsschutz 1892 S. 27).

Selbstverständlich kann der Oesterreicher auch nach Ablauf der Frist seine Marke hier anmelden, nur steht ihm dann das Prioritätsrecht nicht zu.

5. Den Inhalt des Prioritätsrechts stellt folgendes Beispiel klar. Wenn ein Oesterreicher eine Marke am 5. Mai 1896 um 11 Uhr Vormittags in Wien und unter Berufung auf das Uebereinkommen dieselbe Marke am 5. Juli in Berlin anmeldet, so geht seine deutsche Anmeldung jeder Anmeldung vor, welche beim Patentamt am 5. Mai 1896 Vormittags 11 Uhr 1 Minute oder später eingegangen ist. War die Anmeldung beim Patentamt ebenfalls am 5. Mai um 11 Uhr erfolgt, so stehen beide Zeichen gleichberechtigt neben einander.

Die Rückziehung der Priorität hat die Folge, daß, wenn z. B. ein Deutscher am 4. Juli ein Zeichen angemeldet hatte, die Mittheilung aus §. 5 des Gesetzes nicht an den Deutschen, sondern an den Oesterreicher erfolgen muß. Versagt das Patentamt wegen Uebereinstimmung der Zeichen dem Deutschen die Eintragung, so kann dieser, wenn er der Ansicht ist, daß die Voraussetzungen des Prioritätsrechts nicht vorliegen, gegen den Oesterreicher gemäß §. 6 Abs. 2 des Gesetzes Klage erheben (N. 2 zu §. 6).

Hatte der Deutsche am 6. Mai angemeldet und war, da die Anmeldung des Oesterreichers bei der Prüfung noch nicht vorlag, sein Zeichen eingetragen worden, so hat der Oesterreicher, welcher am 5. August anmeldet, gegen ihn auf Grund des §. 9 Abs. 1 Nr. 1 einen Anspruch auf Löschung. So lange beide Zeichen in der Rolle eingetragen stehen, kann zwar der Oesterreicher gegen den Deutschen, aber nicht dieser gegen jenen sein Zeichenrecht geltend machen (N. 2 zu §. 12 a. E.).

6. Weitere Wirkungen, als die in N. 5 angegebenen, hat das Prioritätsrecht nicht. Die Lit. b des Art. 3 kommt für das Markenrecht nicht in Betracht, da das Zeichen nicht neu zu sein braucht (S. 29).

Unrichtig wäre es, wenn man die Rückziehung der Priorität zu einer Vordatirung der Anmeldung verallgemeinern wollte, denn nicht nach allen Richtungen wird es so angesehen, als ob, um bei dem Beispiel in N. 5 zu bleiben, der Oesterreicher sein Zeichen am 5. Mai hier angemeldet hätte. Insbesondere gilt dies nicht für die Dauer der zehnjährigen Schutzfrist, diese läuft erst am 5. Juli 1906 ab (Schanze a. a. O. S. 8, Robolski Kommentar zum Patentgesetz S. 104, Rhenius in der Zeitschrift für gewerbl. Rechtsschutz 1893 S. 252 f.). Vergl. die Erläuterung zu Art. 3 des Uebereinkommens mit der Schweiz (S. 239).

7. Der Oesterreicher muß seine Priorität geltend machen, von Amtswegen wird sie nicht berücksichtigt. Auch wenn das Patentamt aus der Anmeldung ersieht, daß alle ihre Voraussetzungen (N. 2—4) vorliegen, so darf es doch, wenn die angemeldete Marke mit einer anderen kollidirt, dem Oesterreicher die prioritätische Behandlung nur angedeihen lassen, wenn er sie beansprucht. Allerdings kann die Behörde ihn darauf aufmerksam machen, ob er den Anspruch nicht erheben will.

Hatte der Oesterreicher im Ertheilungsverfahren das Recht aus Art. 3 für sich in Anspruch genommen, so wird das Patentamt dies bei der Eintragung in die Zeichenrolle und bei der Bekanntmachung der Eintragung (N. 2 zu §. 3 des Gesetzes) hervorheben.

Wenn der Oesterreicher vor dem Patentamt sich nicht auf sein Prioritätsrecht berufen hatte, so ist er dadurch desselben nicht verlustig gegangen, denn das Abkommen fixirt keinen Endpunkt für die Geltendmachung des Rechts (Schanze a. a. O. S. 10). Er kann sich also auf sein Recht noch berufen, wenn auf Grund des §. 9 Abs. 1 Nr. 1 er die Löschung eines anderen Zeichens oder ein Anderer die Löschung seines Zeichens verlangt, oder wenn zwischen ihm und einem anderen Eingetragenen eine Zeichenverletzung in Frage steht. Allerdings können ihm wegen seiner verspäteten Berufung unter Umständen Prozeßkosten auferlegt werden (§. 89 der Civilprozeßordnung).

Artikel 5.

Die Einfuhr einer in den Gebieten des einen Theiles hergestellten Waare in die Gebiete des anderen Theiles soll in den letzteren den Verlust des auf Grund einer Erfindung, eines Musters oder Modells für die Waare gewährten Schutzrechtes nicht zur Folge haben.

Diese Bestimmung interessirt für das Markenrecht nicht.

Artikel 6.

Dem Inhaber einer in den Gebieten des einen Theiles eingetragenen Handels- und Fabrikmarke kann die Eintragung in den Gebieten des anderen Theiles nicht aus dem Grunde versagt werden, weil die Marke den hier geltenden Vorschriften über die Zusammensetzung und äußere Gestaltung der Marken nicht entspricht.

Zu den Vorschriften über die Zusammensetzung und äußere Gestaltung der Marken werden diejenigen Vorschriften nicht gerechnet, welche in den Marken die Verwendung von Bildnissen der Landesherren oder der Mitglieder der landesherrlichen Häuser oder von Staats- und anderen öffentlichen Wappen verbieten.

Abs. 1.

Der Abs. 1 durchbricht das im Schlußsatze des §. 23 des deutschen Gesetzes aufgestellte Prinzip, daß das ausländische Zeichen den Anforderungen des deutschen Gesetzes entsprechen muß (N. 18 zu §. 23). Da der §. 23 entgegengesetzte Bestimmungen in Staatsverträgen ausdrücklich gestattet, so hat er, trotzdem er das jüngere Gesetz ist, den Art. 6 Abs. 1 unberührt gelassen.

Der Abs. 1 dispensirt nur von den deutschen Vorschriften hinsichtlich der Zusammensetzung und äußeren Gestaltung der Marke. Zu diesen gehört nach Abs. 2 und nach dem Schlußprotokoll nur die Nr. 1 des §. 4 Abs. 1, nicht dagegen Nr. 2 und 3 des Abs. 1 oder der Abs. 2 des §. 4.

Die Bestimmung des Abs. 1 hat für die Eintragung in Deutschland materiell keine Bedeutung, denn, wenn die Marke den Anforderungen des österreichischen und ungarischen Gesetzes in Bezug auf Zusammensetzung und äußere Gestaltung entspricht, so genügt sie auch denen, die das deutsche Gesetz aufstellt. Die Versagungsgründe des §. 4 Abs. 1 Nr. 1 gelten nämlich auch in jenen Gesetzen, ja diese sind sogar darin strenger als das deutsche, daß sie Waarenzeichen, welche bloß in Zahlen, Buchstaben, Worten bestehen, durchweg ausschließen.

Die Bedeutung der Bestimmung besteht nur darin, daß nicht das Patentamt, sondern die ausländische Behörde die Marke darauf zu prüfen hat, ob sie bloß in Zahlen, Buchstaben oder Wörtern besteht. Hat die Handels- und Gewerbekammer die Marke registrirt, so darf das Patentamt die Eintragung nicht ablehnen, weil nach seiner Ansicht die Marke in Oesterreich-Ungarn nicht hätte eingetragen werden dürfen. Höchstens kann man ihm die Befugniß zugestehen, bei der ausländischen Centralbehörde anzuregen, ob nicht die Marke zu löschen wäre. Wird dieser Anregung keine Folge gegeben, so muß die Eintragung erfolgen (abweichend: Schima in Jurist. Blättern 1893 S. 448).

Abs. 2.

Das Patentamt hat selbstständig zu prüfen, ob die Voraussetzungen der Nr. 2 des §. 4 Abs. 1 des deutschen Gesetzes vorliegen.

Die Bestimmung über die Verwendung von Bildnissen interessirt nur bei der Eintragung in Oesterreich-Ungarn.

Der Art. 6 entspricht dem Art. 6 der Konvention und der Nr. 4 des Schlußprotokolls derselben.

Artikel 7.

Handels- und Fabrikmarken, welche in den Gebieten des einen Theiles als Kennzeichen der Waaren von Angehörigen eines bestimmten gewerblichen Verbandes, eines bestimmten Ortes oder Bezirkes Schutz genießen, sind, sofern die Anmeldung dieser Marken vor dem 1. Oktober 1875 in den Gebieten des anderen Theiles erfolgt ist, hier von der Benutzung als Freizeichen ausgeschlossen. Außer den Angehörigen eines solchen Verbandes, Ortes oder Bezirkes hat niemand Anspruch auf Schutz dieser Marken.

Waarenzeichen, welche öffentliche Wappen aus den Gebieten des einen Theiles enthalten, sind in den Gebieten des anderen Theiles von der Benutzung als Freizeichen ausgeschlossen. Außer demjenigen, welcher die Erlaubniß zur Benutzung der Wappen besitzt, hat niemand Anspruch auf Schutz dieser Zeichen.

Abs. 1.

Diese Bestimmung verdankt — nach den in beiden Vertragsstaaten veröffentlichten Motiven des Uebereinkommens — ihre Entstehung den Beschwerden der österreichischen Sensenfabrikanten über die mißbräuchliche Benutzung ihrer weithin bekannten Schutzzeichen. Diese Zeichen beruhen auf alten Privilegien und bestehen neben der besonderen Marke des einzelnen Meisters vornehmlich aus dem österreichischen Erblandswappen in Verbindung mit dem Anfangsbuchstaben der Orte, wo die Genossenschaft u. s. w. ihren Mittelpunkt hat. Die meisten derartigen Zeichen sind nach dem Erlaß des deutschen Markenschutzgesetzes in Deutschland rechtzeitig d. h. vor dem 1. Oktober 1875 angemeldet worden. Trotzdem wurden sie in Deutschland vielfach nachgeahmt, weil sie angeblich Freizeichen seien, einzelne deutsche Fabrikanten meldeten sie sogar für sich an. In den daraus entstandenen Rechtsstreitigkeiten entschied das Reichsgericht zu Gunsten der österreichischen Sensenfabrikanten (R.G. 24, 74; vergl. oben S. 52).

Den vom Reichsgericht ausgesprochenen Grundsatz giebt der Abs. 1 wieder. Der Grundsatz gilt aber nur für die vor dem 1. Oktober 1875 zu den deutschen Zeichenregistern angemeldeten Marken. Er entspricht dem Art. V Abs. 2 des IV. Protokolls der Madrider Konferenz (Einleitung S. 21).

Abs. 2.

Auch diese Bestimmung rührt aus den Sensenstreitigkeiten her. Sie will verhindern, daß das österreichische Erblandswappen von den deutschen Fabrikanten geführt wird.

Artikel 8.

Jeder der vertragschließenden Theile wird, soweit dies noch nicht geschehen ist, Bestimmungen gegen den Verkauf und das Feilhalten solcher Waaren treffen, welche zum Zweck der Täuschung in Handel und Verkehr mit Staatswappen des anderen Theiles oder mit Namen oder Wappen bestimmter, in den Gebieten des anderen Theiles belegenen Orte oder Bezirke behufs Bezeichnung des Ursprungs versehen sind.

Dies ist seitens Deutschlands durch §. 16 des Gesetzes geschehen (N. 1 zu §. 16).

Artikel 9.

Muster und Modelle, sowie Handels- und Fabrikmarken, für welche deutsche Angehörige in der Oesterreichisch-Ungarischen Monarchie einen Schutz erlangen wollen, sind sowohl bei der Handels- und Gewerbekammer in Wien für die im Reichsrath vertretenen Königreiche und Länder, als auch bei der Handels- und Gewerbekammer in Budapest für die Länder der Ungarischen Krone anzumelden.

Das österreichische Handelsministerium hat im Einvernehmen mit dem ungarischen Handelsministerium durch Verordnung vom 8. November 1892 angeordnet, daß Deutsche (Art. 1, 2 des Uebereinkommens), welche das Prioritätsrecht in Anspruch nehmen, bei der Anmeldung folgende Nachweise beibringen müssen:

a) ein beglaubigtes Exemplar der im Deutschen Reiche überreichten Marke;
b) eine Bescheinigung über die erfolgte Eintragung dieser Marke in das Markenregister oder ein Exemplar des „Deutschen Reichs-Anzeigers" mit der Bekanntmachung der erfolgten Eintragung, und
c) eine Bescheinigung über den Tag der erfolgten Anmeldung dieser Marke, sofern nicht ein diese Angabe enthaltendes Exemplar des „Deutschen Reichs-Anzeigers" beigebracht wird.

Die vom Patentamt im Drucke herausgegebenen Schriften bedürfen nach dieser Verordnung ebenso wenig wie die Exemplare des „Deutschen Reichs-Anzeigers" einer Beglaubigung. Alle Beglaubigungen müssen von den für die Entgegennahme der Anmeldungen zuständigen Behörden (Patentamt oder Gericht) ausgestellt sein und bedürfen keiner weiteren Beglaubigung.

Artikel 10.

Das gegenwärtige Uebereinkommen tritt am 1. Februar 1892 in Kraft und bleibt bis zum Ablauf von sechs Monaten nach erfolgter Kündigung von Seite eines der vertragschließenden Theile in Wirksamkeit.

Schlußprotokoll.

Die Bestimmung im Artikel 6 Absatz 1 des Uebereinkommens bezweckt nicht, der in den Gebieten des einen Theiles eingetragenen Marke in den Gebieten des anderen Theiles auch dann einen Anspruch auf Eintragung zu gewähren, wenn hier befunden wird, daß der Inhalt der Marke gegen die Sittlichkeit oder gegen die öffentliche Ordnung verstößt, oder mit den thatsächlichen Verhältnissen in einem das Publikum irreführenden Widerspruch steht. Liegt eine dieser Voraussetzungen vor, so kann die Eintragung versagt werden.

Das Patentamt hat also die Eintragung zu versagen, wenn nach seiner Ansicht das Zeichen gegen die Vorschrift des §. 4 Abs. 1 Nr. 3 verstößt. Die Ansicht der ausländischen Behörde kann hier um so weniger maßgebend sein, als ein Zeichen in Deutschland, z. B. aus politischen Gründen, Aergerniß erregen kann, ohne gleichzeitig in Oesterreich-Ungarn anstößig zu sein, und als Analoges auch für die zweite Alternative der Nr. 3 zutrifft.

4. Uebereinkommen zwischen dem Reich und Italien über den gegenseitigen Patent-, Muster- und Markenschutz.

Vom 18. Januar 1892 (R.G.Bl. S. 293).

Amar p. 677—687.

Artikel 1.

Die Angehörigen des einen der vertragschließenden Theile sollen in den Gebieten des anderen in Bezug auf den Schutz von Erfindungen, von Mustern (einschließlich der Gebrauchsmuster) und Modellen, von Handels- und Fabrikmarken, von Firmen und Namen dieselben Rechte wie die eigenen Angehörigen genießen.

Sie werden demgemäß denselben Schutz und dieselben gesetzlichen Mittel gegen jede Verletzung ihrer Rechte haben wie die Inländer, vorausgesetzt, daß sie die Förmlichkeiten und Bedingungen erfüllen, welche die innere Gesetzgebung eines jeden der beiden Staaten den Inländern auferlegt.

Siehe die Erläuterungen zu Art. 1 des Uebereinkommens mit Oesterreich-Ungarn. Dort fehlt der vorstehende Abs. 2, dies hat sachlich keine Bedeutung.

Artikel 2.

Den Angehörigen im Sinne dieser Vereinbarung sind gleichgestellt andere Personen, welche in den Gebieten des einen der vertragschließenden Theile ihren Wohnsitz oder ihre Hauptniederlassung haben.

Der Art. 2 entspricht wörtlich dem Art. 2 des Uebereinkommens mit Oesterreich-Ungarn.

Artikel 3.

Wird eine Erfindung, ein Muster oder Modell, eine Fabrik- oder Handelsmarke in den Gebieten des einen der vertragschließenden Theile behufs Erlangung des Schutzes angemeldet, und binnen einer Frist von drei Monaten die Anmeldung auch in den Gebieten des anderen vertragschließenden Theiles bewirkt, so soll:

a) diese spätere Anmeldung allen Anmeldungen vorgehen, welche in den Gebieten des anderen Theiles nach dem Zeitpunkt der ersten Anmeldung eingereicht worden sind;
b) durch Umstände, welche nach dem Zeitpunkt der ersten Anmeldung eintreten, dem Gegenstande derselben die Neuheit in den Gebieten des anderen Theiles nicht entzogen werden.

Artikel 4.

Die im Artikel 3 vorgesehene Frist beginnt:
a) bei Mustern und Modellen, sowie bei Handels- und Fabrikmarken mit dem Zeitpunkt, in welchem die erste Anmeldung erfolgt;
b) bei Erfindungen mit dem Zeitpunkt, in welchem auf die erste Anmeldung das Patent ertheilt wird;
c) bei Gegenständen, welche in Deutschland als Gebrauchsmuster, in Italien als Erfindungen angemeldet werden, mit dem Zeitpunkt der ersten Anmeldung, falls diese in Deutschland erfolgt, und mit dem Zeitpunkt, in welchem das Patent auf die erste Anmeldung ertheilt wird, falls diese in Italien erfolgt.

Der Tag der Anmeldung oder der Ertheilung wird in die Frist nicht eingerechnet.

Als Tag der Ertheilung gilt der Tag, an welchem der Beschluß über die endgiltige Ertheilung des Patents zugestellt worden ist.

Diese Artikel entsprechen wörtlich den Art. 3, 4 des Uebereinkommens mit Oesterreich-Ungarn.

Artikel 5.

Die Rechtsnachtheile, welche nach den Gesetzen der vertragschließenden Theile eintreten, wenn eine Erfindung, ein Muster oder ein Modell nicht innerhalb einer bestimmten Frist ausgeführt oder nachgebildet wird, sollen auch dadurch ausgeschlossen werden, daß die Ausführung oder Nachbildung in dem Gebiete des anderen Theiles erfolgt.

Demgemäß soll auch die Einfuhr einer in den Gebieten des einen Theiles hergestellten Waare in die Gebiete des anderen Theiles in den letzteren den Verlust des auf Grund einer Erfindung, eines Musters oder eines Modells für die Waare gewährten Schutzrechts nicht zur Folge haben.

Diese Bestimmung interessirt für das Markenrecht nicht.

Artikel 6.

Dem Inhaber einer in den Gebieten des einen Theiles eingetragenen Handels- und Fabrikmarke kann die Eintragung in den Gebieten des anderen Theiles nicht aus dem Grunde versagt werden, weil die Marke den hier geltenden Vorschriften über die Zusammensetzung und äußere Gestaltung der Marken nicht entspricht.

Diese Bestimmung entspricht dem Abs. 1 des Art. 6 des Uebereinkommens mit Oesterreich-Ungarn. Der Abs. 2 des dortigen Art. 6, sowie das dortige Schlußprotokoll fehlen hier zwar, ihr Inhalt gilt aber als selbstverständlich auch hier.

Bei der Berathung des Uebereinkommens in der italienischen Deputirtenkammer wurde von verschiedenen Seiten dem Art. 6 nur eine „administrative" Bedeutung beigemessen. Er gewähre nach seinem Wortlaute der fremden Marke, welche dem inländischen Gesetz nicht entspreche, zwar die Eintragung, aber nicht den gesetzlichen Schutz; der entsprechende Art. 6 der Konvention sage dagegen sera admise au dépôt et protégée. Diese Auslegung wird von Amar (p. 685) für das italienische Recht zurückgewiesen, für unser Recht fehlt ihr angesichts der Bestimmung des §. 12 des deutschen Gesetzes jede Berechtigung.

Artikel 7.

Handels- und Fabrikmarken, welche in dem Ursprungslande im freien Gebrauch stehen, können auch in den Gebieten des anderen Theiles nicht den Gegenstand ausschließlicher Benutzung bilden.

Während Art. 7 Abs. 1 des Uebeinkommens mit Oesterreich-Ungarn verhindern will, daß Marken, welche in dem einen Lande als Individualmarken gelten, in dem anderen als Freizeichen behandelt werden, wendet sich dieser Art. 7 dagegen, daß Marken, welche im Ursprungslande Freizeichen sind, in dem anderen Lande als Individualzeichen geschützt werden (vergl. oben S. 52).

Artikel 8.

Das gegenwärtige Uebereinkommen tritt am 1. Februar 1892 in Kraft und bleibt bis zum Ablauf von sechs Monaten nach erfolgter Kündigung von Seite eines der vertragschließenden Theile in Wirksamkeit.

5. Uebereinkommen zwischen dem Deutschen Reich und Serbien, betreffend den gegenseitigen Muster- und Markenschutz.

Vom 21./9. August 1892 (R.G.Bl. 1893 S. 317).

Artikel 1.

Die Angehörigen des einen der vertragschließenden Theile sollen in dem Gebiete des anderen in Bezug auf den Schutz von Mustern und Modellen, von Handels- und Fabrikmarken, von Firmen und Namen dieselben Rechte wie die eigenen Angehörigen genießen.

Artikel 2.

Den Angehörigen im Sinne dieser Vereinbarung sind gleichgestellt andere Personen, welche in dem Gebiete des einen der vertragschließenden Theile ihren Wohnsitz oder ihre Hauptniederlassung haben.

Artikel 3.

Wird ein Muster oder Modell, eine Fabrik- oder Handelsmarke in dem Gebiete des einen der vertragschließenden Theile behufs Erlangung des Schutzes angemeldet, und binnen einer Frist von drei Monaten die Anmeldung auch in dem Gebiete des anderen vertragschließenden Theiles bewirkt, so soll

a) diese spätere Anmeldung allen Anmeldungen vorgehen, welche in dem Gebiete des anderen Theiles nach dem Zeitpunkt der ersten Anmeldung eingereicht worden sind;
b) durch Umstände, welche nach dem Zeitpunkt der ersten Anmeldung eintreten, dem Gegenstande derselben die Neuheit in dem Gebiete des anderen Theiles nicht entzogen werden.

Artikel 4.

Die im Artikel 3 vorgesehene Frist beginnt mit dem Zeitpunkt, in welchem die erste Anmeldung erfolgt. Der Tag der Anmeldung wird in die Frist nicht eingerechnet.

Artikel 5.

Die Rechtsnachtheile, welche nach den Gesetzen der vertragschließenden Theile eintreten, wenn ein Muster oder Modell nicht innerhalb einer bestimmten Frist ausgeführt oder nachgebildet wird, sollen auch dadurch ausgeschlossen werden, daß die Ausführung oder Nachbildung in dem Gebiete des anderen Theiles erfolgt.

Demgemäß soll auch die Einfuhr einer in dem Gebiete des einen Theiles hergestellten Waare in das Gebiet des anderen Theiles in dem letzteren den Verlust des auf Grund eines Musters oder Modells für die Waare gewährten Schutzrechtes nicht zur Folge haben.

Artikel 6.

Dem Inhaber einer in dem Gebiete des einen Theiles eingetragenen Handels- und Fabrikmarke kann die Eintragung in dem Gebiete des anderen Theiles nicht aus dem Grunde versagt werden, weil die Marke den hier geltenden Vorschriften über die Zusammensetzung und äußere Gestaltung der Marken nicht entspricht.

Artikel 7.

Jeder der vertragschließenden Theile wird, soweit dies noch nicht geschehen ist, Bestimmungen gegen den Verkauf und das Feilhalten solcher Waaren treffen, welche zum Zweck der Täuschung im Handel und Verkehr mit Staatswappen des anderen Theiles oder mit Namen oder Wappen bestimmter, in dem Gebiete des anderen Theiles belegenen Orte oder Bezirke behufs Bezeichnung des Ursprungs versehen sind.

Artikel 8.

Das gegenwärtige Uebereinkommen tritt an Stelle der Uebereinkommen vom 30. Juni 1886, betreffend den Markenschutz, und vom 3. Juli 1886, betreffend den Schutz der gewerblichen Muster und Modelle, am 1. Januar 1893 in Kraft und bleibt bis zum Ablauf von 6 Monaten nach erfolgter Kündigung von Seite eines der vertragschließenden Theile in Wirksamkeit.

Das Uebereinkommen ist am 1. Januar 1894 in Kraft getreten. Seine markenrechtlichen Bestimmungen sind in den Noten zu den beiden vorhergehenden Verträgen erläutert.

6. Uebereinkommen zwischen dem Deutschen Reich und der Schweiz, betreffend den gegenseitigen Patent-, Muster- und Markenschutz.

Vom 13. April 1892 (R.G.Bl. 1894 S. 511).

Gegen dieses Uebereinkommen wurden vor seiner Ratifikation in Deutschland die lebhaftesten Bedenken geltend gemacht. Dieselben lagen fast durchweg auf patentrechtlichem Gebiete, ihnen verdankt das Zusatzprotokoll seine Entstehung. In Folge dessen hat die Auswechselung der Ratifikations-Urkunden erst am 2. August 1894 stattgefunden.

Am Schlusse des Uebereinkommens sollen die firmen- und markenrechtlichen Bestimmungen hervorgehoben werden, welche von dem österreichischen und dem italienischen Abkommen abweichen.

Artikel 1.

Die Angehörigen des einen der vertragschließenden Theile sollen in dem Gebiete des anderen in Bezug auf den Schutz von Erfindungen, von Mustern (einschließlich der Gebrauchsmuster) und Modellen, von Handels- und Fabrikmarken, von Firmen und Namen dieselben Rechte wie die eigenen Angehörigen genießen. Sie werden demgemäß denselben Schutz und dieselben gesetzlichen Mittel gegen jede Verletzung ihrer Rechte haben, wie die Inländer, vorausgesetzt, daß sie die Förmlichkeiten erfüllen, welche die innere Gesetzgebung eines jeden der beiden Staaten den Inländern auferlegt.

Artikel 2.

Den Angehörigen im Sinne dieser Vereinbarung sind gleichgestellt andere Personen, welche in dem Gebiete des einen der vertragschließenden Theile ihren Wohnsitz oder ihre Hauptniederlassung haben.

Artikel 3.

Wird eine Erfindung, ein Muster oder Modell, eine Handels- oder Fabrikmarke in dem Gebiete des einen der vertragschließenden Theile angemeldet und binnen einer Frist von drei Monaten die Anmeldung auch in dem Gebiete des anderen vertragschließenden Theiles bewirkt, so soll diese spätere Anmeldung dieselbe Wirkung haben, als wenn sie am Tage der ersten Anmeldung geschehen wäre.

Artikel 4.

Die im Artikel 3 vorgesehene Frist beginnt:

a) bei Mustern und Modellen, sowie bei Handels- und Fabrikmarken mit dem Zeitpunkt, in welchem die erste Anmeldung erfolgt;

b) bei Erfindungen mit dem Zeitpunkt, in welchem auf die erste Anmeldung das Patent ertheilt wird;

c) bei Gegenständen, welche in Deutschland als Gebrauchsmuster, in der Schweiz als Erfindungen angemeldet werden, mit dem Zeitpunkt der ersten Anmeldung, falls diese in Deutschland erfolgt, und mit dem Zeitpunkt, in welchem das Patent auf die erste Anmeldung ertheilt wird, falls diese in der Schweiz erfolgt.

Der Tag der Anmeldung oder der Ertheilung wird in die Frist nicht eingerechnet.

Als Tag der Ertheilung gilt in Deutschland der Tag, an welchem der Beschluß über die endgültige Ertheilung des Patentes zugestellt, in der Schweiz der Tag, an welchem das Patent in das Patentregister eingetragen worden ist.

Artikel 5.

Die Rechtsnachtheile, welche nach den Gesetzen der vertragschließenden Theile eintreten, wenn eine Erfindung, ein Muster oder Modell, eine Handels- oder Fabrikmarke nicht innerhalb einer bestimmten Frist ausgeführt, nachgebildet oder angewendet wird, sollen auch dadurch ausgeschlossen werden, daß die Ausführung, Nachbildung oder Anwendung in dem Gebiete des anderen Theiles erfolgt.

Die Einfuhr einer in dem Gebiete des einen Theiles hergestellten Waare in das Gebiet des anderen Theiles soll in dem letzteren nachtheilige Folgen für das auf Grund einer Erfindung, eines Musters oder Modells oder einer Handels- oder Fabrikmarke gewährte Schutzrecht nicht nach sich ziehen.

Artikel 6.

Dem Inhaber einer in den Gebieten des einen Theiles eingetragenen Handels- und Fabrikmarke kann die Eintragung in den Gebieten des anderen Theiles nicht aus dem Grunde versagt werden, weil die Marke den hier geltenden Vorschriften über die Zusammensetzung und äußere Gestaltung der Marken nicht entspricht.

Artikel 7.

Angehörige des einen der vertragschließenden Theile, welche ein Patent in dem Gebiete des anderen Theiles erlangt haben, sind in dem letzteren von jeder gesetzlichen Verpflichtung befreit, behufs Geltendmachung der aus dem Patent sich ergebenden Rechte, die nach dem Patent hergestellten Gegenstände oder deren Verpackung als patentirt zu kennzeichnen. Ist eine solche Kennzeichnung nicht erfolgt, so muß behufs Verfolgung des Nachahmers der Nachweis schuldhaften Verhaltens besonders geführt werden.

Artikel 8.

Jeder der vertragschließenden Theile wird, soweit dies noch nicht geschehen ist, Bestimmungen gegen den Verkauf und das Feilhalten solcher Waaren treffen, welche unrichtigerweise und in der Absicht zu täuschen als von einem im Gebiete des anderen vertragschließenden Theiles belegenen Orte oder Bezirke herrührend bezeichnet sind.

Artikel 9.

Das gegenwärtige Uebereinkommen soll ratifizirt und die Ratifikations-Urkunden sollen sobald als möglich in Berlin ausgewechselt werden.

Das Uebereinkommen tritt mit dem Ablauf von zwei Wochen von dem Tage des Austausches der Ratifikations-Urkunden ab in Kraft und bleibt in Wirksamkeit bis zum Ablauf von sechs Monaten nach erfolgter Kündigung seitens eines der vertragschließenden Theile.

Schlußprotokoll.

1. Zu Artikel 1.

Die Gleichstellung der beiderseitigen Staatsangehörigen soll hinsichtlich des Firmenschutzes auch die Wirkung haben, daß Firmen aus dem Gebiete des einen Theiles, um einen Schutz gegen mißbräuchliche Verwendung zur Waarenbezeichnung in dem Gebiete des anderen Theiles zu genießen, hier der Hinterlegung und Eintragung als Marke nicht bedürfen.

2. Zu Artikel 3.

Angehörige des einen der vertragschließenden Theile, welche eine Erfindung, ein Muster oder Modell, eine Handels- oder Fabrikmarke in einem dritten Staate anmelden, können auf Grund dieser Anmeldung in dem Gebiete des anderen vertragschließenden Theiles Rechte aus dem vorliegenden Uebereinkommen nicht herleiten.

3. Zu Artikel 4.

Im Sinne des Artikels 4 Absatz 1 kann eine Erfindung auch vor dem Zeitpunkt, in welchem auf die erste Anmeldung das Patent ertheilt wird, in dem Gebiete des anderen Theiles mit der im Artikel 3 vorgesehenen Wirkung angemeldet werden, vorausgesetzt, daß die Ertheilung des Patentes auf die erste Anmeldung nachträglich erfolgt.

4. Zu Artikel 5.

Rechtsnachtheile, welche nach den Gesetzen der vertragschließenden Theile bei Erfindungspatenten im Fall der Licenzverweigerung eintreten, werden durch die Vorschriften des Artikels 5 nicht ausgeschlossen.

5. Zu Artikel 6.

Die Bestimmung im Artikel 6 Absatz 1 des Uebereinkommens bezweckt nicht, der in den Gebieten des einen Theiles eingetragenen Marke in den Gebieten des anderen Theiles auch dann einen Anspruch auf Eintragung zu gewähren, wenn hier befunden wird, daß der Inhalt der Marke gegen die Sittlichkeit oder gegen die öffentliche Ordnung verstößt, oder mit den thatsächlichen Verhältnissen in einem das Publikum irreführenden Widerspruch steht. Liegt eine dieser Voraussetzungen vor, so kann die Eintragung versagt werden.

Zusatzprotokoll.

Die Bestimmungen des Artikels 5 des Uebereinkommens finden auf diejenigen Erfindungen nicht Anwendung, welche nach den Gesetzen eines der vertragschließenden Theile vom Patentschutz ausgeschlossen sind.

Zu Art. 1.

Nach dem schweizerischen Markenschutzgesetz müssen ausländische Gewerbetreibende, um für den Gebrauch ihrer Firma als Waarenbezeichnung den gesetzlichen Schutz zu erlangen, die Firma als Marke hinterlegen, während schweizerische Gewerbetreibende, deren Firma in das Handelsregister eingetragen ist, von dieser Verpflichtung befreit sind. Nach dem Schlußprotokoll ist es zweifellos, daß Firmen, welche in das deutsche Handelsregister eingetragen sind, ohne Weiteres in der Schweiz gegen mißbräuchliche Verwendung zur Waarenbezeichnung geschützt sind.

Zu Art. 3.

Während in den anderen Verträgen die Wirkungen des Prioritätsrechts dahin spezialisirt sind, daß sie in dem Vorrecht bei einer Konkurrenz von Anmeldungen und in dem Vorbehalt der Neuheit bestehen, wird hier ganz allgemein gesagt, daß die spätere Anmeldung dieselbe Wirkung haben soll, als wenn sie am Tage der ersten Anmeldung geschehen wäre. In der deutschen Denkschrift zu dem Uebereinkommen mit der Schweiz (Nr. 85 der Drucksachen des Reichstags 1893/94 S. 5) wird bemerkt, die bezüglichen Bestimmungen seien „dem Wortlaute nach abweichend, aber sachlich übereinstimmend", der Fassung des schweizerischen Uebereinkommens sei mit Rücksicht auf die dortige Patentgesetzgebung der Vorzug gegeben worden.

Aus N. 6 zu Art. 3, 4 des Uebereinkommens mit Oesterreich-Ungarn (oben S. 226) geht der materielle Unterschied zwischen den beiden Fassungen hervor. Er spitzt sich für das Markenrecht dahin zu, ob die zehnjährige Schutzfrist mit der früheren ausländischen Anmeldung oder mit der späteren Anmeldung zur Zeichenrolle beginnt. Nach der Fassung des schweizerischen Uebereinkommens muß die erste, nach der der anderen Uebereinkommen die zweite Alternative gelten. Diese Divergenz verschwindet aber, wenn man die erkennbare Absicht der Kontrahenten über den Wortlaut ihrer Vereinbarung setzt. Daß bei Abschluß des Vertrages mit der Schweiz die deutsche Regierung in diesem Punkte sachlich nicht von den anderen Verträgen abweichen wollte, ergeben obige Worte der Denkschrift. Der schweizerische Bundesrath scheint nach der Auslegung, welche er in seiner Botschaft dem Art. 3 gegeben hat, den deutschen Standpunkt getheilt zu haben. „Durch diese Bestimmung", heißt es dort, „wird dem ersten Hinterleger die erforderliche Zeit gewährt, seine Hinterlegung auch im anderen Staate zu bewirken, ohne daß ihm ein Dritter zuvorkommen kann und ohne daß eine inzwischen etwa erfolgte Veröffentlichung der Erfindung, des Musters u. s. w. seine Rechte aufhebt" (Patentblatt 1892 S. 695). Unter diesen Umständen dürfte es nicht ungerechtfertigt sein, wenn man die allgemeine Vorschrift des Art. 3 einschränkend interpretirt, sie also nicht auf die Dauer der Schutzfrist ausdehnt (Rhenius in der Zeitschrift für gewerbl. Rechtsschutz 1893 S. 252).

Der Vorbehalt in dem Schlußprotokoll zu Art. 3 hat nur für die Anmeldung in der Schweiz Bedeutung.

Zu Art. 5.

Ein Anwendungszwang hinsichtlich der Marke besteht nur in der Schweiz.

7. Gesetz über Markenschutz.

Vom 30. November 1874 (R.G.Bl. S. 143).

§. 1.

Gewerbetreibende, deren Firma im Handelsregister eingetragen ist, können Zeichen, welche zur Unterscheidung ihrer Waaren von den Waaren anderer Gewerbetreibenden auf den Waaren selbst oder auf deren Verpackung angebracht werden sollen, zur Eintragung in das Handelsregister des Ortes ihrer Hauptniederlassung bei dem zuständigen Gerichte anmelden.

§. 2.

Der Anmeldung muß eine deutliche Darstellung des Waarenzeichens (§. 1) nebst einem Verzeichniß der Waarengattungen, für welche das Zeichen bestimmt ist, mit der Unterschrift der Firma versehen, beigefügt sein.

§. 3.

Die Eintragung von Waarenzeichen, deren Benutzung für den Anmeldenden landesgesetzlich geschützt ist, ferner von solchen Zeichen, welche bis zum Beginn des Jahres 1875 im Verkehr allgemein als Kennzeichen der Waaren eines bestimmten Gewerbetreibenden gegolten haben, darf nicht versagt werden.

Im Uebrigen ist die Eintragung zu versagen, wenn die Zeichen ausschließlich in Zahlen, Buchstaben oder Worten bestehen, oder wenn sie öffentliche Wappen oder Aergerniß erregende Darstellungen enthalten.

§. 4.

Die Eintragung erfolgt unter der Firma des Anmeldenden. Die Zeit der Anmeldung ist dabei zu vermerken. Gelangt ein bereits eingetragenes Waarenzeichen aus Anlaß der Verlegung der Hauptniederlassung wiederholt zur Eintragung, so ist dabei die Zeit der ersten Anmeldung zu vermerken.

§. 5.

Auf Antrag des Inhabers der Firma wird das eingetragene Waarenzeichen gelöscht.

Von Amtswegen erfolgt die Löschung:

1. wenn die Firma im Handelsregister gelöscht wird;

2. wenn eine Aenderung der Firma und nicht zugleich die Beibehaltung des Zeichens angemeldet wird;
3. wenn seit der Eintragung des Zeichens, ohne daß dessen weitere Beibehaltung angemeldet worden, oder seit einer solchen Anmeldung, ohne daß dieselbe wiederholt worden, zehn Jahre verflossen sind;
4. wenn das Zeichen nach §. 3 nicht hätte eingetragen werden dürfen.

§. 6.

Die erste Eintragung und die Löschung eines Zeichens wird im „Deutschen Reichs-Anzeiger" bekannt gemacht.

Die Kosten der Bekanntmachung der Eintragung hat der Inhaber der Firma zu tragen.

§. 7.

Für die erste Eintragung eines Zeichens, welches landesgesetzlich nicht geschützt ist, wird eine Gebühr von fünfzig Mark entrichtet.

Von der Entrichtung einer Gebühr für die Eintragung solcher Zeichen, welche bis zum Beginn des Jahres 1875 im Verkehr allgemein als Kennzeichen der Waaren eines bestimmten Gewerbetreibenden gegolten haben, können die Landesregierungen entbinden.

Andere Eintragungen und Löschungen geschehen unentgeltlich.

§. 8.

Das Recht, Waaren oder deren Verpackung mit einem für diese Waaren zum Handelsregister angemeldeten Zeichen zu versehen oder auf solche Art bezeichnete Waaren in Verkehr zu bringen, steht dem Inhaber derjenigen Firma, für welche zuerst die Anmeldung bewirkt ist, ausschließlich zu.

§. 9.

Auf Waarenzeichen, welche landesgesetzlich geschützt sind, ferner auf solche Zeichen, welche bis zum Beginn des Jahres 1875 im Verkehr allgemein als Kennzeichen der Waaren eines bestimmten Gewerbetreibenden gegolten haben, kann durch die Anmeldung außer den gesetzlich geschützten oder im Verkehr allgemein anerkannten Inhabern niemand ein Recht erwerben, sofern diese vor dem 1. Oktober 1875 die Anmeldung bewirken.

§. 10.

Durch die Anmeldung eines Waarenzeichens, welches Buchstaben oder Worte enthält, wird niemand gehindert, seinen Namen oder seine Firma, sei es auch in abgekürzter Gestalt, zur Kennzeichnung seiner Waaren zu gebrauchen.

Auf Waarenzeichen, welche bisher im freien Gebrauche aller oder gewisser Klassen von Gewerbetreibenden sich befunden haben, oder deren Eintragung nicht zulässig ist, kann durch Anmeldung niemand ein Recht erwerben.

§. 11.

Der Inhaber einer Firma, für welche ein Waarenzeichen eingetragen ist, hat dasselbe auf Verlangen desjenigen, welcher ihn von der Benutzung des Zeichens auszuschließen berechtigt ist, oder sofern das Waarenzeichen zu den im §. 10 Absatz 2 erwähnten gehört, auf Verlangen eines Betheiligten löschen zu lassen.

§. 12.

Das durch die Anmeldung eines Waarenzeichens erlangte Recht erlischt:

1. mit der Zurücknahme der Anmeldung, oder mit dem Antrage auf Löschung seitens des Inhabers der berechtigten Firma;
2. mit dem Eintritte eines der im §. 5 Nr. 1 bis 3 bezeichneten Fälle.

§. 13.

Jeder inländische Produzent oder Handeltreibende kann gegen denjenigen, welcher Waaren oder deren Verpackung mit einem für den Ersteren nach Maßgabe dieses Gesetzes zu schützenden Waarenzeichen oder mit dem Namen oder der Firma des Ersteren widerrechtlich bezeichnet, im Wege der Klage beantragen, daß derselbe für nicht berechtigt erklärt werde, diese Bezeichnung zu gebrauchen.

Desgleichen kann der Produzent oder Handeltreibende gegen denjenigen, welcher dergleichen widerrechtlich bezeichnete Waaren in Verkehr bringt oder feilhält, im Wege der Klage beantragen, daß derselbe für nicht berechtigt erklärt werde, so bezeichnete Waaren in Verkehr zu bringen oder feil zu halten.

§. 14.

Wer Waaren oder deren Verpackung wissentlich mit einem nach Maßgabe dieses Gesetzes zu schützenden Waarenzeichen, oder mit dem Namen oder der Firma eines inländischen Produzenten oder Handeltreibenden widerrechtlich bezeichnet, oder wissentlich dergleichen widerrechtlich bezeichnete Waaren in Verkehr bringt oder feilhält, wird mit Geldstrafe von einhundertfünfzig bis dreitausend Mark oder mit Gefängniß bis zu sechs Monaten bestraft und ist dem Verletzten zur Entschädigung verpflichtet.

Die Strafverfolgung tritt nur auf Antrag ein.

§. 15.

Statt jeder aus diesem Gesetze entspringenden Entschädigung kann auf Verlangen des Beschädigten neben der Strafe auf eine an ihn zu erlegende Buße bis zum Betrage von fünftausend Mark erkannt werden. Für diese Buße haften die zu derselben Verurtheilten als Gesammtschuldner.

Eine erkannte Buße schließt die Geltendmachung eines weiteren Entschädigungsanspruchs aus.

§. 16.

Darüber, ob ein Schaden entstanden ist, und wie hoch sich derselbe beläuft, entscheidet das Gericht unter Würdigung aller Umstände nach freier Ueberzeugung.

§. 17.

Erfolgt eine Verurtheilung auf Grund des §. 14, so ist auf Antrag des Verletzten bezüglich der im Besitze des Verurtheilten befindlichen Waaren auf Vernichtung der Zeichen auf der Verpackung oder den Waaren, oder, wenn die Beseitigung der Zeichen in anderer Weise nicht möglich ist, auf Vernichtung der Verpackung oder der Waaren selbst zu erkennen.

Erfolgt die Verurtheilung im Strafverfahren, so ist dem Verletzten die Befugniß zuzusprechen, die Verurtheilung auf Kosten des Verurtheilten öffentlich bekannt zu machen. Die Art der Bekanntmachung, sowie die Frist zu derselben ist in dem Urtheil zu bestimmen.

§. 18.

Der dem Inhaber eines Waarenzeichens, eines Namens oder einer Firma nach Inhalt dieses Gesetzes gewährte Schutz wird dadurch nicht ausgeschlossen, daß das Waarenzeichen, der Name oder die Firma mit Abänderungen wiedergegeben sind, welche nur durch Anwendung besonderer Aufmerksamkeit wahrgenommen werden können.

§. 19.

Bürgerliche Rechtsstreitigkeiten, in welchen durch die Klage ein Anspruch auf Grund dieses Gesetzes erhoben wird, gelten im Sinne der Reichs- und Landesgesetze als Handelssachen.

§. 20.

Auf Waarenzeichen von Gewerbetreibenden, welche im Inlande eine Handelsniederlassung nicht besitzen, sowie auf die Namen oder die Firmen ausländischer Produzenten oder Handeltreibenden finden, wenn in dem Staate, wo ihre Niederlassung sich befindet, nach einer in dem Reichs-Gesetzblatt enthaltenen Bekanntmachung deutsche Waarenzeichen, Namen und Firmen einen Schutz genießen, die Bestimmungen dieses Gesetzes Anwendung, jedoch in Ansehung der Waarenzeichen (§. 1) mit folgenden Maßgaben:

1. die Anmeldung eines Waarenzeichens hat bei dem Handelsgericht in Leipzig mit der Erklärung zu erfolgen, daß sich der Anmeldende für Klagen auf Grund dieses Gesetzes der Gerichtsbarkeit des genannten Gerichts unterwirft;
2. mit der Anmeldung ist der Nachweis zu verbinden, daß in dem fremden Staate die Voraussetzungen erfüllt sind, unter welchen der Anmeldende dort einen Schutz für das Zeichen beanspruchen kann;
3. die Anmeldung begründet ein Recht auf das Zeichen nur insofern und auf so lange, als in dem fremden Staate der Anmeldende in der Benutzung des Zeichens geschützt ist.

§. 21.

Dieses Gesetz tritt mit dem 1. Mai 1875 in Kraft.

Auf Waarenzeichen, welche bis zu diesem Tage landesgesetzlich geschützt waren, finden jedoch die landesgesetzlichen Bestimmungen noch bis dahin, daß die Anmeldung nach Maßgabe gegenwärtigen Gesetzes erfolgt ist, längstens bis zum 1. Oktober 1875 Anwendung.

8. Verzeichniß der Waarenklassen.

1. Ackerbau-, Forstkultur-, Gärtnerei- und Thierzucht-Erzeugnisse, sowie Ausbeute von Fischfang und Jagd.
2. Arzneimittel und Verbandstoffe für Menschen und Thiere, Drogen, Thier- und Pflanzen-Vertilgungsmittel, Konservirungsmittel, Desinfektionsmittel.
3. Bekleidungs-Gegenstände, außer Pelzwaaren 12 und Spitzen 30;
   a) Hüte und andere Kopfbedeckungen, sowie Putz,
   b) Schuhwaaren,
   c) Gestrickte und gewirkte Waaren,
   d) Sonstiges (Kleider, Wäsche, Korsets, Hosenträger, Schlipse u. dergl.).
4. Beleuchtungs-, Heizungs-, Koch- und Ventilationsapparate und Geräthe.
5. Borsten und Borstenwaaren (Bürsten, Besen, Schrubber, Pinsel), sowie Kämme, Schwämme, Frisirgeräthe und Verwandtes.
6. Chemische Produkte, außer den unter 2, 8, 11, 13, 20, 34 und 36 angeführten, sowie mineralische Rohprodukte, außer den unter 37 genannten.
7. Dichtungs- und Packungsmaterialien, Wärmeschutz- und Isolir-Mittel, Asbestfabrikate, Putzwolle.
8. Dünger, natürlicher und künstlicher.
9. Eisen, Stahl, Kupfer und andere Metalle, sowie Waaren aus solchen Metallen, außer den unter 4, 17, 22, 23, 32, 33 und 35 genannten;
   a) Metalle, roh oder theilweise bearbeitet,
   b) Messerschmiedswaaren (Messer, Gabeln, Sensen, Sicheln, Strohmesser, Beile, Sägen, Hieb- und Stichwaffen) und Werkzeuge (Feilen, Hämmer, Ambosse, Schraubstöcke, Hobel, Bohrer u. dergl.),
   c) Nähnadeln, auch für Nähmaschinen, Heftnadeln, Stecknadeln, Haarnadeln, Fischangeln,
   d) Hufeisen und Hufnägel,
   e) Gußwaaren, emaillirte und verzinnte Waaren,
   f) sonstige Metallwaaren.

10. Fahrzeuge (Wagen aller Art, einschließlich Kinder- und Krankenwagen, auch Fahrräder und Wasserfahrzeuge).
11. Farben, außer Malfarben und Tinten 32.
12. Felle, Häute, Leder, Pelze und Pelzwaaren.
13. Firnisse, Lacke, Harze, Klebstoffe, Wichse, Bohnermasse u. dergl.
14. Garne und Zwirne, Bindfäden, Seile aus Faserstoffen und Metalldrähten.
15. Gespinnstfasern (Wolle, Baumwolle, Flachs, Hanf, Jute u. dergl.) und Polstermaterial (Roßhaar, Seegras, Indiafaser, Bettfedern u. dergl.).
16. Getränke;
    a) Bier,
    b) Wein und Spirituosen,
    c) Mineralwässer und kohlensaure Wässer einschließlich der Badewässer, sowie Brunnen- und Badesalze.
17. Gold- und Silberwaaren, echte und unechte Schmucksachen aller Art, leonische Waaren, Alfenide-, Neusilber-, Britannia-, Nickel- und Aluminiumwaaren.
18. Gummi-, Kautschuk- und Guttaperchawaaren, auch Rohstoffe.
19. Hand- und Reisegeräthe (Schirme, Stöcke, Koffer, Reisetaschen u. dergl.).
20. Heiz- und Leuchtstoffe, sowie Schmiermittel;
    a) Kohlen, Torf, Brennholz, Koks, Briketts, Kohlenanzünder,
    b) Fette und Oele, außer den zur Nahrung bestimmten, 26b, sowie Schmiermittel,
    c) Kerzen und Nachtlichte, sowie Dochte.
21. Holz-, Kork-, Horn-, Schildpatt-, Elfenbein-, Meerschaum-, Celluloid- und ähnliche Waaren, Drechsler- und Schnitzwaaren.
22. Instrumente u. Apparate außer Musikinstrumenten 25 u. Uhren 40;
    a) ärztliche und zahnärztliche Apparate, pharmaceutische, orthopädische, gymnastische Bandagen, Desinfektionsapparate u. dergl.,
    b) physikalische und chemische, optische, geodätische, nautische und Meßinstrumente, Waagen, Kontrolapparate, photographische Apparate u. dergl.
23. Maschinen, Maschinentheile und Geräthe, einschließlich Haus- und Küchengeräthe.
24. Möbel und Polsterwaaren.
25. Musikinstrumente.
26. Nahrungs- und Genußmittel, außer Getränken 16 und Tabak 38;
    a) Fleischwaaren, Fleischextrakte, Konserven einschließlich Fruchtsäfte und Gelees und Delikatessen,

b) Eier, Milch, Butter, Käse, Kunstbutter, Speisefette und Speiseöle,
c) Kolonialwaaren (Kaffee und Kaffee-Surrogate, Thee, Zucker, Mehl, Gewürze, Essig u. dergl.),
d) Kakao, Chokolade, Zuckerwaaren, sowie Back- und Konditorwaaren, einschließlich Hefe und Backpulver,
e) sonstige Nahrungs- und Genußmittel, auch für Thiere, sowie natürliches und künstliches Eis.

27. Papier, Pappe, Karton, Papier- und Pappwaaren, Roh- und Halbstoffe zur Papierfabrikation (Lumpen, altes Papier, Zellstoff, Holzschliff u. dergl.).
28. Photo- und lithographische Erzeugnisse sowie Erzeugnisse sonstiger vervielfältigender Künste und der Druckerei.
29. Porzellan-, Töpfer- und andere Thonwaaren, Glas und Glaswaaren, Glasmosaiken, Glasuren.
30. Posamentir- und Tapisseriewaaren, auch Spitzen und Tülle.
31. Sattler-, Riemer- und Täschnerwaaren, Lederwaaren nicht genannte, auch Albums und Bilderständer.
32. Schreib-, Zeichen- und Malwaaren, einschließlich Tinte, Tusche und Malfarben, Komptoirgeräthe, einschließlich Geschäftsbücher, Schulgeräthe, Lehrmittel.
33. Schußwaffen und Geschosse.
34. Seifen, Putz- und Polirmittel, Rostschutzmittel, Waschmittel, Parfümerien und Toilettenmittel.
35. Spiele und Spielwaaren.
36. Sprengstoffe, Zündwaaren, Feuerwerkskörper.
37. Steine, natürliche und künstliche, und andere Baumaterialien (Cement, Gips, Kalk, Kies, Asphalt, Theer, Pech, Rohrgewebe und Dachpappen).
38. Tabakfabrikate (Cigarren, Cigaretten, Rauch-, Kau- und Schnupftabak).
39. Teppiche und andere Fußbodenbeläge, Tischdecken, Bettdecken, Gardinen, Rouleaux, Portieren.
40. Uhren.
41. Webstoffe, einschließlich Bänder;
    a) Sammete und Plüsche,
    b) leinene, halbleinene und andere Wäsche-Stoffe,
    c) sonstige Webstoffe, (seidene, wollene, baumwollene u. a.).
42. Sammelwaaren. Hier werden diejenigen Zeichen behandelt, welche für eine größere Anzahl verschiedenartiger Waaren (insbesondere Export- und Kommissionswaaren) bestimmt sind.

Sachregister.

H.

J.

K.

T.

U.

V.

Druck der Norddeutschen Buchdruckerei, Berlin, Wilhelmstr. 32.

FSC
www.fsc.org
MIX
Papier | Fördert
gute Waldnutzung
FSC® C083411

Kolibri 360 GmbH
Ferdinand-Jühlke-Straße 7
99095 Erfurt, Deutschland
produktsicherheit@kolibri360.de